百聞は一見に 如かず

Einmal sehen ist besser als hundert Mal hören

Uwe Schmitt

SONNENBEBEN

50 Improvisationen
über Japan

Edition Peperkorn

Vorbemerkung:
Alle Texte dieses Buches sind in den unredigierten Manuskript-
fassungen ohne Aktualisierung und Nachbesserung abgedruckt.
Das nachgestellte Datum gibt darüber Auskunft, wann die Artikel
in der Frankfurter Allgemeinen Zeitung veröffentlicht wurden.
Japanische Namen erscheinen – wie im Lande üblich – mit voran-
gestelltem Familiennamen. Die Umschrift japanischer Begriffe
folgt dem Hepburn-System, Längungen der Vokale werden durch
ein ^ über dem Buchstaben gekennzeichnet. Vokale werden wie im
Deutschen, Konsonanten wie im Englischen ausgesprochen.

© Edition Peperkorn, Göttingen 1998
Alle Rechte vorbehalten

Druck und buchbinderische Verarbeitung:
Hubert & Co., Göttingen
Printed in Germany

ISBN 3-929181-17-7

Meinen Vätern
Herbert F. Schmitt und Georg Hensel

Inhalt

Mein Glück in Japan verdanke ich manchen Zufällen, mein Dank gilt vielen Menschen:

Brian Burke-Gaffney (Nagasaki) für allererste Hilfe 1989 und den Beweis, daß perfektes Japanisch und zehn Jahre in einem Zen-Kloster einen Gaijin nicht entfremden;

Hashimoto Yumiko (Tôkyô), meiner Assistentin, für Loyalität und Ideen, die der Neid von Kollegen und oft meine Rettung waren, hontô ni arigatô gozaimashita;

Gebhard Hielscher (Tôkyô) für Freundschaft und Unnachahmlichkeit des Vorbilds;

Ernest „Ernie" Salomon (Tôkyô) für Gastfreundschaft am Pazifik und Einführung in jüdischen Exilhumor;

Arturo Silva (Wien), my man and best man, für seine Liebe zu Tôkyô, Hitch und Blues unter westlichen Nachthimmeln;

Lukas Schwarzacher (Hong Kong) für erste Hilfe 1990 und die Gabe, stets zur rechten Zeit zu kommen und zu gehen;

Christopher Tate (Yokohama) für Sarkasmus, E-mail-Ghostwriting und die Theorie von der Renaissance des Rock'n'Roll im Mittelalter;

Meinolf Ellers (Hamburg); Volker Grasmuck (Berlin); Paul Ingendaay (Madrid); Verena Lueken (New York); Meguro Hiroshi (Tôkyô); Kurt Oesterle (Tübingen); Peter Sturm (Frankfurt a.M.) und den Tôkyôter Familien Miwa und Hirai.

Mein besonders herzlicher Dank gebührt Herbert Worm (Universität Hamburg) für wissenschaftliche Ermutigung, Langmut, Literatur, all die Anregungen, ohne die manche der Texte niemals, viele nicht so geschrieben worden wären. Und dafür, die Artikel in diesem Band mit korrekten japanischen Schreibungen und Namensfolgen versehen zu haben.

Uwe Schmitt
    Berlin, im Sommer 1998

Vorwort

Auslandskorrespondent: es ist der schönste Beruf, der sich denken läßt – und es ist einer der schwersten, die man sich vorstellen mag. Uwe Schmitt, der von beidem weiß, legt davon in seinen Berichten aus Japan ein beredtes und oft glanzvolles Zeugnis ab.

Anders als die Kollegen in den heimatlichen Redaktionen entgeht – wenigstens in der Regel – der Korrespondent im fremden und fernen Land dem Zwang zur Spezialisierung. Zwar können es sich die großen Blätter leisten, in den Vereinigten Staaten, in Großbritannien, in Frankreich die Aufgaben des politischen und des kulturellen Korrespondenten zu sondern: oft genug zu ihrem und der Leser Schaden. Das war nicht immer so. Es verstand sich von selbst, daß der Vertreter der alten „Frankfurter Zeitung" nicht nur Monsieur Poincaré auf die Finger schaute und nicht nur in der Lage war, mit Monsieur Briand ein kluges Gespräch zu führen: er mußte genauso imstande sein, das neueste Bühnenstück von Jean Giraudoux vorzustellen und den letzten Roman von François Mauriac zu rezensieren – um anderntags eine hübsche Reportage von der Saison in Deauville und einen aufmerksamen Bericht über die Lage der Arbeitslosen zu liefern.

Mit anderen Worten: er war verpflichtet, auf alle Regungen der Existenz zu horchen. Er mußte bemüht sein, das Ganze des fremden Daseins immer von Neuem ins Auge zu fassen. Es war sein Auftrag, mit der Gesellschaft zu leben, so gut es denn anging, um sie von innen her zu begreifen. Er wußte, daß sich das tiefere Verständnis für die Politik des fremden Landes durch seine Bücher, sein Theater, durch seine Filme, seine Bilder und seine Architektur erschließt. Er durfte nicht müde werden, mit stets wacher Neugier in die unterschiedlichsten Bereiche des Daseins einzutauchen. Friedrich Sieburg oder Max von Brück waren in diesem Sinn vorbildliche Korrespondenten.

Unsere Redaktionen haben, wenigstens in den großen Hauptstädten des Westens, diesen letzten Hauch eines universellen Anspruchs, der einst den guten Journalisten ausgemacht hat (ein Anspruch, der sich niemals erfüllen ließ) dem Zwang zum Expertentum geopfert. Freilich (und gottlob) konnte dies für die entlegenen und exotischen Schauplätze des sogenannten Weltgeschehens – aus einleuchtenden Gründen – nicht gelten: auch nicht für Tôkyô, das eines der Zentren wirtschaftlicher und politischer Macht ist, doch zugleich sehr fern – und sehr teuer.

Die Ferne mag Uwe Schmitt gereizt haben, als er sich entschloß, der freundlichen Geborgenheit in der Feuilleton-Redaktion der „Frankfurter Allgemeinen Zeitung" adieu zu sagen, um das Amt des Japan-Korrespondenten zu übernehmen. Was immer er unternommen haben mag, um sich auf seine Aufgabe vorzubereiten: auf seinem Posten angelangt, mußte er Land und Leute lernen, von Grund auf, die Sprache, den Alltag, die Strukturen des Denkens, die Direktion der Gefühle, die Traditionen, den Witz, die Gründe, die Japaner zum Lachen reizen, die Anlässe, die sie traurig machen. Er mußte sich, soweit denn möglich, die Literatur erschließen, sich der Kunst nähern, er mußte sich darin üben, die Rätsel des Theaters zu entschlüsseln, die Filme mit ihren Augen zu sehen, ihre Musik mit ihren Ohren zu hören. Leicht hielt das nicht.

Aber dies heißt auch, daß Japan zu den Ländern gehört, die den Vertretern der Zeitungen und des Radios – in begrenztem Maße wohl auch des Fernsehens – die Chance geben, den Beruf des Korrespondeten noch einmal nach den klassischen Regeln zu erfüllen. Das ist der Vorzug der geographischen Entrücktheit.

Der Abstand von den Heimatredaktionen bietet überdies den großen Vorzug der Freiheit. Er verlangt die Fähigkeit zu einem völlig selbständigen und unabhängigen Urteil. Diese kostbaren Privilegien haben ihren Preis. Die Freiheit verlangt die Bereitschaft, einsam zu sein, und es bleibt nicht aus, daß die Unabhängigkeit zur Erfahrung der Isolation wird. Beides prüft die Widerstandskraft der eigenen Person, die sich dort draußen niemals hinter dem Schutzschild eines vertrauten Beziehungsgeflechtes verbergen kann.

Der Korrespondent kann der Einsamkeit und der Isolation nur Herr werden, wenn er es zuwege bringt, das Fremde in eine eigene Welt zu verwandeln. Doch dem Prozeß der Integration sind Grenzen gesetzt. In Japan mögen sie enger sein als irgendwo sonst. Die hart geprägte Eigenart dieses Landes, die so voller Reize ist, schafft Reibungen, die ermüden und mitunter verletzen.

Wer lange Jahrzehnte draußen lebte, wo auch immer, weiß es gut genug (und es ist gilt für Japan erst recht): Keiner entgeht den deprimierenden Augenblicken, in denen die Fremdheit überhand nimmt und die Freundlichkeit des Daseins bedroht.

Nicht jeder bewahrt in diesen Krisen die Grundsympathie für das Andere, die es braucht, um ein guter Korrespondent zu sein: sie sichert nur der Respekt vor eben dem Anderen, dem Fremden, dem Eigenartigen, das sich von Zeit zu Zeit dem Verständnis entzieht. In der Tat muß man auch das lernen: das Fremde fremd sein zu lassen.

„Japan kann süchtig machen", schrieb Uwe Schmitt. Er schrieb auch: „Japan kann erschöpfen". Doch er fiel niemals aus der Erschöpfung ins Ressentiment, wie es manchen seiner Kollegen widerfuhr. Vielmehr behauptete er bis zum letzten Tag seines Aufenthaltes das schönste Talent, das den Korrespondenten auszeichnet: die Fähigkeit zum Staunen. Ihr dürfen wir uns bei der Lektüre seines Buches getrost überlassen.

Klaus Harpprecht
    April 1998

Taifun

Warten auf Nummer 19

To cry to the sea that roar'd to us; to sigh
To the winds, whose pity, sighing back again,
Did us but loving wrong.
Prospero in „The Tempest"

„Wir sind hier in Oku, Präfektur Okayama", schreit der Reporter in die Böen und schaut sich noch einmal um, um ganz sicherzugehen. Viel mehr versteht man nicht, dafür spritzt es immer neue Tropfenmuster auf die hin- und hergezerrte Kameralinse. Perlen vor die Zuschauer. Brav, der Mann reitet Rodeo auf dem Taifun, ein großartiger Auftritt. Ein Taifun ist der wütende Himmel auf Erden. Der Reporter ist in Klarsichtregenhaut geschweißt wie ein Tiefkühlhähnchen, offenbar verlangt der Sender, daß auch bei solchen Fronteinsätzen formelle, anständige Kleidung zu sehen ist. Er versucht unverdrossen, von seinem ebenso verpackten Zettelbrett die jüngsten Entwicklungen ins Trockne zu bringen. Er schafft ein paar Fetzen: „Über 400 Millimeter Niederschlag in Oku", die Böen schlagen mit Fäusten auf das Mikrophon, „... zieht nach Nordosten mit etwa 120 Stundenkilometern", brüllt er. Mit solchem Stehvermögen kann man sich einen Namen machen. Von den Sturmstößen verrenkt, unfreiwillig tanzend, tief über sein Mikrophon gebeugt gleicht der Reporter einem egomanisch verzückten Rockstar. Die mitleidig seufzenden Winde werden ihm Glück bringen.

Die Nummer 19 kommt. Fürsorglich über Tage beobachtet, begleitet und machtlos kommentiert, der schwerste Taifun seit 29 Jahren. Die japanische Nation nimmt Anteil, Okinawa hat er schon heimgesucht, und die Wetterberichter der „Meteorological Agency" werden sorgenfaltige Superstars der Abendnachrichten. Mittelstark, aber enorm groß, mit Windgeschwindigkeiten von 15 bis 30 Metern pro Sekunde in einem Radius von 600 Kilometern. Es gibt dramatische Streckenberichte und elegante Rundumschaltungen durch die Region. Immer dieselben Bilder jener leidgeprüften Präfekturen, die es schon erwischt hat, werden gezeigt, unterlegt mit den neuesten Spitzengeschwindigkeiten, auf daß das Land mit dem ärgsten rechne. Man hetzt das Monstrum wie King Kong: Im Auge des Sturms wird der Puls genommen, in Millibar wird sein Fieber gemessen (um 980), je niedriger, desto schlimmer, vermutliche Zerstörungsschneisen werden eingezeichnet, seine Geschwindigkeit pro Sekunde wird ermittelt und den Autofahrern zuliebe in Stundenkilometer übertragen.

Man sieht Reisfelder schwellen auf Autobahnniveau, als würden vorindustrielle Verhältnisse wiederhergestellt. Man sieht, wie der Taifun mit den Schienensträngen des pfeilschnellen Shinkansen Schiffchen versenken spielt, wie er den Zug von 270 auf 30 Stundenkilometer hinunterbremst und schließlich in irgendeinem Bahnhof lahmlegt, wo er seinen Passagieren als Nachtlager dienen muß, Geiseln und Gäste des Windes. Die Fernsehnation will wissen, wann Nummer 19 über Ôsaka und Tôkyô fegen wird. Was dorthin nicht kommt, ist in Japan nicht viel wert. Das gilt für die Geschäfte und die Kunst und das Wetter. Man gibt hier den Taifunen keine Namen, man zählt durch übers Jahr, es braucht keine euphemistischen „ladies' names" wie bei amerikanischen Hurrikans. Der Luftdruck von Nummer 19 ist immer wieder gefährlich niedrig: der Himmel hat einen Platten.

In der Furcht ist Bewunderung. Die Taifunzeit im September ist für jeden, der es spürt, die Zeit der Demut vor der göttlichen Gewalt. Taifune sind mehr als die brutale Depression eines Tiefs ohne Hoffnung auf normalen Niederschlag. Wie sie sich verschleudern und niederbrechen und toben, erzwingt Respekt. Auch Nummer 19 heult nicht, er wirbelt keinen Staub auf, er erbricht sich über der Erde, er duscht fauchend die Häuser, spuckt auf die Dämme, er testet all die Vorkehrungen und gewinnt immer. Es wirkt harmlos wie ein Sandkastenspiel, wenn die Feuerwehr als Wasserwehr die Erde in Sandsäcke füllt und Dämme aufschichtet. Aber es ist kein possierliches Spiel, denn die Menschen sterben in diesem Gebirgsland bei Erdrutschen: Die Angst, den Boden unter den Füßen zu verlieren, ist uralt und mit Teer und Beton nicht zu befestigen.

Überhaupt die Erde, die hier beben kann und rutschen und im Schlamm unergründlich versinken – was bedeutet das für ein Lebensgefühl, selbst heute hinter Glas und Stahl. Am gefürchtetsten aber sind in Japan Feuersbrünste, ein Dach überm Kopf hilft bei Feuer nicht mehr. Damals, beim Großen Erdbeben 1923 wurden die Menschen nicht vom Erdboden verschlungen, sie starben in den Feuerwalzen. Bei den Luftangriffen der Amerikaner war es nicht anders. Sie warfen Phosphor. Ein Taifun wirft Wind und Wasser.

Ist Nummer 19 nichts als der Fehlalarm der pazifischen Sprinkleranlage? Aus der Nähe betrachtet, selbst im sicheren Haus, können einem Zweifel kommen, als am Mittwochabend gegen 22 Uhr Nummer 19 über Tôkyô herfällt. Einen halben Tag zu früh, an der Küste war seine Wucht noch ungebremst, über Land verliert er Kraft im unebenen Gelände. Doch selbst das gebremste Monstrum reicht immer noch für Leute aus gemäßigten Zonen.

Hinter verspritztem dickem Fensterglas im Gegenlicht ist er eine wilde Naturschönheit. Er sprüht Fontänen wie Funken, er flaut atemholend ab, kommt heimtückisch zurück von allen Seiten. Die Telefonleitungen hängen wie wirres glänzendes Lakritz, die Baumwipfel spreizen und neigen sich wie Salatköpfe unterm Wasserstrahl. In Shinjuku läuft das Wasser nur in die U-Bahn-Eingänge, auf dem Land schwemmt Hochwasser steinerne Fallerhäuschen mit leibhaftigen Menschen zu Tale. Man muß sich schon sicher wähnen, um im Taifun die immer wiederkehrende Subversion der Menschentechnik durch die Natur zu genießen, die alles unterhöhlt, überschwemmt, unterspült, und Dreck macht dazu, eine massenhafte schlammige Verunreinigung des beschwörend sauber gehaltenen Landes. Am Donnerstagmorgen, als der Taifun schon nach Norden über die Präfektur Yamagata auf Hokkaidô hinzieht, steht erst fest, wie gefährlich Nummer 19 war: vorläufig siebzehn Tote, 63 Verletzte, zehn Vermißte und über viertausend überflutete Häuser.

„A Taifun is no fun", dichtet derweil aus gegebenem Anlaß der amerikanische Soldatensender für seine Hörer und verkündet schulfrei für die amerikanische Schule, sicherheitshalber. Die Nachricht ist ein Geschenk an die Kinder aus stahlblauem Himmel. Denn Nummer 19 ist längst weg. Wieder einmal hat sich ein Taifun nicht an die Abmachungen gehalten.

(21. September 1990)

Karrierekinderspiel

Nachhilfe für Vorschüler:
Die Auslese beginnt immer früher

Wer sie kreischend wie Vogelschwärme die Straßen entlanghüpfen sieht, jeden Morgen gegen halb acht, mag es ihnen gönnen, in einem kinderverliebten Land zu leben. Der pflichtkollektive Schulweg ist zwar Teil des Unterrichts und der erste Atemzug des Korpsgeistes, der über alles geht. Aber bis zum Morgenappell sind sie ihre eigenen anarchischen Lehrer. Die Mädchen in kichernden Gruppen, immer hübsch die Hände vor dem Mund, wie sie es erst recht als Frauen tun werden, um nur nie jemandem die Zähne zu zeigen. Die Jungen drehen die Schirme der gelben Schülermützen in den Nacken wie die großen Baseballstars, versuchen schwere wiegende Schritte, die Verwegensten malen im Vorbeirennen mit Filzstift die neu gelernten Schriftzeichen auf eine Motorhaube. Doch der quietschvergnügte Kinderzug ist nur ein kleiner Teil der alltäglichen Schülerwahrheit. In Japan, dem permissiven Königreich der Kleinkinder, hört wenn nicht der Spaß, so doch das freie Leben auf, wenn die Schule beginnt.

Tröstlich ist nur, daß sie keine Ahnung haben: jene etwa zwanzigtausend Fünfjährigen, die am Dienstag, dem 1. November, buchstäblich ihr Leben aufs Spiel setzen werden. An diesem Tag beginnt für die Glücklicheren die Karriere. Für die meisten endet er mit der ersten Niederlage.

Aber für alle endet in aller Unschuld die Kindheit, weil ihre ehrgeizigen besorgten Eltern nur das Erste Beste für sie wollen. Denn nur, wer es bei den renommiertesten Schulkonsortien schafft, mächtigen Institutionen wie Keiô oder Gakushûin, die von der Krippe bis zur Promotion ein Bildungspaket im Familienbetrieb anbieten, dessen Glück ist in der japanischen Gesellschaft gemacht. Es wird riesige Summen verschlingen und vielleicht Entbehrungen kosten, aber im reichsten Land der Erde läßt sich mit Geld allein die sichere Zukunft nicht mehr kaufen. Am 1. November vergeben die 49 Privatschulen Tôkyôs nach aufwendigen mündlichen und schriftlichen Tests dreieinhalbtausend Plätze.

Immerhin wird bei der alljährlichen Auslese das Sozialverhalten der Kinder beim Spielen ebenso streng begutachtet wie das Auftreten der Eltern. Sieger und Verlierer der Frühreifeprüfungen ist fairerweise und unglückseligerweise die ganze Familie. Und weil man derartig lebensentscheidende Rituale nicht dem Zufall oder dem Glück überlassen kann, bereiten sich neuerdings Kinder wie Eltern wochenlang in Spezialkursen, sogenannten *juku*, auf den großen Tag vor. Von den Aufnahmeprüfungen für bestimmte Gymnasien und Universitäten her sind diese Trimmpfade des Lernens seit Jahren bekannt und ein sicheres Geschäft. Bei Grundschulen ist es noch neu. Dort sagen die Prüfer, daß sie ihre Entscheidung zu siebzig Prozent auf die Beurteilung der Eltern stützen. Nicht deren gesellschaftliche Stellung beeindrucke sie, sondern was sie aus den Gedanken und Gefühlen der Bewerber läsen. Das klingt ganz fabelhaft und ist ganz unmöglich. Schauspielerisch begabte Eltern, die in den Interview-Simulationen der *juku* geübt haben, worauf es ankommt, werden es weiter bringen als Ungeübte.

Doch die gibt es immer weniger. Die Nachhilfeschulen für Vorschüler florieren. Wer es sich leisten kann oder glaubt, es sich leisten zu müssen, schickt sein Kind auf private Schulen. Im Jahr 1988 wurden von den zehneinhalb Millionen Schulanfängern 60.500 an den 168 Privatschulen Japans aufgenommen. Der Rest mußte mit einer der 25.000 öffentlichen Grundschulen vorliebnehmen. Die, so sagen viele einsichtige und kritische Eltern, seien auch nicht schlechter oder besser: genauso schlecht. Sie böten eine faktenversessene, quantitätsgläubige D-Zug-Erziehung (*Shinkansen kyôiku*), die selbst gute Schüler zu Prüfungszeiten regelmäßig bis Mitternacht mit Aufgaben und Nachhilfe überfordere. Selbst eine Broschüre des Erziehungsministeriums räumt ein, daß es auffallende Schwächen in kreativen Fächern gäbe, während in den Naturwissenschaften japanische Schüler in sämtlichen Wettbewerben vorne dabei seien. Je bedeutender die avisierte Schule, desto größer der Druck. Sitzenbleiben gibt es nicht, Abschreiben selten, es gibt ein Abgeschriebenwerden. Der Lehrer kümmert sich um die Hochbegabten, um seine gewohnte Quote an die nächsthöhere Anstalt weitergeben zu können.

Man hört jedes Frühjahr von Schülerselbstmorden und zuckt routiniert zusammen. Die Schule ist für diese Hoffnungslosen ihr Leben, wer die Aufnahmeprüfung zur Eliteuniversität nicht besteht, kann sich ebenso gut das bißchen wertloses Leben nehmen. Man hört ebenso regelmäßig von den Werbeaktionen und Talentfischzügen der großen Konzerne, die in der Zeit des Arbeitskräftemangels schon ein Dreivierteljahr vor der Graduierung Verträge aushandeln. Die kennen ihre Kinder.

Schon im Kindergarten hat man Ordnung in ihr Leben gebracht. Das japanische *gaman*, ein früher verherrlichter Begriff, der noch immer Durchhaltevermögen, Zähnezusammenbeißen, Gürtel-enger-ziehen und dergleichen bedeutet, wird von manchen Elitegärten gern in ungeheizten Klassenzimmern trainiert. Shorts im Winter, Barfuß-laufen im Schnee werden zur Abhärtung gern gesehen und nur widerwillig eingeschränkt. Viele Kindergärten halten auf niedlichen Militär-drill, Freiübungen und lungenkräftigendes Liedersingen, was die Kinder auch ganz gerne mögen. Allerdings besteht manche Kindergartenleitung auch auf drei Garnituren frischer Kleider. Einmal, weil Flecken von Essen oder Wasserfarbe für die Mitkinder oder Besucher offenbar beleidigend wären, und weil man so kindlich eben nicht sein will, wenn es um Erziehung geht.

Bildung wird im reichen Japan immer mehr zum teuersten Gut. Der Ansturm auf Privatschulen erklärt sich auch aus dem Kummer des japanischen Mittelstandes in den Großstädten, der ein wohlhabender Habenichts ohne Grund und Boden ist, und der verläßlich, aber ohne Lust konsumiert. So vererbt man also vorab Erziehung, das sichere Dach über dem Kopf, wenn man schon keine Häuser mehr weitergeben kann. Doch das Erbteil wird spätestens für die Halbwüchsigen zur schweren Bürde, die sich von allen Seiten unter Druck gesetzt sehen. Ambitionierte Gymnasiasten führen für westliche Begriffe ein lausiges Leben.

Nach bestandener Aufnahmeprüfung an einer möglichst angesehenen Universität fällt jäh die Fieberkurve. Dann geben sich japanische Studenten auch an den Eliteuniversitäten eine Weile lang als schwerbeschädigte Schulrentner, rekonvaleszierend „cool" und schließlich schonend faul. Sie wissen, daß sie das Ärgste hinter sich haben, ohne weite-

ren Antrieb rutschen sie in die gewünschte Laufbahn. Diese Atempause
bis zum Eintritt in eine Firma, wo man sie wieder und weiter biegt und
bildet, gönnen ihnen offenbar Eltern und Gesellschaft. Wahrhaftig, es
hat sich den Gerüchten einer Liberalisierung zum Trotz im Bildungswe-
sen Japans weniger geändert als seit langem nottäte. Nach wie vor gibt
es für die Masse der Menschen nur den einen Weg vom Kleinkind-
paradies hinunter in die Schülerhölle und bestenfalls hinauf in den An-
gestelltenhimmel. Der wichtigste Fortschritt ist leidvoll: immer mehr
Menschen fühlen sich immer weniger wohl.

In der japanischen Verfassung von 1946 ist in Artikel 26 das Recht
auf eine kostenfreie, „gleiche, den Fähigkeiten entsprechende" Erziehung verbrieft. Aber wen soll man mehr bedauern: die früh geprüften
Kinder, für die nur kurze Zeit irgendwelche Testformulare so aufregend
sein dürfen wie Sandförmchen, oder ihre Eltern, die über viele Jahre in
ständiger Sorge leben, daß es ihre Kinder einmal schlechter treffen
könnten? Niemand kann sagen, wie das Gesellschaftsspiel mit den
Karrierekindern ausgeht und wohin die projizierte Zukunftsangst noch
führen soll. Etwa zur IQ-Bestimmung des Ungeborenen mit Ultraschall-
geschwindigkeit, zur Leselampe im Mutterleib? Nicht auszudenken.
Nicht auszuschließen.

(23. Oktober 1990)

Rette sie, wer kann?

Was Flüchtlinge erwartet, wenn es sie
nach Japan verschlägt

Kawamoto Kazuo ist so mürrisch, wie es die Höflichkeit gegenüber Gästen gerade noch gestattet, und so ausweichend, wie es sich für japanische Beamte von selbst versteht. Seit April des Jahres leitet er als Direktor das wichtigste Auffanglager für Flüchtlinge in Japan. Am „Omura
Refugee Reception Center", eine Autostunde nordöstlich von Nagasaki
gelegen, kommt seit der Eröffnung 1982 niemand vorbei, ganz gleich,

in welchen Hafen oder an welche Küste Japans es ihn getrieben hat. Beinahe sechseinhalbtausend Menschen, die meisten aus Vietnam, Laos und Kambodscha, haben in den vergangenen Jahren in diesem permanenten provisorischen Hüttendorf aus Beton, Hartpappe und Drahtverhau ihr amtliches Scherbengericht erwartet. Es gibt nur zwei Möglichkeiten bei der Statusfrage: legal oder illegal, aufgenommen oder abgeschoben.

Kawamoto liest eifrig Zahlen vor, sie sind endlich abgesegnet von ganz oben und vielfarbig zusammengestellt in einer ansehnlichen Hochglanzbroschüre. Zum erstenmal spricht er entspannt, als erzähle er Märchen, er hat nichts von dem zu verbergen, was dort gedruckt steht. Seine Statistiken machen immerhin eines deutlich: die Einwanderungsbehörden im Justizministerium schlugen Alarm, als allein 1989 über dreitausend Menschen durch das Lager geschleust werden mußten, als während elf Monaten 2.800 Chinesen auf 22 Booten in Okinawa oder in der Präfektur Nagasaki landeten, die sich als vietnamesische „Boat people" ausgaben. Aber sie sprachen kein Wort vietnamesisch und verrieten sich noch dadurch, daß sie Befehle in chinesischen Schriftzeichen unwillkürlich befolgten. So könne es nicht weitergehen, entschied man in Tôkyô, Menschenrechte hin, Flüchtlingskonvention her.

Erleichtert stellte man fest, das China nach japanischer Lesart niemanden politisch verfolge, erklärte die Chinesen im Eilverfahren und ohne Ansehen der Person zu „Wirtschaftsflüchtlingen" und begann mit der planmäßigen „Repatriierung", schiffsladungsweise. Auf Kosten der chinesischen Regierung natürlich und gegen deren hinhaltenden Widerstand.

Fast alle Flüchtlinge kamen aus der Provinz Fujian, einer traditionell armen, vernachlässigten Küstenregion gegenüber von Taiwan, etwa auf halber Distanz zwischen Shanghai und Hongkong. In Peking war man froh gewesen, die Leute, offenbar potentielle Unruhestifter, ein für allemal los zu sein. Widerstrebend akzeptierte die Regierung bisher den umgekehrten Exodus von 1.780 Landsleuten. Im Fall von 1.048 zur Zeit in japanischer Abschiebehaft sitzenden chinesischen Flüchtlingen erklärt sich Peking für nicht zuständig. Diese Leute seien sämtlich Vietnamesen, die während des Grenzkrieges 1979 nach China geflohen seien, also keine chinesischen Staatsbürger. Japan beharrt auf dem Standpunkt, zehn Jahre Aufenthalt seien genug, um sie als naturalisierte Chinesen zu qualifizieren. Anfang November entsandte Tôkyô eine Verhandlungsdelegation, um die Deportation durchzusetzen, und sei es gegen bares Geld.

Es ist eine brutale Politik. Aber niemand kann das besorgte Szenario Tôkyôs ganz von der Hand weisen. Ohne ein strenges Exempel, so heißt es offiziell, würde bald eine Armada von chinesischen Dschunken vor den Küsten des Archipels auftauchen und Einlaß erzwingen ins reiche übervölkerte Paradies. Wer heute Skrupeln nachgebe, riskiere morgen die zweite verheerende Invasion in der japanischen Geschichte. Vorläufige Zahlen sprechen in der Tat für die abschreckende Wirkung der harten Regierungslinie: 1989 wurden (beispiellose) 3.000 direkt gelandete „Boat people" in Japan gezählt, bis zum August dieses Jahres waren es gerade vierzig.

Kritiker bescheinigen dennoch dieser Haltung schlichten Verfolgungswahn. Und auch dafür sprechen Zahlen. Japan beherbergt heute in elf Lagern, vier staatlichen und sieben von der Caritas oder dem Roten Kreuz betreuten, gerade neunhundert anerkannte Flüchtlinge. In Zahlen: 900 – von beinahe zwei Millionen in Asien. Es rangiert an bescheidener fünfter Stelle, gerade eben vor Korea, Singapur und Macao, die noch weniger Aufnahmebereitschaft gezeigt haben. Aber Japan fällt beschämend weit hinter anderen, ungleich ärmeren Ländern zurück: nämlich Hongkong (mit 53.700), Indonesien (19.500), Malaysia (16.400) und Thailand mit 14.000 Flüchtlingen aus Südostasien. Es ist unbestreitbar, Japan hat davon profitiert, abgelegen zu sein, buchstäblich weit ab von Schüssen, Kriegswirren und Armut in Asien. Seit im Mai 1975 die ersten Boote aus Vietnam eintrafen, hat Japan nicht einmal zehntausend Menschen vorübergehend versorgen müssen, die meisten reisten bald in Drittländer, weniger als die Hälfte siedelte sich in Japan an.

Wie heimisch sie hier werden können, ist noch die Frage. Direkte Hilfe erhalten anerkannte Flüchtlinge hier nur während ihrer meist halbjährigen Lagerzeit. Kleidung und medizinische Versorgung, eine Unterweisung in Sprache und „japanischer Lebensart", zehn Mark am Tag, für jedes Kind sechs. Nach ihrer Entlassung läßt man sie allein in einer Gesellschaft, die (anders als etwa Europa) nie fremde Flüchtlinge erlebt hat und deshalb noch immer dazu neigt, ihre xenophoben Züge hinter Arroganz und Rassismus zu verbergen. Ein japanischer Psychiater wies kürzlich auf einem Symposion in Tôkyô darauf hin, daß immer mehr Flüchtlinge aus Südostasien in Japan noch einmal fliehen müßten: sie suchten ihr zerbrochenes Seelenheil in psychosomatischen Krankheiten. In der Tat gilt noch immer, wenngleich mit vielen liebenswürdigen Ausnahmen, eine alte ambivalente Regel in Japan: Offene Arme und nur das Beste für den Gast, der wieder geht. Keinen Finger und bestenfalls Gleichgültigkeit für den Fremden, der bleiben will.

Niemand habe sie schließlich gerufen, gerade die „Wirtschaftsflüchtlinge" aus China nicht, sagen etliche Japaner, wenn man sie auf das meist totgeschwiegene Thema anspricht. Eine Fürsorgepflicht der Reichen? Sie seien überhaupt nicht reich, antworten sie dann überzeugt und entrüstet, Japan als Nation vielleicht, aber nicht sie, die Japaner. Überhaupt hätten sie es satt, daß die ganze Welt nach Tôkyô pilgere und mit moralischer Gebärde einen Haufen Geld verlange, als holten die Fischer in Japan Yen aus dem Meer.

Kaum jemand will diese Leute nun haben, die ja nicht ohne triftigen Grund ihr Leben den Launen der Winde im Ostchinesischen Meer anvertrauten. Nicht China, nicht Japan. Auch nach ihrer glücklichen Landung bleiben sie Treibgut zwischen diesen Mächten. Demonstrationen mitleidiger Bürger im Hafen von Nagasaki konnten die Deportationen der Chinesen nicht verhindern. Was den Rückkehrern bevorsteht, geht aus dem Brief eines Deportierten hervor, der jetzt auf wundersame Weise nach Japan gelangte: sie werden mit einer Strafe für „illegale Ausreise" in Höhe von umgerechnet 150 Mark belegt, dazu kommen über achthundert Mark, ein mehrfaches Monatseinkommen in China, für die Kosten des Rücktransports. Wer dieses Lösegeld nicht aufbringen könne, sei zu Zwangsarbeit verurteilt.

Man kann dieses Elend noch glimpflich nennen, wenn man sich vorstellt, was dem politisch engagierten Teil der 15.000 chinesischen Studenten und 48.000 Sprachschüler, die heute in Japan leben, blüht, wenn ihre Visa ablaufen. Auch das Massaker auf dem Platz des Himmlischen Friedens am 4. Juni vergangenen Jahres hat die japanische Regierung nicht davon überzeugen können, daß es chinesische Dissidenten und gute Gründe für Asylanträge geben könnte. Der Verdacht erscheint nicht abwegig, daß das politische Japan (unter dem Druck des wirtschaftlichen) lieber jeder chinesischen Regierung zu Willen ist, als deren Kritiker zu schützen. Seit Monaten wird deshalb keine diplomatische Mühe gescheut, wieder zu normalen und profitablen Beziehungen mit China zu kommen.

Sie werden es ahnen, jene tausend „Boat people", die noch in japanischer Abschiebungshaft warten. Auch sie sind in Ômura, allerdings im „Immigration Detention Center". Bei ihnen, den Illegalen, hört die japanische Gastfreundschaft endgültig auf: hinter vier Meter hohen Mauern, auf denen Stacheldraht wuchert, scharf bewacht (auch auf Drängen der japanischen Nachbarn) von über hundert Beamten, hausen in den neunzehn Barracken je dreizehn Häftlinge auf vierzig Quadratmetern. Das Lager ist zu mehr als dreihundert Prozent überbelegt. Ironischerweise liegen die beiden Camps in Steinwurfweite voneinander, getrennt nur von einer Landstraße. Das Stahlgerüst des Wachturms am Rande des Abschiebe-Camps dient praktischerweise auch denen von gegenüber als Mahnmal. Hier fliegen keine Steine. Wer selbst als Flüchtling aus Südostasien bei der peniblen Personenüberprüfung („Screening") nicht die Gnade der Einwanderungsbehörden findet, überquert eines Tages diese Straße. Ein Streifen Niemandsland zwischen Ankunftshoffnung und Abschiebegewißheit, eine Grenze, sicherer als schußsicheres Glas.

Häufiger als nötig betont Direktor Kawamoto, daß er mit dem „Screening" nichts zu tun habe und dazu absolut nichts sagen könne. In einem Interview mit der einheimischen Presse hatte er sich im August immerhin dazu hinreißen lassen, einzugestehen, daß die Zustände in dem Abschiebelager gegenüber wegen der totalen Isolation der Häftlinge „höllisch" seien. Im Gespräch mit dieser Zeitung erwähnt er nur, daß er lange, bis zu seiner Pensionierung, stellvertretender Direktor im anderen Camp war. Man habe ihn reaktiviert, aus der Rente zurückgelockt. Offenbar gibt es nicht viele wie ihn, Experten in Lagerhaltung und Menschenführung. „Das Aufnahmelager braucht einen besonders guten Direktor", sagt er schließlich in aller Bescheidenheit. Seit seiner Amtsübernahme, liefert er eilig den Beweis nach, habe es keine nächtlichen Ausreißer mehr gegeben. All diese Heimwehkranken, die sich doch nur verirrten und Unfrieden in der Umgegend stifteten. Und fast jovial fügt er hinzu, daß es doch hier im Auffanglager um Menschen gehe, drüben um Kriminelle. Das müsse man auseinanderhalten.

Und damit das gelingt, lädt er zu einer Lagerbesichtigung ein. 179 seien zur Zeit hier, sehr ruhig, sehr angenehm; am schlimmsten Tag, am 18. Oktober 1989 seien es 1.198 gewesen, und das bei einer Kapazität von höchstens zweihundert. Das stehe übrigens alles in der Broschüre. Die Lagerregeln verlangen wirklich nicht viel: keinen Alkohol, kein Kochen, keinen Streit. Licht aus ist abends um zehn, ausnahmsweise darf manchmal länger ferngesehen werden. Das mögen sie, sagt Kawamoto lächelnd, dabei verstünden sie doch kaum ein Wort. Den Direktor, der diskret wie ein Eisbrecher durch die Leute pflügt, mag es überraschen, daß keiner seiner Schutzbefohlenen so recht etwas sagen will, solange er dabeisteht. Wer hier ist, ist noch ein Legaler. Er wird alles tun, um nicht unangenehm aufzufallen, wenigstens bis sein Verfahren abgeschlossen ist.

Auf tröstliche Weise ohne Angst, frech und selbstbewußt sind im „Omura Reception Center" nur die Kinder. Sie drängen sich kreischend zum Gruppenfoto und spreizen die Finger cool zum Siegeszeichen. Die Älteren lassen ihren Besucher mal kurz mit Fußball spielen. Ein Schuß aufs Tor, es gibt sachverständigen Applaus. Der vietnamesische Torwart hat gehalten.

(30. November 1990)

In Notwehr

Die japanische Armee geht zum Film

Mitleid mit den Armeen der Welt erscheint Zivilisten selten angebracht. Militärs bekommen Unsummen, wenn längst kein Geld mehr da ist. Sie genießen höchste Anteilnahme, in Zeiten der Aufrüstung wie der Abrüstung, vom Krieg gar nicht zu reden. Sie werden der Not gehorchend geehrt, gerühmt, gefürchtet, womöglich geliebt. Haben sie nicht alles, wofür es sich zu leben lohnt? Nicht in Japan.

Hier sind Soldaten schlecht gelitten: uniformierte Bürger zweiter Klasse, ein stehendes Heer in Notwehr gegen öffentliche Angriffe und heimliche Verachtung. Um dagegen endlich etwas zu tun und alarmiert von der immer größeren Mühe, einmal im Jahr zwanzigtausend Rekruten in einem vollbeschäftigten Land von 123 Millionen zu werben, hat das Verteidigungsministerium jetzt beschlossen, daß fortan nicht mehr trotziges Ausharren und schweigende Besserwisserei die beste Verteidigung sein könne. „Ära der offenen Tür" heißt die Strategie. Die ungeliebten „Selbstverteidigungskräfte" (SDF), die es nie wagen konnten, im eigenen Land so richtig die Zähne zu zeigen, wollen es mit einem Lächeln versuchen.

Direkt in die Kameras gutwilliger Filmregisseure. Wie entwaffnend das Lächeln von Verächtern der Militärs empfunden werden wird, soll sich zweimal bei Premieren im Dezember herausstellen. Bei zwei Filmen, „Like a Madonna" (nach einem Roman von Toda Shizuko) und „Best Guy" (Regie: Murakawa Tôru), haben die Streitkräfte in diesem Jahr bereitwillig wie noch nie mitgespielt; sie haben Gelände, teures Gerät und Hunderte Statisten monatelang und für symbolische Beträge zur Verfügung gestellt. Das Madonnen-Projekt, für das fünfhundert Soldaten, je vier Hubschrauber und M-74 Panzer mobilisiert wurden, wird unter Kennern zwar schon niedrig als „billiges Liebesmelodram" gehandelt. Die zuständige Führung der Streitkräfte aber fand die Dreiecksgeschichte zwischen zwei blutjungen Rekruten und einer gereiften Geschäftsfrau immerhin aufregend genug, um ultimativ anzuregen, daß eine Bettszene der drei, offenbar auf Kasernengelände, aus dem Drehplan zu streichen sei.

Aussichtsreicher werden die Chancen von „Best Guy" eingeschätzt, einer Elitefliegergeschichte in High-Technicolor. Es ist, so hofft man, Japans überfällige Antwort auf „Top Gun", das zwar eigentlich kaum Fragen offen ließ, dafür aber den ehemaligen Premierminister Nakasone Yasuhiro zu Begeisterungsstürmen hinriß. Nakasone, von dem auch das schöne Bild stammt, Japan sei „ein unversenkbarer Flugzeugträger", soll damals, wie es heißt, eine Kopie des Film zu Zwecken der sportlichen Wehrwerbung und Kampfgeistertüchtigung erworben haben. In „Best Guy" jedenfalls wird es um Draufgängertum und Besonnenheit gehen; was obsiegen wird, ist unmöglich nicht vorauszusagen. Zu unterscheiden sein werden die beiden Filme, die gleichermaßen von den Luftwaffen ihrer Länder großzügig gefördert wurden, für Geübte durch die Topographie (hier von Hokkaidô) und für jedermann durch den Hauptdarsteller. Oda Yûji kann beim besten Willen nicht mit Tom Cruise verwechselt werden, selbst wenn auch er weltberühmt werden sollte.

Bei den wahren Hauptrollen in „Best Guy", die von vier amerikanischen F-15 übernommen wurden, wird es schwieriger sein, das japanische Element jederzeit zu bemerken. Fünfzig Stunden lang habe einer der erfahrensten Piloten der japanischen Luftwaffe, gleichsam mit einer Filmkamera als Navigator, die tollkühnsten Manöver geflogen und bewiesen, daß jeder junge Japaner eine Zukunft als „Best Guy" haben kann, wenn er nur übt. Vorsichtig. Denn es gibt keinen Zweifel, welche Ware hier besonders wertvoll ist: über neunzig Millionen Mark kostet eine F-15, weniger als ein Zehntel dieser Summe kostete „Best Guy".

Auch Einheiten der in Japan stationierten amerikanischen Airforce haben angeblich dem Projekt „Best Guy" ihre überlegene filmische Erfahrung zur Verfügung gestellt. Womöglich zum ersten und letzten Mal: Das Pentagon veröffentlichte nämlich in diesen Tagen einen alarmierenden Bericht, wonach Japan in neun von zwanzig militärischen Schlüsselindustrien in aller Stille die Führung in der Welt übernommen habe: das reiche von Robotern über Halbleiter bis zum ultrasensitiven Radar. Es müßten schleunigst Strategien entwickelt werden, fordert das Papier, sowohl gegen die amerikanische Materialermüdung wie gegen die japanische Marketingmaschine. Andernfalls, so fürchten offenbar die Militärs in Washington, seien ihre Streitkräfte eines Tages nur noch in Hollywood bedingt einsatzbereit.

Wie gut „Best Guy" auch immer ausfallen wird: Der spannendste Militärfilm, das läßt sich jetzt schon sagen, wäre das Psychogramm der SDF und Japans. Seit über 36 Jahren leiden die Streitkräfte an dieser seltenen auszehrenden Krankheit, einer Art Stealth-Syndrom: Es gibt eine Armee, aber es kann sie gar nicht geben, weil es sie nach der Verfassung nicht geben darf. Diese beispiellose pazifistische Verfassung, von der amerikanischen Besatzungsmacht verordnet, um Japan auf ewig zu befrieden, genießt bis heute hohes Ansehen unter den ehemaligen Verlierern. Am demonstrativen Unwillen der Bevölkerung scheiterte jüngst zum Entsetzen der Regierung ein erstes Gesetz über die Truppenentsendung in den Golf. Die Mehrheit will keine japanischen Soldaten in Übersee, gleich in welch honoriger Mission. Sie will überhaupt keine Soldaten.

Diese Leute halten sich hier an den Buchstaben ihrer Verfassung und schaffen es spielend, ihre „Selbstverteidigungskräfte" (SDF) zu ignorieren. Nicht, daß sie unbedingt etwas gegen Gewalt hätten. Krieg spielt sich in Film und Fernsehen allabendlich in Krimis und in den Samurai-Dramen ab, wo man allerdings auch mehr langatmig droht und Augen rollt, als schließlich wütet und enthauptet. Weitgehend ausgeblendet werden die vergangenen hundert Jahre, ausgerechnet die militärisch glorreichste und verderblichste Epoche der japanischen Geschichte.

Die „Selbstverteidigungskräfte" verschwinden als Erben der kaiserlichen Niederlage Großjapans in den Denkfalten des Vergessenwollens. Irgendwie ahnt man auch, daß die SDF wie jede Armee beileibe kein harmloser Schlägertrupp von Karatekämpfern ist, wie der beschwichtigende Name glauben machen könnte. Sondern: eine Armee mit den dritthöchsten Militärausgaben, die größte Pazifikflotte und eine Viertelmillion Berufssoldaten unter modernsten Waffen, die ihre Existenz und ihr diskretes Schattendasein jener Schutzmacht verdanken, die als Siegermacht ihre Existenz verbot. Daß es sie überhaupt gibt, ist nur mit der genuinen Fähigkeit der Japaner zu erklären, der Realität wenn nötig ins Auge sehen zu können, indem sie ihrem Blick ausweichen.

Ein wirklich wichtiger Film über das Militär müßte hinschauen, das Übersehene zeigen. Denn die bemitleidenswerten japanischen Truppen leben trist wie unter einer Tarnkappe, bleiben außer Sichtweite der Städte, in die sie sich (bis hinauf zu höchsten Militärs im Tôkyôter Verteidigungsministerium) nur in Zivil wagen. Wer sich zu erkennen gibt, muß sich gar einen „Steuerdieb" heißen lassen. Das fürchten die japanischen Militärs, und manche sehnen sich danach. Die Falken unter den japanischen Militärs verweisen regelmäßig und nicht ganz zu Unrecht darauf, daß Wladiwostok nahe liege und Pyönyang auch nicht weit.

Asien sei anders, sagen sie. Japan könne nicht so schnell aus der Kälte zurückkommen wie Europa.

Eine Armee, selbst eine noch so bescheidene Randtruppe wie die japanische Armee, braucht Soldaten. Im Verteidigungsministerium wartet man nun gespannt auf die Filmpremieren und hofft, daß sich die Investition in die glamouröse Branche lohnen möge. Wenn auf Patriotismus schon nicht zu setzen ist, vielleicht könnte eine fitnessversessene Jugend wenigstens der sportlichen Seite des Soldatischen wieder etwas abgewinnen. Es wäre schließlich nicht das erste Mal.

(7. Dezember 1990)

Das Orakel der Delphine

Von Tieren, Menschen und der Sehnsucht
nach der gezähmten Natur

Endlich zog Europa einmal am selben Strang. Für ein paar Tage Anfang November fanden sich rechtschaffene liberale Tierschützer und eher rechtslastige „Tabloids" zum Tribunal und Standgericht ein. Welch eine Trauer, welche Einigkeit: Japanische Fischer sollen sechshundert Delphine an den Strand getrieben und bei lebendigem Leibe geschlachtet haben? Jawohl, das glaubte man aufs Wort, je weiter man von einem Tatort entfernt war, desto überzeugender die Indizien. So sind sie eben, die Japaner, so ganz anders als wir: Metzger von Menschenfreunden in der „Bucht des Blutrausches". Kalte Flipper-Killer im japanischen Archipel Gulag.

Vergessen waren die unerquicklichen Debatten über Fleisch- und Butterberge, Tierversuche und „Crazy cow desease". Endlich ging es in der Konferenz der Tierfreunde einmal gegen einen Dritten und ums Ganze. Die denkwürdige Allianz natürlicher Gegner, sagen wir, vom Geist eines „Rainbow Warrior" und der (vor allem britischen) Regenbogenkampfpresse, die sonst nicht verdächtig ist, in Rufmordkampagnen gegen Menschen irgendwelche Hemmungen zu haben, kam im

Namen der Schöpfung selbst zustande. Und deshalb erging nach dem Stimmengewirr beim ersten empörten Aufschrei das Urteil auch einstimmig: Schande über das barbarische Japan (und ein wenig über die Welt, die Japan gewähren läßt); Anklage gegen eine notorischen, neureichen Tierquäler; Ächtung des vorbestraften, uneinsichtigen Naturschänders. Den impliziten Vorwurf der Menschenschinderei hob sich das gottgefällige Allerweltsgericht für die nächstbeste Gelegenheit auf. Die wird schon kommen, meinten wohl manche, darin ist auf Japan noch stets Verlaß gewesen.

Polemik scheint notwendig. Aus zwei Gründen. Zum einen, weil an den europäischen Vorwürfen einiges Wahres ist. Zum anderen, weil dieses Stück Wahrheit in einem Nebel aus unfairem Geschwätz und Heuchelei, Selbstgefälligkeit und Schadenfreude verborgen bleibt. Ihre Wirkung hat die Kampagne allerdings getan.

Man kann vom Westen aus kaum ermessen, in welche Gefühlsverwirrung von Entsetzen und Abwehr, Wut und Trotz sich die japanische Öffentlichkeit und ihre Medien gestürzt sahen. Bis zum heutigen Tag veröffentlichen (vor allem die englischsprachigen) Zeitungen regelmäßig Artikel zu dem Delphin-Zwischenfall. Der ungewöhnlich emotionsgetriebene Streit hat die Leute wie die Zeitungen in zwei Lager gespalten. An einen Massensuizid der Delphine, hilflos, orientierungslos durch einen Parasitenbefall im Mittelohr, glaubt die eine Partei. Die andere traut (auch mit einiger hauptstädtischer Arroganz) ihren ungebildeten Fischern auf den tausend Kilometer südwestlich von Tôkyô gelegenen Gotô-Inseln, einst einer sicheren Zuflucht für verfolgte Christen während der Tokugawa-Isolation, nicht weniger Übles zu als der Westen.

Einig sind sich beide Seiten in ihrer Kritik an westlichen Journalisten, von denen sich offenbar nicht ein einziger (einschließlich des Autors dieses Berichts) bequemte oder bereitfand, vor Ort zu recherchieren. Wochenlang gingen alle Informationen von Mund zu Mund und durch soviele Hände, daß man sie nicht mehr greifen kann. Der vorläufige offizielle Untersuchungsbericht des aufgestörten Ministeriums für Forstwirtschaft und Fischerei verstand sich Ende November angesichts widersprüchlicher Ergebnisse zu einer genuin japanischen Kompromißformel: danach haben die Fischer den Delphinen wenigstens absichtlich gar nichts getan, aber sie sollen es bitte nicht wieder tun.

Was ist wirklich geschehen? Niemand weiß es genau. Beide Seiten können für ihre Sache Indizien und Zeugen aufbieten. Es gibt zu denken, daß sich die japanische Sektion von „Greenpeace" bis Mitte Dezember für keine Lesart entscheiden mochte. Die Sache werde noch untersucht, hieß es, man vermute aber die Wahrheit in der Mitte zwischen den beiden Extrempositionen. Was bei Greenpeace noch als seriöses Zaudern vor Kurzschlüssen zu respektieren sein mag, wirkt in der Stellungnahme der Tôkyôter „Gesellschaft zur Verhinderung von Grausamkeit an Tieren in Japan" nur noch kleinlaut und hilflos. Auf Anfrage dieser Zeitung teilt ein Herr Mida irritiert mit, seine Gesellschaft habe keine Position in der Sache, weil es noch keine Anfrage einer Zeitung gegeben habe. In der Einsicht, daß es mit diesem angenehmen Zustand soeben zuende gehe, erzählt Herr Mida schließlich, er habe sofort nach Bekanntwerden des Vorfalls am Samstag, dem 3. November, die zuständigen Behörden in der Präfektur Nagasaki angerufen und dringend darum gebeten, die gestrandeten Delphine wieder ins Meer zu befördern. Man habe ihm aber erklärt, die Tiere seien schon zu geschwächt. Er persönlich glaube nicht daran, daß die Fischer das Fleisch der Delphine gegessen hätten. Treuherzig fügt er hinzu, daß Delphin auch nicht sonderlich wohlschmeckend sein könne, sonst würde es, wie etwa Walfleisch, zweifellos auf den Fischmärkten angeboten.

Hier irrt Herr Mida nicht, Fischdelikateßgeschäfte bieten Wal hundertgrammweise für über 35 Mark an. Japanische Historiker sind sich dagegen einig, daß im Gebiet der Gotô-Inseln seit dem 17. Jahrhundert Delphinfleisch verzehrt wird. Unstrittig ist auch, daß die Behörden der Präfektur Nagasaki seit 1978 für jeden Delphin eine Kopfprämie von fünftausend Yen, über fünfundfünfzig Mark, zahlen. (Eine Maßnahme, die man unter dem Eindruck der jüngsten Schlagzeilen vom März kommenden Jahres an aussetzen will.) Zumindest ist statistisch verbürgt, daß es 1982 und 1986 zu ähnlichen Massenstrandungen kam und weiter die Zahl von 31.475 Delphinen, die 1989 vor Japans Küsten gefangen wurden; 1.714 davon wurden von Fischern an die Strände getrieben. Also doch?

Einige Mutige unter den Fischern der Gotô-Insel Fukue, wo man sich nun unseligerweise von aller Welt beobachtet fand, geben das auch offen zu. Traditionell war man darauf angewiesen in Zeiten der Knappheit, und die herrschten oft auf den ärmlichen Inseln, zuletzt in und nach dem Zweiten Weltkrieg. Selbst heute, in Zeiten der Teuerung von Fleisch, sei das Delphinsteak für Hunderte Familien die einzige Proteinquelle. Manche Fischer gestehen auch, daß sie nichts daran fänden, das Nahrhafte mit dem Nützlichen zu verbinden. In den zunehmend überfischten Fanggründen im Ostchinesischen Meer müßten sie große Schwärme von Delphinen, die es reichlich gebe, als Konkurrenten und Feinde sehen. Delphine griffen zwar nie Menschen an, aber ihren Lebensunterhalt bedrohten sie sehr wohl. Wenn sie der Küste zu nahe kämen, zerrissen sie ihre Netze, plünderten ihre Fischfarmen. Kurz, sie seien eine Pest für die Fischer, und wenn sie sich schon in Strandnähe verirrten, werde man sich als Fischer nicht allzu lange damit aufhalten, sie wieder in die Freiheit zu scheuchen. Niemand könne also erwarten, daß sie Delphine so liebten wie die Sonntagsausflügler eines Marinariums in Miami oder sonstwo. Sicherlich, ja, sie mögen wohl nette, intelligente, empfindsame Säugetiere sein, sagen sie schließlich trotzig, das seien Schweine, Kühe oder Schafe aber auch.

Ist es so leicht und schlüssig, dagegen zu argumentieren? Wenigstens nicht, solange der Verdacht unbegründet scheint, daß Delphine in Gefahr einer drastischen Dezimierung oder gar in die Nähe der Ausrottung geraten könnten wie ihre großen Brüder, die Wale der Antarktis. Der Hinweis, daß man im Westen nur Zuchttiere schlachte, kann kaum überzeugen, wenn man an die folterartigen Umstände mancher Massentierhaltungen und Viehtransporte denkt. Er kann erst recht nicht bestehen, wenn man jedem Lebewesen ein Lebensrecht und Leidensfähigkeit, eine Seele, zugesteht – auch allen im Namen der Forschung in den 140 Millionen Tierversuchen jedes Jahr Hingerichteten, nicht nur dem „Animal rationale". Das ungebremste Wachstum der Species homo sapiens, die in den letzten zwanzig Jahren ihre Zahl auf katastrophale fünf Milliarden verdoppelte, bedroht diese Erde. Nichts Neues, ein gefährlicher Gemeinplatz. Aber nur Misanthropen von bedeutendem Format würden deshalb fordern, den Schutz der Menschenrechte und Menschenwürde zu stunden und den Wölfen unter den Menschen wieder freien Lauf zu lassen.

Die westliche Liebe zu den Delphinen drückt sich vor allem darin aus, daß man sie im Fernsehen und im Kino auftreten läßt. Sei es in der unvergessenen endlosen „Flipper"-Serie, in amerikanischen Gewässern im „Weißen Hai III", oder in galaktischen Haus-Pools im „2001"-Nachzügler „2010". Stets hält man sich Delphine als treue Meereshunde. Sie keckern freundlich verspielt in die Kameras, jonglieren und zeigen akrobatische Sprünge, geben Flosse und schütteln Köpfe. Oft sind sie bis zu einer solchen Lächerlichkeit vermenschlicht und verniedlicht, daß man sich wundert, warum sie sich immer noch mit rohem Fisch als Gage abspeisen lassen. Aber was ist mit den riesigen Mengen von elend verendeten Delphinen, die jedes Jahr an alle Küsten der Mittelmeeranrainer geschwemmt werden? In diesem Herbst haben britische und spanische Veterinäre nach Autopsien an zehntausend Delphinen die mutmaßliche Todesursache gefunden: Leberversagen nach Vergiftung; eine Art Hepatitis, hervorgerufen durch Umweltschäden. Man nimmt an, daß die Tiere langsam ihre Fettschicht (Blubber) verloren, und sich mindestens zwei Monate quälen mußten.

Wer ist verantwortlich? Ironischerweise gerade jene altehrwürdigen Länder, denen das Abendland seine Kultur und seine Mythen verdankt. All die antiken Sagen, in denen Delphine gen Himmel schwimmen, apollinische Geschöpfe, dionysische Diener: allseits verehrte Schoßtiere der Götter. Es ist nicht gewagt zu vermuten, daß die Fischer von Gotô nicht die geringste Ahnung von griechischer Mythologie haben. Und selbst wenn. In der japanischen Kulturgeschichte haben Delphine allenfalls eine Nebenrolle gespielt. Nämlich als *shachihoko*, eine Phantasiekreatur des Aberglaubens mit Delphinflossen und Drachenkopf, die auf den Dächern mittelalterlicher Burgen und feudaler Schlösser vor Feuersbrünsten schützen sollte. Stets ist ein *shachihoko* mit dem Schwanz in die Höhe, auf dem Kopf stehend dargestellt. Seine Atemöffnung zum Hause hin gerichtet, bereit, so wird vermutet, in der Art von Walen mit seinen Wasserfontänen die Brände zu löschen.

Zweifellos eine nicht annähernd so erhabene, bewunderungswürdige Rolle wie im Westen. Ein Delphin war auch nicht unter jenen zwölf Tieren, die kamen, als Buddha am Neujahrstag alle Tiere mit dem Versprechen lockte, ein Jahr nach ihrer Art zu benennen. Selbst die Ratte, intelligent genug, um gerade noch als vorletzte einzutreffen, erfuhr die große Ehre und ewigen Ruhm im chinesischen Tierkreiskalender. Aber wer will schon bei den Abendnachrichten in anderen Kulturen stochern. Die kollektive Verantwortung für den Mißbrauch des Mittelmeers als gigantische Jauchegrube läßt sich in der Tat schwer ins Fernsehbild setzen. Viel schwerer jedenfalls als ein japanischer Fischer mit dem Knüppel in der Hand und der Säge am Gürtel.

Es soll nicht der Anschein erweckt werden, Japan gerate, womöglich als Opfer uneingestandener rassistischer Ressentiments im Westen, ganz und gar unschuldig immer wieder auf die Anklagebank. Es soll nicht einmal darum gehen, mildernde Umstände aufgrund kultureller Unterschiede herauszuschinden. Japan zieht die Kritik von Tier- und Umweltschützern häufig zu Recht auf sich, weil eines der mächtigsten und reichsten Länder der Erde sich in der schwierigen Weltfamilie oft aufführt wie ein launisches und verwöhntes Kind, das nie teilen will, aber immer neue Spielsachen verlangt, die es alsbald wegwirft. So alt und ehrwürdig seine Kultur, es bedeutet keine Herabsetzung zu sagen, daß Japan auf der internationalen Bühne minderjährig wirkt: noch unerfahren in globaler Zusammenarbeit, und recht unwillig, Rechenschaft abzulegen. Zudem: ohne eine entwickelte Streitkultur und umso virtuoser in der Kunst des Ausgleichs, erweist sich Japan oft als unfähig, sich sachlich oder gar durch Angriff gegen unlautere Anwürfe zu verteidigen. Was den Tod der Delphine in Gotô betrifft: auch hier glich die japanische Reaktion etwa der eines kleinen Jungen, den man beim arglosen Ausreißen von Fliegenbeinen ertappt. Erst leugnet er, dann sagt er, er nutzte die Fliege doch als Köder zum Angeln; ihr Tod sei also nicht umsonst. Wenn das nicht verfängt, murmelt er etwas von Tradition, er tue nur, was man schon immer getan habe.

Nun steht es dem Westen gewiß nicht zu, sich als Adoptiveltern Japans aufzuführen. Er muß auf Gleichheit bestehen, und Geduld und Verständnis haben Grenzen. Japan wird sich weiter gefallen lassen müssen, an seine Versäumnisse erinnert und für seine Verzögerungsmanöver gescholten zu werden. Ganz gleich, ob man an den (offiziell auch hier geächteten) Import von bedrohten Tierarten, von Pelzen, Elfenbein oder Schildpatt denkt, oder an das seit 1986 nicht nachlassende, uneinsichtige Drängen Japans auf die Wiederzulassung des kommerziellen Walfangs in der „Internationalen Walfangkommission", oder an den weltweit beispiellosen Verbrauch von tropischen Hölzern (1989: 12,4 Millionen Tonnen), die für Furnier benutzt und sogar für Baugerüste und Betonverschalungen vergeudet werden – immer scheint das politische Japan, so lange es geht, den Kannitverstan zu mimen. Es macht eine entsprechend unglückliche Figur.

Nur auf starken Druck, wenn Japan fürchten muß, in geschäftsschädigender Weise Gesicht zu verlieren, geben politische und gesetzgebende Gremien nach. Zuletzt konnte man das in einer sehr durchsichtigen Geste Mitte Oktober studieren, als Premierminister Kaifu seinem hohen Gast, dem Herzog von Edinburgh und Präsident des „World Wide Fund for Nature" (WWF), in die Hand versprach, daß Japan die Einfuhr von bedrohten Seeschildkröten verbieten werde. Nicht sofort freilich, sondern rechtzeitig vor dem nächsten Treffen der Unterzeichner des Washingtoner Artenschutzabkommens 1992 in Kyôto. Doch noch beim Beitritt zu dieser Konvention ging Japan mit schlechtem Beispiel voran, indem es von vorneherein zehn Ausnahmen machte, mehr als beinahe jedes andere Mitglied. Verbrüdert im Ungeist, ausgerechnet, mit der Schweiz.

Gibt es also tatsächlich keine Tierliebe unter den japanischen Menschen? Unsinn. Mehr als ein Drittel der Japaner hält Haustiere und mag, pflegt und vernachlässigt seine Hunde, Katzen, Vögel und Fische daheim nicht mehr oder weniger als andere. Eine Umfrage unter siebeneinhalbtausend Bürgern, anläßlich der sogenannten „Seid-nett-zu-Tieren-Woche", ergab Mitte September nicht nur erstaunliche Besitzverhältnisse: in der obengenannten Reihenfolge von Hunden bis Fischen, 60, 26, 17,4 und 15,3 Prozent, sondern es überraschte die Intensität der Tierliebeserklärungen.

Beinahe zwei Drittel der Befragten gaben an, daß sie gerne ein Tier besäßen, wenn sie nur dürften. Manche beklagten sich bitter, daß dies von ihrem Vermieter verboten werde. Ein Grund möglicherweise, warum sich in diesem Jahr die Verkäufe von Terrarien und Reptilien verdoppelt haben. Lautlos und pflegeleicht verraten sie ihre Besitzer nicht. Der treueste Hund Tôkyôs ist aus Metall und gilt als der berühmteste Treffpunkt der Stadt. „Hachikô" sitzt seit einigen Jahrzehnten unbewegt vor dem Bahnhof im Stadtteil Shibuya. Zum Denkmal in Lebensgröße erstarrte das nicht sonderlich reinrassig wirkende Tier, weil es, der Sage nach, Monate an dieser Stelle auf seinen Herrn gewartet hatte, der über seiner Arbeit verstorben war und nie mehr zurückkehrte. Es ist das kurioseste, aber bei weitem nicht das einzige Mahnmal zur Treue in Japan.

Im Tôkyôter Stadtbild sieht man leibhaftige Hunde nur in Wohngebieten und stets an der Leine, von ihren Hinterlassenschaften sieht und fühlt man erfreulicherweise nichts. Es gibt wohl kaum eine andere Metropole, in der man man auch im Dunkeln so sicher auftreten kann wie in Tôkyô. Nur ganz harte Mitglieder der Hundebefreiungsfront können etwas dagegen einwenden, daß Hunde in Japan grundsätzlich nichts auf Spielplätzen verloren haben und dort, dank einsichtiger „Herrchen", auch tatsächlich nicht sind. Praktisch, wie Japaner meistens denken, und um Hygiene besorgt hat sich eine Studentin in meiner Nachbarschaft zwei Hunde angeschafft: einen winzigen, der angeblich sauber bleibt, weil er nie raus darf, und einen riesigen, der draußen an der Kette verläßlich bellend das Haus bewacht, das er nie betreten wird. Katzen haben dagegen alle Freiheiten. Sie flegeln sich unbehelligt auf Parkbänken und Kühlerhauben. Ein bürgerliches Relikt aus Feudalzeiten, da Katzen als samtige Gespielinnen von Hofdamen so hoch im Kurs standen, daß sie es sogar zum Adelsrang brachten. Niederes Menschenvolk hatte sich damals buchstäblich vor diesen ahnungslos arroganten Aristocats in den Staub zu werfen.

Die Auslage der Zoohandlung um die Ecke ist alles andere als einfallsreich. Ein Dutzend junger Hunde und anderes pelziges Kleingetier haust auf Spreu und Plastik, hinter Glas und Gittern wie in Opernlogen auf drei Rängen. Je nach Sonneneinstrahlung und Publikum wechseln tolpatschige Lebenszeichen mit apathischem Dämmern. Die Besetzung wechselt häufig, es gibt kaum Ladenhüter in dem Geschäft an der Ôme kaidô, einer der großen westlichen Ausfallstraßen. Er müsse mit dem locken, was er habe, sagt der Besitzer. Auf dem japanischen Markt, wo meistens Stil vor Inhalt geht, ästhetische Sinnlichkeit über sinnvollen Gebrauchswert siegt, ist eine Katze im Sack noch weniger zu verkaufen als irgendwo. Es ist das Land der (bis zum katastrophalen Umweltproblem getriebenen) Verpackungskunst, aber auch der Restaurants, die ihren Kunden Gerichte und Getränke in naturgetreuer Plastikausführung in Straßenvitrinen servieren, mit dem Versprechen, sie von der Küche drinnen bis ins peinlichste Detail nachbilden zu lassen. In der Zoohandlung ist auch ein haarfeines Fischernetz zu haben, das als sogenanntes Nebelnetz für den Fang von Singvögeln auch in Japan seit vierzig Jahren verboten ist, und deshalb mit großem Gewinn in mediterrane Länder verkauft wird. Zypern und Spanien tun sich jedes Jahr unrühmlich mit dieser illegalen Jagd hervor. Japanische Netze sollen die feinsten sein. *Isseki nichô* – zwei Vögel mit einem Stein. So lautet die sprichwörtliche japanische Entsprechung zu unseren beiden Fliegen auf einen Streich.

Es gibt eine tiefe Furcht vor dem Chaos in diesem Land, das geologisch wie klimatisch den Naturgewalten ungleich mehr ausgeliefert ist als etwa Mitteleuropa. Seit Urzeiten wucherte auf den japanischen Inseln alles Leben im Übermaß. Die Verteidigungshaltung und der Respekt der Menschen gegen die übermächtige Natur haben zugleich die anmutigsten Sitten und die übelsten Auswüchse hervorgebracht. Die Sehnsucht nach dem Delikaten, Kontrollierten, Gezähmten, nach der nachgeschöpften Schöpfung liegt über den wundervollen, und im Westen so bewunderten japanischen Gärten, über Ikebana und Bonsai, aber auch über dem winzigen Schoßhund mit Stubenarrest. Ohne die Prinzipien der Aufklärung, ohne eine christliche Mitleidsmoral, ohne schlechtes Gewissen, gründet japanisches Leben ganz im Praktischen und in einem hochkomplizierten Beziehungssytem.

Wer das Verhältnis der Japaner zu Tieren besser begreifen, wenn schon nicht rechtfertigen will, muß mit den Menschen beginnen, deren Maß allein die Verhältnismäßigkeit ist. Gibt es irgendeine von Konventionen geregelte Beziehung, sei es als Bruder oder Kunde, Freund oder Angestellter, Nachbar oder Gast – so sind auch in den anonymen Zeiten des High-Tech noch immer Höflichkeit, Schutz und höchste Diskretion in einer im Westen längst vergessenen Weise selbstverständlich. Von außen betrachtet läßt sich andererseits alle Beziehungslosigkeit in der japanischen Rückversicherungsgesellschaft als Selbstsucht, Gleichgültigkeit und Grausamkeit leicht mißverstehen. Vieles spricht dafür, daß die Delphine am Strand von Fukue starben, weil sie buchstäblich keine Beziehungen hatten.

(22. Dezember 1990)

Allah ist nicht so groß

Moslems in Japan und der Krieg im Golf

Kein Minarett weist den Weg zum Freitagsgebet. Gruppen treffen sich auf einem Grünstreifen mitten auf einer Straße, an der die Moschee einmal stand. Ein paar Neugierige schauen zu, man hört nur den Motorenlärm. Der Islam hat in Japan wenig zu sagen.

Die Suche nach dem Islamischen Zentrum im Stadtteil Setagaya ist beschwerlich. Nachbarn haben nie davon gehört. „Isuramu sentâ? Wakaranai." Die Gebetsteppiche sind aus Plastik, der Kaffee in Dosen aus dem Automaten, Mekka ist aus Pappe. Eine weiche Morgensonne erleuchtet den heiligsten Ort der Moslems auf dem mannshohen Plakat der saudi-arabischen Tourismusbehörde. Doch in Tôkyô ist es ein düsterer Winternachmittag, Mekka liegt seit Tagen im Kriegsgebiet in einem Kampf auch unter Moslems, und Mohammed Sabir kauert allein vor einem Heizlüfter. Er ist Pakistani, Ende zwanzig, seit drei Jahren in Japan und inzwischen „ein reicher Mann", der seinen Eltern 1.500 Dollar im Monat nach Hause schicken kann. Sein Englisch ist rauh, sein Japanisch reicht für die legale Arbeit in einer Glaserei, knapp vierzehn Mark in der Stunde, zwölf Stunden am Tag. Er lächelt schief. „Die Japaner mögen mein braunes Gesicht nicht, aber sie brauchen geschickte Hände, selbst wenn sie braun sind." Heute hat sich Mohammed freigenommen, nennt sich einen Mudschahedin, einen Freiwilligen in der islamischen Sache. Heute ist er, solange seine Schicht dauert, für jeden da, auch für Ungläubige. Er hat nichts gegen sie, wenn sie nur „gute Männer" sind. Nur wer den Propheten lächerlich macht, den muß er töten.

Das Islamische Zentrum nebenan hat seit etlichen Tagen geschlossen. Angeblich wegen Reparaturarbeiten, inoffiziell ist zu hören, daß man, abhängig von Geldern aus Saudi-Arabien und Kuwait, heilfroh ist, sich eine Weile bedeckt halten zu können: der Konflikt zwischen den Scheichtümern, die Gott einen guten Geschäftsmann sein lassen, und den armen islamischen Ländern, die nichts als ihren Glauben an

Höheres haben, ist auch in Tôkyô ungelöst. Mohammed Sabir flucht gedämpft auf Amerika, mehr auf Syrien und die anderen alliierten Araber. Aber er verachtet erst recht die „verweichlichten" Leute von nebenan, die gut bezahlt werden, und ihre Glaubensbrüder in diesen schlimmen Zeiten, da Muslime im Golf Muslime töten, allein lassen. Tag und Nacht müßten sie den einzigen Ort des Trostes und des Gebetes in der Stadt offenhalten, sagt er. Manchmal verzweifele er fast an seinem Glauben.

Es gibt gerade 30.000 Moslems in Japan. Sie haben seit Jahren keine Moschee mehr in Tôkyô, weil die Moslems verschiedener Nationalität im Streit um einen Neubau nur allseitige Lähmung erreicht haben. Die einzige Moschee der Stadt, gestiftet 1938, wurde wegen Baufälligkeit abgerissen, das Grundstück ist heute Abermillionen wert. Es gehört der türkischen Regierung, die für ihre Landsleute dort ein Kulturzentrum plante; aber andere Moslemgruppen haben das bis heute verhindert. Eine Moschee für alle oder für keinen. Immerhin, man hört von viel Geschrei, aber keiner Gewalt unter ihnen. Sie wollen nichts mit der Polizei zu tun haben, und diese auch nichts mit ihnen. Polizisten mieden das Zentrum, sagt Mohammed mit stolzem Machismo: „Die haben Angst vor uns."

Es gibt wenige Regionen in der Welt, wo der Islam so einsam und schwach scheint wie in Japan. Man sieht kaum Araber im Stadtbild, die anderen Moslems tun meist alles, um kein Aufsehen zu erregen. Sie kommen aus Indien, Bangladesh, Pakistan und stellen einen großen Teil der geschätzten 150.000 illegalen Arbeiter in Japan, die von den Kleinbetrieben dringend gebraucht und von Polizei und Behörden deshalb stillschweigend geduldet werden, solange sie keinen Ärger machen.

Es gibt wenige japanische Konvertiten. Und wenn es die Suzuki Mohammed oder Tanaka Achmed ernst meinen, werden sie sorgfältig darauf achten, es für sich zu behalten. In einer religionstoleranten Kultur, die mit Glaubensdingen mehr spielt als mit ihnen ringt, verbreiten monotheistische Weltanschauungen Unglauben und Unbehagen, Mißtrauen oder nur Langeweile. Sie verlangen von den Menschen Unmenschliches, sie gelten als lebensfeindlich: der einzige Gott ist der Schöpfer des Bigotten.

So ist es, wenn überhaupt, eine Frage des Geldes und der Phantasie, nicht der Moral, sich aus dem Angebot von Shintôismus und Buddhismus das unterhaltsamste und farbigste je nach Anlaß herauszusuchen. Traditionell sind Geburt und Leben Sache des Shintô-Kultes, im Tod verläßt man sich auf den Buddhismus, dessen Priester und Tempel einzig davon sicher überleben können. Jeder will im Jenseits Buddha werden, auch wenn er etwa Zeit seines Lebens Christ war. Ihm die Bedeutung mittelalterlicher Kreuzzüge oder zeitgenössischer Heiliger Kriege, „Djihads", zu erklären, ist zumindest im Diesseits ziemlich zwecklos. Man tötet nicht für einen Gott, glauben und glauben lassen.

In Weiß heiraten, inklusive Priester, Kapelle und ansprechenden Kirchenliedern, gilt in Tôkyô als gut und teuer. Das Christentum hat Prestige und Tradition. Immerhin hatte einst die Lehre portugiesischer Missionare genügend Anhänger gefunden, um eine jahrhundertelange Verfolgung der Christen durch die Shôgune zu rechtfertigen. Außerdem weiß man, womit Johann Sebastian Bach sein Geld verdient hat und wo Michelangelos Genie in den gewölbten Himmel wuchs, und man befindet, daß dieser Glaube wenigstens als Sponsor der Künste sein Gutes hat. Moslems haben dagegen in Japan weder Märtyrer zu beklagen noch nennenswerte Kunstschätze zu vererben. Man nimmt ihr Öl für bare Münze und versteht sie ansonsten wenig.

Wenn einmal, wie bei der Auseinandersetzung um die japanische Übersetzung von Salman Rushdies „Satanischen Versen" im Februar 1990 vom Koran die Rede ist, so klingt das gestrenge Wort des Propheten den meisten Japanern so wenig anziehend wie furchterregend, sondern einfach nur nach Spielverderberei. Mit Verstörung nahm die japanische Öffentlichkeit Demonstrationen radikaler Moslems, Todesdrohungen und tätliche Angriffe auf den Verleger Gianna Palma zur Kenntnis. „Im Namen der muslimischen Gemeinde fordere ich Sie heraus, wir werden Sie nicht am Leben lassen", versprach damals ein wilder Mann von der „Pakistan Vereinigung" bei einer Pressekonferenz. Heute, so sagen Leute, die ihn kennen, ist er froh, daß ihn niemand beim Wort nahm.

Der bekannteste Araber in Japan und zugleich der einzige, der sich überhaupt zu Wort meldet, heißt seit neuestem Rashid al-Rifai, beansprucht den Titel Exzellenz und überbeansprucht die Duldsamkeit seines Gastlandes zusehends mit eher undiplomatischen Kriegserklärungen im Namen Saddam Husseins. Der irakische Botschafter, ein kleiner Operettendiktator mit Schnurrbärtchen und herrischem Gebaren, scheint seine Fernsehauftritte als ständiger Vertreter und Anwalt seines Herrn zu genießen. Nie hatten seine Worte je ähnliches Gewicht, nun wuchert er mit der Angst.

Im Frieden hatte er nicht viel zu sagen. Seine Exzellenz steht in Tôkyô gerade sechs Diplomaten vor, die ungefähr sechzig Iraker in ganz Japan und (bis vor kurzem) gerade viereinhalb Prozent der japanischen Ölimporte aus dem Golf verwalten. Seit Tagen lauscht das Fernsehpublikum eher ungläubig als eingeschüchtert seinen immer wüsteren Drohungen und Verwünschungen. Japanische Gelder in die Kriegskasse der Alliierten? – „... ein feindseliger Akt mit bösen Folgen". Japanische Flugzeuge zum Transport von Flüchtlingen aus dem Irak nach Kairo? – „... wir werden sie abschießen". Rashid al-Rifai arbeitet angestrengt daran, möglichst bald des Landes verwiesen zu werden. Nicht aus Sicherheitsgründen, sondern weil er sich nicht an die Spielregeln hält.

Seine Kontakte zur Japanisch-Irakischen Gesellschaft in Tôkyô dürften mehr als kühl sein. Die nach dem Ölschock 1975 gegründete, von etwa fünfzig japanischen Firmen finanzierte Gesellschaft gibt sich unpolitisch und verweigert in diesen Tagen auf Anfrage zunächst jeden politischen Kommentar. Alle Austauschprogramme seien gestoppt, bestätigt ein Sprecher, und man sei sehr besorgt um die Freunde im Irak. Also Neutralität? Nicht ganz. „Wir meinen, daß Saddam Hussein dem Land unermeßlichen Schaden zufügt und zurücktreten sollte."

Wirklich Angst haben die japanischen Sicherheitsbehörden nur vor Japanern. Nicht zuletzt vor einer in die Jahre gekommenen Gruppe von Terroristen der „Roten Armee", die im Libanon im Dunstkreis von George Habaschs „Volksfront zur Befreiung Palästinas" untergetaucht ist. Darunter Okudaira Junzô und Okamoto Kôzô, die im Mai 1972 gemeinsam mit einem Komplizen mit automatischen Waffen und Handgranaten ein Massaker auf dem Lod-Flughafen von Tel Aviv anrichteten. 26 Menschen starben, achtzig wurden verletzt. Ihre Fahndungsfotos starren seit Jahrzehnten von gelben Plakaten an Bahnhöfen und Flughäfen. Inzwischen sind sie alle Mitte vierzig, aber noch immer hat die „Rote Armee" nicht dem „bewaffneten Klassenkampf und Befreiungskrieg" entsagt, sondern sich jüngst mit der PLO, die in Tôkyô ein offizielles Büro hat, auf die Seite Saddam Husseins geschlagen. Die japanische Polizei befürchtet, daß die Terroristen als japanische Touristen getarnt in Europa oder im Mittleren Osten neue Anschläge verüben könnten.

Um die Moslems in Japan scheint sich niemand zu sorgen. Es heißt, nach Japan komme ein Moslem nur, um zu beten und zu arbeiten. Nicht zum Leben, erst recht nicht zum Sterben.

(26. Januar 1991)

Kein Anschluß

Die japanische Friedensbewegung hat kein Telefon

Sie bewegt sich nicht, die japanische Friedensbewegung. Eigentlich gibt es sie kaum. Um sich zu mobilisieren, braucht es Gegner. Ein Staat, dessen vornehmstes Verfassungsgebot der Pazifismus ist, schien als Feindbild lange nicht zu taugen: wo jeder seine Friedfertigkeit per Paß nachweisen kann, steht eine Friedensbewegung im Verdacht, ihre Ziele zu fälschen. Jetzt freilich, da das Land ein jähes Ende seiner sorglosen „splendid isolation" erlebt und die japanische Regierung widerstrebend einen Milliardenanteil der Kriegskosten übernimmt, müßte sich Widerstand formieren. Aber anders als im Parlament ist auf den Straßen Japans wenig davon zu sehen. Auch nach dem 17. Januar finden sich keine Zweckbündnisse aus Parteien, Gewerkschaften oder Priestern zusammen wie in Europa. Man marschiert getrennt und verläuft sich.

Zumal in dieser Riesenstadt, die alles mit ihren Menschenströmen fortspült, in der man allenfalls politisches Aufsehen erregt, wenn man ein paar Mörsergranaten auf den Kaiserpalast feuert. Vereinzelte „Die-ins" vor Ministerien in Tôkyô rufen bei den meisten Passanten mildes Desinteresse hervor, einen eigenen Totstellreflex. Als Anfang Februar fünfhundert Demonstanten eine Menschenkette um das Parlamentsgebäude bilden wollten, verhinderte die Polizei, stets freundlich und in der Übermacht, durch ein paar Absperrgitter vor dem Haupteingang den Kurzschluß. Es ist nur eine geringe Abweichung von der langjährig bewährten Taktik der japanischen Ordnungsmacht, Proteste nicht durch Verbote aufzuwerten, sondern sie kontrolliert ins Leere laufen zu lassen.

Die Hauptquartiere der Links- und Rechtsradikalen stehen Tag und Nacht unter Überwachung, ebenso wie ihre prominentesten Führer. Aber man belästigt sie wie auch die allseits bekannten Yakuza-Büros nicht mit unnötigen Razzien, um sie nicht zum Abtauchen in den Untergrund zu provozieren. Die Strategie, Außenseiter gleichsam unter Aufsicht und zur öffentlichen Abschreckung miteinander spielen zu lassen, funktioniert vortrefflich in einer konfuzianisch-hierarchischen Gesellschaft, die noch immer Konflikte mit den Waffen der Konvention austragen läßt. Die Familie, die Nachbarn, der gute Geschmack sorgen dafür, daß Radikalität in die Einsamkeit führt.

„Kommen Sie ruhig", sagt der verbindliche Polizeioffizier am Vorabend der Friedenskundgebung und verliest sodann ein Aktionsprogramm wie die Rednerliste einer Aktionärsversammlung: 12 Uhr mittags Beginn auf dem Platz hinter dem NHK-Gelände in Yoyogi; dann Reden; Musik von fünf Bands; wieder Reden; 15 Uhr Abmarsch des Protestzuges zur amerikanischen und irakischen Botschaft. Die Kollegen und er seien sicher, daß die Sache ruhig und geregelt ablaufen werde. Keine Verkehrsbehinderungen, vermutlich kämen ohnehin nur wenige. Wie er das wisse? Nun, der Veranstalter namens „Inochi no matsuri" („Festival-of-life-network") sei ihnen noch nicht untergekommen und mache einen etwas desorganisierten Eindruck: nicht einmal eine Telefonnummer habe er angeben können. In einem Land, wo man selbst beim Beantragen eines Telefons als erstes nach der Telefonnummer gefragt wird, kommt ein fehlender Anschluß einem gesellschaftlichen Bann gleich.

In Japan hat er offenbar überlebt, der ewige Hippie. Der ausgemergelte Mann mit den Plastikblumen im Stahlhelmband steht drei Stunden lang starr und lächelnd vor der Bühne. Das Rückkopplungskreischen der Gitarren ist sein vertrautes Stahlgewitter. Er ist eine hilflose Person, weil sich seit zwanzig Jahren die Erde unerreichbar unter seinen Füßen wegdreht, aber er lächelt, weil er heute damit nicht allein ist. Flower Power neutralisiert Ikebana Power. Es macht ihnen nichts, daß sie nur ein paar hundert sind am Sonntagmittag vor dem Yoyogi-Park. Denn sie treffen sich ohnehin in den frühen siebziger Jahren, wo es ihnen am wohlsten ist; „Love & Peace" sind überall, verpackt in einem Zeitvakuum und haltbar bis zum nächsten Krieg. Alle Zeugen von Format sind tot und deshalb vogelfrei für friedliches Merchandizing. So verspricht John Lennon, vom T-Shirt grinsend, noch immer, was schon einst auf seinen Plakatwänden in New York eine gnädige Lüge war: „Der Krieg ist aus, wenn du es willst." Und Albert Einstein verkündet von gleicher Stelle, daß Vorstellungskraft wichtiger sei als Wissen. Nelson Mandela dagegen schweigt, seine Sache ist aus demselben Stoff, aber noch nicht entschieden.

Wo kommen sie heute nur alle her, Mengen von Hippies, die sonst in Tôkyô so selten sind wie Albinos. Woodstock revisited: dieselben handgestrickten Pullover, wallenden Kleider, selbstgebauten Handtrommeln und schrägen Hüte. Dieselbe trotzige Arglosigkeit, derselbe Kinderglaube an die Macht der Musik. Selbst die liebevoll gezimmerten Pappschilder tragen die alten Slogans: „No Nukes", „Stop the war", „Don't drop bombs, drop acid" und so fort. Es sind nicht wenige westliche Ausländer da, die Solidarität als Umweltschützer oder Vegetarier oder Rockfans üben. Sie scheinen die Kundgebung besonders zu genießen, als eroberten sie für ein paar Stunden ein Stück von Japan, wo sie sonst nichts zu sagen haben. Ihnen kommt gelegen, daß nur wenige und knappe Reden gehalten werden. Kaum unterbrochen tanzen sie, daß ihnen der Regen in die seligen Gesichter sprüht, tanzen mit ihren Kindern Ringelreihen zum Rock'n'Roll, gegen die Kälte hier und für den Frieden im Golf. Ihnen genügte das wie damals in Woodstock, als es um Vietnam gehen sollte, aber nur um Musik, Sex und Drogen ging.

Spräche nicht der 82 Jahre alte Ôichi Buichi, ehemaliger Minister und der große alte Mann des japanischen Umweltschutzes, eindringlich zur japanischen Politik und dem Krieg im Golf, man könnte die Kundgebung kaum vom Familienfest kalifornischer Landkommunarden unterscheiden. Erklärte nicht zwischendurch ein aufgeregter Ingenieur, wie es zu der Notabschaltung im Atomkraftwerk Mihama tags zuvor kommen konnte, als ein altersschwaches Rohr brach, Radioal.tivität entwich und nur das Notkühlsystem einen Unfall wie in Three-Mile-Island verhindern konnte – man könnte vergessen, daß vor über zwanzig Jahren niemandem die Sorge um ein „environment", sondern der Kampf gegen das „establishment" geboten schien. Wären da nicht schließlich jene fünf Männer aus Teheran, zufällig vorbeigekommen, Touristen, sagen sie, die das ausgelassene Treiben gegen einen fernen Krieg ziemlich fassungslos verfolgen.

Achmed, einer von ihnen, der vier Jahre lang als Wehrpflichtiger gegen den Irak kämpfen mußte, versucht einer jungen Studentin zu erklären, daß er Saddam Hussein hasse wie Bush, aber gegen das irakische Volk keine Bitterkeit hege. Er erregt sich an Israel und den Palästinensern und schwört, daß die Bruderschaft aller Moslems eines Tages die Region auf Kosten der Juden befrieden werde. Es lebe der Frieden nach dem Krieg gegen die Ungläubigen.

Die Studentin ist verwirrt. Die Gleichzeitigkeit von Kriegshetze und Friedensliebe, von allerlei Maß in Ideal- und Realpolitik im Namen Gottes und in den Worten ein und desselben Mannes bestürzen sie. „Vielleicht berührt dieser Krieg die Japaner so wenig, weil es in Wahrheit ein Religionskrieg zwischen Christen und Moslems ist?" Sie bleibt ohne Antwort. Die Iraner gehen kopfschüttelnd, am Tag darauf wollen sie nach Teheran zurückkehren. Der pikante Zufall will es, daß dieser Montag in Japan ein Feiertag in Erinnerung der legendären Reichsgründung durch Jimmu Tennô ist und im Iran der zwölfte Jahrestag der „Islamischen Revolution". Und in Sonderbeilagen der englischsprachigen Zeitungen darf, wie in Japan gegenüber allen ausländischen Vertretungen üblich, der iranische Botschafter Ardebili in einer langen Propagandaschrift sein Land lobpreisen, das in seiner großen Geschichte stets nur „Frieden, Gerechtigkeit und Menschenheil" verfochten habe und dabei das „zionistische Israel" verdammen. Das alles geschieht natürlich wie immer und wie eine fette Unterzeile ausweist: „Im Namen des Herrn".

Die Schriften des Botschafters sind nicht der einzige Hinweis darauf, daß sich das wirkliche japanische Leben abseits von Friedensdemonstrationen abspielt. Daß der Golfkrieg eine bisher beispiellose

Gefahr darstelle, befand immerhin kürzlich ein Sozialpsychologe. Aber er reagierte auf die Anfragen von Aktionsgruppen besorgter Mütter, die ihre Kleinkinder vor dem Fernsehen einem Video-Krieg ausgesetzt sahen. Die irrlichternde Ästhetik einer aufsteigenden PatriotRakete im Wohnzimmer, nach Sitte der japanischen Fernsehsender noch unterlegt mit Actionmusik, sei, so befand eine Mutter, „noch viel schlimmer als jede Pornographie", weil sie Gewalt als elektronische Spielerei tarne. Besorgt geben sich auch die Hersteller althergebrachten Kriegsspielzeugs aus Stahl und Plastik. Nicht etwa, weil sie seit Jahren durch die Videospiele Einbußen hinnehmen müssen, sondern weil sich ihre Umsätze seit Kriegsausbruch im Golf um bis zu fünfzig Prozent erhöht haben. Modelle von Stealth- und F-15-Bombern, von Apaches und M-1-Panzern verkaufen sich zur Zeit so gut, daß die Branche um ihren Ruf zu bangen beginnt. Wer möchte schon in einem pazifistischen Land als Kriegsprofiteur gelten?

„An den irakischen Präsidenten: Sehr geehrter Herr, wir sind friedliebende Menschen dieser Erde und sehr, sehr traurig darüber, daß viele Iraker getötet werden. Wir sind heute zusammengekommen, um ihnen zuzurufen: 'Beenden Sie sofort diesen Krieg', bevor atomare und chemische Waffen eingesetzt werden und die Umwelt auf der Erde schweren Schaden nimmt." Wie ein Schülergebet beginnt die Resolution der Friedensdemonstration in Yoyogi, die der irakischen Botschaft am Spätnachmittag übergeben wird. Es scheint nicht gewagt zu vermuten, daß Saddam Hussein den Appell ebenso wenig zu sehen bekommen wird wie Premierminister Kaifu und Präsident Bush, an die leicht abgewandelte Briefe adressiert werden. Alle betonen, wie beschämt die Unterzeichner angesichts der Unterstützung des Krieges durch ihre Regierung seien. Bush wird gemaßregelt, daß es einen „gerechten Krieg" nicht gebe. Kaifu wird sozusagen unter Japanern mitgeteilt, daß man nicht als Steuerzahler an der Tötung von Menschen beteiligt sein wolle. Das Geld, etwa hundertzehn Mark pro Kopf der Bevölkerung, solle für den Umweltschutz eingesetzt werden. Aus den Texten, unter Beifall verlesen, spricht ebenso Ohnmacht wie Aufrichtigkeit. Und der unangenehme Eindruck, daß sie kindlich, ja lachhaft anmuten, sagt womöglich eher etwas gegen die Zeiten als gegen die Verfasser.

(12. Februar 1991)

Lauter Fallbeilspiele

Über den Tod, die Schande und andere Strafen

Die Nation weinte und entsetzte sich, als man am 11. Dezember die kleine Yoshiko erwürgt in einem Wäldchen fand. Die Reporter des Fernsehens führten uns unverzüglich an den kleinstädtischen Tatort Maebashi in der Präfektur Gumma, eine Autostunde nördlich von Tôkyô, wo die Polizei mit dem bei Kapitalverbrechen üblichen Überaufgebot an Beamten die Spuren sicherte und Sicherheit verbreitete. Unser Mitgefühl strömte bald dem Vater des zehnjährigen Mädchens zu, der auf der Schwelle seines Hauses, nur anderthalb Kilometer von jenem Wäldchen entfernt, verzweifelte verstotterte Pressekonferenzen abhielt.

Man sah es Kinoshita Denjirô, zweiundfünfzig Jahre alt, Steinmetz, unter den tragischen Umständen nach, daß er vor der Kamera grobschlächtig, heruntergekommen und ziemlich versoffen wirkte. Zumal, als man erfuhr, daß er seine drei kleinen Kinder allein versorgen mußte, nachdem im Oktober 1987 seine Frau Selbstmord begangen hatte. Und wie, erfuhr man auch: im eigenen Bett mit einer selbststrangulierenden Fesselung an Hals und Füßen, eher verbreitet unter Terroristen im Libanon als in der japanischen Provinz. Es war wollüstige Empörung im Land über den Fall Kinoshita. Und wenn man auf die whiskydunstigen Kommentare der kleinen Büroleute mit den großen Gesten in Tôkyôs Nachtzügen etwas geben wollte, stand das Urteil über den Schulmädchenmörder fest: Tod auf Verlangen der öffentlichen Meinung.

Sie dürfen es zwar nicht selbst in die Hand nehmen, aber Umfragen unter nüchternen Japanern bestätigen seit vielen Jahren, daß bis zu siebzig Prozent der Bürger, sechzig Prozent der Richter und Anwälte und neunzig Prozent der Staatsanwälte an den Sinn des Galgens glauben. Und sei es ganz abstrakt. Denn Hinrichtungen geschehen so selten und so diskret wie Morde. Fünfzehn Delinquenten wurden in den letzten zehn Jahren vom Leben zum Tode befördert, neunzig Gefangene sitzen zur Zeit in japanischen Todeszellen, die Hälfte ohne Hoffnung, mit vom Obersten Bundesgericht bestätigten höchstrichterlichen Urteilen. Der Justizminister und natürlich der Kaiser haben Begnadigungsrecht, aber sie nutzen es nie bei Todeskandidaten; seit 1952 ist jede Amnestie an ihnen vorbeigegangen. Damit aber alles seine penible Ordnung habe, werden sie bis zum letzten Atemzug als Untersuchungshäftlinge geführt, in einem der fünf Untersuchungshaftanstalten mit Galgen in Tôkyô, Sendai, Ôsaka, Fukuoka oder Sapporo. Der Strafantritt ist gleich der Strafvollzug ist gleich die Strafentlassung ins Jenseits: Gnade ihnen halt ein Gott.

Das deutsche Wesen ist daran wesentlich beteiligt. Das geltende japanische Strafgesetzbuch, seit 1908 in Kraft, 1947 ohne wesentlichen Substanzverlust abgeändert, entspricht in hohem Maße und bis in viele Formulierungen hinein dem preußischen StGB von 1871. Nach Jahrhunderten des chinesisch-konfuzianischen Standesrechts wurde bei der eiligen Übernahme von europäischen Systemen nach der sogenannten Meiji-Restauration 1868 zunächst der französische „Code penal" favorisiert. Aber schon 1882 reiste eine „Kommission zur Verfassungsuntersuchung" (manche sagen, es waren nur abgehalfterte Samurai auf der Suche nach neuen militärischen Vorbildern) nach Preußen und fand dort ein Modell, das wegen seiner unantastbaren Kaiserliebe und sicheren Demokratieferne für Japan geeignet schien. Mit geringen regionalen Nachbesserungen. Das japanische Strafgesetzbuch kennt bis heute keine Paragraphen über Inzest, Homosexualität und Kuppelei, weil das Sexualleben der konfuzianischen Tradition entsprechend, in der die Hierarchie der Familie heiliggesprochen ist, als Privatsache, nicht als Staatsaffäre gilt. Die japanische Familie, in deren engem Nest Schutz und Schmutz und nicht wenige der grausamsten Gewalttaten in Japan gedeihen, steht unter einem im Westen kurios anmutenden Schutz des staatlichen Rechts: aktiv wie passiv, bei Strafvereitlung wie bei der sogenannten „Aszendententötung", einem Delikt, das strenge Strafverschärfung für einen Täter vorsieht, wenn das Opfer „... mit ihm selbst oder dem Ehegatten in aufsteigender Linie verwandt ist". Nichts wiegt schwerer, nichts ist dicker als das eigene Blut.

Wenn es um Lebenslänglich oder Todesstrafe geht, sieht das japanische Strafrecht kaum ödipale Ambivalenzen vor: vom § 77 („Innere

Aufstände") über Landesverrat bis Raub, Brandstiftung, Trinkwasser-vergiftung, Vergewaltigung, Geiselnahme (alle: „... mit Todesfolge") reichen die fünfzehn todeswürdigen Verbrechen; obligatorisch schreibt als einziger der § 81 die Todesstrafe für „Herbeiführung eines ausländischen Angriffs" vor. Angewandt wurde sie in den letzten zwanzig Jahren jedoch nur bei vorsätzlichen Mordfällen. Nur? In einem Grundsatzurteil des obersten japanischen Gerichtshofes vom 12. März 1948 über die Verfassungsmäßigkeit der Todesstrafe, heißt es: „Leben ist kostbar. Ein menschliches Leben ist von größerer Wichtigkeit als die ganze Erde."

Und weil das so ist und weil das verfassungskonform ist, fühlt sich Japan offenbar ganz wohl in der Gesellschaft von neunzig Nationen, die noch immer meinen, auf den Henker nicht verzichten zu können. Amerika und die Sowjetunion, China und die beiden Koreas, die Mächtigsten und einige Nachbarn sind schließlich dabei. Die japanische Justiz hält sich für besonders gründlich, was dazu führt, daß die japanischen Todgeweihten im Schnitt sieben Jahre warten müssen. In manchen Fällen hat die Galgenfrist zwanzig, sogar dreißig Jahre gedauert: Jahre, in denen jeder Tag der letzte sein kann, denn nur „psychisch stabile" Häftlinge erfahren von der Vollstreckung 24 Stunden vorher, den angeblich Labilen bleiben nur Minuten. Die „Angst, der nächste zu sein" kann niemand ermessen, so wenig wie die Gefühle von in Wiederaufnahmeverfahren freigesprochenen Häftlingen. Amnesty International nennt fünf Fälle von Freisprüchen seit 1983, drei davon hatten mehr als 27 Jahre in Todeszellen verbracht.

Der berühmteste Todeskandidat Japans starb im Mai 1987 in Gefangenschaft im Alter von 95 Jahren. Der Maler Hirasawa Sadamichi, der mehrfach gestanden und widerrufen hatte, bei einem aufsehenerregenden Bankraub im Tôkyôter Stadtteil Toshima Geiseln zur Einnahme von Gift gezwungen zu haben, war nach 32 Jahren in der Todeszelle unberührbar geworden. Kein Justizminister wagte seine Begnadigung oder Hinrichtung. Der Staat überließ ihn dem sicheren Gottesurteil, indem er ihn verrotten ließ.

In Japan gibt es (aus Sorge um gesellschaftliche Ächtung) nicht einmal mehr einen anständigen Scharfrichter, der sein Geschäft versteht und liebt, sondern nur Teilzeit-Henker, blutige nervöse Amateure, einen Kreis von Geheimnisträgern. Sie werden von Todesfall zu Todesfall in bürokratischer Phantasielosigkeit vom Anstaltsleiter ernannt und erinnern an die Gepflogenheit, einige Soldaten von Erschießungskommandos zur Gewissensberuhigung mit Platzpatronen auszurüsten. Drei Tage Urlaub sind diesen Strafvollzugsbeamten für den jeweiligen Staatsakt sicher: einer zum Lesen der Akten, um, wie man hört, eine rächende Motivation aufzubauen; der nächste für den Vollzug; der dritte für den Kater danach, der, wie man wiederum hört, gewöhnlich mit großen Mengen Reisschnaps ertränkt wird. Aber eigentlich, so sagen Politiker, die den Staatstod befürworten, sei das alles kaum der Rede wert. In Südafrika wurden schließlich (vor Aussetzung der Todesstrafe im Februar 1990) im Jahr 1989 immerhin 53 Menschen gehenkt, in Japan aber nur ein einziger.

Wann der allerdings starb, weiß außer den amtlichen Zeugen niemand genau. Weder Öffentlichkeit noch Angehörige erfahren den Termin. In einer bemerkenswerten Doppelgegenbewegung, die zum Stillstand führt und als ebenso zwingend wie unlogisch und typisch für die Verhältnisse gelten kann, will man eine zivilisierte Abschreckung ohne barbarisches Aufsehen. Also behält man die Abschreckung den Todeskandidaten vor und hält sie ansonsten geheim: Der Mörder ist immer der Hingerichtete.

„Es gibt keine Gleichheit vor dem Gesetz in Japan", erklärt Miyazawa Kôichi freundlich und in seinem beschämend fehlerlosen Deutsch. Bessergestellte seien bessergestellt; der Familienhintergrund, ein theatralisch demütiges Geständnis (selbst bei subjektiver Unschuld) und die japanische Auffassung von tätiger Reue gäben in der Prozeßpraxis viel mehr den Ausschlag als im Westen. Jedes Mittel sei recht, um der Familie eines Angeklagten, von Medien, Nachbarn und Kollegen erbarmungslos in Sippenhaft genommen, die Schande einer Haftstrafe zu ersparen.

Gute Beziehungen, gutes Geld und gute Worte entschieden über Verwahrung und Bewährung, erklärt Miyazawa mit verblüffender Gelassenheit: einen Rechtsstaat könne er Japan nicht nennen. Der angesehene Professor für Strafrecht an der Keiô-Universität hat sich als Viktimologe und vor allem als Gutachter in Jugendstrafsachen einen Namen gemacht. Zu eher schillernder nationaler Prominenz brachte er es Mitte der sechziger Jahre, als er sich für eine Liberalisierung der Zensurbestimmungen einsetzte und sich Drohbriefe, Schmähanrufe und den Titel „Porno-Miyazawa" einhandelte. Er bekam eine Ahnung davon, was es heißt, am Pranger zu stehen.

Nicht zufällig erinnert Miyazawa an die Prozesse gegen Terroristen der „Roten Armee", die Anfang der siebziger Jahre die volle Härte des Gesetzes offenbarten, nicht nur der Verbrechen wegen, sondern weil die Angeklagten sich hinter Ideologie verschanzten und weder gestanden noch Reue zeigten. Während der Staat die Söhne wegen Mordes verurteilte, straften Medien und Gesellschaft die Familien mit rechtschaffenem Rufmord. In stillem Konsens belegte man sie mit Bann, sperrte sie aus, verübte eine Lynchjustiz des Schweigens. Sie mußten Häuser und Grundstücke verkaufen, die Väter, nicht selten in leitenden Positionen, verloren sämtlich ihre Arbeit und auch jede Aussicht, wieder Arbeit zu finden. Mindestens einer der unglücklichen Väter wurde in den Selbstmord getrieben. Sich zu Tode zu schämen, kann in einer Kultur schreckliche Konkretheit annehmen, in der Scham stets vor Schuld geht, und in der Schande nie vergeben oder vergessen wird.

Der Erfolg ist nicht zu leugnen. Immer noch werden in Deutschland fünfmal so viel Straftaten begangen wie in Japan. Als sanfte soziale Aufsicht rühmen es die einen, als notorische Ordnungshüterei verfluchen es die anderen: daß auf die Nachbarschaftshilfe hier eher bei der Fahndung als bei einer Resozialisierung Verlaß ist, wird niemand bestreiten. In keinem anderen zivilisierten Land gibt es so viele Geldbußen selbst bei Kapitalverbrechen, nirgendwo sonst gewährt die Justiz so häufig Gnade vor Recht, indem sie sechzig Prozent aller Urteile zur Bewährung aussetzt. Der „ostasiatische Toleranzgedanke" (Miyazawa), wonach die Tat zu hassen sei, nicht der Täter, führt in Japan dazu, daß über die Hälfte aller Delikte nie gerichtsnotorisch werden, weil sie von Polizei und Staatsanwaltschaft in eigener Regie erledigt werden. Wer ein brauchbares Mitglied der japanischen Familiennation war, wer also nicht Ausländer ist oder sonst durch abseitiges Verhalten auffiel, kann auf einen fairen Prozeß in Japan rechnen. Wer aber einmal, ganz gleich wie lange, aus dem Blechnapf fraß, wird lebenslänglich büßen.

Außergerichtliche Einigung ist nicht nur Tugend, sondern Notwendigkeit. Die japanische Justiz hatte noch nie die nötige personelle

Ausstattung, um Verfahren zügig abzuwickeln. Heute kommen auf zwölftausend Anwälte nur dreitausend Richter und Staatsanwälte. Zivilrechtliche Klagen verkommen auf dem Instanzenweg zu Lebensaufgaben. Schnelle Urteilsfindung läßt sich nur der japanischen Presse bescheinigen, die jeden Verdächtigen über zwanzig Jahren, gleich ob es um Mord oder Steuerhinterziehung geht, mit voller Adresse, Beruf, Familienstand ins Blitzlicht zerrt und Tag und Nacht verfolgt, zumindest so lange, bis er angeklagt ist oder die Polizei von ihm abläßt. Es gibt keine Hemmungen vor dem Privaten und schwebenden Verfahren. Warum auch? Alles geht alle an, niemand hat gefälligst etwas zu verbergen. Wer in Japan auffällt, ist selber schuld und kann nicht ganz unschuldig sein. So lärmend und dankbar die Medien jedermann der öffentlichen Verachtung preisgeben, so rücksichtsvoll wird gemordet. Geschossen wird nur in Bandenkriegen der Yakuza. Der durchschnittliche japanische Mörder bevozugt Dolch, Gift, Gas, Strick oder die bloßen Hände.

Wie der Mörder der kleinen Yoshiko. Im letzten Dezember war der arme Witwer, stoppelbärtig und hilflos, nach einer Woche allen vertraut wie ein kranker Nachbar, während ein Land einen Mörder suchte. Dann, am 19. Dezember, gestand Kinoshita das Verbrechen an seiner Tochter Yoshiko. Er gab an, daß ihre ungewöhnlich hohe Lebensversicherung von über 160.000 Mark gerade ausgereicht hätte, um seine Spiel- und Trinkschulden zu begleichen. Das Entsetzen wandte sich gegen Kinoshita, das Ungeheuer, und das Fernsehen zerlegte seine kurzen Spießrutenläufe vom Polizeiwagen zur Vernehmung in zähe Zeitlupenstudien und rächte sich und die Nation für das erwiesene Mitleid. Als einen Monat später die Nachricht kam, daß der Tochtermörder gestanden habe, auch seine Frau Reiko umgebracht zu haben, um die Lebensversicherung zu kassieren, war Kinoshita-san längst verurteilt. Nur der Galgen sei gut genug für einen wie den, sagten die Leute. Es müsse ja nicht unbedingt vollstreckt werden.

(9. März 1991)

Karneval der Kirsche

Sakura: Szenen aus einer blühenden Nation

Bildstörung im Idyll, schwere Regentropfen schlagen Krater in den Weiher. Die Spiegelungen der Kirschbäume, deren verrenkte Äste sich weit hinaus über das dunkle Wasser neigen, zerstieben zu einem rosafarbenen Flackern. Ab und zu reißt ein Tropfen eine Blüte für einen Augenblick mit sich, bis sie sich befreit und viel später leicht zu Boden schwebt. Es ist Sonntag und deshalb der Tag der Pärchen im Inokashira-Park am westlichen Rand Tôkyôs. Sie lehnen am Brückengeländer, drängen unter einem Schirm (den zweiten verbergend) zueinander und schauen flüsternd über den Weiher auf die Bäume. Man kann es hören, wenn Hunderte flüstern. Massenweise sind sie zum Alleinsein gekommen. Ungestörtheit ist eine Frage von selektiver Wahrnehmung. Die ist hier keine Lebenskunst, man braucht sie, sonst hält man es nicht durch. Das gilt zu allen Zeiten, besonders aber in der Kirschblütenzeit: Sakura.

Sakura ist das schönste Irrlicht der Großstadt. Und die planmäßig verkehrschaotische Evakuierung von Millionen aus engen Wohnungen und Winterkälte ins Freie, ins Grüne, ins Frühlings-Rosa. Sakura ist dabei seltsamerweise immer noch so schön, wie es seit einem Jahrtausend in unglaubwürdiger Emphase von Dichtern besungen wird. Die Natur Tôkyôs, sonst nur ein fades Zitat zwischen den Klettergerüsten in den Parks, übernimmt Ende März über Nacht die Macht und übertreibt maßlos. Das bißchen Natur ringt mit dem Kitsch und verliert, wenn Sakura über sie kommt. Der Anblick beschämt das Klischee. In der Kirschblütenzeit liegt plötzlich rosiger Schnee auf den blattlosen Bäumen in den Parks, es wehen feine Gazeschleier von den Ästen, es verhüllt sich die Moderne in einer Frühlingszeitlose. Das läßt auch den nicht kalt, der Klischees über Japan jagt. Wer seinen Blick verengen, wer Geräusche filtern kann, erlebt während der Sakura einen Zauber: die einzigen Tage im Jahr, da sich Tôkyô nach der alten Holzschnittschönheit Edos schminkt, ohne lächerlich zu wirken.

Die Lächerlichkeit hat ihr Spielfeld im Kult, der um die Kirschblüte getrieben wird. Denn die Schönheit der Sakura wird verwaltet, über ihre Anmut wird abgerechnet, von ihrem Charme werden Aktennotizen verfertigt. Die Meteorologen sind schon Wochen vor dem Naturereignis in ständiger Alarmbereitschaft, sie begleiten das Vorrücken der Blütenfront vom Südwesten nach Nordosten allabendlich im Fernsehen mit besorgter Professionalität wie jeden größeren Taifun. Auch in diesem Jahr wurden die nötigen Bildnachweise erbracht, 26 bis 30 Kilometer am Tag Vorwärtsdrang (Ende April im nördlichen Hokkaidô nur noch fünfzehn) wurden für die Sakura errechnet, die wegen kalter Regenfälle und nordöstlicher Winde den Raum Tôkyô, Yokohama und Chiba fast eine Woche später als gewöhnlich erreichte. Hoffnungsvoll waren die Blüten der drei offiziellen Maßstabsbäume im Tôkyôter Yasukuni-Schrein jeden Tag gewogen und gemessen worden. Am 29. März sollte es geschehen, aber einer der Bäume ging wegen 1,3 Grad Celsius Unterkühlung für Tage in den Warnstreik.

So kam es, daß am 3. April die Sakura-Tafel am Informationsstand des Ueno-Parks ehrlicherweise nur eine *sambuzaki* („Dreißig-Prozent-Öffnung") der Kirschblüten verheißen konnte, wovon sich allerdings an diesem Tag mehr als 120.000 Menschen selbst überzeugten. *Mankai*, etwa: „volle Öffnung" wäre eigentlich längst fällig gewesen, hörte man die Leute raunen. Und auch, ob womöglich Washington, wo es von Japan gestiftete Kirschbäume gibt, früher zur Blüte gelangt sei als Tôkyô. Ein Szenario, das trotz sakeseliger Stimmung auf brüllenden Unwillen stieß. Still ist Sakura beileibe nicht. Die Besinnlichkeit und Zartheit wächst auf den Bäumen. In ihrem Schatten blüht der Unsinn und lärmt der Übermut.

Es ist Karneval, japanisch, man verkleidet sich und geht, zur alljährlichen Überraschung, immer wieder als Kirschblüte. Nie ist die Polizei so verständnisvoll wie während der Sakura-Saison. Die Saufgelage in den Büschen dauern Stunden, die rotgesichtigen, gelegentlich fallsüchtigen „Sakuranten" sind in den Zügen und Bussen mühelos zu identifizieren. „Am Aschermittwoch ..." singt hier natürlich niemand, aber die anrührende Erkenntnis von Endlichkeit und Flüchtigkeit allen Seins liegt auch über dem Bütentraum der Sakura. Deshalb gibt es kein Halten. Man singt, liegt, lacht, schläft im Familienkreis oder in den großen

Kreisen der Firmenfamilien. Zwischen Buden und Luftballons, unter Blitzlichtern und über Literflaschen dürfen in diesem stolzen Flüchtlingscamp alle für eine kurze Weile alles. Und haben sie es etwa nicht verdient? Auch da sind sich alle einig: sie haben es einmal im Jahr verdient, unter rosa Wolken beschützt zu werden, im ausgelassenen Ausnahmezustand, hemmungslos und trunken von Gruppenglück, Sake und eben Sakura.

Da es aber allen so geht, kann es sein, daß man zumal an den Wochenenden die Bäume kaum mehr sieht vor lauter Menschenwald. Vielleicht hat man sie deshalb sicherheitshalber amtlich erfassen lassen. Zahlengläubig und statistikverliebt wie Japan wohl sein muß, um das verborgene Chaos in sich selbst zu zähmen, hat man allen Ernstes die Kirschbäume Tôkyôs abgezählt, und ist auf 137.626 gekommen, die Hälfte davon allerdings in privaten Gärten. Jeder Baum trägt angeblich etwa 350.000 Blüten, was immerhin nur für Tôkyô über 48 Milliarden und im Schnitt pro Kopf und Einwohner noch vier Millionen macht. Unter diesen verschwenderisch blühenden, öffentlichen Bäumen hockt für eine kurze Saison von sieben bis zehn Tagen die gutgelaunte Menge auf abgesteckten und verteidigten Claims. Manche Firmen stellen einen Mann ab, der mit Pappkartons oder Telefonbüchern und manchmal mit seinem eigenen Körper, im Schlafsack querliegend, das Reservieren übernimmt. Bei Regen findet das Picknick nicht auf Reismatten, sondern auf zimmergroßen Plastikplanen statt, deren einheitliches, leuchtendes Müllsackblau mit den Blüten farblich erstaunlich gut harmoniert. Entlang der Bäume und der paarweise vor den Claims und dem gedachten Haus aufgestellten Schuhgalerien flanieren die Neugierigen. Es sind Leute, die kommen, um Leute zu betrachten, die Blüten betrachten, um dabei betrachtet zu werden. Das Staunen ist gewiß und tut allen wohl.

Hanami – Blumen-sehen, sagen die Leute häufiger als Sakura, wenn sie Sakura im Sinn haben; eine wohlzüchtige Bundesgartenschau oder einen prallen deutschen Wald des Idealismus meinen sie damit gewiß nicht. Einen tiefen, sehnsuchtsvollen Hang zur schütteren, gepflegt unberührt erscheinenden Naturschönheit kann niemand den Japanern bestreiten; und er wird noch sentimentaler und schmerzlicher, seit immer weniger von der Natur übrig ist zwischen all den Menschen, Reisfeldern und Fabriken. Das allein wäre Grund genug für ein Silvester mit Feuerwerk, das in den Himmel wächst. Aber es scheint, als seien es eigentlich nicht so sehr diese Kirschbäume, die keine Früchte, sondern nur Blüten tragen, die Sakura zu einem unnachahmlich japanischen Fest machen.

Wer die Leute unter den Bäumen beisammen sieht, am Tag oder am späten Abend, bei Regen oder Kälte, ahnt, daß Sakura ein fabelhaftes Tarnkleid abgibt für etwas viel Wichtigeres: ein paar Stunden ungeregeltes Leben, ein bißchen rauschhafte Freiheit.

(15. April 1991)

Der Wettflug von Löwe und Kranich

Okinawa und die Kriege – Eine Inselwelt zwischen Japans Staatsgewalt und Amerikas Soldaten

Okinawa ist eine traurige Berühmtheit. Seit dem Ende des Zweiten Weltkrieges trägt die kleine Insel einen monströsen Heldennamen wie eine verrostete, viel zu große Rüstung. Sie wird ihn nicht los, so wenig wie die Soldaten, die am 1. April 1945 landeten, am 23. Juni siegten und bis heute blieben. In Amerikas stolzem Gedenken an den Pazifischen Krieg steht Okinawa für den Anfang vom Ende Japans, aber noch mehr für den blutigen Testfall einer Landung auf den vier Hauptinseln und die letzte klassische Schlacht vor der atomaren Zeitenwende. 120.000 Zivilisten, 12.500 amerikanische und 70.000 japanische Soldaten verloren in der 82-Tage-Schlacht von Okinawa ihr Leben. Zuviele Amerikaner, befand Washington und beschloß, Pearl Harbour endgültig mit Hiroshima zu vergelten.

In Japans selektiver Erinnerung an die Niederlage im Eroberungskrieg zur Errichtung der „Großostasiatischen Wohlstandssphäre" zählt Okinawa zu den am sorgsamsten gehüteten Halbwahrheiten. Man trauert um eine vernichtete, selbstmörderische Armee. Man verdrängt den zwangsrekrutierten Volkssturm aus Kindern und Alten, der, so sagen die Okinawer, im „Stahltaifun" für ein paar Wochen Zeitgewinn von Generalität und Kaiser leichten Herzens geopfert wurde, weil sie nie als reine Japaner galten. Und man schweigt erst recht von den Aberhunderten von Okinawern, die von Offizieren zum Massenselbstmord gezwungen oder als Spione exekutiert wurden, nur weil sie ihren Inseldialekt sprachen.

Für die meisten Europäer, in der Erinnerung an den eigenen Weltkrieg verfangen, war Okinawa kaum mehr als ein blasses Schlachtengemälde von einem exotischen Kriegsschauplatz. Während der Kriege in Korea und Vietnam tauchte die Insel gelegentlich als natürlicher Flugzeugträger und Nachschubdepot in den Nachrichten auf. Spätestens nach der Rückgabe der Ryûkyû-Kette an Japan im Mai 1972 schien Okinawa in friedliche Bedeutungslosigkeit und langweiliges Etappenleben versunken. Die Okinawer wissen das und wissen es besser. Ihre Inselwelt, zwanzig Jahre nach den japanischen Hauptinseln in die Souveränität entlassen, sei siech, vernachlässigt und mißbraucht, sagen sie und wollen sich wehren. Und sie fragen, ob es nicht endlich, verdammt noch einmal an der Zeit sei, Aufmerksamkeit zu finden nicht nur immer für das, was man ihnen antut, sondern für das, was sie dagegen tun. Nirgendwo in Japan kann man Japaner so entspannt und gutgelaunt auf die Japaner fluchen hören wie auf Okinawa.

Etwas übertrieben wirkt die Symbolik schon, als ausgerechnet beim Treffen der außerparlamentarischen Opposition von Okinawa an einem Dienstagabend im Februar um kurz vor sieben Uhr die Erde zu beben beginnt. Es ist nicht angenehm: ein Beben der Stärke drei im vierten Stock und eher ungewöhnlich für Naha, Okinawas Hauptstadt. Keiner aus dem guten Dutzend Delegierter von Friedensgruppen, Bürgerinitiativen und der amerikanischen „United Church" hat die Geistesgegenwart, das unheimliche Schwanken als Indiz für Durchschlagskraft an der Basis zu werten. Jeder starrt angestrengt in seine Teeschale; Flüssigkeiten sind bessere Seismographen als das eigene Körpergefühl, das noch Minuten später Nachbeben inszeniert. Als alles vorbei ist, geht die Debatte der letzten gemeinsamen Demonstration und eines dreitägigen Hungerstreiks gegen den Krieg im Golf ohne Kommentar weiter. Natürlich geht es auch immer um den Hafen von Naha, der endlich ganz entmilitarisiert werden soll, und natürlich um die amerikanischen Basen, die endlich verschwinden sollen, wenn auch niemand weiß, wohin.

Die Debatte selbst verläuft in den folgenden Stunden ziemlich kommentarlos: unter allseitigem Nicken machen die beiden Professoren ihre eher vagen als wertvollen Einlassungen, wann immer es ihnen beliebt und wie es Respektspersonen in Japan zusteht. Die anderen verlesen tonlos ihre verabschiedeten Papiere; Wiederholungen bleiben nicht aus und werden offenbar als Zeichen der Übereinstimmung gerne in Kauf genommen. Zähe Geduld ist das Programm der prominentesten und ältesten Initiative, die seit 1983 unter dem Namen „Dreißig-Zentimeter-Film-Bewegung" daran arbeitet, amerikanische Archivfilme von der Schlacht um Okinawa zu erwerben, mit Spende um Spende, Geschichtsbild um Geschichtsbild. Im Mai 1989 haben sie die ersten zwölf Rollen in Okinawa öffentlich vorgeführt, später zeigten sie das schockierende Work-in-progress sogar im japanischen Parlament. Von Regierungsgeldern für das Projekt hat die Gruppe allerdings nie etwas reden hören, nicht einmal von symbolischen Beträgen. Film, sagt eine alte Dame, sei ein zu konkretes Medium für das japanische Geschichtsverständnis.

Die Menschen in Okinawa sind dunkler, charmanter und offener als Japaner, ein geschlagener, gegen die Resignation in Ironie flüchtender Menschenschlag. Es gibt starke Frauen und bewaffnete Männer hier, aussterbende Dialekte und versehrte Naturschönheit. Es gibt zu wenig Wasser, Arbeit, Einfluß, Hoffnung. Stattdessen reichlich Bodenerosion, Verkehrsstaus, Prostitution, Kriegerdenkmale. Okinawas Mafia nennt sich Yakuza, erpreßt ihre Schutzgelder von Geschäftsleuten und Zuhältern in Yen und führt ihre Bandenkriege mit chinesischen Waffen. Okinawas Klima (22,4 Grad im Jahresdurchschnitt) und geostrategische Lage in dem unregelmäßigen Fünfländereck Japan-Korea-Taiwan-China-Philippinen sind meist mehr Fluch als Segen. Denn sie regten nachweislich zum Schaden der Okinawer die Phantasie von japanischen Grundstücksspekulanten, Generälen und Gangsterbossen gleichermaßen an. General MacArthur meinte, solange Amerika Okinawa halte, könne es ein schutzloses Japan verteidigen. Spätestens nach dem Ende des Kalten Krieges begannen sich die Okinawer zu fragen, wie sie sich gegen den Schutz der Soldaten verteidigen können.

Mit wem man auch in Okinawa spricht, es wird bald die Rede darauf kommen, ob ein Ausländer sie und ihre komplizierte Randlage als allerletzte, 47. Präfektur Japans überhaupt verstehen könne, wenn das nicht einmal den Japanern gelinge. Und weil die 1,3 Millionen Okinawer über nichts lieber reden als über sich und Okinawa, haben sie sich inzwischen auf besonders geglückte Formeln der Abgrenzung gegen Japan verständigt. Etwa jene, daß Okinawa eine horizontal egalitäre, Japan aber eine vertikal hierarchische Gesellschaftsstruktur aufweise. Wer nun immer noch um nähere Erläuterung bittet, dessen Verständnis hilft man mit lebensnäheren Vergleichen nach. Okinawa sei der Eidechsenschwanz Japans, nützlich, aber im Notfall abzustoßen, meinen die einen. Andere bieten ein fabelhaftes Gleichnis an, einen unlauteren Wettbewerb der Wappentiere. Der japanische Kranich habe den okinawischen Löwen nach siebenundzwanzigjähriger Gefangenschaft mit den Worten begrüßt, nun, da er wieder in die Familie aufgenommen sei, dürfe er auch fliegen wie ein Kranich. Der Löwe habe entgegnet, daß er zwar nicht fliegen könne, aber zu Fuß recht weit komme, weiter als ein Kranich, wenn man es genau nehme. Darauf habe der Kranich bedauert. Ausnahmen könne man leider nicht dulden. Entweder Kranich oder gar nichts. Flieg, Löwe, oder stirb.

Für den oft verletzten Stolz der Okinawer ist es ein schwacher Trost, daß ihre Inseln rein geologisch viel länger in Freiheit sind und geographisch mit Japan nie eine andere Berührungsfläche hatten als den Pazifik. Man nimmt an, daß sich die Ryûkyûs vor fünf Millionen Jahren vom chinesischen Festland lösten, während die japanischen Hauptinseln erst danach aus dem Meer auftauchten. Die Händler der Ryûkyû-Inseln machten kleine, einträgliche Geschäfte mit China, Japan und ganz Südostasien. Soldaten gab es nicht. Dem chinesischen Vorbild folgte jahrhundertelang am deutlichsten die Architektur Okinawas, von der freilich kaum ein Rest das Bombardement der amerikanischen Schiffe und Flugzeuge überstand. Die einheimische Küche hält es bis heute mehr mit chinesischem Geschmack, indem sie absolut „nichts vom Schwein vergeudet", was nicht wenige Japaner noch immer eher abstößt als reizt. Es fällt nicht schwer sich vorzustellen, daß Okinawa lange gewesen ist, was Japan stets am meisten fürchtete und verachtete – unjapanisch. Zur Strafe, sagen die Okinawer, habe man das kleine Königreich 1879 annektiert, kolonisiert, kaiserlich-shintôistisch indoktriniert, in der Hinhalteschlacht geopfert und nach 1945 als militärische Manövriermasse mit Amerika abgenutzt. Okinawa sei Japans hauseigene Dritte Welt, oder, ganz wie man wolle, Japans Nordirland, Korsika, Sizilien. Jeder sei hier natürlich Opposition, mehr oder weniger organisiert. Nur möge man sich das alles gewaltlos vorstellen und mit viel *tege*, Okinawas Entsprechung zu „take it easy" und „fa niente".

Sizilien kommt der Sache Okinawas vielleicht am nächsten. Palermo, sagen wir, liegt also im Ostchinesischen Meer auf dem Breitengrad von Südflorida und heißt Naha. Man kann es, wenn man will, symbolisch nehmen, daß der Flug von Tôkyô nach Naha gegen einigen Windwiderstand zweieinhalb Stunden dauert, der Rückflug aber nur eindreiviertel Stunden. Naha hat die Ehre, für 300.000 Einwohner die abgelegenste Hauptstadt der ärmsten Präfektur abzugeben, 1.200 Kilometer und ein paar Welten südwestlich von Tôkyô. Von hier aus versucht seit November 1990 zum ersten Mal ein linksliberaler Gouverneur, der Historiker Ôta Masahide, die fünfzig bewohnten Inseln der Ryûkyû-Kette zu verwalten, die in wirrer Schönheit in den Pazifik geworfen sind, umkränzt von Korallenriffs und smaragdgrüner See, eine Fläche von 2.255 Quadratkilometern, die Hälfte davon entfällt auf Okinawa selbst. Doch die anmutige Maske wird dünner und läßt dunkle Stellen durchscheinen. Der eigene Müll und der von drei Millionen Touristen im Jahr ist kaum mehr zu entsorgen, die Korallenriffs sind zu achtzig Prozent durch Landgewinnung und Bodenerosion abgestorben oder dem Erstickungstod nahe. Und auch sonst haben die Inseln Okinawas alles, was man aus Sizilien kennt und was es braucht, um abhängig, zornig und bitter zu bleiben: nur Zweidrittel des japanischen Jahreseinkommens, aber die doppelte Arbeitslosenquote, mehr Verkehrsunfälle und höhere Jugendkriminalität. Schließlich, hier endet der Vergleich: auf der Hälfte des bebaubaren Bodens der Insel drängen sich Dreiviertel der 47.000 amerikanischen Soldaten in Japan.

Okinawa fiel als Kriegsbeute an Amerika, wie die vier Kurilen-Inseln später, und kampflos, an die Sowjetunion. Die Rückgabe der Ryûkyû-Inseln, im November 1969 von Präsident Nixon mit einem Federstrich garantiert, war eine Frage des politischen Prestige für Japan und zugleich eine Beschwichtigungsgeste Amerikas vor der umstrittenen Verlängerung des gemeinsamen Sicherheitsvertrages im Jahr 1970. Mit den Anpassungsproblemen des Spätheimkehrers, von der Währungsumstellung bis zum Wechsel auf Linksverkehr, fand sich Okinawa dann alleingelassen. So ähnlich empfinden viele auf der Insel die zwiespältige Haltung Tôkyôs, das zwar in zwei Zehn-Jahres-Plänen gemäß des 1972 verabschiedeten „Gesetzes zu besonderen Förderung Okinawas" über zehn Milliarden Mark in die Entwicklung von Okinawas Infrastruktur investierte, aber sich meist weigerte, die Empfindlichkeiten des Landes und die Eigenheiten der Leute zu berücksichtigen.

Die Regierung wurde Gönner und Gegner in einer Institution. Selbst in militärischen Dingen, seit die „Self Defense Agency" (zum Beweis von verfassungstreuem Pazifismus kein vollwertiges Ministerium) Beschwerden bearbeitet und zurückweist, die Pachtverträge für die Militärbasen mit Okinawas Grundbesitzern aushandelt und nicht mit sich handeln läßt. Der Widerstand gegen das Militär sei leichter gewesen, als der Feind noch nicht zwei Köpfe hatte, als sie direkt mit den Amerikanern reden konnten. Heute verschwänden Eingaben in den Windungen der japanischen Bürokratie. Man hört es oft sagen, wenigstens andeutungsweise, daß Okinawa nach 1972 vom Regen in die Traufe geraten sei. Eine Alternative gab es nicht, Autonomie war für eine arme Inselgruppe ohne Industrie unerreichbar. Und wer arm ist im neureichen Japan, ist meist ärmer dran als anderswo.

Dabei war die japanische Regierung vermutlich sogar überzeugt, mit ihrer großzügigen Entwicklungshilfe eine Art Wunderheilung Okinawas zu bewirken. Im Namen von Fortschritt und Wohlstand wurden planmäßig Wälder abgeholzt, schnurgerade Straßen angelegt, fast alle Flüsse zur Trinkwassergewinnung gestaut, weit über zweitausend Hektar Land dem Meer abgewonnen, über ein Drittel der 1.740 Kilometer Strand begradigt und mit Beton gefaßt, gegen die Stürme und manchen Protest. Wenn es nach dem Willen der Investoren vom japanischen „Festland" geht, wird bald auf jede der 53 Städte und Gemeinden auf Okinawa ein Golfplatz kommen. Die Folgen, von geschändeter Naturschönheit nicht einmal zu reden, sind steigende Bodenpreise und zunehmende Bodenerosion, absinkendes Grundwasser und zurückgehende Fangquoten der Fischer. Was als Wiedergutmachung und Landerschließung, *tochi kairyô jigyô*, in guter Absicht begann, geriet bald zur Gleichgewichtsstörung in der Inselwelt und führt inzwischen auf den Weg zur ökologischen Verwüstung. Wenn sich Okinawa weiter für den Massentourismus ruiniert, wenn wie projektiert im Jahr 2000 wirklich sechs Millionen Touristen die Inseln heimsuchen sollten, wird Okinawa seine Haupteinnahmequelle (heute 2,7 Milliarden Mark im Jahr) schon rettungslos vergiftet haben. Man müßte sich womöglich dort wieder reuig anbiedern, wo man auch wüste Inseln noch zu schätzen weiß: Beim Militär.

„Militärbasen, die von Haß umgeben sind, können nicht überleben." Der ehemalige amerikanische Außenminister John Foster Dulles wußte wohl, daß Besatzer sich die Besiegten zu Freunden machen müssen, um Sieger bleiben zu können. In Okinawa ist das halbwegs gelungen, die Soldaten fühlen sich sicher und wohl, besonders außerhalb ihrer knapp fünfzig Basen. Je näher ein Restaurant bei den Soldaten liegt, desto mehr kocht es ihnen nach dem Munde; Gebrauchtwagenhändler akzeptieren Dollar; ganze Ketten von Läden leben von der Verwertung militärischer Restbestände und Wegwerfartikel. Welcher Nachkomme der Besiegten Spaß daran findet, die abgelegten Uniformen der ehemaligen Sieger aufzutragen, hat keine Mühe, sich vollständig mit Gasmaske und Stahlhelm gefechtsmäßig auszurüsten. Für die fehlenden Waffen und scharfe Munition könnte etwa eine geschmackvolle Skulptur aus blumenstraußartig zusammengeleimten MG-Patronen entschädigen. Etwas unangenehm scheint den Läden diese Art Kriegsmaterialausgabe zu sein, einige entschuldigen sich sogar mit handgemalten Wandparolen bei den Amerikanern dafür, von ihrem Ramsch zu leben: „It may seem junk to you – but it's bread and butter to us." Da ist kein Haß. Man meint es wirklich erstaunlich gut mit den Soldaten auf Okinawa. Aber nur, weil zweierlei Maß gilt, eine humane, nachgiebige Doppelmoral: denn noch die engagiertesten Pazifisten sind bereit zu unterscheiden zwischen dem Soldaten, die sie achten können, und dem Militär, das sie verabscheuen müssen. Sie schaffen es, auseinanderzuhalten, was einander bedingt. Anders als in Europa, wo man dazu neigt, den Einzelnen für das Ganze in die Pflicht zu nehmen, zu ehren und zu strafen, müssen Uniformierte in den Straßen Okinawas keine Anschläge und nicht einmal Pöbeleien befürchten.

Im Gegenteil. Sie sind begehrt bei japanischen College-Mädchen in den Sommermonaten, die fern der eigenen Stadt und der Sorge um ihren guten Ruf enthoben, mit ihren Mietwagen weite Umwege auf sich nehmen, um einmal einen *gaijin* am eigenen Leibe zu erfahren. Je mehr sich der Kursverfall des Dollar gegen den Yen fortsetzt, je weniger sich die GIs außerhalb ihrer Camps leisten können, desto höher stehen seit einiger Zeit auch mittelalterliche Okinawerinnen im Kurs, die gegen ein gewisses Entgegenkommen die armen Jungs aushalten. Zumindest in der Nachsaison gedeihen diese Bratkartoffelverhältnisse offenbar so gut, daß die professionellen Frauen sich angeblich zunehmend gegen den geschäftsschädigenden Verfall der Sitten und Usancen zu empören beginnen.

Sie haben es schwer genug. Auf dem Höhepunkt des Vietnamkrieges wurde die bemerkenswerte Zahl von 7.362 Prostituierten in Okinawa amtlich ermittelt (und hinter vorgehaltener Hand eine doppelt so hohe Dunkelziffer eingestanden), die je nach dem Stand der amerikanischen Offensive und Fronturlaube zwischen zwanzig und vierzig Freier pro Nacht betreuten. Noch im Jahr darauf konnte ein Reporter der „Okinawa Times" seinen Lesern vorrechnen, daß die Huren Okinawas vermutlich im Jahr 43 Millionen Dollar erwirtschafteten, mehr als der Export von Zuckerrohr und Ananas zusammen. „Climbing-the-ladder" nannten die GIs damals ihre Streifzüge durch die mehr als zwölf-hundert Bars, Restaurants und Hotels, die mit einem „A" („approved") als geeignet für Militärpersonal ausgewiesen waren. Die Geschäfte der Alteingesessenen begannen schlechter zu gehen, als von 1972 an das japanische Gesetz zur „Verhinderung von Prostitution" von 1956 auch für Okinawa galt. Sie gingen noch schlechter, nachdem im Jahr 1983 mehr als 1.400 philippinische Mädchen die Preise und den Markt für ältere Frauen verdarben.

Heute führen die Frauen in den heruntergekommenen traditionellen Bordellbezirken von Yoshiwara (in Okinawa City) und Maebara (Ginowan City) ein jammervolles Leben in einem rechtsfreien Raum. Zuhälter kassieren fast ein Drittel der etwa fünfundfünfzig Mark, die sie für eine Viertelstunde im Hinterzimmer ihrer einstöckigen, buden-artigen Häuser verlangen; Gangster pressen und prügeln sie, wenn sie Mietschulden und Wucherdarlehn von Kredithaien nicht zurückzahlen können; Frauen, die aussteigen wollen, werden von der Yakuza mit Fahndungsfoto und einem weitreichenden Spitzeldienst verfolgt, bald entdeckt und zur allseitigen Abschreckung entweder krankenhausreif geschlagen oder „in besonders schweren Fällen", wie es dort im Jargon heißt, ermordet. Und die Polizei? Die Frauen wagen keine Anzeige gegen Gangster, die ihre Büros in der Nachbarschaft haben. Auch auf polizeiliche Ermittlungen gegen brutale Freier verzichten sie in der Regel. Aus Gründen der Befangenheit gewissermaßen: allzu viele Polizisten sind selber Freier.

Natürlich läßt Hauptkommissar Nakamura nichts auf seine Leute kommen. Er ist seit 36 Jahren dabei und könnte in jedem besseren alten Lino-Ventura-Krimi einen jener wortkargen, immer übellaunigen Assistenten abgeben, die immer irgendwann murren, daß man zu viel Zeit mit rechtsstaatlichem Gequatsche vergeude, statt die Wahrheit aus den Jungs herauszuprügeln. Nakamura-san genießt es, auszusehen wie einer, dem früh nur die Wahl blieb: bei den Bullen, oder gegen die Bullen. Die 2.300 uniformierten Polizisten und zweihundert Kripobeamten der Präfektur seien allesamt in Ordnung. Es gebe keine Probleme mehr mit Drogen wie früher, Ende der siebziger Jahre, mehrfach täglich, als die GIs eine Weile lang nicht wußten, was hier gespielt wurde und die Militärpolizei zusammen mit seinen Leuten alle Hände voll zu tun hatte. Morde habe es dagegen in Okinawa immer nur alle vier, fünf Jahre einmal gegeben. Verstärkung vom Festland zu holen sei eine ganz normale Angelegenheit von Amtshilfe; seit 1972 genau elfmal vorgekommen; alles in den Akten. Je nach Anlaß waren es zwischen achthundert und 3.500 Mann: mal tagte die linke Lehrergewerkschaft und mußte vor den angereisten Rechten aus ganz Japan geschützt werden; fünfmal kam Kronprinz Akihito, was Grund genug ist. Keine Probleme? Nun, die Yakuza, ein wenig, sagt Nakamura.

Nakamura sagt nicht, daß die Yakuza von Okinawa lange in dem Ruf stand, besonders enge und vertrauensvolle Beziehungen zur Polizei zu unterhalten. Die Wertschätzung des idyllisch unübersichtlichen Umschlagplatzes für Drogen und Waffen mit vielen Häfen und einigen Flughäfen, nahe bei Taiwan und viel näher an Shanghai als an Tôkyô, soll sich nicht zuletzt in einer Art Reinheitsgebot für Okinawa zeigen. Die Ware wird an das japanische „Festland" geliefert, Okinawa bleibt sauber. Im vergangenen Herbst unterlief der Yakuza ein bemerkenswert dummer Fehler, der das Vertrauensverhältnis mit der Polizei nachhaltig trüben sollte: sie erschoß auf offener Straße zwei Polizisten, die zwischen die Fronten in einem Bandenkrieg geraten waren.

Nakamura erzählt bereitwillig von dem Krieg zwischen Onaga-san, seit sechs Jahren Boss der „Kyokuryûkai", und seinem abtrünnigen Subchef Tominaga-san, der mit einer Schießerei in Naha am 13. September begann und 29 Schießereien später am 25. November bis auf weiteres endete.

Der Krieg forderte zwölf Verletzte; nur drei der sechs Toten waren Gangster, einer war ein unbeteiligter Gymnasiast. Der Machtkampf war derart schlecht für Ruf und Geschäft der Yakuza, daß die mächtige Bruderorganisation der Yamaguchi-gumi in Ôsaka ein Vermittlungsgespräch arrangierte. In Okinawa versetzte er Bürger so in Wut und Schrecken, daß sie es erstmals wagten, Klagen „wegen Gefährdung von Leib und Leben" gegen altbekannte Yakuza-Büros in ihrer Nachbarschaft anzustrengen. Ihrem Bürgerzorn ist zu verdanken, was den Gangstern angeblich viel mehr zu schaffen macht als die Polizei: daß heute in den Bordellvierteln von Okinawa wetterfeste Schilder hängen, auf denen rot auf gelb und zweisprachig gewarnt wird wie vor bissigen Hunden: „Vorsicht, Yakuza!"

In Schönheit leiden oder in Schlachten zu sterben. Es scheint, als halte die Welt für außergewöhnlich anmutige und strategisch bedeutende Inseln wie Okinawa nur tragische Wahlmöglichkeiten bereit, um beachtet zu werden. China, Japan, Amerika und wieder Japan haben Okinawa nacheinander in Tributpflicht genommen, annektiert, erobert, besetzt gehalten und verpachtet. Es waren Launen und Begehrlichkeiten von anderen, die entschieden, ob gerade eine Invasion von Truppen oder Touristen opportun sei. Okinawa hat von beidem mehr als genug. Der Krieg ist das dritte, es wird ihn nicht mehr los. Der Süden der Insel, wo der japanische Kommandeur mit seinen letzten viertausend Soldaten in einem tiefen Tunnelsystem Selbstmord beging, ist ein einziger Friedhof. Alle sechsundvierzig Präfekturen der Hauptinseln haben hier in einem „Friedenspark" um die prächtigste Gedenkstätte für ihre Gefallenen gewetteifert. Sie sind hehr und schal und bedeuten nichts neben Kinjo Shigeakis Zeugnis.

Er war ein Mörder und ist ein Kaplan. Am 28. März 1945 hat Kinjo Shigeaki gemeinsam mit seinem Bruder die Mutter, die neunjährige Schwester und den sechsjährigen Bruder umgebracht. Er war sechzehn, sein Bruder achtzehn, als ihr Vater auf der Insel Tokashiki, südwestlich von Okinawa, von ihnen getrennt wurde. Der Bürgermeister des Nachbarortes kam und sagte, die Offiziere hätten befohlen, daß sie alle Selbstmord begehen für Japan und den Kaiser. Sie hatten keine Handgranaten. Sie begannen zu töten mit Rasierklingen, Drähten, Knüppeln, Stricken, Felsbrocken, Händen. Sie hatten mehr Angst vor den roten Dämonen aus Amerika als vor dem Sterben. Die Stärkeren töteten die Schwächeren, erst die eigene Familie, dann half man den Nachbarn, die Kinder hatten Angst, aber niemand rannte davon. Es dauerte Stunden, bis zweihundert von dreihundert tot waren. Kinjo Shigeaki weiß nicht, wie lange es dauerte, bis die Amerikaner kamen, den Sterbenden Morphium gaben und die Toten begruben.

Er weiß, daß er später den Bürgermeister wiedertraf. Er weiß, daß er zwanzig Jahre brauchte, um öffentlich von seiner Tat sprechen zu können, und daß seine Frau noch immer in Angst vor rechtsfanatischen Attentätern lebt. Er weiß, daß er nicht schuldig ist, daß die Schuldigen sich nicht schuldig bekannten, und daß die Leute auf Tokashiki nie von jenem Tag sprechen. Kinjo Shigeaki sagt, daß er gegen die Verzweiflung ansprechen muß. Überall, vor allem in Okinawa.

(27. April 1991)

Die Hitze, der Mythos und der Tod

Japan im Trauermonat August:
Über das zwiespältige Gedenken an die Atombombenopfer und die Kapitulation des Kaiserreichs

Yoshida Katsuji lächelt. Seine rechte Gesichtshälfte ist zerstört, das Auge starrt, die Lippen klaffen. Als die Bombe auf Nagasaki fiel, bedeckte das Wasser des Reisfeldes den Jungen nur zum Teil. Yoshida muß lächeln, halbwegs. Nach zwölf Operationen und Transplantationen, die nicht die letzten sein werden, spannt sich fremde Haut rosaglänzend wie Zellophan. Er hat ständig Schmerzen. Er hatte das Glück, eine Frau zu finden; es war eine arrangierte Verbindung mit der entfernten Verwandten in Ôsaka, sie bekam ihn erst am Tag der Heirat zu Gesicht. Ihren Ekel gestand sie ihm Jahre später. Seinen beiden Söhnen, die seinetwegen in der Schule gehänselt wurden, mußte er Jugendbilder mitgeben, um zu beweisen, daß ihr Vater nicht immer ein „Monster" war. Yoshida arbeitete als Vertreter. Bis heute, er ist sechzig Jahre alt, fürchtet er nichts so sehr wie die offen entsetzten Blicke von Kindern. Sein Zeugnis ist in der Welt bekannt, es ist unvergleichlich und gleicht allen anderen. Da sind die schwarzen Leiber, die Hitze, die Suche nach Angehörigen, immer wieder der Durst, das Frieren des nackten Fleisches ohne Haut, die Maden in den Wunden, das leise Sterben, kaum Weinen, kein Schreien: hinter der erstaunlichen Sachlichkeit verbirgt sich das Unbeschreibliche.

Es war ein heißer Tag im Oktober in Nagasaki, als uns Yoshida Katsuji, einer von dreißig freiwilligen „Geschichtenerzählern", im Friedenszentrum ruhig gegenübersaß. Es sollte nicht der einzige Bericht eines Bombenopfers, eines *hibakusha*, an diesem Nachmittag bleiben. Ihre Routine hilft beiden Seiten kaum. Sie weinen manchmal. Den Zuhörer würgt das Mitleid, dann lähmt ihn Demut vor ihrer täglichen Tapferkeit, schließlich kapituliert die Emotion. Man fühlt nichts mehr, man stellt kalte Fragen. Diesen Zustand zu erreichen ist wichtig, wenn man sich dem Leben der 360.000 *hibakusha* annähern will. Denn sie leben ja, wie mühevoll auch immer. Vergessen, diskriminiert, gebannt und geehrt wie ein aussätziges und auserwähltes Volk halten es viele von ihnen eher in ihrem Mythos als in ihrem Leben aus. Davon – einmal nicht vom Leiden Yoshidas und der anderen – soll die Rede sein.

Es war ein kalter Wintertag in Washington, und es herrschte Krieg, als der amerikanische Verteidigungsminister in einem Interview den Abwurf der Atombombe vom 6. August 1945 über Hiroshima verteidigte. „Im Grunde glaube ich, Präsident Truman traf die richtige Entscheidung", erklärte er; eine Invasion der vier japanischen Hauptinseln hätte womöglich über eine Million Opfer gekostet. Stattdessen starben bis zum Jahresende 1945 nur 90.000 bis 120.000 Menschen in Hiroshima durch die Druckwelle, Gluthitze und Neutronen-Verstrahlung von „Little Boy" und seiner Uranium-235-Ladung. Am 15. August fügte sich Japan in die bedingungslose Kapitulation; militärisch hatte sich der enorme Forschungsaufwand des „Manhattan Project" seit Dezember 1941 mehr als bezahlt gemacht: „Little Boy" war die letzte Bombe des Zweiten Weltkriegs. Verteidigungsminister Dick Cheney zeigte sich in demselben Fernsehinterview am 3.Februar 1991 aber zugleich zuversichtlich, daß der Irak mit konventionellen Waffen zu besiegen sein werde. Der Pazifische und der Golfkrieg seien wirklich nicht zu vergleichen. In Japan zuckte man zusammen. Durfte er das? Wie konnte er? Welche Beleidigung eines Tabus nach bald 46 Jahren. Außenminister Nakayama versicherte nervös, er werde Cheney bei nächster Gelegenheit zur Rede stellen. Seither hat man nichts mehr vor der Sache gehört.

Über wenig anderes scheint sich die Welt heute so einig zu sein wie über die Ächtung und Abrüstung atomarer Waffen. Der Abschluß der START-Verhandlungen soll nur der Anfang vom Ende des nuklearen Vernichtungspotentials sein. Noch ist es zu früh für einen Nachruf auf die Bombe. Für eine Erinnerung an die beiden japanischen Städte, die ihren Namen in den letzten Jahrzehnten als symbolische Maßeinheit für den unermeßlichen Schrecken hergaben, ist die Zeit recht. In diesem August wird sich alle Welt wieder pflichtschuldig und schaudernd Hiroshima und Nagasaki ins Gedächtnis rufen und erleichtert feststellen, daß die Gefahr eines Atomkriegs geringer sei als je. Es wird viel Rührung, Zorn und Andacht geben im Gedenken an die Menschen, die seit 46 Jahren alleine „das Kreuz der Bombe getragen haben: gestorben für den Frieden in der Welt", wie ein Pater in Hiroshima, irregeworden an der Grausamkeit seines Gottes und dem Elend der Opfer, vor vielen Jahren verzweifelt hoffte.

Auch Japan, erst recht Japan, das sich seit Jahrzehnten für atomare Abrüstung einsetzt, und das seine überlebenden Bombengeschädigten das Jahr über gern vergißt wie alle Behinderten, die hier den schönen Schein beleidigen und den Betrieb aufhalten, wird in Trauerreden, Fackelmärschen und Friedensappellen mittun. Das Fernsehen wird Dokumentationen bringen und live übertragen, und der Premierminister wird vielleicht wieder an beiden Feiern teilnehmen. Wie im letzten Jahr geschehen, zum ersten Mal seit 1976; sonst soll alles wie immer sein.

Man schätzt in Hiroshima und Nagasaki keine Überraschungen, erst recht nicht, wenn die Welt mit schlechtem Gewissen auf beide Städte schaut. Die beiden Bomben-Museen in den Friedensparks, üblicherweise zum gegebenen Anlaß renoviert, beginnen schon Wochen vorher mit ihren Sonderausstellungen und Video-Aktionen. Wie zuletzt während des Golfkriegs werden Hunderttausende Ketten von liebevoll gefalteten Papierkranichen, die einer japanischen Legende zufolge Glück bringen und Kranke heilen sollen, einen kindlich unruhigen Regenbogen über die Gedenkstätten legen.

Am 6. und 9. August werden schließlich bei den Festakten feierlich die Namen der Toten des Jahres in die Listen der Opfer eingetragen. Bis zum Ende 1988 stieg so die Zahl der Toten in Hiroshima auf 201.990, in Nagasaki auf 93.966. Man nimmt es genau mit den Zahlen, man nimmt es nicht so genau mit der Wahrheit. Denn es werden (durch großzügigere Definition) im Leben wie im Sterben immer mehr Bombenopfer. Als unerheblich wird behandelt, ob ein *hibakusha* bei einem Verkehrsunfall ums Leben kommt, einem Herzinfarkt erliegt oder im Meer ertrinkt. Es ist nicht nur einfacher, wenn alle Toten Opfer sind, es kommt auch manchem zupaß. Denn so darf neben all dem tief empfundenen, wahren Schmerz der Vernünftigen wie der Opfer und ihrer Familien hinter der Klagemauer des Mitleids auch das kollektive Selbstmitleid grassieren. Jahr um Jahr mehr wird in aller Stille auch an der Vervollkommnung des Mythos vom Kriegsopfer Japan weitergearbeitet. Armes unschuldiges Nippon, über das der Krieg hereinbrach wie ein Taifun. Wenn der Eindruck aus den Medien und aus Gesprächen nicht trügt, scheinen sich immer weniger und immer jüngere Japaner in diesen Tagen des Gedenkens (nicht mehr oder noch nicht) im Klaren zu sein, daß die Tragödie der Atombomben nicht wie eine Naturgewalt über eine arglose Nation kam, sondern weil Japan einen Eroberungskrieg in Asien vom Zaun gebrochen hatte. Moralisches Entsetzen hilft nicht und führt im Rückblick in die Irre. Wer hätte denn gezögert, die Bombe einzusetzen, wenn er über sie verfügt hätte, Stalin etwa, Hitler etwa, der japanische Kaiser Hirohito und sein Militärregime? Die für alle Welt traumatischen Ereignisse des 6. und 9. fügten sich in ihrer Summe zum alle Welt erlösenden 15. August 1945. Die Kapitulation ist Geschichte. Geblieben, gewachsen, ist die Legende.

Nicht nur Japan, wir scheinen alle betroffen: die überwältigende Symbolik der Atomblitze verblendet im Rückblick erst recht das öffentliche Bewußtsein. Der Mythos der Momentaufnahmen von 1945 löst die Hintergründe immer mehr auf und löscht die Zusammenhänge. Kaum jemand spricht von den bis zu 100.000 Todesopfern in Tôkyô, die der Angriff von 334 alliierten Bombern in der Nacht vom 9. und 10. März 1945 forderte. Waren die Phosphorbomben weniger grauenhaft, mit denen Menschen „zu Tode geröstet und gekocht und gebacken wurden", wie es der Erfinder der neuen Strategie, Generalmayor Curtis LeMay, anschaulich zu schildern wußte? Das Flammenmeer in Tôkyô hinterließ gewiß keine Strahlenkranken, keine Leukämie, nicht den schleichenden Tod von Menschen, die glaubten, davongekommen zu sein.

Aber wer wollte zwischen zwei Unmenschlichkeiten wählen? Mitverantwortlich für die Entstehung des Opfer-Mythos war auch die jahrelange Geheimhaltungspolitik der paternalistischen amerikanischen Besatzungsmacht unter General MacArthur um die Wirkung ihrer Wunderwaffe, die noch im Herbst 1952 einen internationalen Ärztekongreß im italienischen Monte Catini mit massivem Druck auf die dortige Regierung verhinderte, nachdem bekannt worden war, daß japanische Ärzte aus Hiroshima und Nagasaki berichten wollten.

Noch in den Trümmern, so scheint es, machte der Sieger den besiegten Täter zum Komplizen im Feldzug gegen den Kommunismus. Er zeigte sich im Gegenzug bei manchen Kriegsverbrechern großzügig, die den Japanern als unabkömmlich für den Wiederaufbau galten. Darunter waren Angehörige der berüchtigten „Einheit 731", die an Kriegsgefangenen in China aber auch in einem Tôkyôter Militärhospital im Stadtteil Shinjuku) Vivisektionen und tödliche Experimente mit Kampfgasen und Viren vornahmen. Schließlich willigte der Sieger wohl auch ein, die Entwicklung einer Opfer-Legende wenigstens stillschweigend zu dulden. Britische Gesprächspartner jedenfalls, die die Vertrauenswürdigkeit des neuen Bundesgenossen in Zweifel zogen, soll der amerikanische Außenminister John Foster Dulles im Jahre 1951 mit dem Hinweis beruhigt haben, auf die unverändert bestehenden japanischen Überlegenheitsgefühle gegenüber Asien sei stets Verlaß. Der Krieg der beiden Koreas, gerade fünf Jahre zuvor von japanischer Kolonialherrschaft befreit, brachte Japan den ersten wirtschaftlichen Aufschwung.

Es könnte sein, daß Amerikanern bei dieser Abmachung immer weniger wohl ist, seit der Kalte Krieg als beendet gilt und der Handelskrieg mit Japan gelegentlich schon verloren gegeben wird. Nun soll der „deal" nicht mehr gelten. Aber gewisse einflußreiche Herren in Japan lassen sich das Spiel nun nicht mehr verderben. Unter den Nebeln moralischer Rechtschaffenheit werden die Toten und die Überlebenden von Hiroshima und Nagasaki immer unbedenklicher mißbraucht als schutzlose Schutzheilige. Sie dienen, die meisten ahnungslos, manche bereitwillig, in den Schulen wie in Sonntagsreden zunehmend „der nationalistischen Erinnerung an das seit alters her notwendige Leiden der Yamato-Rasse", wie der amerikanische Historiker John W. Dower notierte. Seriöse und abstruse Bücher über diese stolze Rasse, die anderen überlegen sei und edel und womöglich gar denen, die über sie zu siegen wagten, eines Tages verzeihen kann, verzeichnen große Auflagen im wiedererstarkten, reichen Japan. Je törichter die Angriffe gegen ein Japan, das angeblich im Begriff steht, mit Autos und Mikrochips statt mit Panzern und Raketen die Welt zu erobern, desto willkommener, nicht etwa beleidigender sind sie. Man ist schließlich wieder wer; die Zeit scheint reif. Und so kann „Rhapsodie in August", der jüngste und schwächste Film des einst großen Regisseurs Kurosawa Akira, den Amerikanern ausgerechnet im fünfzigsten Jahr nach Pearl Harbour in Arglosigkeit und mit sentimentaler Geste ebendas anbieten: die Vergebung der Sünden durch eine greise *hibakusha*.

Motoshima Hitoshi sucht indes Vergebung in Asien, nicht Amerika, indem er sich öffentlich für Japans Kriegsgreuel entschuldigt. Der vor Wochen zum vierten Mal wiedergewählte Bürgermeister von Nagasaki ist Christ und einer der wenigen furchtlosen Kritiker des japanischen Eskapismus. Motoshima wird sich in diesem Jahr vermutlich bei rechten Revanchisten und anderen alten Kaisertreuen noch verhaßter machen, wenn er in seiner Gedenkrede wieder die „moralische Verantwortung" der Japaner gegenüber den von der Bombe getöteten oder verletzten Zwangsarbeitern aus China und Korea einklagt. Anfang vergangenen Jahres wurde Motoshima von fünf Schüssen eines Ultrarechten lebensgefährlich verletzt. Von Leibwächtern umstellt, geißelte er am 9. August bei der Feier in Nagasaki das „grausame System der Kolonialherrschaft", das in Hiroshima allein für 20.000 Koreaner den Tod bedeutete, und ungezählten koreanischen *hibakusha*, die nach dem Krieg in ihre Heimat zurückkehrten, bis heute Siechtum und Armut bringt. Die Regierung Südkoreas gab im Normalisierungsvertrag von 1965 alle Ansprüche auf Wiedergutmachung an Japan auf. Für die Leiden und Gebrechen, die ihre Bürger durch die Atombomben erdulden müssen, erklärte sich das Regime nicht zuständig.

Die japanische Regierung hatte es Korea vorgemacht. Im „Kriegsopfergesetz" von 1952, das Ansprüche von Soldaten, Angehörigen und selbst dienstverpflichteten Zivilisten neu regelte, wurden die Opfer und Überlebenden der beiden Atombomben nicht berücksichtigt. Bombenopfer habe es in ganz Japan gegeben, hieß es zur Begründung: der Staat war noch zu arm, um zu helfen, zu arm, sich die Legende zu leisten. Für die *hibakusha*, die ohne finanzielle Hilfe mit Schmerzen und Angst, Diskriminierung und Tod leben mußten, waren die ersten zehn Jahre nach dem Krieg die schlimmsten. Die entstellenden Keloid-Narben, kupferfarbene, gummiartige Wucherungen nach Brandverletzungen, wurden erst von 1952 an operativ behandelt. Für viele Opfer zu spät, um ihr Stigma wenigstens etwas abzuschwächen. Sie fanden keine Ehepartner. Es sei denn untereinander, sie waren der Aussatz. Der Volksmund zerriß sich das Maul; es gab kein Mitleid mehr, keine Sonderbehandlung. Hatte in den ersten Hungerzeiten nicht jeder Grund zu klagen?

Das galt selbst in Hiroshima und Nagasaki, wo fast jeder Opfer gewesen war und je ein Drittel der Bevölkerung ausgelöscht wurde. (Die Atmosphäre der beiden Städte unterscheidet sich, zumal Fremden, Westlern gegenüber, bis heute stark: In Hiroshima kann man durchaus eine dumpfe Xenophobie wahrnehmen; Nagasaki erscheint dagegen hell und gastfreundlich.) Gegen den Rumor von Fehlgeburten und Genschäden, der sich noch immer hartnäckig hält, war damals kein Ankommen. Für viele, die keine schützende Familie mehr um sich sammeln konnten, blieb nur der Selbstmord. Erst im März 1958 wurden von den Behörden 200.984 *hibakusha* anerkannt. Als Maßstab galt zunächst der (von zwei japanischen Zeugen beeidete) Aufenthalt in einem Zwei-Kilometer-Radius vom Epizentrum der Bombe. Eine bitterböse

Ironie schien den japanischen Stellen unvermeidlich: Wer das Glück gehabt hatte zu überleben, wo niemand sonst überlebte, und das womöglich ohne schwere Verletzungen, hatte nun Pech. Doch bald wurden die Kriterien, auch unter internationalem Druck, gelockert: 1965 galten über 230.000 als *hibakusha*; 1975 waren es beinahe 295.000 und 1983 genau 368.259. Drei Jahre später und viel zu spät für viele hatten sie es endgültig geschafft: alle Bombenopfer waren vor ihrem Gesetz gleich. Die anschwellenden Zahlen hatten konkrete, sehr japanische psychologische Gründe. Die lange vereinzelten, beschämten Menschen aus Hiroshima und Nagasaki, auf deren Fährte mancher ihrer Landsleute, der auf sich hielt, Privatdetektive ansetzte, wenn es ums Heiraten oder auch nur um einen Job ging, hatten sich über die Jahre zu dem zusammengefunden, was in Japan allein Wohlbefinden und Respekt verschafft: zu einer Gruppe. Die *hibakusha* hatten sich endlich entschlossen, ihr gemeinsames Schicksal auch gemeinsam zu ertragen.

Man steht heute einander bei, viele arbeiten engagiert in der Friedensbewegung, und mancher betrachtet es als eine Ehre, wenigstens aber als Pflicht, vor Schülergruppen die Untat zu bezeugen. Der ockergelbe „Atomopfer-Gesundheits-Paß" mit der Aufschrift „hibakusha kenkôtechô" ist kein soziales Todesurteil und (wenigstens offiziell) keine Schande mehr. Zudem verschafft das Zertifikat seinem Inhaber freie medizinische Versorgung und eine monatliche Rente von etwa 350 Mark, die sich für die dreitausend als besonders schwer Beschädigte anerkannten *hibakusha* bedeutend erhöht. Mindestens zweimal im Jahr werden sie gründlich untersucht. „Man wagt es kaum zu sagen, aber die Bombenopfer sind heute wahrscheinlich die gesündesten, sicherlich aber die medizinisch am besten betreuten Menschen in Japan." Der Mann, der das und noch mehr zu sagen wagt, heißt J.W.Thiessen und ist stellvertretender Vorsitzender der „Radiation Effects Research Foundation" (RERF) in Nagasaki. Thiessen, seit über vier Jahren in Japan, von Washington erst nach Hiroshima, dann nach Nagasaki entsandt, weiß genau, wovon er redet. Von niemandem, darauf legt Thiessen Wert, werde er sich je in seinem Mitgefühl für die wahren Opfer und in seiner Abscheu vor dem Krieg übertreffen lassen. Aber hier, in Japan, stehe eben Wissenschaft gegen Mythos, Aussage gegen Aberglaube. „Raten Sie, wer da meistens gewinnt."

Die amerikanisch-japanische besetzte und finanzierte Stiftung zur Erforschung von Strahlenwirkungen trat 1975 die Nachfolge der „Atomic Bomb Casualty Commission" (ABCC) an, die von 1947 an in Hiroshima und Nagasaki systematisch den Effekt der Atombomben verfolgte. Heute hat das Institut über 420 Mitarbeiter in beiden Städten. Die von Beginn an durchgesetzte Politik, *hibakusha* nicht als Patienten zu behandeln, sondern nur als Versuchsgruppe („Versuchskaninchen", sagen manche) zu studieren, hat der ABCC nicht nur Freunde eingebracht. Auch manche statistischen Ergebnisse dieser einmaligen Langzeituntersuchung (die nebenbei extensive Erkenntnisse für die Altersforschung hergeben) passen nicht jedem Bombenopfer ins Bild von seinen Krankheiten, vom Krieg und von der Welt. „Bis heute haben wir zum Beispiel keinerlei Hinweise auf vererbbare genetische Veränderungen durch die Strahleneinwirkung feststellen können. Und, glauben Sie mir, gerade danach haben wir mit aller Sorgfalt gesucht. Manche von uns haben selbst damit gerechnet, den Beweis eines Tages zu erbringen."

Nur wenige Japaner, erklärt Thiessen, wüßten oder wollten wissen, daß nach den Daten der RERF wahrscheinlich nur zwei Prozent aller Todesfälle nach 1946 in beiden Städten auf die Strahlenwirkung der Bomben zurückgeführt werden können. Wer denn nun wirklich ein *hibakusha* sei, fragt er sarkastisch? Nur jene 35.000 Menschen, die in beiden Städten innerhalb des zwei-Kilometer-Radius' die Bombe überlebten und tatsächlich ein höheres Krebsrisiko tragen? Oder alle 360.000, die heute einen Atombombenopfer-Paß besitzen? Thiessen ist ein ziemlich gelassener Mann Mitte sechzig. Und weil er die Tabus inzwischen besser kennt als ihm behagt, drückt er es umständlich aus: „Ich glaube, es ist nicht unangemessen zu sagen, daß es für die Mehrheit dieser Gruppe höchst unwahrscheinlich ist, mit einem signifikant höheren Krebsrisiko rechnen zu müssen als jene, die den gesetzlichen Anforderungen an Atombombenopfer nicht entsprechen." Andere Mediziner und Soziologen sind schon deutlicher geworden, als sie den Japanern einen fatalen Hang zur Hypochondrie attestierten.

Thiessen geht es um etwas anderes. Wissenschaftlich gesprochen sei es nicht nur ein Unsinn, jedes Jahr die Toten in den *hibakusha*-Listen nachzutragen, es sei auch unverantwortlich. Gerade alte Menschen, die schon genug auszustehen gehabt hätten, aber auch die nachgeborenen Generationen in *hibakusha*-Familien, würden so in einem Zustand der Angst gehalten, selbst wenn es nach bestem medizinischen Wissen kein Anlaß dazu bestehe. In Hiroshima und Nagasaki werden alle zwei Jahre 20.000 *hibakusha* auf Herz und Nieren untersucht. Niemand, meint Thiessen, nehme die Erforschung von Strahlenkrankheiten so ernst wie die RERF, niemand könne seinen Leuten ohne weiteres etwas vormachen. Die Strahlenschutzstandards in aller Welt beruhten zu neunzig Prozent auf ihren Erkenntnissen; natürlich sei er in Tschernobyl gewesen, man arbeite eng zusammen. Thiessens Sachlichkeit wirkt gerade in Nagasaki, das voller Symbole der Katastrophe ist, irritierend, fast empörend.

Man möchte die Opfer in Schutz nehmen, die wahren und die eingebildeten, denn subjektiv leiden sie alle. Thiessen kennt diese Abwehrreaktion. Aber er läßt sich nicht mit Gefühlen bestechen. Zum Abschied, halb zu sich selbst, sagt er noch: „Ehrlich gesagt, machen mir die Uran- und die Asbestindustrie mehr Sorgen als die *hibakusha*. Radioaktive Strahlung hat bis heute mehr Menschen geheilt als getötet."

Es herrschte immer noch Krieg, und es war schwülheiß in Nagasaki am Morgen des 9. August, 28 Grad Celsius bei einer Luftfeuchtigkeit von über siebzig Prozent, als die Entwarnungssirenen aufheulten. Die Leute strömten erleichtert aus den Bunkern; wer auf die Straße ging, ging in den Tod: „Fat Man" und seine Ladung Plutonium-239 explodierten um 11.02 Uhr in 503 Metern Höhe über dem Stadtteil Urakami. Die Besatzung des B-29 Bombers „Bockscar", alle irisch-katholischer Abstammung, hatte durch einen Wolkenspalt die Werftanlagen von „Mitsubishi Heavy Industries" ausgemacht und das einzige christliche Wohnzentrum Japans getroffen. Nagasaki war ihre zweite Wahl gewesen, die Stadt Kokura, das erste Angriffsziel, verdankt seine Verschonung einer dichten Wolkendecke. So verbrannten fast 20.000 Katholiken (und Tausende koreanische Zwangsarbeiter) in Urakami, als die Sonne vom Himmel stürzte: viereinhalb Tonnen schwer, mit einer Sprengkraft von 22 Kilotonnen TNT und einer tödlichen Streuung von Gamma-Strahlen. Zwischen 60.000 und 80.000 Menschen starben auf der Stelle, Tausende mehr in den folgenden Tagen oder Wochen nach unvorstellbaren Qualen.

Selbst wenn man sich belehren läßt, daß es damals viertausend Bomber vom Typ B-29 gebraucht hätte, um 22 Kilotonnen TNT abzuwerfen, war der Abwurf dieser Bombe militärisch nicht mehr zu rechtfertigen. Es sei denn, Amerika wollte einen anderen Gegner treffen als Japan. Alles spricht dafür, daß sich Washington für eine Drohgebärde der Abschreckung gegenüber der Sowjetunion ein „Real-Life-Experiment" in Nagasaki nicht entgehen lassen wollte. „Fat Man" war die erste Atombombe des Kalten Krieges. „Die Bombe" wurde die Hurenmutter aller Waffen. Japans Mythos ist ihr Kind.

(3. August 1991)

Japan Blues

Miyako Harumi singt
für das aufrührerische Landvolk von Narita

Der Überraschungswert der Nachricht ist kaum zu übersetzen. Miyako Harumi in Narita? Das ist wie Heino an der Startbahn-West. Doch so ist es geschehen, am vergangenen Samstagabend auf einem Stoppelacker in der Präfektur Chiba. Viertausend, meist Bauernfamilien aus der Gegend, jedenfalls viel mehr als erwartet, waren gekommen. Hubschrauber kreisten, Polizisten wachten auf Stahlrohrgerüsten, Stacheldrahtrollen besorgten die martialische Einfriedung um Sanrizuka. Es ging friedlich zu wie seit dem Sommer 1966 nicht mehr auf dem Schlachtfeld des Bauernkrieges, den Japans „Neue Linke" über zwei Jahrzehnte lang unterstützte und in ihren radikalen Splittergruppen als Klassenkampf irreführte, mißverstand und mißbrauchte. Von ihnen war nichts zu sehen. Die Bauern wollen weg von ihrem selbstmörderischen Ruf, die Zeiten sind anders. „Verrätern" werden nicht mehr von der ultralinken „Chûkakuha" die Scheunen angesteckt oder Nägel in die Ackerfurchen gesät. Der immer mehr geschwächte Widerstand gegen die zweite Bauphase muß sich respektabel und bürgernah gerieren. Symposien mit Regierungsvertretern ersetzen Schlägereien mit Bereitschaftspolizei. In die schwersten Kämpfe 1971 waren die Bauern bewaffnet mit Bambusspeeren, Steinen, Fäkalienbomben und giftigen Schlangen gezogen. Es gab Tote damals. Am Samstagabend schützte die Polizei vor alten Kampfgenossen.

Lauter Landvolk kam. Viele Frauen in Kopftüchern mit goldblitzendem Lächeln. Sie allein waren es, die mit harten Händen riesige Picknickkörbe verwalteten, Verwandte dirigierten und Plastikplanen verteilten und bewachten wie zur Kirschblütenzeit. Sie lachten über die Städter, besonders über die japanischen Reporter in ihren Business-suits, die aufgeregt und etwas angewidert in ihren schwarzen Limousinen mit Chauffeur, Standarte und Autotelefon angereist waren, um das Spektakel zu betreuen. Sie kamen, um mit eigenen Augen zu sehen, daß ein nationales Kulturgut, eine Muse des japanischen Konservativismus zum 25. Jahrestag des bäuerlichen Widerstandes erst gegen den Bau, heute gegen den Ausbau des Internationalen Flughafens von Tôkyô wirklich ein Konzert geben würde. Aber als Miyako Harumi in der Dämmerung ihr erstes Lied begann, erlosch mit einem Mal alles Befremdliche ihres Auftritts unter Bauern. Wenn ihr bei der Arbeit der Schweiß auf die Stirn träte, fühle sie sich wie eine Bäuerin, sang sie. Auf diesem Land in Sanrizuka sollten Blumen blühen, sang sie. Blumen, Blut und Boden; Öko-Gemüse statt High-tech, Pflugscharen gegen Flughäfen. Es war reiner Kitsch in der Ästhetik des Widerstands. Die Bauern, so schien es, besonders ihre Frauen erkannten sich wieder. Sie applaudierten nicht sonderlich ausgelassen an diesem Abend. Sie nickten oft. Kein Wunder.

Japans Seele ist Miyakos Geschäft. Alles fließt, die stille Träne, der stolze Strom des Yen. Japanische Mütter, die duldenden *okâsan*, sind ihre Heldinnen. Ihnen singt sie aus der Seele. Manchmal weint sie selbst darüber. Weich und mutig ist diese Seele, stets verstehend, doch meist verwundet, stets selbstlos liebend, immer einsam. So opferbereit und einsam eben wie sich japanische Geliebte, Ehefrauen, Mütter auf-seufzend gerne sehen, nachdem sie tagsüber dafür gesorgt haben, daß Geliebte, Ehemänner, Söhne abhängig, kindlich, die untertänigsten Beherrscher bleiben. Miyako Harumi, zweiundvierzig Jahre alt, stammt aus Kyôto, zählt seit 1964 zu den berühmtesten Sängerinnen des *enka* und singt auch für Männer, die zur Rührung bereit sind. *Enka*, angeblich so japanisch wie das Chanson französisch, handelt von handelsüblichen Träumen, von der Liebe, der Sehnsucht, gelegentlich von der Natur in Gestalt von Blumen, Meer und Vollmond. *Enka* ist Japan, wie es singt und leidet und weint, während es die Wonne des formalisierten Kontrollverlusts erlebt, um sich für das kontrollierte Formdiktat eines Tages zu entschädigen und für das nächste zu rüsten: Blues à la japonais.

Miyako Harumi unterscheidet sich von den meisten ihres Faches dadurch, daß sie ganz vorzüglich singen kann. Ihr Sopran ist anschmiegsam, das Vibrato makellos; wenn es die Dramaturgie des Textes erfordert, kann sie ihre Stimme aufrauhen wie eine Soulsängerin. Als die Vierzehnjährige 1963 einen Nachwuchswettbewerb gewann und im Jahr darauf wohlhabend wurde, indem sie Millionen Japanern „Die Kamelie ist die Blume der Liebe" verkaufte, beschloß sie, daß ihr Familienname Kitamura der Sache nicht mehr gerecht wurde. Miyako bedeutet Hauptstadt, was jahrhundertelang Kyôto bedeutete, was Harumis Künstlernamen ein spezifisch nationales Gewicht gibt wie, sagen wir, Françoise Paris oder Else Berlin. *Enka*-Sängerinnen gleichen einander (wenn schon nicht in ihrer Gesangskunst) auf beruhigende Weise. Etwa darin, daß sie traditionell im Kimono auftreten, und auf verblüffende Weise in der Auswahl der Lieder, die in Harmoniefolge, Rhythmik, Instrumentierung, Tempo und Texten für Nichtkenner schwer zu unterscheiden sind. Japan feiert freilich die minimale Variation und subtile Interpretation des Immergleichen auch in den uralten Rollen des Kabuki wie, noch extremer, in den Masken des Nô, die alles Mienenspiel verderben. Neuheiten, Überraschungen, Improvisationen scheinen schon deshalb weniger angesehen, weil sie im Ruch des Selbstsüchtigen oder penetrant Privaten stehen.

So schluchzt also *enka* als grandioses Gesamtlied aus Radio, Fernsehen und besonders nachts aus den Karaoke-Bars, jenen öffentlichen Bedürfnisanstalten im besten Sinne, wo sich jeder gegen Gebühr zu betexteten Videofilmen lustvoll an den Liedern vergreifen darf. Fast immer gehen die Geschichten recht schlecht, nicht selten gehen sie tragisch aus. *Ai* (Liebe) führt zu *kanashii* (Traurigkeit) im *kokoro* (Herzen), weil *wakare* (die Trennung) in dieser Welt unausweichlich scheint und deshalb *sayonara* (Auf Wiedersehen) meist ein frommer Wunsch bleibt. So sind Männer wie Frauen tief zu beeindrucken, zumal wenn sie selber singen. *Enka* zu singen und zu fühlen und sich beim tiefen Empfinden bekannter Empfindungszeilen sehen und hören zu lassen, rechnet ohne Zweifel zu den großen Tröstern und Therapien des japanischen Alltags. Singen erleichtert. Es verschafft Ersatz und emotionale Erleichterung in einer Sprache, die sich in einer Unzahl von Standardsituationen jedes spontane Atmen verbietet, und sich dabei, bis in Grammatik und Idiomatik hinein, stets auf Distanz, Vagheit und die Unverletzlichkeit von Rang und Ordnung herausredet. In Japan hilft Singen gegen das Stottern der Gefühle.

Auch Miyako Harumi singt auf dem Stoppelacker in Narita häufig von Geliebten, die in sicherer Entfernung sind, und deshalb, wie das Leben lehrt, um so mehr geliebt werden und zu imposanten Figuren heranwachsen. Einmal ist schließlich auch die Rede von jenem Pullover, den sie in ihren einsamen Stunden strickt, und den er nicht, ja den er womöglich niemals tragen wird. Junge, komm' nie wieder, nie wieder nach Haus? Die Botschaft, daß wahre Liebe unerfüllte Liebe sei, ist gelinde gesagt etwas zwiespältig. Wenn der Ersehnte aber nun einmal da ist, dann, haucht Miyako-san ein anderes Mal, sei jedes Opfer gerechtfertigt und bis zur Selbstaufgabe rechtens, um aus ihrem Mann einen „Großen Mann" zu machen. Viele Bäuerinnen nicken, etliche sieht man allerdings an dieser Stelle auch spöttisch lachen. An der Sentimentalität des *enka* jedenfalls, die das Genre auch für gutwillige Westler weitgehend ungenießbar macht, stört sich niemand. Tränen sind unter Fans bei verlorenen wie gewonnenen Baseballspielen so üblich und hoch angesehen wie bei zurücktretenden Politikern. Es hat Methode, wenn die (rührende) Qualität von Filmen in Teilen der englischsprachigen Presse Japans mit der mutmaßlichen Zahl durchnäßter Taschentücher bewertet wird: ein „three-handkerchief-movie" bedeutet die Höchstnote. Darauf, daß das Kinopublikum der Einschätzung folgt, ist gewöhnlich Verlaß.

Doch all das, sagen manche, bedeute nichts. Die Seele der Japaner ergründen zu wollen sei so sinnvoll wie die Spiritualität von Benzin zu messen. Das Nichts sei der ganze Kern, der Schein die einzige Wirklichkeit, die Formvollendung der volle Inhalt. Nach mehr zu fragen, müsse ein Mißverständnis sein, abendländisch arrogant oder einfach töricht.

Bis hierher sind sich viele Verächter und etliche Bewunderer der japanischen Kultur erstaunlich einig. Nicht weiter allerdings. Das kalte amoralische Geschäft sei die wahre Seele der Japaner, meinen Zyniker, nicht nur aus dem Westen. Die Weisheit der Seele Japans zeige sich darin, daß niemand es nötig fände, nach ihrer Existenz zu forschen. Das klassische Werk des Taoismus, „Too-Tê-King", das seinen Einfluß in Japan hatte, erklärt den Raum und das Nichts nicht nur einleuchtend, sondern unwiderlegbar: „Wir setzen dreißig Speichen zusammen und nennen es ein Rad; Aber es ist der Raum, dort wo nichts ist, wovon der Nutzen des Rades abhängt./ Wir rühren Lehm, um ein Gefäß zu machen: aber es ist der Raum, dort, wo nichts ist, wovon der Nutzen des Gefäßes abhängt./ Wir bohren Türen und Fenster, um ein Haus zu bauen; Und es ist der Raum, dort, wo nichts ist, wovon der Nutzen des Hauses abhängt./ Darum sollten wir just, wenn wir Vorteil aus dem ziehen, was ist, den Nutzen dessen, was nicht ist, erkennen."

In der Tat. Hat aber Miyako Harumi, die japanische Seelenverkäuferin, den Bauern von Narita und uns wirklich davon gesungen?

(23. August 1991)

Körperhunger oder Die blinde Leinwand

Zum Mißverständnis und Mythos des japanischen Films im Westen

Japan hält viel aus. Blinde Liebe, offenen Haß, harte Kritik, nur eines nicht: tiefes Verständnis. Wer das Land verstehen will, muß damit anfangen, zu begreifen, daß die meisten Japaner es vorziehen oder schlicht für naturgegeben halten, von Ausländern nicht verstanden zu werden. Es sei leider ganz unmöglich, sagen sie, wenn man versichert, sie zu verstehen, nachdem sie wieder einmal klagten, niemand verstehe sie. Je mehr ein Fremder Anteil nimmt, je besser er Japanisch spricht, desto unheimlicher wird er, desto verdächtiger macht er sich. Nähe ist nur im Rausch und auf Widerruf möglich: deshalb sind sie dem Durchreisenden stets so fabelhaft höfliche Gastgeber und dem Bleibenden so häufig mißtrauisch verstockte Nachbarn. Das ist alles in den Filmen.

Auf kritisches Verständnis für das anstrengende Changieren im Alltag zwischen *tatemae*, dem strikten Standardverhalten gesellschaftlichen Anstands, und *honne*, den wirklichen Gefühlen, reagieren selbst aufgeklärte Japaner oft wenig dankbar, sondern verstört, entsetzt, ja zornig. Erst recht, wenn man ihre angebliche Undurchdringlichkeit als Pose, das Rätselhafte als Berührungsangst, die rigide Wohlerzogenheit als Sicherungskäfig über einer von Prinzipien und Moral freien Gefühligkeit deutet. Wie eine ölige zweite Haut umhüllt sie die Überzeugung, ihre Einmaligkeit, Reinheit, Unschuld und Homogenität sei in Gefahr, wenn es zu vielen Fremden gelänge, die ungeschützte chaotische japanische Seele mit Verständnis zu besudeln. Dabei ist längst alles in ihren Filmen.

Der amerikanische Schriftsteller und Filmkritiker Donald Richie ist einer der wenigen Fremden in Japan, denen das seit Jahrzehnten gelingt, weil er sich nicht früh verjagen ließ, und gegen den der Widerstand aufgegeben wurde. Richie, sechsundsechzig Jahre alt, lebt seit 1954 überwiegend in Tôkyô; er ist ein Doyen des Films und der Künste überhaupt, er weiß zu viel und kennt zu viele. Er hat das japanische Kino besser beobachtet, schärfer analysiert und hat mehr (und häufig gegen Widerstand) für seine Verbreitung und Anerkennung im Ausland getan als die Japaner. Als er Anfang der sechziger Jahre etwa Filme von Ozu Yasujirô auf dem Berliner Filmfestival vorstellte, wurden sie nicht nur gefeiert, sondern auch von Verleihern gekauft. Zurück in Japan erntete er kein Lob, sondern mußte sich wieder einmal anhören, daß japanische Filme für den Westen unverständlich seien. Wenn Filme im Ausland gut ankämen, dann seien sie eben nicht japanisch genug. Nur Donald Richie kann es sich in Japan leisten, die japanische Seele in ihren Spiegelungen im Film zu erkennen, Bücher darüber zu schreiben und Symposien zu präsidieren, die sich das Thema geben: „Japanisches Kino wie es die Welt sieht: Eine Geschichte und Bewertung seiner Rezeption".

Die zweitägige Veranstaltung mit fünf Referenten aus Großbritannien, Hong Kong, Brasilien und den Vereinigten Staaten schaffte nicht, was sie sich vorgeschrieben hatte, und war doch bei weitem das Beste, was das Tôkyôter Internationale Filmfestival vor wenigen Wochen (am Rande) hergab. Daß von dem Thema fast nur im melancholischen Rückblick und in der schwärmerischen Vorvergangenheit gesprochen würde, weil die große Zeit der großen Regisseure lange zurückliegt, daß von Kurosawa Akira häufiger die Rede sein würde als ihm zusteht, weil er allein vom Westen früh vereinnahmt und gegen japanische Kritik, nicht japanisch genug zu sein, in Schutz genommen wurde, stand von vornherein fest. „Vieles von dem, was der Westen von Japan weiß, ist von seinen Filmen gelehrt worden. Wie wenig akurat die Informationen auch immer waren, die Vorstellungen des Westens von Geishas und Gangstern, Samurai und kleinen Angestellten, sind sämtlich Filmen entnommen." Donald Richie hatte das erste und das letzte Wort der Tagung, und oft genug das treffendste. Ansonsten war man sich einig.

Einig zum Beispiel über den erklärenden, durchdachten, illusionslosen Charakter der expressionistischen japanischen Meisterwerke, die anders als Hollywood ihre Künstlichkeit nie vergessen machen wollen. Die Verwirrung westlicher Kinobesucher nahm noch mehr zu, wenn die Einheit von Ort und Handlung aufgelöst wurde, weil die Etablierung des „Wo" für japanische Regisseure weniger wichtig war als das „Wer". Allwissende kommentierende Erzähler, den Chören des Nô-Theaters nachempfunden und denen der antiken Tragödie in ihrer Funktion verwandt, sprechen in die Handlung hinein: der japanische Film präsentierte mehr als er repräsentierte. Daß die Filmsprache keineswegs universell ist, läßt sich auch an der Wahl der Einstellungen belegen. Während Hollywood etwa verläßlich die Nahaufnahme, den „close-up", einsetzt, wenn uns etwas besonders nahe gehen soll, gehen japanische Regisseure buchstäblich diskret auf Distanz, um die Emphase eines Augenblicks zu schützen und die Verlorenheit des Menschen im Kosmos zu unterstreichen. Und dann der Filmkuß, das erotischste, völlig abnutzungsfreie und wahrscheinlich das einzige Serienprodukt, das die Traumfabrik häufiger eingesetzt hat als klingelnde Telefone. Heute prallen zwar küssende Paare in japanisch synchronisierten Hollywoodfilmen nicht mehr so hart auf halbem Wege voneinander ab wie in den dreißiger und vierziger Jahren, als die Zensur einfach wegschnitt, was gegen die Sitten verstieß. Aber noch heute gelten Küsse in Japan auf der Straße wie im Film als sexueller Akt, der Zuschauer in Verlegenheit bringt oder in Erregung versetzen soll. Eltern küssen ihre Kinder nicht; selbst nach jahrelanger Abwesenheit stehen japanische Heldensöhne vor ihren heulenden Müttern und verbeugen sich zärtlich. Mehr geht nicht. Wer küßt, gehört ins Bett. Lippen sind nackter in Japan.

Das höhnische Gelächter, mit dem ein ausgesuchtes Publikum in London und Berlin Mitte der dreißiger Jahre die ersten japanischen Filme aufnahm, konnte Japan dagegen weder genieren noch beleidigen. Man hielt einander bei allem Respekt für barbarisch, also für nicht satisfaktionsfähig. Exotischer Kulturaustausch gehörte sich zudem als beschwichtigende Geste gegenüber künftigen Gegnern und Verbündeten für die Weltmacht Japan, die in China längst Krieg führte und Größeres vorhatte. So amüsierten sich die Europäer arrogant und ahnungslos über Japan, ein Puppenheim: War es nicht ein ganzes Volk aus melodramatischen Porzellanfigurinen, in engen kahlen Häusern mit blinden Papierfenstern, barfuß und auf Knien in einer Spielzeugwelt lebend, in der nicht einmal der Tod erwachsen ist? Das Publikum wunderte sich über mehr Schweigen als sonst, rätselte über den marionettenhaften Gesten-Kanon und bestaunte die Kindfrauen, mit Gesichtern starr und weiß wie unter Zuckerguß, in denen Münder wie Münzen hafteten; sie mißverstanden all die Kurtisanen als unterwürfig, in kostbare Stoffe gewickelt als leibhaftige Geschenke mit Schleifen auf dem Rücken (oder waren es Schlüssel zum Aufziehen) für finstere märchenhafte Männer, die zwei Schwerter, aber keine Hosen trugen. Die Leute sahen das und lachten und verstanden nichts und machten sich nichts daraus. Japan war nur ein Spiel.

„Wahrlich, Japan ist eine große Nation. Ihre Maurer spielen mit Stein, ihre Zimmerleute mit Holz, ihre Schmiede mit Eisen und ihre Künstler mit Leben, Tod und allem, was das Auge aufnehmen kann. Glücklicherweise wurde ihr die letzte Charakterfestigkeit verweigert, die es ihr erlauben würde, mit der ganzen Welt zu spielen." Der Autor, ein gewisser Rudyard Kipling, ließ „Regisseure, die mit Puppen spielen" wohl nur aus, weil nicht einmal er, der großartige Essayist und schwer erträgliche Kolonialist aus britisch-missionarischer Überzeugung, während seiner ersten Japanreise 1889 sich laufende Bilder und eine stroboskopische Täuschung vorstellen konnte. Immerhin sagte er das Scheitern von japanischen Welteroberungsträumen voraus. Beim Lachen über japanischen Film blieb es allerdings auch nach dem Zweiten Weltkrieg. Noch 1951 machte sich das elitäre Magazin „The New Yorker" über „endlos sich hinschleppende Szenen" in Kurosawas Film „Rashômon" lustig. Mit dieser Art hochmütigem Spaß war es allerdings auch in Amerika plötzlich vorbei, als „Rashômon" im selben Jahr mit dem Großen Preis auf der Biennale in Venedig ausgezeichnet wurde. Der Westen entdeckte große Regisseure wie Ozu Yasujirô, Mizoguchi Kenji, erklärte Kurosawa zum Genie und das Jahr 1951 zur Geburtsstunde des unvergleichlichen, künstlerisch wertvollen japanischen Films, unbeeindruckt von der Tatsache, daß er Geschichte hatte, längst volljährig war und seine Regisseure von Anfang an eine Menge von Hollywood adaptiert und imitiert hatten. Kritiker in Europa feierten die Hingabe, den Ernst, die Bedingungslosigkeit und erdige Sinnlichkeit einer neuen „qualité japonesque". Kritiker in Amerika schrieben Huldigungen an die Grazie japanischer Zeremonien und Rituale, die dem eigenen Land fehlen, erklärten Kurosawas Star und Männerfetisch in vielen Filmen, Mifune Toshirô, zum „sexiest thing since Valentino" und entdeckten zu ihrem Entzücken ihren guten alten Western im Raum und in den Held/Bösewicht-Symbiosen von Kurosawas Samuraifilmen. Wahrhaftig, Cineasten in aller Welt und ein Millionenpublikum in Japan huldigten einträchtig den Meistern. Es gab 20.000 Kinos in Japan, große Kunst war billige Unterhaltung. Es muß phantastisch gewesen sein und konnte nicht dauern.

Die Sterbestunde des japanischen Films irgendwann Anfang der siebziger Jahre ist dagegen nie festgelegt worden. Mit den provokanten Arbeiten von Regisseuren wie Ôshima, Teshigahara und Imamura, die aufregend sinnliche Filme machten, aber auch Brutalität und Sex als herrschaftsfreie Gewaltakte verherrlichten, verblühte der japanische Film. Spätestens nach Ôshima Nagisas einsamem Geniestreich „Im Reich der Sinne" (1976/77), das im Japanischen treffender „Stierkampf der Liebe" („Ai no korîda") heißt, war sich die Kritik einig, den japanischen Film nach einem Niedergang der Studios in den folgenden fünfzehn Jahren mit wenigen Ausnahmen zumindest künstlerisch totzusagen. Natürlich wurde weiter produziert. Aber nur noch verschlissene Meterware der gängigen Genres: Krieg, Samurai, Yakuza, Comic, Soft- und harter Porno. Im konfuzianisch züchtigen Asien, zumal in Hong Kong, kamen Japans Sexfilme am besten an, als sie am schlechtesten waren. Gerade in Hong Kong und in Taiwan, wo Musik und Filme des ehemaligen Kolonialherrn Japan verboten sind, fand man offenbar eine doppeltes Vergnügen an den wüsten Sado-Maso-Variationen der reichen, feinen Japaner mit ihrer gestrengen Schamkultur. Heute wird, noch zaghaft, von einer Wiedergeburt des japanischen Films geredet. Regisseure wie Itami Jûzô, der 1985 mit seiner Gourmet-Satire „Tampopo" gerade bei Yuppie-Gourmets in Amerika, weil sie die Jagd nach der endgültigen Nudelsuppe ernstnahmen, zur Kultfigur aufstieg, wagten es endlich, das Ende der Exotik auszurufen. Itami und andere wagen es, ein japanisches wie ein westliches Publikum zum Lachen zu bringen. Und zwar über Japan. Die neuen Filmemacher haben sich zwar nicht mehr das Handwerk in den Studios vom Beleuchter bis hinauf zum Regisseur erdient wie Ozu, Mizoguchi und Kurosawa. Aber sie haben wieder einen Blick für die Krankheiten ihrer Gesellschaft: für das Schicksal der illegalen asiatischen Gastarbeiter und philippinischen Prostituierten, beide gepreßt von der japanischen Yakuza, für die Zerstörung der Umwelt, die Landflucht und die hedonistische Leere der Stadtjugend. Sie zeigen Japan den Spiegel. Lösungen haben sie nicht, fern ist ihnen aber auch der trotzige Nihilismus der japanischen „Nouvelle Vague", deren Programm Ôshima Nagisa einmal formulierte: „Wer keine Träume hat, kann sie auch nicht zerstört sehen."

Was aber hat der Westen früher in den großen japanischen Filmen für sich entdeckt? War es wirklich die heldische Ästhetik des Widerstandslosen, das stoische Ritual des Schicksalhaften, die Zeremonie der spirituellen Transformation, jenseits von Gefühl und Gedanken oder die mörderisch selbstmörderische Sehnsucht nach Reinheit? War es der aufreizende Widerspruch in den „Gewaltphantasien eines Volkes, das zur Sanftmut gezwungen ist", wie es der holländische Journalist Ian Buruma in seinem Buch „Ein japanischer Spiegel" nennt? Das Symposion unter Donald Richie war sich am Ende noch einmal einig. Japanischer Film ist so wenig austauschbar wie seine Geschichten unbegreiflich sind. Die blinde Leinwand ist ein Mythos. Vor allem aber: Dem verschwitzten, rohen, rotzigen, dreckigen Eros eines halbnackten Mifune Toshirô in „Rashômon", seinem wollüstigen Körperhunger, frei von allen Schuldgefühlen, haben der christliche Westen und sein puritanisches Hollywood bis heute (und im Aids-Zeitalter erst recht) nicht mehr entgegenzusetzen als gutgespülte Sinnlichkeit, saubere Kleenex-Phantasien, trockengelegte „wet dreams".

In Japan endet die Scham im eigenen Haus, im Westen beginnt sie im Kopf. Roland Barthes notierte 1970: „In Japan – in dem Land, das ich Japan nenne – liegt die Sexualität im Sex und nicht anderswo; in den Vereinigten Staaten ist es umgekehrt: der Sex ist überall, nur nicht in der Sexualität." Barthes war in Japan, seinem „Reich der Zeichen", nur auf Reisen. Auch er hat dort mehr verstanden, als man ihm zu verstehen gab.

(5. November 1991)

Umzugstage in Tôkyô

Ausziehen, ohne das Fürchten zu lernen:
die erstaunlichen Erfahrungen eines Ausländers
auf Wohnungssuche

Die Wehmut kam vor den Packern. Nie mehr den verträumten Walkman-Joggern, den Landschaftsmalerinnen zwischen ihren Einkaufstüten, den zufrieden erfolglosen Anglern im Park um die Ecke begegnen, deren Geburtstage man zuverlässig an ihrer neuesten Ausrüstung abzählen konnte. Nie mehr in dem winzigen Postamt anstehen, in dem ein Endlosband mit Vogelstimmen und vier immer lächelnde Beamte mit Engelsgeduld einen solchen Frieden verbreiteten, daß die Leute noch lange nach ihren Geschäften zum Tratschen blieben. Nie mehr das Kichern der Mädchen in der „Mozart"-Bäckerei genießen, die dem Ausländer stets mit kokett niedergeschlagenen Blicken Brot verkauften, als sei er der auferstandene James Dean. Und nie mehr in dem Café gegenüber der Bushaltestelle warten, in dem immer derselbe

Mann in einem altmodischen Anzug sich seine Tage über einem infernalisch fiependen Videospiel vertrieb, nie Kaffee trank, sondern sich sein Bier am Automaten vor der Tür besorgte. Umziehen, Vergangenheit verpacken, Tramp auf Zeit im eigenen Obdachlosenasyl, das ist irgendwie eine sentimentale Sache.

Zumal in Tôkyô. Denn in dieser verwachsenen Riesenstadt aus tausend Dörfern, in der die gewundenen Straßen und Gassen keine rechten Winkel kennen und keine Namen, findet man sich nur aus der Erinnerung zurecht. Es braucht Monate und viele Irrfahrten, um all die Schneisen zu schlagen, all die Korridore zu erkunden, die zu den wichtigen Orten oder auf Heimwege führen. Dazwischen ist Wildnis. Alteingesessenen geht es nicht viel besser; niemand kann Tôkyô kennen, jeder nur sein Tôkyô. Die Wohnungen – meist um 65 Quadratmeter für vier Personen, in Tôkyô weniger – sind zu klein, meistens zu heiß (im Sommer), immer zu kalt (im Winter), um mehr als Essen, Baden und Schlafen zu bieten. So lebt man über die eigenen vier Wände hinaus, das Viertel muß mehr Heimat hergeben als in westlichen Städten. Und es gibt scheinbar noch genug her. In Tôkyôs Stadtregierung ließen sich auf Anfrage bemerkenswerterweise keine Statistiken auftreiben, wieviele Einwohner im Jahr umziehen. Aber es gebe doch eine Meldepflicht, hielten wir entgegen. Es müßten doch Abertausende in Tôkyô sein, die zum Schuljahresende und dem nationalen Einstellungstermin der Unternehmen Februar/März und September/Oktober ihre Sachen packen. Man möge bei den Firmen nachfragen, empfahlen die Beamten, die hätten den Überblick.

Im regierungsamtlichen Weißbuch 1990 zum „Leben der Nation" geben nur 30 Prozent der Bürger in den japanischen Metropolen Tôkyô, Ôsaka und Nagoya an, unzufrieden mit ihren Wohnverhältnissen zu sein. Knapp 35 Mark Miete pro Quadratmeter sind in Tôkyôs äußersten, unattraktiveren Stadtteilen durchaus die Regel, in feineren Gegenden gelten 100 Mark und mehr noch lange nicht als Unverschämtheit. Die Glücklicheren kommen in hochsubventionierten Betriebswohnungen unter, die anderen haben sich mit der Misere und dem Privileg abgefunden, in der teuersten Stadt der Welt zu leben. Es lohnt sich, zur Abschreckung in der englischsprachigen Tagespresse Anzeigen zu lesen und sogleich wieder zu vergessen wie: „Hiroo: 4 LDK,

Balkon, 2 Bäder, 132 Quadratmeter: 1,2 Millionen Yen + Parkplatz 45.000; Hausmeister 30.000. Tel..." Übersetzt bedeutet diese Zumutung einen Mietzins von insgesamt 16.065 Mark für ein ruhiges Appartement in Tôkyôs Botschaftsviertel, über 131 Mark pro Quadratmeter für drei Wohnräume und eine Eß- und Küchenkombination nach der aus Amerika importierten Formel „Living-Dining-Kitchen". Für den Westler (und an *gaijin* richten sich solche abenteuerlichen Angebote), der sich außerhalb der edlen Ausländergettos ein Überleben in Tôkyô vorstellen kann, gibt es allerdings auch Günstigeres.

Als nicht weiter erwähnenswert, weil in Japan selbstverständlich, werden in solchen Anzeigen die kleinen Aufmerksamkeiten vom Mieter (*tanako*) zum Vermieter (*ôyasan*) behandelt, wie die zwei Monatsmieten Abstand bei Einzug in die völlig leere Wohnung und eine Monatsmiete, die rechtzeitig zu der alle zwei Jahre ins Haus stehenden Mieterhöhung als Zeichen der Dankbarkeit für die Gastfreundschaft zu entrichten sind. Zwei bis drei Monatsmieten Kaution sind weiter üblich; dieser Betrag wird nicht etwa auf ein Sparkonto gelegt, sondern dient mit allen Inflationsverlusten bis zum Auszug (und nach Abzug von Renovierungskosten) der jeweiligen Maklerfirma als Spielgeld. Makler sind in jedem Fall beteiligt. Der noch gültigen Vermittlertradition in Japan folgend, die in einem Land ohne Streitkultur noch häufig bei Ehestiftungen und bei fast allen Streitigkeiten wirksam ist, delegieren japanische Hausbesitzer ihre Mietangelegenheiten grundsätzlich und bleiben körper- und gesichtslos, wenn sie nicht zufällig nebenan wohnen. Bei Klagen, Problemen und jeder baulichen Veränderung durch den Mieter (worunter Nägel in die Wand zum Bilderaufhängen in der Regel zu zählen sind) ist allein der Makler zuständig. Es gibt wenigstens in Tôkyô keinen privaten Wohnungsmarkt. Als Anerkennung für des Maklers Mühe, dem in Japans feudalistischer Mieterhierarchie die Rolle als Verwalter zwischen Lehnsherr und Leibeigenem zufällt, ist bei Vertragsabschluß noch einmal eine Monatsmiete plus Gebühren fällig. Wer sich von dieser methodischen Ausbeutung nicht abschrecken lassen will oder kann, mag sich auf Wohnungssuche begeben.

Das wiederum ist ganz einfach, ein gewisses Budget vorausgesetzt, sogar verblüffend einfach. Zunächst besorgt man sich die wöchentlich erscheinende Bibel aller Wohnungssuchenden im Großraum Tôkyô: „Jûtakujôhô" bietet für knapp vier Mark auf 1500 Seiten ungezählte Angebote für die 23 Stadtteile Tôkyôs und die umliegenden Präfekturen und dient als monströser Mietspiegel. Wer weiß, wohin und was er will oder was er sich leisten kann, kann den ersten Schritt im Sitzen tun. Man ruft einige Makler an, gibt sein „Profil" bekannt und wartet. Es vergehen keine zwei Stunden, bevor das erste Angebot per Fax eingeht, nach wenigen Tagen sind die Blätter, vollständig mit Grundrißzeichnung, Anbindung zu Nahverkehrsmitteln, Preis, Kaution, Abstand („key money") nurmehr Meterware. Verabredungen zur Besichtigung lassen sich mühelos arrangieren. Demütigende Massentermine mit einander sich überbietenden Mitbewerbern gibt es nicht. Ein in tadellosem dunkelblauen Maklereinheitsanzug auftretender, demütig und streng zugleich wirkender junger Mann Mitte zwanzig von der Firma „Yamaichi" führt durch die Wohnung. Er erklärt die Bedienung der hochmodernen Klimaanlage, die im Sommer ihr Gutes hat, aber im Winter trotz enormem Stromaufwand nicht mit der altmodischsten Zentralheizung konkurrieren kann. Den knappen Bodenraum durch Heizkörper einzuengen, die nur ein paar Monate in Betrieb sind, käme niemandem in den Sinn. Abhärtung oder Erkältungen heißt die Wahl im japanischen Winter. Ölöfen, sagt der smarte Maklervertreter gerade, überhaupt irgendwelche Öfen sind verboten: „Ein Holzhaus, Sie verstehen das sicher."

Die in Japan zunehmend anzutreffende Vermieterkategorie „Keine Haustiere-Ausländer-Essensgerüche-Untermieter-Musik-Besuch nach 22 Uhr" läßt sich an den ziemlich direkten Fragen des jungen Mannes nach der Lebensart des Kunden rasch erkennen und von der Liste streichen. Notlügen helfen nicht, sie werden durch das detektivische Nachrecherchieren der Firma sofort enttarnt. Jeder Mieter (nicht nur Ausländer) ist gesetzlich verpflichtet, einen japanischen Bürgen zu nennen; wenn nicht ohnehin die Firma für ihren Angestellten die Wohnung mietet, gelten naturgemäß reiche, zumindest wohlhabende Geschäftsleute als die besten Bürgen. Sie haben ihre Einkommensverhältnisse offenzulegen und sind (wieder nach dem Vermittlermodell) fortan, womöglich lebenslang in Streitfällen der Anwalt des Mieters gegenüber dem Makler, der im Ernstfall praktischerweise die Doppelrolle des

Richters und Staatsanwalts übernimmt. In den Leserbriefspalten der englischen Zeitungen werden ständig bittere Kontroversen über die Frage geführt, ob es eine Diskriminierung von Ausländern auf Wohnungssuche gebe oder nicht. Es gibt sie wie überall; dem Klischee zufolge stehen Ausländer in dem Ruf, an ganze Sippen unterzuvermieten, die Nachbarschaft ständig mit rauschenden Festen um den Schlaf zu bringen, mit heimlichen Drogenexzessen die Polizei in Alarmzustand zu versetzen und sich eines Tages mit etlichen Mieten im Rückstand davonzumachen. Das Wenigste davon kommt je vor. Im übrigen gilt die in allen Industrieländern notorische Faustrechtsregel für Vermieter: Je dunkler die Hautfarbe des Ausländers, desto geringer die Chance. Kaukasier sind die weniger unerwünschten Ausländer und erleben selten Ressentiments. Sie, Paare bevorzugt, müssen neben einem eindrucksvollen Bürgen nur alle Arten von Bonitätsdokumenten herbeischaffen und Mengen von Antragsformularen ausfüllen, um vielleicht in die engere Wahl zu kommen. Die Versicherung, in einigen Jahren Japan garantiert wieder zu verlassen, kann beruhigend wirken.

Der Aufwand für einen Wohnungskauf ist im Westen kaum größer als jener für eine Anmietung in Japan. Alles für die nächsten Jahrzehnte Vorstellbare wird im Paket angeboten, einschließlich einer Pflichthaftpflichtversicherung und den Vordrucken für die Kündigung. Mitzubringen sind Ausweise, bündelweise Geld, meist sechs Monatsmieten (Schecks sind unbekannt), mindestens drei Stunden Zeit und eine Menge Geduld, um sämtliche Papiere in mehrfacher Ausführung gegenzuzeichnen, nachdem sie feierlich wie bei einer Preisverleihung Punkt für Punkt verlesen wurden. An alles ist gedacht: die drei Tage in der Woche, an denen im neuen Viertel „kompostierbarer Müll" und der eine, an dem Blech und Plastik abgeholt werden, sind mehrfach genannt und zur Sicherheit vom Mieter abgefragt worden. Er hat sich innerhalb von zwei Wochen auf dem Einwohnermeldeamt einzufinden. Andernfalls – das verschweigt der Makler geflissentlich – wäre einer jener standardisierten Entschuldigungsbriefe fällig, mit denen sich in Japan die Bürokratie gelegentlich wie ein enttäuschter Erzieher wieder milde stimmen läßt. Die Polizei des neuen Viertels verlangt außerdem stillschweigend den Nachweis eines Parkplatzes (Pflicht bei jedem Autokauf in Japan), komplett mit Lageskizze, Vermessung der Zufahrtswege und so fort. Nachdem der Makler hinreichend klargestellt hat, welche unangenehmen Folgen die Vernachlässigung der Bürgerpflichten auch (oder gerade?) für Ausländer haben könnte, werden endlich die Geldbündel gezählt. Mehrfach. Die Wohnungsschlüssel gibt es erst am Tag des Einzugs. Wie betäubt, wie ein gegen Kaution Freigelassener verläßt man das Maklerbüro. So formt sie sich immer wieder: die allseits abgestempelte, kontrollierte, im Namen des Gemeinwohls ständig zurechtgewiesene und zurechtgestutzte Persönlichkeit des japanischen Bürgers. Vielleicht ist sie der Segen von Japans Produktivität, gewiß aber der Fluch seiner Phantasie.

Mit den Packern kam die Demut. Denn die Effizienz und Eleganz des japanischen Dienstleistungsethos wird zu Recht noch immer gerühmt, sein höchstes Ziel ist die vollkommene, wunschlos behagliche Entmündigung des Kunden. Die drei Spezialisten für Geschirr, Kleidung und Büro der Firma „0123" standen pünktlich eine Viertel Stunde vor der Zeit in der Tür, nickten nachdenklich zu den Vorschlägen, mit welchem Zimmer zu beginnen sei, begannen in allen Zimmern gleichzeitig und ließen in wenigen Stunden einen Hausstand wohlbehalten in Kartons verschwinden. Kurze Verständigungsrufe, Papierrascheln, Folienquietschen, das Reißgeräusch von Klebebändern, sonst kein Laut, kein Zögern, alles wird bruchsicher verpackt, selbst vergessener Papierabfall, für die einzige Zigarettenpause (vor der Haustür) wird vom Gruppenchef die Erlaubnis des Kunden eingeholt. Wie ein Kunsthandwerk behandeln auch die fünf eher zierlich gebauten Träger ihre Arbeit, die am nächsten Morgen zu früh erscheinen und alles im Laufschritt erledigen, nicht ohne jedes Mal die Schuhe am Eingang abzustreifen und wieder anzuziehen. Alle sind gewöhnt, auf engstem Raum zu arbeiten, sie drehen sich umeinander wie Eiskunstläufer.

Drei Stunden später stehen Möbel und Kisten in der neuen Wohnung (bezahlt wird in bar); nochmals zwei Stunden darauf funktionieren die Telefon- und Faxleitungen, ist Strom abgelesen und das Gas angeschlossen. Alles funktioniert im Handumdrehen. Am Abend werden rasch die Geschenke an die Nachbarn verteilt, Seife oder Handtücher in hübscher Markenverpackung und dazu ein paar gemurmelte Vorstellungsfloskeln reichen vollkommen für den Anfang. „Nippon Telephone and Telegraph" wird ohne Aufpreis ein halbes Jahr lang bei der

Anwahl der alten Telefonnummmer (nicht von Stadtteil zu Stadtteil übertragbar) die neue verkünden lassen; die Post wird, wiederum gratis, bis zu einem Jahr nachgeschickt. Die satten Rechnungen für die phantastische Betreuung folgen ebenso schnell wie zuverlässig. Man nimmt sie ziemlich gelassen hin, weil alle ihr Geld wert waren. Manche Seelenärzte sagen, daß Umzüge die Seele in einer Weise erschüttern könnten, die allenfalls mit Trauerfällen zu vergleichen sei. Nicht in Japan. Nicht, wenn man es genießen kann, daß Profis einem das Leben aus der Hand nehmen. Nur für ein paar Umzugstage.

(11. Dezember 1991)

Der Chip im Reisfeld

Versuch über Japan, wie es die Welt versteht

Jüngst hörte man, es gebe unter den Gespenstern, die umgehen in Europa, nun das eine, das ohne Moral und Mitleid sei, gewöhnlich asiatische Züge trage und viele schwer auszusprechende Namen führe. Es infiltriere, schweige, lächle, verführe Millionen zum Kauf seines teuren Talmi, hergestellt in einem fernen seelenlosen, standardisierten Ameisenstaat, erniedrige einst stolze Völker von hellsichtigen Konstrukteuren zu blöden Konsumenten und werde von der Region erst ablassen, wenn sie ausgeblutet und abhängig sei. Und lebten wir noch in den einfachen Tagen des ungebrochenen Kolonial-Rassismus, würden wir zweifellos in Karikaturen heute zunehmend diesem schrecklichen Fabelwesen begegnen, das sich leviathanisch aus Godzilla, Samurai, Walkman kreuzt und den Westen unaufhaltsam per Lieferschein erobert. Widerstand gegen dieses Gespenst, das auch gelegentlich im vertrauten Gewand der gelb eingefärbten Gefahr auftrete, nachdem die rote verblichen scheint, gilt, so hört man weiter, aus drei Gründen als ziemlich zwecklos. Erstens, weil es meist legal handele, zweitens, weil es schon zu spät, und überhaupt drittens, weil Japan eben ganz anders und deshalb überlegen sei: Europa besiegt, die erste Welt viertklassig, das Abendland umnachtet?

Ähnliches hört man also, wenn die Leute ehrlich sind, ratlos oder wenigstens angetrunken. Lauter übersteigerter Schwachsinn, alles Hirngespinste? Nur fast alles. Nicht zu leugnen ist wohl, daß in Europa, wo die Dinge nach dem Fall der Blöcke unübersichtlicher sind als seit Jahrzehnten und der Zwang zur solidarischen Sozialisierung des Wohlstands gereizt als Zumutung erlebt wird, mit dem üblichen Nachlauf auf Amerika sich nun ein Feindbild Japan in ersten groben Konturen abzuzeichnen beginnt. Es wird dringend gebraucht und ist ideal geeignet. Japan übererfüllt auf anachronistische Weise die Voraussetzungen zum Sündenbock: reich genug, um Neid zu erregen; erfolgreich genug, um Verschwörung wittern zu lassen; arrogant genug, um selbst Gutwillige zu verprellen, schließlich und am wichtigsten: fremd genug, um Vergleiche mit dem Westen angeblich unmöglich zu machen und ohne nennenswerte Widerrede von Aufgeklärten alles in das Land hineingeheimnissen zu können, was den üblichen Verdächtigen kennzeichnet. Das Geheimnisvolle trifft sich zudem fabelhaft und fatal mit der japanischen Neigung zur Selbststilisierung als einsam erwähltes, unbegreifliches, unschuldig leidendes, notwendig verkanntes Ahnenreich der Sonnengöttin Amaterasu. Der Rassismus war, wie die westlichen Alliierten im Pazifischen Krieg brutal erfuhren, ganz gegenseitig. Herrenmenschen töteten einander wie Fliegen.

Das hochmütige Europa wollte, wenigstens in den fetten Nachkriegsjahren, nichts weiter von Japan wissen und leistete sich die Zwischenlagerung seiner Ahnungslosigkeit in einigen exotisch-lieblichen Klischees aus dem 19. Jahrhundert. Das demütige Japan konnte, zumindest in den mageren Jahren, alles vom Westen wissen, ohne von sich etwas preiszugeben. So waren die Spielregeln im Kalten Krieg, nicht fair, aber klar. Erst heute, da Japan Stich um Stich macht, auch nicht fair und doch nicht minder klar, wollen viele das Spiel noch nie gemocht haben. Erst heute, da Handelspolitik zum (einzig profitablen) Krieg mit anderen Mitteln aufsteigt, geht plötzlich der Alarm vor dem Eroberer Japan. Und nun rächt es sich, daß Europa, ärger noch als Amerika, das seinen ehemaligen Kriegsgegner besser kennen mußte, zu wenig über Japan weiß, um nicht Gespenster zu sehen. Die abseitigsten

Theorien, je abstruser, desto besser, kursieren inzwischen, gelten als „pc", „politically correct", jede Art von weltunterjochendem Masterplan, jede menschenverachtende Regung wird den Japanern angedichtet und zugetraut. Nur eine niemals: Arglosigkeit. Dabei ist es, wie jeder (nicht selten zu seiner Verblüffung) herausfinden kann, der in Japan lebt, vor allen anderen diese Eigenschaft, die Japan im Guten wie im Schlechten auszeichnet, harmlos und gefährlich zugleich macht, und dabei die Schimäre japanischen Weltherrschaftsstrebens so genial maskiert, daß sie reale Züge anzunehmen scheint. Japan ist eine Insel ist eine Insel ist eine Insel.

Was auch immer Japan anrichten mag, der einzelne Japaner ist subjektiv unschuldig. So wie Kaiser Hirohito nach dem Krieg alle Unschuld auf sich nahm, weil es den Siegern so gefiel, und damit allen, die in seinem Namen Krieg geführt hatten, jedes Unrechtsbewußtsein ersparte, ahnen heute die meisten Japaner nicht, warum irgendjemand auf der Welt Ressentiments hegen könnte. Sie haben wirklich keine Ahnung. Wenigstens solange es kein anerkanntes Urteil gibt. Man soll sich nicht von den in Japan als Fetisch demokratischen Konsenses gehätschelten Meinungsumfragen beirren lassen, in denen Japaner etwa regelmäßig mehrheitlich ausländische Kritik an japanischer Arroganz, Verschwendungssucht von Ressourcen und Insularismus für gerechtfertigt halten, ja sogar mit fast 80 Prozent glauben, daß Japan auch im nächsten Jahrhundert keinen Politiker von Weltrang hervorbringen könne. Was wie Selbstkritik anmutet, erweist sich nur zu oft als bloße Geste der vorauseilenden Entschuldigung, wie sie in japanischen Gruppen verlangt wird, auch wenn man sich keiner Schuld bewußt ist. Sie sprechen als Einzelne, aber sie verhalten sich erst wieder in der Gruppe. Ginge es nach Meinungsumfragen, hätte es in Japan längst eine soziale Revolution und tiefgreifende politische Reformen geben müssen. Meinungen sind in Japan vor allem Farben, Ornamente, Finten, selten nur sind es Meinungen.

Denn hinter dem Staat (der eigentlich als Mutter Staat im Femininum stehen müßte, so fürsorglich regelt er das Leben), dem Unternehmen, der Familie steht idealiter ein entlasteter, von sich möglichst befreiter Mensch; im Kern des japanischen Kommunalismus, welcher der kommunistischen Theorie in einer arglosen, hierarchischen Spielform nähergekommen ist als jede andere, wärmt sich ein Individuum, das auf kindlich wohlige Weise unverantwortlich und unschuldig bleiben darf und alle Energien in Produktivität und gesellschaftlichen Nutzen umsetzen soll. Ob er Reis anbaut oder Mikrochips bäckt, ist eine Frage der Zeiten und des Bedarfs. Man muß wissen, wie man etwas tut, nicht warum oder welche Folgen es hat. Das wissen alle, also niemand. Wer die Gruppe nicht brüskiert, wird niemals allein gelassen. Man kann das totales Glück oder freiwilligen Totalitarismus nennen. Es mag diejenigen Japaner schwächen, deren Willen man zugunsten der Gemeinschaft zu brechen und zu begradigen sucht. Aber es macht zweifellos Japan stark, das Verschwörungen gar nicht nötig hat: Kontinente werden Dörfer, der Weltmarkt schrumpft auf Reisfeldformat.

„Japan war nie eine Wiege der Zivilisation, sondern stets nur ihr Stauraum ... Nichts hat dieses isolierte Archipel in einem solchen Übermaß hervorgebracht wie Insularität. Andererseits hat das immer wieder auf sich selbst zurückgeworfen Werden natürlich eine große Kultur geschaffen ... Zumindest wenn Kultur die Verkörperung von Eigentümlichkeit bedeutet, kann Japan eine Redundanz an Kultur für sich beanspruchen." Als der Schriftsteller Shiba Ryôtarô im vergangenen Mai vor einem Symposion mit dem bescheidenen Namen „Die Herausforderung des 21. Jahrhunderts" Gedanken über sich und sein Land mit jener vornehmen Schwermut vortrug, die Intellektuellen in Japan fern jeder Macht eigen zu sein scheint, gelang ihm beiläufig das sehr japanische Kunststück, aufklärende Kritik an dem öden, reibungsarmen Klima in Japan mit einer Liebeserklärung an die Weltabgeschiedenheit des Insellebens zu verbinden. Mit Recht (und leisem Bedauern?) wies Shiba darauf hin, daß alle ausländischen Sorgen vor japanischer Dominanz unbegründet seien. Denn die Omnipräsenz und die Qualität seiner Waren stehe in striktem Gegensatz zu der Bedeutungslosigkeit seiner kulturellen Werte im Ausland. Das japanische Wesen sei nicht exportfähig: alle wollten zwar Japanisches kaufen, aber keiner wolle wie ein Japaner werden. Sein Land übe keinen größeren normativen Einfluß auf die Zivilisation aus als in den letzten tausend Jahren, es sei zu Ideologie oder Missionarentum unfähig. Es werde sich im Gegenteil selbst für Ausländer öffnen müssen, die von japanischem Reichtum angezogen würden. So wie schon seit je, wenn auch wählerisch, den Einflüssen aus

China und Korea, dann Europa, schließlich Amerika. Ein Transformator und Nachschöpfer von höchsten Graden, aber keine Quelle von Strömen und kein Schöpfer. Was Japan brauche, sei ein „Wandel im Herzen", denn das nächste Jahrhundert werde vor allem Hilfe und Heilung von den Reichen verlangen. „Die Zivilisierten des 21. Jahrhunderts werden Diener sein."

Man muß Shiba Ryôtarô und alle die in Japan, die ihm an Einsicht gleichkommen, bewundern und auf sie hören. Auch auf einen nüchternen Futuristen wie den Ökonomen Sakaiya Taichi, der schon vor sieben Jahren in seinem Buch „Die Wissen-Wert-Revolution" Japan voraussagte, daß es sträflich individuelle Phantasie unterdrücke, jenen „Stellenwert, den eine Gesellschaft kreativem Wissen zumißt". Sakaiya verglich westliches Wissen mit einem Jumbo-Jet, dessen Einzelteile nicht perfekt sein müßten, aber die alle zusammen möglich machten, daß er fliegen kann. Japans Wissen und Können sei dagegen wie tausend Uhren, meinte er spöttisch: alle superb und bis ins letzte Detail akkurat gearbeitet, aber in ihrer Summe doch nicht mehr als tausend Uhren. Doch man kann, leider, die Wirkung von Mahnern wie Shiba und Sakaiya kaum gering genug einschätzen. Auf mehr Gehör stoßen warnende Rufer, die beklagen, daß Japan seine wahren Werte wie Bescheidenheit, Opferbereitschaft und Fleiß im Erfolgsrausch verrate und ein schlimmes Ende nehmen müsse. Wie der Mißerfolg die Mutter der Erfindungsgabe, so sei der Erfolg der Vater des Versagens, sagen sie und meinen es vielleicht auch so. Nur auf den japanischen Inseln ist es eben sicher, weil dort auch japanische Regeln gelten. Die Welt ist ein gefährlicher Ort. Keiner jedenfalls, wo man es lange aushält.

Die Europäer könnte es immerhin trösten, daß die japanische Exportoffensive auf ihre Kultur weit weniger Einfluß haben wird als in der ersten Panik gefürchtet. Es wird vielleicht so sein, als hätten die Römer nur die Fußbodenheizung und die Amerikaner nur Rock'n'Roll hinterlassen. Das Gespenst, je mehr es Gestalt annimmt, verliert seinen Schrecken. Nicht mit Herablassung, sondern mit Sympathie sollte man die ebenso ironischen wie wehmütigen Sätze bedenken, mit denen Shiba Ryôtarô seinen Vortrag schloß: „Manchmal wünschte ich, wir könnten die Welt fernhalten. Das Leben in Japan ist so angenehm, wo wir aneinander Halt finden und uns gegen das Draußen stützend verbünden wie Betrunkene. Aber mit diesen Zeiten ist es vorbei. Ein Verkriechen im Schlaf wird es für uns in den nächsten hundert Jahren nicht geben."

(29. Februar 1992)

Wird Verbrechen in Japan illegal?

Ein neues Anti-Yakuza-Gesetz stellt erstmals die gesellschaftliche Duldung der Gangster in Frage

Am Sonntagmorgen um 0.01 Uhr soll Japan erzittern unter den gräßlichen Verwünschungen von ungefähr 90.000 stadt- und polizeibekannten Männern, die gemeinsam die Welt nicht mehr verstehen. Sie werden die letzten Neonschriftzüge ihrer Firma von den Dächern holen und ihre Visitenkarten wegschließen, sie werden zusammen sitzen in ihren 3.300 Gruppen überall im Land, und sitzen und fluchen und trinken und fluchen auf die neue Zeitrechnung in ihren dunklen Nadelstreifenanzügen mit den weißen Krawatten, mit adretten Dauerwellen, phantasievollen Tätowierungen und treu und sauber abgetrennten Fingergliedern, die niemandem je etwas zuleidetun, der es nicht verdient, und die sich über Nacht durch ein Gesetz um ihren Status als ehrenwerte Gesellschaft gebracht und zu Gesellschaftsschädlingen erniedrigt sehen. Die Hälfte der Männer, welche die Ehre haben, den sieben mächtigsten Syndikaten Japans anzugehören, muß es sich gar gefallen lassen, daß ihr Arbeitgeber und ihre Arbeit fortan als illegal eingestuft wird. Sie sind erledigt. So behauptet es jedenfalls die japanische Polizei, die stolz darauf ist, vom 1. März an erstmals kriminelle, gewalttätige Vereinigungen (*bôryokudan*) auch so nennen und öffentlich brandmarken zu dürfen. Zumindest wenn sie nach Überprüfung durch eine „Kommission für öffentliche Sicherheit" genügend einschlägig Vorbestrafte und die strenge Bruderschaften-Hierarchie der Yakuza aufweisen, die seit einigen hundert Jahren in Japan einer Naturgewalt gleich (und der Einsicht folgend, daß Verbrechen nicht auszurotten sei und so besser unter staatlicher Aufsicht zu geschehen habe) als notwendiges Übel geduldet und in Romanen und Filmen gar zum sittenstrengen Rächer des kleinen Reisbauern stilisiert wurden.

Die Gangster nehmen das Gesetz, wie man in Interviews hören kann, mit Recht persönlich und sind schwer beleidigt. Ohne Ansehen der Person und ihrer sozialen Funktion gewissermaßen soll plötzlich Unrecht sein, was seit Menschengedenken jedem gerade recht kam, soll plötzlich kriminell heißen, was stets für eine Seite kulant gewesen ist. Glücksspiel und Prostitution, Schutz von Geschäften und Aktionärsversammlungen gegen Gebühr, Schuldeneintreibung und Schadensregelung bei uneinsichtigen Unfallgegnern (einschließlich Entlastung der Gerichte), Streikschlichtung und Überreden von allzu seßhaften Grundbesitzern oder Mietern, Drogenhandel mit Aufputschmitteln für müde Angestellte, schließlich Personen-, Objekt- und überhaupt, jawohl, Staatsschutz durch Gründung rechtsnationaler Patriotenverbände und Auslieferung irrer Einzeltäter, die das Spiel gefährden: alles verläßlich, offen und trotzdem ohne Aufsehen erledigt von der Yakuza, den netten Jungs fürs Grobe, die das ordnungsverliebte Japan davor schützen, daß es unordentlich und unberechenbar zugeht ausgerechnet im Verbrechen. Sie sind gegen bescheidene Bezahlung (geschätzter Gesamtumsatz 1991 bis zu sieben Billionen Yen, etwa 90 Milliarden Mark) die Geier der Nation, die erst über Leichen gehen, aber dann das Aas auch wegschaffen, und keinen natürlichen Feind kennen als einander und das Finanzamt. Wer soll das künftig alles machen, wenn der Staat mit einem Mal die eigenen Gangster kriminalisiert?

Es ist, im Ernst, natürlich wenig gegen das Gesetz einzuwenden, das, entgegen ersten Befürchtungen von liberalen Kritikern wohl nicht als verkapptes „Extremisten-Gesetz" auf Politisches abzielt, sondern sich wirklich der Yakuza annimmt. Im Mai vergangenen Jahres vom Parlament verabschiedet, gründet es auf dem amerikanischen „Organized Crime Control Act" von 1970, und alles, was man ihm vorwerfen könnte, wäre, daß es Japan schon vor 20, 40 oder 100 Jahren gut angestanden hätte, seinem organisierten Verbrechen das Leben schwerer zu machen. Die Geschichte eines gegenseitigen Parasitentums je nach Tagesgeschäft und jenseits aller Moral ist alt und wird nicht am 1. März enden. Es waren Vasallen des Shôgunats und herrenlose Samurai, gegen Übergriffe aufgeboten von den Städtern, die während der japanischen Selbstisolation raubten und vor Räubern schützten und mit staatlicher Duldung Handelswege voreinander sicherten und das illegale Glückspiel beaufsichtigten. Wo die Korruption blühte, spielte die Yakuza den Gärtner. Dabei ist es geblieben. Premierminister heuerten sie als Leibwächter an, Politiker und Wirtschaftsführer aßen, tranken und spielten Golf mit ihnen, gaben ihnen Kredite und nahmen ihre Schmiergelder ohne Unrechtsgefühl: alles blieb in der großen japanischen Familie, solange sich die Yakuza an die Abmachung hielt, keine harten Drogen und Feuerwaffen einzuführen und Gewaltverbrechen vorzugsweise untereinander bei ihren Gebietskriegen zu verüben. Sie blieben im Licht, die polizeilichen Statistiken über organisiertes Verbrechen in Japan finden in ihrer Exaktheit hinter dem Komma nichts Vergleichbares in der Welt. Man stand im Telefonbuch, man feierte unter den Augen der Medien und dem Schutz der Polizei großartige Initiationsrituale und Begräbnisse, man gab sich volksnah (etwa 1991 durch eine Spende von 130.000 Mark an die Obdachlosen des Vulkanausbruchs im Unzen-Gebirge), hilfreich und so gut wie es ging: „Soldaten, Yakuza und Politiker sollten nicht an Geld denken, sondern sich in ihren Berufen aufopfern", sagte damals der ehemalige Yakuza und heutige Bestsellerautor Abe Jôji, der gerne alten Zeiten nachtrauert, die es nie gab.

Die intime Kenntnis von Gangstern und Polizei ist allerdings, so sagen Eingeweihte, ganz gegenseitig. In 9.665 zivilrechtlichen Streitfällen soll nach Polizeiangaben die Yakuza etwa schon vor zehn Jahren „geschlichtet" haben (die Gerichte könnten das in der Tat nicht leisten), im Jahr 1990 waren es schon fast 23.000 Fälle von irgendwie friedensrichterlich von den Gangs beigelegten Konflikten. 70 Prozent aller japanischen Börsenmakler und die Hälfte aller Unternehmen, die an der Tôkyôter Börse notiert werden, gaben im vergangenen Jahr bei Umfragen zu, mit der Yakuza geschäftlich (als Kunde oder Erpresser von Konkurrenten) zu verkehren. Seit Mitte der siebziger Jahre ging die Yakuza über ihr traditionelles Gewerbe weit hinaus und stieg in Grundstücks- und Aktienspekulationen ein. Die Entdeckung der Gangs, daß sich ohne mühsame Drohungen und blutige Baseballschläger auch auf legale Weise in der überhitzten „bubble economy" Japans abenteuerliche

Profite machen ließen, machte sie frech und unvorsichtig. Alles war Spiel, das Geld kam für jeden in Paketen, frisch und reichlich wie selbstgedrucktes. Doch nach dem Ende des Goldrauschs in der längsten Wachstumsperiode nach dem Krieg, mit dem Crash an der Börse und vor dem (bald bevorstehenden) Platzen von Banksicherheiten in Billionen-Höhe, die auf endlos steigende Grundstückspreise bauten, fand sich die Yakuza im vergangenen Jahr plötzlich von der ängstlichen japanischen Wirtschaft und von aufgeschreckten Bürokraten an den Pranger gestellt. Mit den Pleiten von vielen kam die Moral gegen wenige: das neue Anti-Yakuza-Gesetz ist der in Paragraphen gefaßte, gereizte Befehl der japanischen Gesellschaft an den Ungeist, gefälligst wieder in seiner Flasche zu verschwinden.

Doch der denkt nicht daran, die *katagi*, die anständigen Leute mit ihren Sorgen und Ersparnissen im Stich zu lassen. Allenfalls verändert er seine Gestalt. So gab es im vergangenen Jahr nach Verabschiedung des Gesetzes über vierzig Neugründungen von rechtsextremen Gruppen bei gleichzeitiger Auflösung von 40 Gangstergruppen. Die Yamaguchi-gumi aus dem westjapanischen Kôbe, mit 30.000 Mann und allein einem geschätzten Aktienkapital von 15 Milliarden Mark der Branchenführer der Yakuza, streckte nicht nur ihre Fühler erfolgreich nach Tôkyô aus (wie Feuergefechte mit Toten bewiesen), sondern wies vor wenigen Wochen auch seine Mitglieder per Telefax an, rechtzeitig vor dem 1. März Firmen zu gründen, sich umzutaufen und den „Boss" oder „Älteren Bruder" künftig eben mit „Präsident" und „Geschäftsführer" anzusprechen: aus der „Firma" soll eine Firma werden. So schwer kann das nicht sein, zumal selbst das Finanzministerium im Juli letzten Jahres auf dem Höhepunkt des Börsenskandals eine Aussperrung der Yakuza ablehnte: „Auch Gangster haben einen Rechtsanspruch, sich in wirtschaftlichen Aktivitäten zu engagieren", erklärte ein Sprecher und fügte hinzu, die Yakuza sei ausschließlich das Problem der Polizei. Die zeigte vor einigen Wochen ihre Hilflosigkeit, als sie in an Banken in Ôsaka appellierte, Kontoeröffnungen von Gangstern zu verweigern, die Kapital für Geschäftsgründungen hinterlegen müssen. Einige Häuser bedauerten, dem Wunsch nicht folgen zu können: es handele sich hier leider um gute alte Stammkunden.

Was also wird sich am Sonntagmorgen um 0.01 Uhr wirklich ändern? Jede Personengruppe, die nicht einverstanden ist mit ihrer öffentlichen Stigmatisierung (auf drei Jahre) als „kriminelle Vereinigung" durch die Kommissionen in den Präfekturen, kann Einspruch erheben. Das Verbot aller Servicespezialitäten der Yakuza von der Schutzgelderpressung in der Bauindustrie bis zur Vertreibung von Grundstückseignern, die den Bau von Golfplätzen behindern, kann auch nach dem neuen Gesetz nur etwas bedeuten, wenn es Kläger gibt, die Mut aufbringen statt Schutzgeld. Daß die Büros der Yakuza für drei Monate geschlossen werden können, wenn Verdacht auf kriminelle Handlungen besteht, daß Aussteiger ermutigt und gepreßte Einsteiger vor einer kriminellen Karriere geschützt werden sollen, daß schließlich bei Verstößen gegen die Anordnungen der Kommissionen Freiheitsstrafen von nicht über einem Jahr und Geldbußen nicht über 12.000 Mark drohen – das alles ist gut und schön und bedeutet noch gar nichts. Eines der Kernstücke des Gesetzentwurfes nämlich wurde früh herausgelöst: die Konfiszierung von illegal eingestrichenen Geldern hat noch immer keine gesetzliche Grundlage. Das Recht auf Eigentum ist das höhere Gut in einem Land, daß seine Firmen anbetet und den Einzelnen dafür zum Teufel jagt. Verbrechen wird von Sonntag an für die Yakuza beschwerlicher. Aber lohnen wird es sich noch so lange, wie die Angst vor dem chaotischen Rechtsstaat in Japan größer ist als die vor dem organisierten Verbrechen.

(2. März 1992)

Die japanische Enzyklika

Verschwiegene Staatsaffäre statt öffentliche Frauensache: Warum die Pille verboten ist

Der Freispruch der Pille galt als sicher. Das Urteil erging Ende März im Namen der Volksgesundheit in nicht-öffentlicher Sitzung; es scheute kühn keine Widersprüche und war nach Landessitte als Empfehlung formuliert. Eine Expertenkommission der japanischen Regierung befand die Angeklagte nach sechsjähriger Prüfung und Beratung für nicht schuldig und höchst schädlich. So wenig gegen die Zulassung der Pille medizinisch vorzubringen sei, so klar verbiete sich die Aufhebung des Banns medizinisch, nämlich aus Gründen der „öffentlichen Hygiene". Kann für Japan verderblich sein, was für Japanerinnen unbedenklich ist? Gefahr im Verzug: Aids lautete die einsilbige Antwort, die heutzutage alle Nachfragen ersticken soll. Man beobachte mit großer Sorge eine Zunahme der Fälle um 250 Prozent auf 405 Erkrankte und 1.852 HIV-Infizierte in Japan. In einem Land, in dem Verhütung (als eine der wenigen positiven Kriegsfolgen) traditionell Männersache sei und vier von fünf Paaren Kondome benutzten, verhüte die Pille weniger Schaden für die Einzelne als sie für die Gemeinschaft anrichte. So sprachen die Sachverständigen, klangen vernünftig und ernteten kaum Protest. Weder vom Verband der japanischen Gynäkologen, der die Freigabe der Pille befürwortet hatte und angeblich eine Weile lang Widerspruch erwog, noch von den wenigen Frauengruppen, die zum Teil seit 30 Jahren für dieses Wahlrecht eingetreten sind.

Es soll dabei bleiben, die Pille gibt es in Japan nicht davor, nicht danach, eben nicht aus Lust, sondern nur im Ernstfall: nämlich in mittlerer Stärke als Medikament zur Hormonbehandlung. Mußten früher bei den ungezählten Anträgen auf Zulassung noch ehrlicherweise die „Gefährdung öffentlicher Moral" oder (wie noch 1972) schlicht „gefährliche, aber nicht nachweisbare Nebenwirkungen" als Ablehnungsgründe herhalten, so sind die Behörden heute solcher Beweisnot ledig. Aids schlägt in blinder Notwehr jedes Argument und amnestiert die Selbstgerechten zu Gerechten.

Gerade im insulären Japan ist das so, das unter allen Industrienationen noch am glücklichsten dasteht und es sich in seinen Bordellvierteln leistet, Aids durch „off-limits"-Schilder zur Ausländerseuche zu verharmlosen. Nur eine Handvoll Kritiker beharrte nach dem Schiedsspruch darauf, die japanische Regierung nicht so leicht davonkommen zu lassen, die wohl versucht sein könnte, einen anachronistischen Akt von Bevormundung als Avantgarde im Kampf gegen Aids ausgeben zu können. Der Gynäkologe Wagatsuma Takashi etwa hält die Entscheidung nicht nur für unlogisch: „Sie ist auch eine Ironie, denn gerade das Gesundheitsministerium hat keinen Versuch unternommen, die Ärzte oder Laien über Aids aufzuklären." So ist es und noch ärger. Die wenigen japanischen Aidskranken, welche bisher den verzweifelten Mut aufbrachten, sich öffentlich zu ihrem Leiden zu bekennen, berichten fast sämtlich über Entrüstung und Feindseligkeit von Nachbarn und Behörden. Niemand wollte mehr etwas von ihnen (und ihren Familien) wissen. Eine öffentliche Debatte über Aids ist von Staats wegen unerwünscht. Das Tabu gilt für die Pille, die Abtreibung, künstliche Befruchtung (für unverheiratete Frauen), Sexualkundeunterricht an Schulen oder die jämmerliche Rückständigkeit medizinischer Grundlagenforschung in einem der reichsten Länder der Erde. Stattdessen läßt man Statistiken sprechen, die von der japanischen Bürokratie über alles geliebt und über alles verfertigt werden, und regelmäßig ausweisen, daß die Säuglingssterblichkeit eine der niedrigsten und die Lebenserwartung die höchste der Welt ist. Eine Umfrage aber, die im Sommer vergangenen Jahres unrühmlicherweise ergab, daß die Japaner unter sechs führenden Industrienationen am wenigsten mit ihrer Gesundheitsversorgung zufrieden sind, wurde in Amerika gemacht und veröffentlicht. Umfragen zu den mindestens 400.000 Abtreibungen im Jahr, die bis zur zweiundzwanzigsten Woche meldepflichtig, aber problemlos und ohne Peinlichkeit zu haben sind, findet man nicht. Fest steht nur, daß die Zahlen stark gefallen sind. War es Vernunft oder ist es Angst vor Aids? Ziemlich fest steht weiter, daß Japan nicht mehr der Himmel auf Erden für „Engelmacher" ist, die für ihre meist einwandfreie Arbeit zwischen tausend und dreitausend Mark verlangen. Einer der bekanntesten Spezialisten Tôkyôs in diesem traurigen Gewerbe ist sogar erleichtert darüber, daß die Geschäfte schlechter gehen. Und er ist bereit, darüber zu reden.

Das wohltemperierte Eingangsgeläut jenseits der getönten Glastür zur „Tôkyô Maternity Clinic" in Sendagaya ist laut genug, um Alarm bei gewissen Männern zu schlagen, und sanft genug, um bei den meisten Frauen Vertrauen zu wecken. An der zweiten Türschwelle lassen ein Halbkreis sorgfältig zur Straße gerichteter Schuhpaare und ein Fernsehgerät mit elegischen Hubschrauber-Impressionen vom Fujisan endlich keinen Zweifel mehr zu, daß es in dem Mutterschafts-Hospital japanisch zugeht, auch wenn Englisch gesprochen wird. Yanagita Yôichirô , der keinen Doktortitel braucht, um einer der angesehensten

Gynäkologen und Geburtshelfer der Stadt zu sein, seit 1966 königs-
gleicher Chef in seiner Privatklinik, legt Wert auf Weltläufigkeit und japanische Sitten. Außerdem weiß er, daß wütende Männer (zumal westliche) in Socken nicht so schnell ausfallend werden. Gründe dafür, in
die Klinik einzudringen, fänden sie immer, sei es, daß die Freundin
abtreiben, sei es, daß die Ehefrau ein Kind wollte, und umgekehrt.
Yanagita hat in jedem Fall einen vorzüglichen Ruf und seinen eindrucksvollen Preis. Es ist für ihn keine Frage von Moral oder Ethos, daß
er lieber eine Schwangerschaft bewahrt und überwacht als sie abzubre-
chen.

Er liebt Kinder und erst recht seine beiden erwachsenen Töchter.
Noch vor zehn Jahren, erzählt Yanagita ohne Scham und Stolz, habe er
in seiner Klinik zweihundert Abtreibungen im Monat vorgenommen;
heute komme er allenfalls noch auf 30 bis 40, in den meisten Häusern
seien es höchstens fünf. „Die Mädchen kennen sich wohl besser aus in
der Verhütung und kümmern sich selber darum", vermutet er. Außerdem seien die japanischen Kondome inzwischen ganz vorzüglich,
„nicht der Typ poröser Küchenhandschuh", wie in anderen Ländern.

Yanagita drückt sich gern drastisch und meistens deutlich aus. Seine anekdotischen Vergleiche, mit denen er Patientinnen ablenkt – „...
die Erfolgschancen eines Spermafadens sind geringer, als mit verbun-
denen Augen heil über die Ginza zu kommen..." –, verkleiden die Kom-
petenz des Chirurgen mit der Pädagogik des Kasperle-Theaters. Gegen
die (niedrig dosierte) Mini-Pille hat er weiter nichts einzuwenden. Er
habe zwar gehört, daß es bei Versuchsreihen mit Frauen an fünfzehn japanischen Universitäten immer wieder zu unregelmäßigen Blutungen
gekommen sei. Aber eigentlich sei der Bann nicht gerechtfertigt, reine
Politik, sehr bedauerlich. Genauer, Bevölkerungspolitik. Die Geburtenrate in Japan sank in der Tat im letzten Jahr auf 1,53, in Tôkyô auf 1,3
Kinder pro Elternpaar. Reicheren Leuten, da eifert Japan dem Westen
nach, werden die Kosten von Kindern lästiger. Es gehe bei dem Verbot
wohl wenigstens ebensoviel um die Sicherung von Renten wie um den
Schutz vor Aids, meint Yanagita. Die Regierung lobt seit neuestem für
jedes Kind eine Prämie von umgerechnet dreieinhalbtausend Mark
aus. Seinen Töchtern würde er die Pille dennoch nicht gerne verschrei-
ben. Er könne das nicht begründen, irgendwie wäre ihm nicht wohl

dabei. Im übrigen nähmen gesunde japanische Frauen nicht gerne regelmäßig Medikamente. „Sie würden es sehen, selbst wenn der Bann aufgehoben wäre, setzte sich die Pille bei unseren Frauen nicht durch. Leider, vielleicht."

Man soll sich nicht wundern, wenn selbst aufgeklärte japanische Fachleute (mit langjährigen „Westkontakten") wie Yanagita Yôichirô keine klare Position zur Pille beziehen können. Widersprüche auszuhalten, ohne sie auflösen oder versöhnen zu müssen, zählt zu den größten Errungenschaften dieser nicht-aristotelischen Kultur. Nicht jedem ist bei den mit hysterischem Eifer geführten Glaubenskriegen um die Abtreibung in Amerika oder dem gelegentlich zynisch anmutenden Fraktionsgefeilsche um den Paragraphen 218 viel wohler als beim japanischen Schweigen.

Auch kann es schließlich nicht darum gehen, daß Japans Frauen sich gefälligst unter jene 60 Millionen einreihen sollen, die seit Anfang der sechziger Jahre die Pille genommen haben. Einzig um die Wahlmöglichkeit geht es. Ein böser Scherz, der zur Zeit unter japanischen Feministinnen die Runde machen soll und über dessen Geschmackssicherheit man kaum streiten, über dessen Trefflichkeit man dagegen durchaus reden kann, karikiert das Dilemma: Die Art und Weise, wie der japanische Staat seit 30 Jahren Pille und Abtreibung gegeneinander ausspiele, gleiche der eines Verkehrsministers, der die Einführung von Sicherheitsgurten in Autos mit den Hinweisen ablehne, das Sicherheitsgefühl erhöhe unverantwortlich das Risiko von hemmungsloser Raserei und daher von Waldschäden. Zum anderen seien die chronischen Druckstellen durch Gurte wahrscheinlich schädlicher als die saubere Arbeit der Unfallchirurgie.

Nicht daß Krankheit und Tod in Japan absolut unaussprechlich wären: die Presse berichtet mit Ausdauer über den Diskussionsstand in den schwierigsten ethischen Fragen wie Sterbehilfe, Gen-Manipulation, Gehirntod. Es fällt auf, wie ungezwungen und sachlich sich über die Grenzziehungen zwischen Leben und Tod debattieren läßt, wenn kein Christentum und überhaupt kein einziger Gott die Ambition von Ärzten und Gesetzgebern einschränkt. Das amtlich verfügte Schweigen setzt ein, wenn es ans gesellschaftlich Geschlechtliche geht. Die Leute würden ja ohnedies keine Worte darum machen. Andererseits: Spricht es unbedingt gegen Japan, daß der libertäre Gemeinplatz, man könne doch jederzeit über alles reden, dort nie etwas galt? Gerade wem Geschwätzigkeit über Jedes und Alles und sogenannte Ehrlichkeit von jedermann keine Werte an sich sind, weiß die japanische Sprache zu schätzen, die nach Struktur und sozialer Funktion weniger klären als verhüllen, sozialen Frieden in Vagheit schaffen will. Doch so angenehm und angemessen diese formvollendete Grammatik des Schweigens unter Fremden und im Banalen ist, so verheerend kann sie sich in den Familien, an Universitäten und in der Politik bei entscheidenden Dingen auswirken. Wo Streit als menschliches Versagen gilt, entscheidet allein die Macht, handeln die Hierarchen, in der Maske des Konsensus. In Rechtlosigkeit geborgen bleibt der unmündige Bürger.

Es läßt sich gleichwohl zweifeln, ob die Frauen überhaupt unter dem Bann der Pille leiden. Denn schließlich ist alles Sinnliche in Japan nicht nur erlaubt, sondern wird als Menschenrecht in Ehren gehalten, hemmungsloser als im Westen vielleicht, und gewiß ohne Schuldgefühl. Allerdings nur, solange Diskretion und Form strikt gewahrt werden. Das gilt für die verschwiegenen Abtreibungen, die ohne Indikation zu haben sind. Für die Pille, die legal nicht zu haben ist, gilt das erst recht. Denn keine Frau treibt leichten Herzens ab, und japanische Frauen sind nicht treuer als andere. Verbote müssen erst herhalten, wenn befürchtet wird, das Herbeireden eines Rechts der Frau, über ihren Körper zu verfügen, würde das fragile Selbstverständnis des japanischen Mannes erschüttern.

Der hat es ohnehin lebenslänglich schwer, der Fürsorge seiner Mutter und der Mutter in seiner Frau zu entkommen. Die Sorge um die Verbreitung von Aids in Japan des „Allgemeinen Rats für Pharmazeutika", der alljährlich Hunderte von ausländischen Medikamenten zuläßt und die Pille abwies, mag aufrichtig sein. Seine Argumentation ist es nicht. Der japanischen Enzyklika, so kann man ahnen, muß Gehorsam geleistet werden, um Männern den Gesichtsverlust zu ersparen öffentlich zuzugeben, daß sie einen großen Teil ihrer Macht längst verloren oder am Ende nie besessen haben.

(11. Mai 1992)

Der seltsame Aufstieg Japans zum Umweltschutzpatron

Technischer Einfallsreichtum und
sträfliche Fahrlässigkeit halten sich die Waage:
der neue Sündenfall hat längst begonnen

Mülltage sind die Buffettage der Krähen in Tôkyô. Dreimal in der Woche inszenieren Banden dieser armstarken Kreaturen Hitchcock im Morgengrauen. Ihr futterneidisches knarrendes Geschrei hallt vom Sammelplatz für die schwarzen Plastiktüten herüber, das Hacken ihrer Schnäbel auf Dosen, Flaschen und aufeinander improvisiert eine gierige Perkussion der Plünderung. Lange bevor die Müllabfuhr kommt, ist die Ecke am Spielplatz in dem ruhigen engen Viertel im Nordwesten der Stadt ein Schlachtfeld. Doch die zerfetzten Tüten des Krähenfests entlarven mehr als nur die Eßgewohnheiten der Leute.

Denn jeder, vor allem die Nachbarschaftsgruppe, die mit endloser Geduld die Straße von Resten säubert, kann sehen, daß die Wochenaufteilung in drei Tage für kompostierbaren und einen Tag für nichtbrennbaren Müll eine Farce ist. Fast jeder wirft im Schutz der Nacht weg, was er gerade los sein will, vom Ölkanister bis zu Gemüseschalen. Und wirklich, das Zeug verschwindet auch verläßlich. Man weiß aus der Zeitung, daß Tôkyô an seinen fünf Millionen Tonnen Müll pro Jahr demnächst ersticken wird. Aber das bringt nur die Bewohner des Stadtteils Kôtô nahe der Bucht in Rage, durch den jeden Tagen sechstausend Müllwagen auf dem Weg zur künstlichen Müllinsel eine bestialisch stinkende Kriechspur ziehen.

Elf der 23 Stadtteile Tôkyôs haben keine eigene Müllverbrennungsanlage; Widerstände gegen neue Anlagen sind beträchtlich. Industrie- und Giftmüll läßt sich, wie unter Industrieländern üblich, gegen gutes Schmerzensgeld in ärmere Nachbarländer abschieben. Vor vier Jahren wurde die alarmierende Schätzung bekannt, daß sich selbst in den Hausmülldeponien noch Raum für den Abfall von höchstens vier Jahren fände.

Man kann es beklagen oder verspotten, daß prestigeversessene Golfspieler die mit Pestiziden zum sterilen Teppichboden verödeten 1.700 Golfplätze Japans für reine Natur halten und den Bau von über 1.200 weiteren Anlagen betreiben. Man kann die „Billig-Spieler" für verrückt erklären, die sich auf einer ehemaligen Müllinsel in der Tôkyô-Bucht mit Myriaden von Fliegen und dem strikten Rauchverbot wegen aufsteigenden Methans abfinden. Gewiß ist allein: der Müllinfarkt ist da. Ungewiß ist dagegen, wie lange Tôkyô ihn noch überlebt. Schwer begreiflich ist endlich, wie Japan zu seinem international (auch in Rio) gepflegten Image kommen konnte, die Avantgarde der globalen Ökologiebewegung zu sein, das Amt des Umweltschutzheiligen beanspruchen zu dürfen. Sollte es schon allein zum Lehrmeister befähigen, einst der Not gehorcht und aus katastrophalen Fehlern etwas gelernt zu haben und dazu noch reich zu sein? Erstaunlicherweise behauptet das nicht einmal die japanische Umweltbehörde in ihrem Ende Mai veröffentlichten Weißbuch. So stolz das 1971 gegründete Amt jahrelang auf die strengen Abgasbestimmungen der ersten Notstandgesetze aus dem Jahr 1970 sein konnte, auf die bemerkenswerten Innovationen in Prozeß- und Filtertechnik in den Stahlwerken, auf das seit 1974 in Gesetz und Rechtsprechung verankerte Verursacherprinzip und das deutlich gestiegene Betreiberrisiko der Industrie (wenn sie nicht freiwillig die Flucht in tolerante Billiglohnländer antrat) – so ernüchternd, fast entmutigend liest sich seine jüngste Bilanz.

Das beginnt mit den Kohlendioxydemissionen (1990 mit 318 Millionen Tonnen die viertgrößten der Welt), die seit 1986 um jährlich vier Prozent zunahmen; es geht damit weiter, daß die Lärm- und Geruchsbelästigung der Japaner im ganzen Land überhand nimmt: die Daten von über 4.500 Meßstellen blieben gerade bei 13 Prozent unterhalb der Richtwerte; die Zuwachsraten beim Müll zählen im internationalen Vergleich zu den höchsten der Welt; es endet damit, daß die Luftverschmutzung in den Metropolen Japans, das 90 Prozent des Warenverkehrs auf den Straßen abwickelt, nur selten und nur in den entlegensten Stadtteilen die vorgeschriebene Norm schafft. Der Rückfall in die expansionswütigen sechziger und siebziger Jahre hat während der goldrauschhaften Boomjahre schon Mitte der achtziger Jahre begonnen. „Zwar regnet es keine Eisenspäne mehr; viele Autos fahren mit abgasentgiftenden Katalysatoren; thermische Kraftwerke sind weitgehend entstickt und entschwefelt", notiert der deutsche Geologe Andreas Küppers, der seit über fünf Jahren in Tôkyô lebt, in einer vorzüglichen Untersuchung über die heute geschwächte, in Tausende Regionalgruppen zersplitterte japanische Ökologiebewegung. Küppers belegt aber auch, daß von einem Modell Japan nicht die Rede sein kann. Wer in Japan lebt, weiß das alles oder kann es wissen: In der Nähe der Hochstraßen und Avenuen der Innenstädte stinkt es zum Himmel, über U-Bahnlinien leiden Menschen wegen niederfrequenter Schwingungen an Schlaflosigkeit, an den Ausfallstraßen dasselbe wegen der ständigen nächtlichen Reparaturarbeiten; nahe den Shinkansen-Trassen, auf denen zur Ehre Japans immer neue Hochgeschwindigkeitsrekorde aufgestellt werden, bebt die Erde. Was sollen wir, was soll die Zweite Welt in Osteuropa, was soll erst recht die sogenannte Dritte Welt davon lernen?

Von den Siedlungen auf ehemaligen Industriemülldeponien, von den Boden- und Grundwasservergiftungen durch Erdtanks oder längst vergessene Erzbergwerke, von der Lärmtyrannei durch Werbebotschaften und Wahlkämpfer, den dröhnenden Sicherheits- und Ordnungsappellen auf Bahnsteigen und Schulhöfen, die in der Nachbarschaft ständig dazwischenrufen, berichtet das Weißbuch des Umweltamtes wenig. Unter westlichen Experten in Japan ist unumstritten, daß der Versuch (nach deutschen Vorbild), einen geo-chemischen Atlas Japans zu erarbeiten, schon vor Jahren abrupt beendet wurde, nachdem erste Ergebnisse das Schlimmste erwarten lassen mußten. Das Umweltamt, so muß man gleichwohl anerkennen, bemüht sich meistens redlich. Der Widerstand aus dem Wirtschafts- und dem Außenhandelsministerium jedoch ist enorm, wie die Debatte über die Einführung einer CO_2-Steuer oder einer Umweltabgabe in Japan zeigt. Die Finanzbürokraten sperren sich gegen eine Steuer, die alleine die Verursacher in der Industrie träfe, mit der Begründung, die Wettbewerbsfähigkeit der schon durch eine „Golfkriegssteuer" im zweiten Jahr belasteten Unternehmen werde Schaden nehmen. Dieser Argumentation kam Ende Mai der Planungsminister Saudi-Arabiens eilfertig und ungebeten zu Hilfe, der unverhohlen damit drohte, die von Europa betriebene CO_2-Steuer werde die Ölpreise in die Höhe treiben. Die Warnung

wurde verstanden: Japan deckt zur Zeit noch ein Viertel seines Energie-
bedarfs mit Öl (neben fast 30 Prozent durch Atomkraft), führt jedes
Jahr eine Viertelmilliarde Tonnen Rohöl ein, fast Dreiviertel davon aus
dem Nahen Osten. Eine Umweltabgabe für jedermann kommt nach
Auffassung des Finanzministeriums (zumal in einem Wahljahr) nur in
Frage, wenn sie nicht nur für Umweltprobleme reserviert sei, und wenn
außerdem alle Welt mitmache. Das, hieß es, warte man ab. Wie alle
Welt.

Japan hat sich gemeinsam mit der Europäischen Gemeinschaft be-
reiterklärt, die Kohlendioxyd-Emissionen von 1990 bis zum Jahr 2000
nicht zu überschreiten; man hat weiter ein Verbot von Fluorkohlen-
wasserstoffen bis 1996 angeboten. Von einer Führungsrolle in der Um-
weltpolitik, die es das freigebige, anti-militaristische Japan angeblich so
zu übernehmen drängt, ist bei solchen Zugeständnissen wenig zu sehen. Angesichts der insgesamt wenig erfreulichen Befindlichkeit der
Umwelt zuhause, meinen japanische Umweltgruppen, wäre die so
glaubwürdig ohnehin nicht. Für alles, was man nicht sieht, besonders
Grundwasser und Boden, gibt es keinen Schutz. Wie will die japanische
Regierung, fragte vor Tagen die Zeitung „Asahi", dem Rest der Welt in
Rio erklären, daß sie nicht einmal eine verbindliche Gesetzesgrundlage
für die Überprüfung von Umweltschäden zustande gebracht hat? Die
Vereinigten Staaten hätten sich diese Pflicht schon 1969 verordnet, gefolgt von der Europäischen Gemeinschaft, inzwischen selbst von Ländern wie Südkorea und Thailand. Immerhin, das Umweltamt meldete
sich am 29. Mai nochmals öffentlich mit der Entscheidung zu Wort,
wegen der bedrohlich sinkenden Trinkwasserqualität zehn neue Schad-
stoffe in seine Verbotsliste aufzunehmen. Waren bisher fast ausschließlich Schwermetalle wie Kadmium und Quecksilber unter sich, sollen
nun neue Kunstdünger und High-tech-Werkstoffe wie Silenium berücksichtigt werden. Es wäre die erste Anpassung an eine veränderte
Umwelt(gefährdung) seit 20 Jahren. Fällig ist sie seit 20 Jahren.

Man trägt in diesen Tagen allerorten modisches Grün, natürlich
auch in Japan. Nicht nur der Getränkekonzern Suntory („Thinking
about the Earth") denkt in aufwendigen Anzeigenserien unablässig
über die Erde nach und empfiehlt, während dieser Mühsal einige Bier
auf das Wohl von Suntory zu heben. Auch Politiker der Regierungspar-

tei LDP sind vom „Rio-Fieber" befallen. Allen voran Japans Delegationsleiter in Rio, Takeshita Noboru, der über den Recruit-Skandal gestürzte ehemalige Premierminister und Führer der mächtigsten LDP-Fraktion. Im Verein mit dem japanischen Wirtschaftsdachverband *Keidanren*, der im Mai 1991 eine erstaunlich hellsichtige, aber zunächst zu nichts verpflichtende „Globale Umwelt-Charta" verabschiedete und Umweltgruppen einen Unterstützungs-Fond von 300 Millionen Yen angeboten hat, bildet Takeshita, der achtzehn große Baufirmen zu seinen politischen Sponsoren rechnet, eine einflußreiche Lobby von angeblich geläuterten Umweltsündern. Sie jonglieren mit Werten und Quoten und Hunderten Millionen Yen, ohne sich festzulegen. Takeshita, der angeblich an seinem Comeback arbeitet, forderte vor Monatsfrist die Anhebung der dreiprozentigen Konsumsteuer im Interesse der Umwelt. Es ist eben jene Steuer, deren Einführung ihn (wenigstens so sehr wie Recruit) den Kopf kostete. Fordert er sie heute, damit sie Premierminister Miyazawa das Genick bricht?

Es soll heute beinahe hunderttausend „staatlich anerkannte" Umweltopfer in Japan geben geben. Nicht anerkannt sind die berühmtesten: 2.500 Opfer der Quecksilbervergiftung von Minamata. Sie prozessieren seit über 30 Jahren, um das Feststellen einer Mitschuld des Staates zu erreichen, bisher durch viele Instanzen vergeblich. Wie man es sich erklären soll – zur Wahl stehen naive Unverschämtheit oder grandioser Zynismus –, daß die japanische Regierung für den Gipfel in Rio in einer Sonderbroschüre ihren beispielhaften Einsatz für die Opfer von Minamata lobpreist und als Fanal wie Heilungsmodell aller Welt zur Mahnung anempfiehlt, ist heute allerdings selbst gemäßigsten Umweltaktivisten in Japan schleierhaft. „Unsere intensiven Bemühungen die tragische Geschichte von Minamata zu überwinden" ist das Pamphlet in aller Unschuld überschrieben. Es versteht sich, daß der katastrophale Zustand der bis heute nicht entgifteten, sondern buchstäblich nur unter die Erde gebrachten Küste bei Minamata nicht erwähnt wird. Alles Geld, das Japan, der größte Kreditgeber der Welt, im Rahmen seiner Entwicklungshilfe unter die Armen streuen mag – eine Milliarde Yen versprach man prahlerisch in den nächsten fünf Jahren allein für Umweltschutz –, wird keinen Führungsanspruch erkaufen können. Zumindest nicht, solange es die eigenen Bürger nicht schützt.

Manche Kritiker mit Sinn für Ironie meinen, den am wenigsten bestreitbaren Beitrag zur Lösung der globalen Menschheitsfragen, die in Rio verhandelt werden, leiste Japan nicht aktiv, sondern durch eine Unterlassung. Mit einer seit Jahren sinkenden Geburtenrate (die japanische Steuer- und Rentenfachleute längst alarmiert) erweise es dem übervölkerten Planeten einen ebenso billigen wie unbezahlbaren Gefallen.

(9. Juni 1992)

Das lange Wochenende von Watanabe 25

Strafvollzug in Japan: Eine Besichtigung im Musterland der Inneren Sicherheit

Sigrun Falkinn sah wohl ein, daß sein karges Salär als freischaffender Englischlehrer in Japan es allein nicht rechtfertigte, sich eines Tages Mut anzutrinken und ein Lebensmittelgeschäft in der Ginza zu überfallen. Aber er wollte auch nicht einsehen, daß er dafür im Dezember 1990 in die „leibhaftige Hölle" eines Untersuchungsgefängnisses fahren sollte, wo er vierzehn Monate aushartte, „nur ein Haufen Fleisch, das die Wand anstarrt". Die Staatsanwaltschaft reagierte ähnlich und ganz anders auf seine Freilassung, indem sie Berufung gegen das milde Urteil einlegte. Zweitausend Mark hatte der 31 Jahre alte Brite gemeinsam mit seinem jüngeren Bruder Roger erbeutet. Der blieb in Haft, selbstmordgefährdet, wie es hieß. Die Mutter alarmierte die englische Boulevardpresse, die sich gerade in einem Kreuzzug gegen japanische Delphin-Killer um die Menschlichkeit verdient gemacht hatte. Und dort ließ man die Falkinns über Mißhandlungen, Zwangsunterschriften unter unlesbare (japanische) Dokumente und unwürdige Haftbedingungen in stinkenden, von Ungeziefer verseuchten Zellen Klage führen. Die japanischen Behörden waren peinlich berührt. Es könne sich nur um Mißverständnisse handeln. Der Verdacht hat etwas für sich. Die Falkinn-Brüder wären nicht die ersten Ausländer, die den Fehler begehen, ihre Haft persönlich zu nehmen und als Hölle mißzuverstehen, was in Japan als korrekter Strafvollzug gilt.

Wie wenige unter den Strafgefangenen mit ihrem Dasein wirklich unzufrieden sind, beweist die bemerkenswerte Statistik über besondere Vorkommnisse. In elf Jahren (1980-1990) zählte man unter durchschnittlich 50.000 Gefangenen zwei Arbeitsunfälle, dreißig Fluchtversuche, vierzig Morde oder Körperverletzungen an Mitgefangenen und achtzig Selbstmorde. Revolten sind sinnvollerweise wegen ihres Fehlens nicht erfaßt. Die Zahlen der japanischen Justiz belegen nicht nur eindrucksvoll, wie sicher die Arbeitsplätze und wie ausbruchssicher die Anstalten sind. Sondern auch, daß die Chancen von Uneinsichtigen, ihre kriminelle Energie gegen andere zu wenden nur halb so gut stehen wie jene, sich ungestört selbst Gewalt anzutun. Den Bürger wie den Mitgefangenen dürfte das beruhigen. Wenn es übers Jahr gerade 1.500 Häftlinge der Mühe wert finden, in Beschwerden und Eingaben das Justizministerium höflich über angebliche Menschenrechtsverletzungen zu informieren, wie kämen wohl wir dazu, nicht an ein bedauerliches Mißverständnis zwischen Japan und den Falkinn-Brüdern zu glauben?

Die Herren Sakai und Hirai sind Sachverständige und gewissermaßen Kollegen. Sie sind sich nie begegnet und würden einander, vor die Wahl gestellt, vermutlich gern auch künftig aus dem Weg gehen. Das ist bedauerlich, denn sie haben mehr miteinander als mit den meisten anderen Japanern gemein und hätten viel zu besprechen. Beide sind Mitte vierzig, beide reden offen und rauchen reichlich, beide wissen eine Menge über die Theorie der Straffreiheit und die Praxis der Freiheitsstrafe, über die Verwahrlosung durch Verwahrung, über Ordnung durch Unterordnung in Japans Gesellschaft und Gefängnissen. „Natürlich wissen wir, daß Name und Bild eines Verdächtigen in anderen Ländern bis zur Verurteilung geschützt sind", räumt Sakai gut gelaunt ein und drückt die sechste Zigarette wieder nach wenigen Zügen aus, „aber erstens liegt uns mehr an der Abschreckungswirkung, und zweitens sind in Japan die Festgenommenen gewöhnlich auch die Täter." Es herrsche hier eben das Opportunitätsprinzip, nicht das strikte Legalitätsprinzip wie in Deutschland. Polizei und Staatsanwaltschaft seien freier und entlasteten so die Gerichte und Haftanstalten. Zu der enorm hohen Zahl von (oft später revidierten) Geständnissen in Japan komme es nicht durch Drohungen, wie Amnesty International behaupte, sondern durch einfühlsame Argumentation und väterliche Überredungskunst. Überhaupt – man kommt in Japan nicht so leicht in den Knast. Ein Beispiel: von 1,35 Millionen rechtskräftigen Urteilen im Jahr 1988 lauteten gerade fünf Prozent (68.250) auf Gefängnisstrafen mit oder ohne Zwangsarbeit, wovon wiederum 57 Prozent zur Bewährung ausgesetzt wurden. Nicht schlecht, wie? Ein solches Strafrecht sei nicht nur fabelhaft wirksam und natürlich der Neid aller anderen Industrieländer, es sei menschlicher, fügt Sakai hinzu, während sein Blick aus dem Fenster schweift und für einen Moment zufrieden weit unten auf dem Park des Kaiserpalastes ruht.

Hirai spricht einige Tage später leiser, weniger wortgewandt. Der Blick aus dem Fenster lohnt nicht, irgendeine Gasse in Tôkyô. Umstellt von beladenen Tischen, überragt von deckenhohen Regalen voller Bücher und Pamphlete, sucht er die Augen des Gegenüber. Die bernsteinbraune Färbung des rechten Zeigefingers verrät, daß er seine Zigaretten nicht verschwendet, seine Linke, die ihm beim Reden immer wieder über den Mund fährt, gibt preis, daß er sich wie ein Teenager seiner ruinierten Zähne schämt. Seiner Sache ist er sich sicher: „Jedes Strafrecht und jeder Vollzug spiegelt die Herrschaftsverhältnisse eines Landes", sagt er, „und wenn ganz Japan schon auf gewisse Weise ein Arbeitslager ist, wo Menschenrechte als Luxus gelten und die Leute sich wie Zellennachbarn bespitzeln, dann entsprechen die Gefängnisse nur den Arrestzellen, in denen die Rechtlosigkeit vollends rechtens ist."

Hirai Atsushi, ein Sprecher einer japanischen Hilfsorganisation namens „Gefangenengewerkschaft", die 1972 während der japanischen Studentenunruhen nach europäischem Vorbild entstand, ist mehrfach vorbestraft. Zuletzt bekam er wegen Drogenbesitzes („... zehn Kilo Amphetamine: ein Chinese, der bei mir wohnte, hat mich reingelegt ...") acht Jahre Haft, von denen er drei tatenlos in Untersuchungshaft absaß und zwei mit Zwangsarbeit im gefürchteten Fuchû-Gefängnis verbrachte. Es ist die größte Haftanstalt Japans etwa 30 Kilometer westlich von Tôkyô, in der sämtliche Ausländer (mit Ausnahme amerikanischer Soldaten) zusammengelegt sind und deren notorischer Ruf von keinem

Volksmund durch einen Kose- oder Kriegsnamen wie Fuhlsbüttels „Santa Fu" gemildert wird. Hirais Erinnerungen an seine verschärfte Einzelhaft – „ich habe wohl zuviel Wind gemacht" – sind exakt und bitter; 1986 wurde er entlassen, in der Tasche 400 Mark Arbeitslohn. Es wundert ihn nicht, daß er viel seltener befragt wird, als er es angemessen fände. Die etablierten mächtigen Medien Japans, die sich durchaus als staatstragend verstehen, machten keine solchen Geschichten, sagt er verächtlich. Ganz anders Sakai Ichirô: Staatsanwalt und Chef der Öffentlichkeitsarbeit im „Correction Bureau" des Justizministerium. Er ist ein neuer selbstbewußter Typ des Karrierebeamten, der zumindest im Umgang mit Ausländern dem traditionellen Inhibitionismus entsagt hat. Sakai weiß viel und spricht mehr aus und enthüllt so wenig wie seine maulfaulen Vorgänger – er verschweigt zum Beispiel, daß japanische Journalisten Artikel über Strafvollzug einer Vorzensur zu unterwerfen haben, nachdem sie mit „Empfehlungen" auf Kurs gebracht wurden –, aber er verbirgt es geschickter hinter dem jovialen Gestus, nichts zu verbergen zu haben. Auf beide, Sakai und Hirai, sollte man etwas geben, wenn man Gefängnisse wie Fuchû besuchen will: Der eine hat die besseren Verbindungen, der andere die schlechteren Erfahrungen.

Fuchû also, gesprochen Futschu. Das Sprechen vergeht einem dort. Man taucht in die Stille des Geländes wie in Bodennebel, da ist kein Halt. Keine Bewegung, Strafvollzug: bitte nicht stören, hier erzieht der Staat Störer. „Jeder Tag ist ein Feuertag", mahnt ein Schild jenseits des mäßig bewachten Tores und hält eine beruhigende Verbindung mit der Außenwelt, wo Brände noch immer gefürchteter sind als Verbrechen. Der vertraute Gedanke wärmt im kalten Nieselregen. Drinnen wird es noch kälter sein. Wie in der Freiheit beschlossen Japaner auch in Fuchû, daß man keine Heizung oder Klimaanlage braucht, viel Geld spart und den Körper stählt, wenn es im Sommer nicht zu kühl und im Winter nicht zu warm wird. Die meisten Gefangenen haben ohnehin Übergewicht: Bewegungsmangel und, je nach Arbeit, 1.700 bis 2.400 Kalorien am Tag. Niemand trägt Waffen in dieser ebenerdigen, zugigen Unterwelt, die sich auf 260.000 Quadratmetern endlos verzweigt. Die gewöhnlichen Menschen tragen hier einen hölzernen Schlagstock, weiße Handschuhe, sonst dunkelblau: die 460 Wachmannschaften in ihren schmucken Uniformen, irgendwo zwischen Marine und Polizei, haben alles nötig, was Autorität stiftet. Sie sind im Schnitt Mitte dreißig, zu jung nach japanischem Empfinden, um älteren Häftlingen Respekt abzunötigen. „Gefangene haben keine Altersgrenze, Vollzugsbeamte müssen mit sechzig gehen", sagt ein Offizier, wohl Ende fünfzig, melancholisch. Die Wärter salutieren vorsichtig und sprechen halblaut wie besorgte Ärzte über Schwerkranke. Ihre Schlüssel schließen lautlos, Ruhe bewahren ist ihre erste Pflicht, und dabei „den Arbeitswillen und den Geist von Kooperation stärken", wie es die Richtlinien vorgeben. Das ist eine harte, schweigsame Arbeit.

Alle Lebenszeichen in Fuchû sind gedämpft und temperiert, mit Ausnahme des stramm militärischen Gebrülls beim Melden: „Jawoll, in Werkstatt x, Gefangenenzahl y, keine besonderen Vorkommnisseeeeeee!" Es läßt sich erahnen, daß diese kontrollierten Schreie und der Maschinenlärm in den Werkstätten eine Wohltat bedeuten können in einem Leben wie unter einer Mullbinde. Von den Gefangenen wird erwartet, während der Arbeit einer strikten Schweigepflicht nachzukommen, und im übrigen aus Rücksichtnahme auf die anderen zu flüstern. Die arbeitsfreien Wochenenden und Feiertage sind nicht sonderlich beliebt; bei einer Arbeit, die an die Freiheit erinnert, fühlen sich Gefangene freier als in ihrer Freizeit. Um 6.40 beginnt ihr Tag auf Kommando, um 21 Uhr endet er auf Knopfdruck. Bis zu zehn Bücher darf man besitzen und auch kaufen. Sonst nichts, kein Zubrot, keinen Alkohol, keinen Tabak: dem Rauchen und dem Suff werden sie so kalt entwöhnt wie die Drogensüchtigen ihrem Stoff im ungelinderten „cold turkey". Der Slogan an einer Werkstattwand empfiehlt dringend: „Laßt uns die Regeln einhalten." Ach, laßt uns.

In Fuchû riecht es bisweilen penetrant nach der mottenpulverhaften Frische der Genossin Kulturrevolution. Nur zweimal am Tag, beim Zählappell und Kleiderwechsel vor und nach der Arbeit, den die Wärter zu sorgfältigen Leibesvisitationen und Zellendurchsuchungen nutzen, sind die Gefangenen gehalten, laut und deutlich ihren Namen und ihre Nummer bekanntzugeben. Die Hygiene (und ihre im Normalfall hysterische Durchsetzung) kommt gleich nach der Sicherheit und noch vor der Brandbekämpfung. Keine Schikane, erläutert ein Offizier. Es gebe im Japanischen einfach zu wenige Nachnamen: „Watanabe 25 – hieeeer."

Jenseits der Sicherheitsschleuse, die Vollzug von Strafe trennt, unterscheidet sich die Szene nur noch in den Schattierungen ihrer Grauwerte. Der Tarnanstrich, irgendwo zwischen Maus und Zerstörer, läßt Zellen, Türen, Gemäuer, Versorgungsrohre, Atmosphäre, Drillich und Haut von 2.200 Gefangenen zu einem changierenden Graufilm verschwimmen. So sind Gefängnisse. Aber Fuchû nimmt nicht jeden auf. Es sind Rückfalltäter über 26 mit Haftstrafen bis zu acht Jahren; darunter ein hoher Anteil Yakuza, Angehörige der japanischen Mafia-Syndikate, die jeden Resozialisierungsversuch unterlaufen, aus berufsethischen Gründen oder weil ihre Bosse im selben Gefängnis einsitzen. Der Durchschnittsgefangene in Fuchû ist Mitte vierzig, hat die Volksschule abgeschlossen, sitzt zum zweiten bis fünften Mal wegen Diebstahl oder Drogenbesitz, lebt mit fünf anderen in einer Zelle von acht Tatami (dem traditionellen Bodenbelag aus Bastmatten von einfacher Matratzengröße) und verdient knapp 33 Mark im Monat für acht Stunden Arbeit am Tag in der Druckerei, Schreinerei, Schuhmacherei und den anderen Werkstätten Fuchûs. Solidarität unter Gefangenen ist (wie Hirai Atsushi und andere berichten) unbekannt und bei der Anstaltsleitung unerwünscht. Seit 1935 gilt Stufenstrafvollzug in japanischen Gefängnissen, der nach Ansicht von westlichen Fachleuten im Rest der zivilisierten Welt längst als gescheitert gilt. Ein Vier-Klassen-System, stofflich ausgewiesen durch Winkel auf den Ärmeln, gibt Wachpersonal und Mitgefangenen jederzeit Auskunft über Stand und Prognose der Führung. Die jederzeit bedrohten Vergünstigungen sind minimal: häufigere und längere Besuche, die Erlaubnis, neben der Zwangsarbeit zwei Stunden täglich Nebenjobs auf eigene Rechnung anzunehmen und so fort. Es gibt zur Zeit offiziell keine erstklassigen Kalfaktoren in Fuchû. Wo sind die ehrgeizigen jungen Männer von früher?

Intern gelten andere Regeln und weniger deutliche Ränge. Nicht nach Schwere des Delikts, sondern nach den Errungenschaften des Zivillebens und der Ancienität ordnet sich die strenge Häftlings-Hierarchie: Yakuza-Bosse und Alte regieren, den Bodensatz bilden Behinderte, Ausländer, Schwule. Wer so töricht ist, auf Gleichbehandlung zu bestehen oder sonst unangenehm aufzufallen, wird mit miesen Gerüchten oder, in den seltenen unbeobachteten Augenblicken, mit Ge-

walt zur Räson gebracht. Seine Wiedereingliederung in die Gefängnis-
gesellschaft wird von der Leitung unterstützt und nach einem ausgeklügelten Disziplinierungskatalog sichergestellt. Das Programm sieht Ar-
reste bis zu zwei Monaten in Einzelzellen von gerade drei Tatamimatten
Größe vor, Film- und Leseverbot (bis zu 3 Monaten), Ausschluß von
den täglich 30 Minuten Hofsport (bis zu fünf Tagen), Verdienstkürzung
oder -entzug, schließlich durch sogenannte Kostschmälerung bis zu
sieben Tagen. Gefangene im Arrest verlieren jeden Anspruch, der im
geringsten über Atmen, Essen, Schlafen und medizinische Behandlung
hinausgeht. Die Zwangsarbeit wird zur ersehnten Gnade, wenn man
gezwungen wird, den ganzen Tag in bewegungsloser Meditation auf einem vorgeschriebenen Fleck der Zelle im Schneidersitz zu verharren.
Der Rest ist verboten: sich hinlegen, sich anlehnen, aufstehen, umher-
gehen, aus dem Fenster schauen, sprechen, singen. Das alles, so die fürsorgliche Belehrung der Aufsicht, könnte die anderen Gefangenen stören und würde den Delinquenten nur vom Nachdenken über sein
gruppenschädliches Verhalten ablenken. Wahrhaftig, Japan vollzieht
seine Strafen im Namen des Volkes.

Man dürfte sich nicht wundern, wenn von japanischen Oberschü-
lern auf die Frage, wieviele Gefängnisse es ungefähr in ihrem Land gebe,
die ungläubige Entgegnung käme, ob denn so etwas überhaupt in Japan
nötig sei. Sie müssen vor Spott nicht in Schutz genommen werden,
denn die Frage wird nie an sie gerichtet. (Neunundfünfzig Gefängnisse,
acht Jugendstrafanstalten, sieben Untersuchungs- und sechs Frauen-
gefängnisse und eine, die letzte, Besserungsanstalt für gefallene Mädchen in Tôkyô, die mit zehn Frauen und sechs Aufseherinnen stark un-
terbelegt ist, weil die Prostitution geduldet wird: So etwa müßte
übrigens die Antwort ausfallen.) Wie aber sollten diese ahnungslosen,
fleißigen, erschöpften Kinder auch nur erraten können, was sonst niemand wissen will. Die inquisitorische Empörung und der rechthaberische Aufwand, mit denen die Medien über Verbrechen und Verfahren
und noch die geringste Verfehlung eines Busfahrers bei einem Blech-
schaden berichten, finden nicht zufällig ihre entspannende Entsprechung in vollständiger Ignoranz und Schweigen über die Folgen. Die
Leute fallen nicht lästig, sie verschwinden einfach. Alles weitere geht
nur noch ein paar Freunde und vor allem die Familien an, die an der of-

fenen Schande oder unter giftigen Gerüchten leiden und oft zerbre-
chen, wenn sie nicht Geld und die Kraft haben, fortzuziehen und in die
Anonymität abzutauchen. Keine Dokumentarfilme, keine Artikelseri-
en kommen ihnen zur Hilfe, keine Tempel und kein Parlament findet
die Situation der Gefangenen des Gebets, des Verständnisses oder wenigstens der kalten Debatte wert. Als im Februar dieses Jahres wieder
einmal die Novellierung des seit 1908 gültigen Strafrechts anstand,
legte die japanische Anwaltskammer erfolgreich Protest ein. In dem
neuen Gesetz sollte die skandalöse Praxis bis zur Jahrtausendwende
festgeschrieben werden, daß Verdächtige bis zu 23 Tage lang in „Polizei-
gefängnissen" festgehalten und ohne Rechtsbeistand verhört werden
können, um sie zu den als wichtigstes Beweismittel behandelten und
als Fetisch verehrten Geständnissen zu bewegen. Die Anwälte überga-
ben einen 140 Seiten umfassenden Vorschlag zur Gegenreform. Seither
hat man nichts mehr davon gehört.

„Ich habe in Gegenden gelebt, wo über Hunderte von Jahren kein
Fall von Diebstahl vorgekommen ist, wo die neugebauten Gefängnisse
von Meiji leer und ungenutzt blieben, wo die Leute ihre Haustüren in
der Nacht wie am Tag unverschlossen ließen." Es gibt heute, beinahe
neunzig Jahre später, noch keinen Anlaß, die Aufrichtigkeit dieser Ode
an japanische Selbstzucht und Arglosigkeit von Lafcadio Hearn zu be-
zweifeln. Der amerikanische Schriftsteller griechischer Herkunft, der in
Japan den Namen Koizumi Yakumo annahm, bezeugte von 1890 bis zu
seinem Tod 1904 in Tôkyô die späte Zeit der Restauration unter Kaiser
Meiji als aufmerksamer, stets nachsichtiger Liebhaber, aber nicht als
blinder Schwärmer. Japan war sich seiner Bürger noch auf selbstver-
ständliche Weise gewiß, als die Welt immer weniger vor Japan sicher
war.

Wem Hearn zu beschaulich ist, könnte dagegenhalten, daß die Literatur viktorianischer Empörung, der Gefangenschaft und dem Talent
eines anderen Liebhabers, der frivolerweise junge Männer mehr liebte
als seine Königin, immerhin zur gleichen Zeit die großartige „Ballade
vom Zuchthaus zu Reading" verdankte. Oscar Wilde schrieb sie 1898
nach einem zweijährigen Zuchthausaufenthalt. Einen wie Wilde hat
Meijis Japan, das sich damals in Kriegsführung und Kleiderordnung,
Gesetzgebung wie Moden nach europäischem Vorbild modellierte,

nicht hervorgebracht. Den Straftatbestand der Homophilie allerdings auch nicht.

Nach dem Sieg der Kaisertreuen über das Shôgunat 1868 schwärmten japanische Delegationen aus, in der alten Welt modernes Staatswesen, gediegene Kultur und den prächtig gedeihenden Kolonalismus des Westens zu studieren. In der Verbrechensbekämpfung bedeutete das die Umwandlung der Todes- und Leibesstrafen in Freiheitsstrafen, die Übernahme des französischen „Code pénal" (1882) und den Vollzug nach dem harschen Vorbild des britischen Kolonialreichs in Asien. Später hielt es Japan mehr mit dem Preußentum, dessen Kaisertreue und Disziplin imponierten. Die mit viel Spielraum durchwirkten 75 Paragraphen des ersten japanischen Strafvollzugsgesetzes von 1908 folgten buchstäblich dem deutschem Beispiel und sind noch heute in Kraft. An dem Grundsatz, daß harte Gefangenenarbeit (*keimusagyô*) das tauglichste Mittel gegen Querulantentum und Rückfallkriminalität sei, hat sich nichts geändert. Warum auch. Lafcadio Hearn, der meinte, das alte Japan ganz erlöschen zu sehen, würde es mit Unglauben und Genugtuung erfüllen, daß es noch immer, unter der nurmehr symbolischen Herrschaft von Tennô Meijis Urenkel Akihito, Gegenden in Japan gibt, wo Türen unverschlossen bleiben und seit Menschengedenken nichts weiter vorgefallen ist als der Diebstahl eines Regenschirms. Es war der französische Japanologe Maurice Pinguet, der genial und ein für allemal erkannte, daß „dieses Land, indem es blieb, was es war, zu dem wurde, was es heute ist."

Es war ein Tennô, der dem Land im Jahre 701 das erste allgemeingültige Strafrecht gab. Der Kodex machte keinen Klassenunterschied und stellte Todesstrafe, Verbannung, Arbeitsstrafe und zwei Arten der Auspeitschung zur Wahl. Nicht einmal zwanzig Jahre später wurden Kinder unter sieben Jahren in einem erstaunlichen Dekret für deliktunfähig erklärt, wurde bei Jugendlichen bis zu 16 Jahren Strafmilderung anempfohlen. Die großartigste und am wenigsten bekannte Tat eines Tennô war im Jahr 818 die Abschaffung der Todesstrafe, ein Bann weit vor seiner Zeit, der 347 Jahre in Kraft blieb und Mao Tse-Dong im voraus recht gab, der seine Gegner nicht hinrichten ließ, „weil Menschenköpfe, im Gegensatz zu Kohlköpfen, nicht nachwachsen". Um so weiter fiel die grausame Militärherrschaft der Samurai vom Jahr 1200 an hinter das Erreichte zurück; Rangniedere waren fortan ohne Recht und Schutz gegen ihre Willkür. Auch zur Edo-Zeit (1602-1867) stand Japan in den wüstesten Exzessen und Schindereien dem europäischen Mittelalter in nichts nach. Menschen wurden von auseinander-getrieben Ochsen geviertelt, Menschen wurden bis zum Hals eingegra-ben und der Pöbel ermuntert, eine neben dem Unglücklichen liegende Säge zwar mit Bedacht, auf daß viele etwas davon hätten, aber doch nach Herzenslust zu benutzen.

Nach dem Fall des Shôgunats gab sich die Repression zivilere Um-gangsformen. Tiefergreifende Reformen jedoch, so urteilten Dieter Bindzus und Ishii Akira in ihrer Untersuchung über „Japanischen Straf-vollzug" (1977), scheiterten; weniger an fortschrittsfeindlichen Gedan-ken als an Geldmangel. Neue Gefängnisse allerdings wurden in Rekord-zeit errichtet, im Jahr 1924 erreichte die Zahl der Häftlinge 36.600, ihren tiefsten Stand. Einer Militärregierung gelang es Jahre darauf so-gar, den Patriotismus in den Gefängnissen zu entzünden. Während des Pazifischen Kriegs setzte Japan über ein Drittel der Gefangenen in der Rüstungsindustrie ein. Ohne Zwischenfälle, von Sabotage nicht zu re-den. Nach der Niederlage verfügte die amerikanische Besatzungsmacht die Abschaffung der Dunkelhaft als Disziplinarmaßnahme; nach der Besatzungszeit entschloß sich Japan, die Arbeitszeit von zehn und mehr Stunden auf acht zu begrenzen: ein Schritt immerhin, der für die in Freiheit lebenden Japaner bis heute nicht vollzogen ist. Eine Aufhe-bung des generellen Redeverbots unter Gefangenen wurde allerdings 1967 für nötig erachtet. Seither wird nur noch aus Rücksicht auf die Mitgefangenen geschwiegen. Resozialisierung, so resümieren Bindzus und Ishii, bedeute in einer „geschlossenen hierarchischen Gesellschaft" notwendig etwas anderes als in einem System von weniger autoritärem und repressivem Zuschnitt. Bei allem Verständnis schließen sie: „Die Stärkung der Rechtsstellung des Gefangenen bleibt das am dringend-sten zu lösende Problem."

Die grauen Gefangenen von Fuchû, die an einem klammen Früh-lingstag sämtlich mit dem Gesicht zur Wand und den Händen auf dem Rücken defensive Haltung annehmen, wenn die Besucher und ihre Es-korte in die Nähe kommen, kennen das Problem zu genau, um an seine Lösung in absehbarer Zeit zu glauben. Fortschritte gibt es. Man läßt sie

Sprachen lernen (vor allem Japanisch für die 220 Ausländer aus dreißig Ländern in Fuchû; siebzig Prozent davon aus Asien); man läßt sie seit etwa zehn Jahren in den Zellen fernsehen (wenn auch ein eigens zusammengeschnittenes, auf pädagogische Haltbarkeit angelegtes Hausprogramm); man gibt manchen Jungen die Möglichkeit zur Berufsausbildung. Schließlich soll einer Broschüre des Justizministeriums zufolge „am Tag des Haftantritts die Resozialisierung" beginnen. Erziehungsziel, daran kann kein Zweifel bestehen, ist die umfassende Urbarmachung oder Wiedererschließung des Nützlichen im bereuenden Schädling – was keineswegs böse gemeint oder als rachsüchtig mißzuverstehen ist. Es ist unbeirrbarer Glaube an das Gute in jedem Menschen, der die (verglichen mit Polizisten) schlecht bezahlte, durch Schichtdienste und das Stigma, unter Verbrechern zu leben, belastete Arbeit des Strafvollzugsbeamten in Japan noch erträglich macht. Denn vorbei sind die Zeiten, als er sich wie alle Lehrer, Priester und Soldaten als eine Art Strafpädagoge zu den *seishoku* zählen durfte, den „heiligen Berufen" von höchstem nationalen Prestige. Damals arbeitete keiner für Geld, alle für die Gesellschaft. Heute, bedauert einer der älteren Offiziere in Fuchû, täten sie ihren Job wie irgendwelche Angestellte. Die Gefangenen seien so schwierig, egoistisch und charakterlos geworden wie die Welt draußen. Er aber sei einmal in den Beruf gegangen, erzählt er wehmütig, weil im Gefängnis alle gleich sein sollten, und weil er ihnen allen, vom Yakuza-Boss bis zum kleinen Dieb, mit ganzem Herzen zu einem besseren Leben verhelfen wolle. Wahrhaftig, dieser Mann glaubt aufrichtig an das, was er sagt.

Man muß es Hirai Atsushi, dem Sprecher der Gefangenengewerkschaft, vielleicht nachsehen, daß er kein Wort davon glaubt. Nach seiner Erfahrung schafft der Staat mit harter Arbeit, schonungsloser Strenge und Disziplin bewußt eine Art Fremdenlegion der Ausgestoßenen im eigenen Land, die geübt sind in der psychologischen Kriegführung gegeneinander, aber erst recht gedrillt auf die Bekämpfung des inneren Feindes. Den aber hält Hirai für einen Freund, der allein ihm die Kraft gab, nach seiner Entlassung neu anzufangen. Er arbeitet in kleinen Sanitärbetrieben und verschweigt seine Vorstrafen. „Die großen Unternehmen beschäftigen alle Detektivbüros, da hast du keine Chance." Hirai würde es nie wagen, nach Yokohama zurückzugehen, wo sein Elternhaus steht. Der Nachbarn wegen; das Haus ist vermietet. Er kann seine beiden kleinen Kinder ernähren, und die Polizei läßt ihn, von seltenen Hausdurchsuchungen abgesehen, inzwischen in Ruhe. Hält er vor seiner Frau die fünf Jahre im Gefängnis auch geheim? „Das war nicht nötig", erwidert er mit etwas schiefem Lächeln, „meine Frau ist wegen eines Bombenattentats zu dreizehn Jahren verurteilt worden." Vor Hirai Atsushi braucht Japan keine Angst mehr zu haben.

(25. Juli 1992)

Regentage in Tôkyô

Üble Nachrede eines Ausländers auf die fünfte Jahreszeit

Also gibt es ihn doch, den Himmel über Tôkyô. Das Glücksgefühl ist noch klamm und unruhig. Etwas scheint draußen, es ist tatsächlich taghell am Tag. Sind die *kami*, die Götter, endlich zurückgekehrt oder quälen sie die bangen Menschen mit Trugbildern? Aber nein. Seit Sonntagmorgen, als eine milchig blaue Hitze aufstieg und eine Brise mit den Schatten von Wäsche, Kindern, Blättern spielte, seit heute morgen, als es zum ersten Mal wieder Licht wurde, nicht nur zynisch, den Uhren nach, um die matten Leute zum Arbeiten zu bewegen in ihrer Stadt, die in ein nasses fensterloses Souterrain namens *tsuyu* gesunken war – erst heute also, seit es endlich nicht mehr „Pflaumen regnet", kann man wieder an einen Himmel glauben. Das sei übertrieben? Man kann gar nicht genug übertreiben. Regenzeit ist die schwüle Pest, die nieselndzerstäubende Sintflut, die japanische Wasserfolter; nicht einmal, weil es ständig sonderlich stark (oder je Pflaumen) regnete, sondern weil alles naß ist, auch wenn es nicht regnet. Regen liegt in der Luft, in einem üblen Sinn.

Das kann jeder bestätigen, Japaner oder Ausländer, welcher allerdings, vorzüglich Westler aus gemäßigten Zonen, meist alleine beklagt, was von seinen Gastgebern als unanfechtbarer Ratschluß der zuständi-

gen Götter hingenommen wird. Jedes Schulkind kennt das berühmte
Gedicht zur Regenzeit von Bashô Matsuo (1644-1694), dem Schöpfer
und Meister des Haiku, der einer „vulgären Welt" und ihrer Entfremdung entfliehen wollte, indem er sie aufs Anmutigste beschrieb: „Des
starken Regens wegen, wie reißend der Mogamigawa fließt." Die (sich
erst im Japanischen ganz erschließende) Schönheit von Bashos ängstli-
cher Huldigung an den Maireegen in Ehren, zumindest die Zugereisten
unter den Tôkyôtern kurz vor der zweiten Jahrtausendwende versöhnt
Bashô selten damit, nicht mehr an den Himmel zu glauben. Jeder leidet.
Jeder, der wochenlang wie in einem verrosteten Schiffsbauch lebt, der
täglich fassungslos seinem Brot und seinen Schuhen beim Schimmeln
zuschaut, der seine Bilder unter Glas welken, Bücher in den Regalen
verkleben und jeden Einband sich geisterhaft spreizen, überhaupt alles
Papier zu Löschpapier verweichlichen sieht, der Tropfen in Bädern und
an Fenstern über Tage an derselben Stelle findet, der abgesoffene Computer mit dem Fön wiederzubeleben versucht, der sich von den Meteorologen im Fernsehen anhand eines „discomfort index" den Grad der
allgemeinen Unbehaglichkeit beschreiben und, wenn der über achtzig
Prozent steigt, als Trost gelten lassen soll, daß sich statistisch gesehen
nun wirklich alle unbehaglich fühlen. Wer leidet schon weniger, nur
weil jeder leidet.

„Das japanische Klima ist nach Ansicht der ersten medizinischen
Autoritäten ausgezeichnet für Kinder, weniger vorteilhaft für Erwachsene; denn die große Feuchtigkeitsmenge macht es niederdrückend,
besonders für nervöse Personen und für Lungenleidende. Verschiedene
Ursachen, physikalische und soziale, sind schuld, daß Japan für Frauen
europäischer Rasse ein weniger gesundes Land ist als für Männer."
Deutlicher und ausführlicher als Bashô, nicht weniger treffend, äußerte
sich vor einem Jahrhundert der Brite Basil Hall Chamberlain, Lehrer an
der Kaiserlichen Marine-Schule, später, 1886, Professor für Japanologie
in Tôkyô, in seinem köstlichen Wörterbuch „Things Japanese" zum
Wetter und allen möglichen anderen japanischen Eigenheiten. Daß in
Tôkyô doppelt so viel Regen falle wie in London, konstatierte er ohne
Wehleidigkeit und fügte gar hinzu, daß Japans schöne Tage „unvergleichlich schöner und belebender sind als die matte, neblige Ungewiß-
heit, die in Großbritannien für schönes Wetter gilt". Sonderbar er-

schien ihm immerhin das, nach europäischem Gefühl, späte Einsetzen der Jahreszeiten. Etwas mißmutig notierte er, der Rasen, der während der trockenen Wintermonate absterbe, eigne sich „kaum vor Mitte Mai recht zum Tennisspielen".

Als früher Zeitzeuge der Anklage gegen die Regenzeit taugt Chamberlain einerseits überhaupt nicht, weil er, nach Niederschlägen bemessen, an ihre Existenz nicht glaubt. Sie sei ein rührender Mythos, meint er, um sodann anschaulich zu erläutern, warum es die Regenzeit, wenn auch unter falschem Namen, sehr wohl gibt: „Der Glaube an eine Regenzeit mag zurückzuführen sein auf die enervierende Kombination von bewölktem Himmel und der beginnenden Hitze des Jahres, die jede Bewegung anstrengend, wenn nicht unmöglich macht." Lästiger noch scheint ihm: „Schuhe, Bücher, Zigaretten, die man einen Tag lang beiseite legt, findet man am nächsten Morgen mit einem kleinen Wäldchen eines weißlichen, grünlichen Stoffes bedeckt. Keine Streichholzschachtel läßt sich anreiben; Briefumschläge kleben von selbst zusammen; Handschuhe müssen hermetisch in Flaschen versiegelt werden ..." Die Zeiten haben sich nicht geändert.

Japaner jedenfalls haben, heute wie zu Chamberlains Zeiten, nicht den geringsten Zweifel an der Existenz der fünften Jahreszeit wie auch an der sechsten der Taifune. Auf dem Land wird *tsuyu* ersehnt, weil sie die Reisfelder für die Aussaat ausreichend unter Wasser setzen soll. In der Stadt, die den Regen vor dem Sommer für die Trinkwasserversorgung dringend braucht, ist sie dennoch verhaßt, weil es eine düstere Zeit der Krankheiten, des Stimmungstiefs, der Depressionen ist. An Gegenmitteln unterschiedlicher Zuverlässigkeit, vom Shintô-Ritus bis zu dehydrierenden Klimaanlagen, fehlt es nicht. Manches lindert, auch die Wissenschaft müht sich um die Menschen. Wie alle Naturphänomene in der von Naturgewalt besonders bedrohten, „ökozentrischen" Kultur Japans, die seit jeher mit Erdbeben, Vulkanen, Taifunen und Flutwellen fatalistisch ihren Frieden machen mußte, wird auch die Befindlichkeit der Regenzeit wie jene eines Lebewesens angekündigt, beobachtet, vermessen. Das Unberechenbare nachzurechnen, wenn schon nicht vorherzusagen, alle Abweichungen vom Normalen, das in Natur und Gesellschaft dem einzig Guten gleichgesetzt wird, zu verzeichnen wie auf einem Krankenblatt, soll wenigstens etwas Vertrauen stiften und Kontrolle vorgeben. Was bleibt auch sonst.

Man muß sich das genau vorstellen. Im Jahr 1990 kam also die geliebte Kirschblüte zwei Wochen zu früh, 1991 wagte sich die Regenzeit
acht Tage zu früh in die Kantô-Region um Tôkyô, was womöglich zur
Rekordhitze des Sommers führte, die wiederum zu einem Sach-
schadenrekord der verheerendsten Taifunsaison seit 15 Jahren führte,
die erst Ende November mit dem Taifun Nummer 28 endete, später als
je seit Ende des Krieges, worauf der vierte warme Winter in Serie folgte,
in Tôkyô mit 7,5 Grad Durchschnittstemperatur 1,3 Grad zu warm.
Muß man noch erwähnen, daß die Regenzeit 1990, die acht Tage zu
früh nach Kantô kam (offizielle Termine des Wetteramts dort: 1. Juni
bis 18. Juli), die über das Archipel, von Südwesten nach Nordosten
ohne Hokkaidô, zog (offizielle Termine gesamt: 9. Mai bis 27. Juli), viel
zu wenig Regen brachte? Nachgetragene Statistiken können tröstlich
sein, wenn man sie zu interpretieren weiß. Natur wird harmlos, wenn
sie beschlossene Sache ist.

So angenehm die Erklärungen für die wetterwendischen Saisons
hinterher klingen: Wie behilft man sich während der nieselnden,
himmellosen Wochen des „Pflaumenregens"? Heiße Bäder, darüber
sind sich Japaner und Ausländer kurioserweise ziemlich einig, helfen
am besten gegen die Tristesse und Lähmung von achtzig bis neunzig
Prozent Luftfeuchtigkeit. Sie helfen, wie sie auch im Winter gegen die
aus Sibirien wehenden Nordwinde in zugigen Häusern helfen und im
Sommer gegen die Schwüle in den abgasgeschwängerten „Hitze-In-
seln" der Städte. Heiße Bäder helfen, weil sie immer helfen. Am 10. Juli
war auf der Südinsel Kyûshû, so entschied das Wetteramt, die Regenzeit zuende. Sie hörte einfach auf, drei Tage zu früh übrigens. Der
gleichwohl optimistisch lächelnde Experte im Fernsehen witzelte, die
Schirmherrschaft sei damit nicht beendet, von Stund an empfehle sich
ein Sonnenschirm. In Tôkyô sollte die Regenzeit in diesem Jahr dagegen mindestens eine Woche länger dauern als üblich. Oh, Himmel.

Heute aber, an einem Sonntag, strahlt ein verloren geglaubter blau-
er Himmel über der Stadt. Ein Irrtum: der Sinne, des Wetters, des Wetteramts? Wir jedenfalls, die wir für alle Fälle heiße Bäder bereithalten,
erklären die Regenzeit der Saison 1992 in Tôkyô hiermit für beendet.

(27. Juli 1992)

Bildungsnotstand

Ein Mann gegen Japans Hochschulbetrieb

Esaki Leos akademisches Leben ist ein Unfall. Genauer gesagt, ein Serienunfall, eigentlich einer der größten anzunehmenden Unfälle des japanischen Bildungssystems. Nichts geriet bei Esaki, geboren 1925 in Ôsaka, wie es sich für seine Generation gehörte. Stattdessen war er Christ, brillant, einzelgängerisch, sprach fließend Englisch, wurde fern der Heimat berühmt, und blieb angeblich gern dort. Seinen Nobelpreis für Physik im Jahr 1973 trug Japan noch mit recht würdiger Fassung. Es gab Lob von Politikern, es gab Orden. Zwar lebte und arbeitete der Mann schon seit 1960 in Amerika, wo seine „Tunnel-Diode" erst aus dem Souterrain der Labors herausfand. Aber immerhin hatte Esaki seine Entdeckung einst bei Sony gemacht und im Exil auch seinen Paß verlängert. Und schließlich hat das bildungsversessene Japan bis heute nur sieben von Esakis exklusiver Art zu bieten. Fünf Naturwissenschaftler, einen Schriftsteller und einen Premierminister der frühen sechziger Jahre (für Friedfertigkeit) – das ist nicht überwältigend, aber auch nicht übel, gerade 130 Jahre nach Gründung der ersten japanischen Universitäten. Esaki Leo hätte bis ans Ende seiner Tage eine gegen unendlich gehende Größe in Japans akademischer Unfallstatistik bleiben können. Doch im März dieses Jahres kehrte er plötzlich zurück, gab Pressekonferenzen, ließ sich zum Präsidenten der staatlichen Tsukuba-Universität wählen und, ärger noch, mischte sich kritisch in den japanischen Hochschulbetrieb ein, dessen Außenseiter, dessen genialischer Ausschuß er ist.

Esaki zögert eine Weile, bis er im Gespräch das Angebot, ein Unfall zu sein, annehmen will. Es klingt in Japan frivoler als anderswo. Er lacht, ein Sprachfehler kommt dem Schüchternen zuhilfe, der seine Brillanz für andere erträglich macht, weswegen er gewohnheitsmäßig noch häufiger lacht, als ihm danach zumute sein kann. Dann wiederholt Esaki die Klage, die nicht neu ist, aber aus seinem Munde neues Gewicht erfährt. Polemisch zugespitzt lautet sie: die japanischen Hochschulen sind Spielplätze und Erholungsheime für erschöpfte, verwöhnte Kinder, denen es um den Status der Universität bei ihren künftigen Firmen, nicht um Wissen geht und auch nicht gehen muß, weil ihre Professoren auf Lebenszeit, denen man keine öffentlichen (oder veröffentlichten) Leistungsnachweise zumutet, die Dinge ähnlich leicht nehmen und Examina ohne weiteres Ansehen der Person unter die Leute bringen.

Die über zwei Millionen Studenten Japans werden schon in den Gymnasien zu sprachgeregelten Testpersonen abgerichtet, zu Multiple-choice-Robotern gleichgeschaltet, für die Kreativität den Kurzschluß bedeutet. Da die japanischen Unternehmen ihren Nachwuchs selbst formen und auf loyale Firmenlinie bringen, ist es tatsächlich gleichgültig, was und warum und wieviel einer studiert, solange er es nur an einer der angesehensten Universitäten getan hat. In einer jüngst veröffentlichten Umfrage unter 12.700 Studienanfängern entschieden sich auf die Frage, was die Funktion einer Hochschule sei, eine eindrucksvolle Mehrheit von 76 Prozent für die Wahlantworten: „Ein Ort, wo man Freunde trifft" und „....,wo man tun kann, was man will". Kann man es ihnen verdenken, daß sie ihre vier Jahre akademischen Freigang zwischen Jugendstrafe und Arbeitslager genießen wollen?

Esaki verdenkt es ihnen nur als Universitäts-Präsident. Er sieht nach 30 Jahren im Ausland die Krise des japanischen Bildungssystems, kennt seinen Hang zum inzestuösen, weltfernen, provinziellen Betrieb: „Wir können der Wissenschaft der Welt nicht nur unsere Höflichkeit und Gruppenwärme andienen." Er schwärmt von seinem Quadratkilometer großen, amerikanisch romantischen Campus, wo die Studienanfänger neben ihren Professoren leben könnten und ihren Spaß haben und trotzdem arbeiten. Wenn der Staat und die Sponsoren sie lassen. Es sei kaum Geld da für die 98 staatlichen Hochschulen, sagt der neue Herr über 12.000 Studenten, 1.500 Lehrer, ebenso viele Verwaltungsangestellte und einen Jahresetat von 400 Millionen Dollar. Auch deshalb liege der akademische Standard in der Grundlagenforschung um Längen hinter dem Westen. Aber wie soll er talentierte Forscher in seine „akademische Fluchtburg" locken? Tsukuba zählt gewiß nicht zu den fünf angesehensten Universitäten („deswegen leistet man sich wohl auch einen wie mich als Präsidenten") und wird das auch kaum schaffen. Denn die Rangordnung des Prestige ist entschieden, ein unumstößliches Naturgesetz: Nur ein Abschluß an der juristischen Fakultät der himmlischen „Tôdai" (Tôkyô daigaku), der Universität von Tôkyô, garantiert Zugang zu den Eliten der Ministerialbürokratie, lebenslang haltbares Prestige und die einflußreichsten „College-boy"-Beziehungen. „Tôdai"-Zöglinge stellen in neun nationalen Ministerien noch immer siebzig Prozent, im Finanzministerium gar neunzig Prozent der Anwärter. Kriterium für die Anstellung sind nicht Testergebisse, sondern zutiefst menschliche Bürokratenwerte: „Solide, aufgeweckte junge Leute, die sich im Ministerium akklimatisieren werden und eine ausgewogene Perspektive mitbringen." Daß die „Tôdai", wenn es schon um Ränge geht, in einer UNO-Liste der weltbesten Universitäten nur 38. Sieger wurde, weil sie weder international namhafte Wissenschaftler noch entsprechende Forschungsprojekte aufzuweisen hatte, tut nichts zu einer Sache, die nur in Japan gelten will und nur Japan etwas angeht.

Nicht die Wissenschaft ist in Japan für den Rest der Welt zuständig, sondern die Wirtschaft allein. Und wissenswert ist allein, was sich rechnet. Darüber, was sich rechnet, entscheiden Bürokraten und Manager, die deshalb auf den intelligenten, unaufdringlichen, umfassend unausgebildeten Universitätsabsolventen zählen, der sich biegen läßt, ohne zu brechen. Das weiß auch der Reformer Esaki, der viele kleine Struktureingriffe vorhat (was ihm schon reichlich Gegner einträgt), aber große Entwürfe nicht wagen kann. Die Studentenzahlen sinken. Mit der Aussicht auf mehr Arbeit im Studium dürften wenige zu werben sein. Mancher fragt sich, wie Esaki Leo überhaupt auf solche Ideen verfällt. Hat er das nötig? Hat er nicht 1947 die „Tôdai" mit Auszeichnung absolviert?

(12. September 1992)

Japans Karrierekinder sind müde

Eltern und Erziehungsbehörden sorgen sich um
Schwänzen, Schülerkriminalität und den Effekt der
Fünf-Tage-Woche

Die japanischen Medien hatten das Ereignis mit jener zahlenbe-
wehrten, melancholischen Sorgfalt angekündigt, die gewöhnlich
Staatsbegräbnissen, Leitzinssenkungen oder einer totalen Sonnenfinsternis vorbehalten bleibt. Und ein Staatsakt war es wohl: Zum ersten
Mal seit 12 Jahren, und fortan an jedem zweiten Samstag im Monat,
würden am 10. September Japans staatliche Schulen (genau 47.000) Japans Schülern (ungefähr 18 Millionen) keinen Unterricht anbieten.
Achtzehn Millionen ohne Aufgabe und Aufsicht, ein beunruhigender
Gedanke.

Die Folgen des gewagten Experiments, das der Familienzusammen-
führung sowie der Erholung erschöpfter Schulkinder diene, und keinesfalls, so betonten die Behörden, Faulheit gesellschaftsfähig machen
solle, seien noch nicht abzusehen. Die Ausweitung auf zwei Samstage
sei für das übernächste Jahr zwar vorgesehen, aber noch nicht beschlossene Sache.

Um den zu erwartenden Schock der Freizeitumstellung etwas zu
mildern, wurden nach Angaben des Erziehungsministeriums fünftausend Alternativveranstaltungen im ganzen Land angeboten. Die Teil-
nahme an sinnvollen Gemeinschaftsaktivitäten wie Unkrautjäten und
anderen Schönheitsreparaturen in den Schulen, Altenbesuchen, Sportwettkämpfen, Wanderungen und Sangeswettbewerben war selbstverständlich freiwillig. Was in Japan bedeuten kann, daß es jedem Schüler
freistand, die freiwillige Bewegung durch sein egoistisches Fernbleiben
gegen sich aufzubringen. Wenige zeigten angeblich Lust dazu. Daß am
Ende des ersten unterrichtsfreien Samstags von keinerlei nennenswerten Ausfällen zu berichten war, konnte eigentlich nur jenen Soziologie-
professor namens Ôhashi überraschen, der öffentlich in dem Modell-
versuch „eine Art Verschwörung" erkannte, Japans wirtschaftliche

Tüchtigkeit zu schwächen, „indem man die letzte Bastion angreift – Erziehung",

Hier nun muß man die japanischen Schulbehörden in Schutz nehmen, die sich aufrichtig bemühten, ein Pendant zur allgemein verordneten (nur zögernd befolgten) Arbeitszeitverkürzung zu bieten; wenn sie auch in der Eile vergaßen, die vorgeschriebene Jahresstundenzahl pro Fach und Altersgruppe entsprechend zu senken. Bisher waren es 240 Schultage (gegenüber 180 in den Vereinigten Staaten), sechs Stunden täglich unter der Woche, vier an Samstagen. Prompt sagte eine Grundschule in der Provinz Saitama einen für Oktober geplanten Schulausflug mit der Begründung ab, die an freien Samstagen ausgefallenen Stunden müßten nachgeholt werden. Die Eltern protestierten, dies sei wohl kaum Sinn der Sache. Ohne Erfolg. Andererseits waren es um die akademische Zukunft ihrer Zöglinge besorgte Eltern, die von einem Gymnasium in der Provinz Kagoshima verlangten, den freien Vormittag für eine simulierte Universitäts-Aufnahmeprüfung zu nutzen. Sie bekamen ihren Willen. Nicht nur in Kagoshima. Kritiker des strengen japanischen Schulsystems, das sich seit Jahren gegen den Vorwurf wehren muß, es stehle den Kindern in „Prüfungshöllen" ihre Kindheit und Kreativität und liefere am Fließband hochqualifizierte Facharbeiter fürs Fließband statt denkende Bürger, trugen aus ganz Japan Fälle vom Mißbrauch des freien Samstags zusammen.

Zu den amüsanteren Mißverständnissen zählte der Vorschlag der Betreiber von Karaoke-Bars in der Provinz Saga, die Teenagern in Begleitung ihrer Eltern freien Eintritt zu ihren telefonzellenartigen Singkammern anboten. Die Schulbehörde des Ortes, die ihren Schutzbefohlenen den Besuch dieser harmlosen Etablissements strikt untersagt, konnte nur ablehnen. Ungleich mehr Erfolg mit ihrer Werbung um den freien Samstag hatten nach Auffassung der Kritiker die berüchtigten privaten Nachhilfeschulen, *juku* genannt, die für japanische Kinder ambitionierter (und reicher oder wenigstens kreditwürdiger) Eltern frühestens mit zwei Jahren, spätestens mit siebzehn, Prüfungsvorbereitung aller Art bieten. Fast viereinhalb Millionen Kinder waren in diesem Frühjahr bei über 50.000 dieser Institute eingeschrieben, genauer entspricht das 18,6 Prozent der Grundschüler und 52,2 Prozent der letzten beiden Gymnasialklassen. Ihre Arbeitstage, die in zahllosen Zeitungs-

artikeln mit einer bezeichnenden Mischung aus Stolz und Beschämung, Rührung und Besorgnis immer wieder nachgezeichnet werden,
beginnen mit dem Sonnenaufgang und enden nicht selten um Mitternacht. Diese Kinder, unkindliche Helden der japanischen Arbeit, könnten ihre eigenen Väter sein. Kein Wunder, daß sie dasselbe auf die Frage
nach ihrer liebsten Freizeitbeschäftigung antworten: fernsehen und
schlafen.

Schulkinder können auf das Mitleid ihrer Umgebung zählen, aber
nicht auf Nachsicht. Harte Arbeit härtet ab, Selbstopfer erhöhen das
Selbst, das Bewußtsein bestimmt das Sein. So (erfolgreich) ist Japan. Es
steht zuviel auf dem Spiel, um zu spielen: ihre Karriere bei einem guten
Unternehmen, ihre Heiratschancen, die Rente und der gesellschaftliche
Aufstieg der Eltern, die für ihre finanziellen Opfer lebenslange Dankbarkeit beanspruchen. Ab und an werden ihre Leiden untersucht, zuletzt im Sommer vergangenen Jahres, als 3.000 Zehn- und Elfjährige aus
allen 47 Provinzen Japans routiniert ihre Streßsymptome schilderten
wie die Alten. Über siebzig Prozent gaben an, ständig müde und erschöpft zu sein, und zwar die besten ihrer Klassen wie die weniger begabten. Fast 40 Prozent wünschten sich ein paar Tage ab und zu, an denen sie nicht lernen müßten. Schlimm, wirklich schlimm, aber nicht zu
ändern, sagen viele Japaner, die sich, meist zu Recht, für besonders kin-
derlieb halten: Kaum eine Kultur vergöttert ihre, möglichst männli-
chen, Nachkommen in den ersten Lebensjahren so aufopfernd, kaum
eine andere verlangt später so unerbittlich Entschädigung für die Auf-
opferung wie die japanische, wo die Mütter noch immer dreifach dienen, erst dem Vater, dann dem Mann, schließlich dem Sohn und so die
wahren Herrn im Haus bleiben. Soll man eher die Verziehenden oder
die Verzogenen bemitleiden? Oder keinen von beiden. Wer als Ausländer in Japan lebt, hat nicht selten Mühe, die geplagten Mütter und ihre
in den *juku* geschundenen Kinder überhaupt zu entdecken. Die
Schreckensmeldungen von der Schulfront, das Martyrium müder
Greisenkinder, die Selbstmorde versagender oder gehänselter Schüler,
die brutalen Racheangriffe auf stichelnde Mütter, Lehrer oder Mitschüler, all das wirkt seltsam blaß, fast surreal, wenn man neben Pulks endlos kreischender und kichernder Teenager in Uniform und quietschver-
gnügten Schulanfängern in der U-Bahn und in Schnellrestaurants sein

eigenes Wort nicht mehr versteht. Sie scheinen alle selbstbewußt, rücksichtslos, lärmend, albern, charmant: ganz normale Kinder also. Wo sind aber die Opfer jener elitären Privatanstalten, die Haarschnitt, Fingernägelform, Länge der Socken, Farbe der Unterwäsche, und jede Lebensregung bis zur Länge des zu benutzenden Toilettenpapiers („30 Zentimeter oder weniger") nicht nur vorschreiben, sondern auch kontrollieren? Wo ist die Spur dieser kalkulierten Menschenmaterialermüdung in der *kanrikyôiku*, Erziehung durch Kontrolle, die Japaner keineswegs erfunden, aber gelehrig zu erlesenen Extremen geführt haben?

Man findet sie nicht leicht. Liberale Pädagogen, die Gewaltausbrüche an ihren Schulen seit zehn Jahren beobachten und den Zusammenhang von schikanösem Drill und Frustration begreifen, sprechen nicht gern darüber, weil man sie als erste des Versagens verdächtigt. Betroffene Eltern ziehen es aus denselben Gründen vor zu schweigen. Daß die jungen Aussteiger, Schulschwänzer, Ladendiebe, Problemkinder aller Art in Statistiken und Polizeiberichten noch am lebendigsten sind, ist so ironisch wie einleuchtend: Auf wenig andere seiner erstaunlichen Errungenschaften ist Japan so stolz wie auf sein Erziehungswesen. Die Leistung etwa, den Analphabetismus unter 123 Millionen Japanern bis auf Prozentbruchteile fast völlig besiegt zu haben, verleitet bisweilen hochrangige Politiker zu herablassenden Kommentaren über das westliche Bildungsniveau. Und unbestreitbar ist offenbar, daß keine unter den Industrienationen, die Ende des 19. Jahrhunderts Japans Lehrmeister abgaben, heute mehr mithalten kann: Gewiß nicht bei den 95.9 Prozent aller Mittelschüler, die im vergangenen März nach ihrer Pflichtschulzeit in Gymnasien übernommen wurden, und kaum bei den 39 Prozent aller japanischen Abiturienten, die ihre Aufnahmeprüfungen für Colleges und Universitäten bestanden. Beide Werte sind neue japanische Rekorde. Natürlich sagen solche Zahlen nichts aus über die Qualität der Ausbildung. Als Beispiel mag genügen, daß jeder Japaner von seinen dreizehn Jahren heute bis zu 140 Schuljahresstunden (von vorgeschriebenen 1.050) mit Englischunterricht verbringt: verschwendet muß es eigentlich heißen. Denn die Resultate sind auch nach sechs Jahren in aller Regel jämmerlich, genauer: unaussprechlich. Man liest Shakespeare und Steinbeck, übt die absonderlichsten grammatischen und syntaktischen Kunststücke, für eine Weg-beschreibung zum nächsten Bahnhof reicht es aber beim besten Willen kaum. Wie auch immer, die Erfolgszahlen sind im internationalen Vergleich eindrucksvoll genug, um von seriösen Debatten oder Reformen abzulenken. Gerade in Japan, wo Unberechenbares verabscheut wird, lieben es die Leute, menschliches Verhalten mit dem Taschenrechner auszuloten.

Prozent lautet auch das leere Lieblingswort der Medien. Dem japanischen Fetisch des *pâsento* verdankt man immerhin auch eine gewisse Vorstellung von der Schattenseite der japanischen Bildungsbeflissen-heit. Ausgerechnet im August, mitten in den sechswöchigen Sommerferien, veröffentlichte das Erziehungsministerium Zahlen, die in alarmierten Leitartikeln hin- und hergewendet wurden. Fast 67.000 Grund- und Mittelschüler seien im letzten Schuljahr mehr als 30 Tage dem Unterricht ferngeblieben, gestanden die Beamten, eine Zunahme um zehn Prozent. Jeder hundertste Zwölfjährige ein notorischer Schwänzer? Nein, viel schlimmer, kartete zwei Tage nach dem Ministerium die Lehrergewerkschaft nach, die wahre Zahl der Schulverweigerer liege um ein Vielfaches höher: Direktoren seien großzügig in der Buchfüh-rung, wenn es darum gehe, „den Ruf ihrer Schule zu schützen". Um die Verunsicherung vollständig zu machen, bot zur selben Zeit auch die Nationale Polizeibehörde passende Zahlen: Fast die Hälfte aller Straftaten in Japan seien in den ersten sechs Monaten dieses Jahres von Jugendlichen unter 20 Jahren begangen worden. Gerade bei minderjährigen Mädchen sei eine drastische Zunahme schwerwiegender Vergehen zu beklagen. Sicher, mahnten die besonnenen unter den Kommentatoren, ein Schulschwänzer sei noch lange kein Schläger oder Dieb. Aber, so fügten manche an, es könne auch niemand mehr bestreiten, daß entweder mit Japans Jugend oder mit Japans Schulen etwas nicht mehr stimme.

Sind Japans Kinder ihrer Karrieren müde, bevor sie erwachsen werden? Wenn es so ist, wird der durchorganisierte unterrichtsfreie Samstag daran nichts ändern. Fest steht immerhin, daß man mit Zahlenspielen der Frage nicht gerecht werden kann. Deutlich wird das etwa im Fall der drei großen Ferien japanischer Schulkinder im Sommer (20. Juli bis 31. August), über Neujahr (24. Dezember bis 7. Januar) und im

Frühling (20. März bis 7. April), die sich auf dem Papier nicht wesentlich von den meisten westlichen Ländern unterscheiden. In Wirklichkeit sind diese freien Wochen den Erziehern zu wichtig, um ihre Gestaltung den Kindern zu überlassen. Die meisten schwer arbeitenden Eltern, die sich im Jahresdurchschnitt gerade eine Woche Ferien gönnen, dürften dankbar dafür sein, daß die Schulen mit Sportwettkämpfen, Proben für das Schulorchester und anderen Projekten (von den ferienfreien *juku* ganz zu schweigen) dafür sorgen, daß die Kinder nicht auf eigene, mutmaßlich dumme Gedanken kommen. Zusätzlich sorgt ein Arbeitsbuch für Ferienstimmung, das eine tägliche Lektion vorschreibt und die Beschreibung des Wetters jedes Tages verlangt – was offenbar Gewiefte davon abhalten soll, die Hausaufgaben für Wochen im voraus zu erledigen. Mag sein, daß die kleinen Japaner, die es nicht anders kennen, trotzdem ihren Spaß in den Ferien haben. Kann sein, daß Kinder in einem bestimmten Alter am glücklichsten sind, wenn sie mittun, was alle tun. Streiten könnte man allerdings darüber, ob es glücklich ist, wenn Japan seine Jugendlichen weiter wie Kinder und seine Erwachsenen immer wieder wie Jugendliche behandelt. Am 10. Oktober hat es zum zweiten Mal einen unterrichtsfreien Samstag gegeben.

(13. Oktober 1992)

Heimweh nach Asien

Wird sich Japan vom Westen abwenden?

Es ist noch ein Gerücht, nichts weiter, ein vernehmbares Rumoren in Asien. Es tritt auf, noch undeutlich, in Reden von japanischen Industriellen, Interviews singapurischer Politiker und Essays koreanischer Intellektueller. Die meisten nennen es den „Neuen Asianismus", mancher sieht in ihm einen Alptraum, andere die einzige Hoffnung. Ob er je politische Gestalt annehmen wird, weiß niemand. Noch verfügt er über keine schlüssige Ideologie und keinen charismatischen Führer. Vage drängt er auf das Denken des Undenkbaren, die Zeiten sind danach. Das Szenario selbst ist simpel und heißt: Das Abendland sinkt in Umnachtung, der Okzident stirbt an Drogen, Streit, Inzucht, Faulheit. Es soll leben die Asianisierung Asiens, es soll sich erheben ein sicheres asiastisches Haus über allen, allen überlegen. Unvorstellbar?

Kaum mehr. Seien die beiden Koreas erst wieder eins, China und Vietnam vom Kommunismus befreit, Südostasien von Militärs emanzipiert, werde man Asien nicht wiedererkennen. Ein traditionell disparater, von Waffen, Angst und Mißtrauen gepeinigter Kontinent werde sich endlich finden und seine Wirtschaftsmacht und Menschenmassen in einem Handelsblock gegen den protektionistischen Westen vereinen. In einer Konferenz über Sicherheit und Zusammenarbeit in Ostasien – die zumindest im englischen Kürzel, CSCE, ihrem europäischen Vorbild gleichkäme – ließen sich Konflikte beilegen. Man brauchte weder den Polizisten noch Moderator Amerika. Der konfuzianische Kapitalismus des Managements durch Konsens werde den westlichen Kapitalismus und sein Management durch Konflikt besiegen. Die alte Dritte Welt Asiens werde nach einer unblutigen Kulturrevolution die neue erste sein und der Lehrmeister der neuen Zweiten. Kurz, der Neue Asianismus wird die neue Weltordnung bringen, die George Bush nicht meinte. Soweit das Gerücht, das heute so abstrus scheint wie vor ein paar Jahren ein Zusammenbruch des sowjetischen Imperiums. Niemand sieht den „Neuen Asianismus" heute oder morgen oder bald nach der Jahrtausendwende heraufziehen. Kaum jemand allerdings bestreitet noch, daß er der Rede wert ist.

Lange liegen die ruhigen Tage noch nicht zurück, da galt bei Gesprächen in Tôkyô der Hinweis auf einen latenten „Neuen Asianismus" unter japanischer Führung als so seriös wie, sagen wir, die Prophezeiung, die Mafia werde sich dem Vatikan ergeben und um Weiterverwendung in der Schweizer Garde nachsuchen. Ein Japan, das sich enttäuscht vom schwächlichen, arroganten Westen abwendet und den eigenen Kontinent als alte Heimat wiederentdeckt? Je nach persönlichem Bekanntheitsgrad und politischem Bekenntnis wurde solchen Provokateuren bedeutet, sie seien verrückt, bösartig oder ahnungslos. Schließlich wisse jeder, daß (sich) Japan seit bald einem halben Jahrhundert zum Westen zähle; im Sicherheitsvertrag mit Amerika, im freien Welthandel, in den Vereinten Nationen liege seine Zukunft, nicht in der Umarmung feindseliger und mißtrauischer Nachbarn in China, Korea und Südostasien, die Japans Kriegsvergangenheit nie verziehen und bei jeder Gelegenheit vor einem Wiedererstarken des japanischen Militarismus warnten, sagen die Rechtsliberalen; der japanische Alptraum der „Großostasiatischen Wohlstandssphäre", die sich von den weißen Kolonialisten befreien und freudig der „Yamato-Rasse" untertan sein sollte, habe in Nagasaki für immer geendet, beteuern die Linksliberalen. Überhaupt, das sagen fast alle, sei „Asien" ein geographischer, kein religiöser, kein geopolitischer, nicht einmal ein rassischer oder ein Kulturbegriff. Sydney und Sri Lanka, Pjöngjang und Bali hätten weniger gemeinsam als Vancouver mit Wladiwostok.

So wurde leichthin geredet, als es so friedlich zuging wie noch nie am Pazifischen Ozean, als es nicht mehr den Ost-West-Konflikt, aber noch die Gewaltenteilung und, eher im Reflex als unter Zwang, die alte Lagerhaltung der beiden Supermächte gab. Die Vision einer asiatischen Gemeinschaft, die sich wie die in Europa eines Tages selbständig mache und sich auf einen „sanften Autoritarismus" verständige, statt pro forma westlichen Wertmodellen zu folgen, die ja im Westen ihre Verkommenheit zeigten, war bis in die jüngste Zeit nicht nur kein Thema, sondern nicht einmal ein Tabu. Die Idee sei absurd, ahistorisch, müßig, hieß es.

Zu diesem Zeitpunkt jedoch trat der „Neue Asianismus" schon unter Pseudonym auf. Mit Schweigen überging man in Japan noch Ende 1990 den sensationellen Vorschlag des malaysischen Ministerpräsidenten Mahathir bin Mohammed, der den Pazifikanrainern dringend die Gründung eines Ostasiatischen Wirtschaftsausschusses (EAEC) unter Ausschluß von Amerika, Kanada, Australien und Neuseeland empfahl. Im Herbst des folgenden Jahres – inzwischen hatte der Golfkrieg Japan im Westen isoliert, dreizehn Milliarden Dollar gekostet und Undank eingebracht – schwieg man in Tôkyô noch immer zu dem eindringlicher werdenden Sirenengesang einer asiatischen Selbstfindung. Dafür begann man selbst, den Ton zu wechseln.

So lassen sich einige Wahrheit und viel asiatischer Kulturhochmut in den Bemerkungen des designierten japanischen Ministerpräsidenten Miyazawa Kiichi vom Oktober 1991 ausmachen, als er die China-

Politiker der Vereinigten Staaten belehrte: „Amerikaner sind zu puritanisch, zu idealistisch. Wenn ein Volk mit einer Geschichte von gerade zweihundert Jahren einem Volk mit einer dreitausendjährigen Geschichte sagt, was es zu tun hat – ist das Konzept von Zeit ein anderes. In China dachte bis vor 30 Jahren niemand an Menschenrechte. Stück für Stück versuchen sie sich zu ändern. Man muß das langfristig sehen." Neu war diese Haltung nicht, ungewohnt war allein das elegante Abstreifen der westlich-humanitären Camouflage. Der Mensch, sein Recht und seine von Christentum, Renaissance und Aufklärern definierte Würde sind im buddhistischen, taoistischen, hinduistischen, muslimischen, konfuzianischen Asien samt den katholischen Philippinen jederzeit antastbar, einfach weil es sie, auch unter den Kolonialisten, so nie gegeben hat. Alles ist Recht, wenn die Unverletzlichkeit von Disziplin und Ordnung der Menschenmenge in ihrem Staat gefährdet scheinen: Über den Zustand des Gemeinwohls befinden mit brutaler oder mäßiger Härte Generäle oder Bürokraten, Richter oder Börsenmakler.

Der Erfolg, und das allein zählte, gab ihnen recht. Die japanische Demokratie hat es in Asien mit ihrer seit 1955 unangetasteten Ein-Parteien-Herrschaft und fürsorglich gelenkten Industriepolitik gewiß noch am weitesten nach Westen verschlagen, ohne allerdings an die feudalen Grundstrukturen der Gesellschaft zu rühren. Ein Sozialstaat, ein Rechtsstaat nach westlichem Verständnis ist sie noch lange nicht, und will es vielleicht auch nicht länger werden.

Liberale Demokratie und Marktwirtschaft jedenfalls, das vom Westen als unzertrennlich gefeierte Zwillingspaar, hat im selbstbewußten Asien, dessen neuer Mittelstand wächst und mit dem Westen gleichziehen will, nurmehr den Rang einer Zufallsbekanntschaft. Wie oft wurde, mehr oder weniger offen, in den letzten Jahrzehnten das strenge Vormundschaftsregiment in Asien als eine rauhe Pubertätsphase in der Entwicklung zur ausgewachsenen liberalen Demokratie belächelt. Der Asianismus behält sich nun nach eingehendem Studium der wirtschaftlichen und sozialen Probleme des Westens vor, diese höchste Reife als dekadenten Schrumpfzustand zu beschreiben und Wachstum zu verweigern. Lee Kuan Yew, von 1959 bis 1990 Premierminister und autoritärer Wirtschaftswunderheiler von Singapur, weiß wovon er spricht, wenn er Ordnung und Disziplin als beste Wachstumsmittel in den chinesisch geprägten Staaten anpreist. Inder und Philippinos gaben sich aus kulturellen Gründen mit weniger zufrieden. Fehlentwicklungen des westlichen Individualismus erläutert er am Beispiel eines staatlichen Bluttests: In Singapur könnten die Behörden jederzeit ohne Begründung durchsetzen, was das Volk schütze; in Amerika wäre der Staat vor Schadensersatzklagen nicht sicher, selbst wenn durch die Zwangsprobe ein Drogenabhängiger überführt würde. Malaysias Ministerpräsident Mahathir, der einem Sprecher des Asianismus am nächsten kommt, geht weiter: „Gibt es denn nur eine Form der Demokratie, oder nur einen Hohen Priester, der sie interpretiert?", fragt er und antwortet sich selbst. „Hegemonie durch demokratische Mächte ist nicht weniger Unterdrückung als Hegemonie durch totalitäre Staaten."

So deutlich ist man in Japan noch nicht. Um den amerikanischen Beschützer nicht zu verärgern, haben sich Politiker noch immer über Menschenrechtsverletzungen, sei es durch Militärregimes in Indonesien, Burma und Südkorea, oder durch kommunistische Parteicliquen in China, Kambodscha oder Nordkorea künstlich erregt. Es wurde brav Empörung nach dem Massaker auf dem Platz des Himmlischen Friedens gespielt und zugleich nach China Verständnis signalisiert. Japanische Geschäftsleute unterliefen den Boykott als erste, Ministerpräsident Kaifu besuchte im vergangenen Jahr als erster „westlicher" Staatschef Peking. In diesem Oktober wird Kaiser Akihito seinen Teil zur sino-japanischen Versöhnung tun. Für japanische Kriegsverbrechen wird er sich nicht entschuldigen. Man tauscht Gesicht gegen Gesicht. Nur gelegentlich ist es Japan noch peinlich, wenn die entsetzte Maske über der gleichgültigen Miene verrutscht. Selbst dann, wenn sie ganz fällt.

Die Maske verrutschte zum Beispiel, als die japanische Regierung nach dem Moskauer Putsch im August letzten Jahres viele Stunden brauchte, um sich gegen die neue Junta und für eine Verurteilung von Gorbatschows Entmachtung zu entscheiden. Sie fiel, als in diesem Frühjahr die thailändischen Militärs auf Demonstranten schießen ließen, und ein japanischer Regierungssprecher keinen Bruch der Verfassung bei der Herstellung von Ruhe und Ordnung sehen konnte. Erst tags darauf merkte man in Tôkyô, daß die Verrechnung des Todes von

40 Ruhestörern mit der Ungestörtheit von tausend japanischen Firmenniederlassungen im Westen und auch bei der thailändischen Mittelschicht, welche den Protest gegen die Militärs unterstützte, nicht gut ankam. Die japanische Regierung, seit 1975 mit Abstand größte Gläubigerin und Entwicklungshelferin Thailands (und eines Dutzends anderer asiatischer Staaten), bat zerknirscht um Verständnis dafür, daß es „stille Diplomatie" bevorzuge. Manche sagen, der Fauxpas verrate nur Japans Unerfahrenheit in der Außenpolitik nach Jahrzehnten amerikanischer Bevormundung. Andere meinen, mit solchen Versuchsballons erkunde Japan sein eigenes spezifisches Gewicht.

Wie lange wird der „Neuen Asianismus" ein Spuk bleiben? Nirgendwo klingen panasiatische Töne so vertraut, verführerisch und abstoßend wie auf den japanischen Inseln. Denn nur dort sah man sich nach der erzwungenen Öffnung Mitte des 19. Jahrhunderts vor die einmalige Wahl gestellt, sich den Kontinent aussuchen zu können. Für Militärs und Bürokraten empfahlen sich die westlichen Kolonialmächte als Vorbilder, die kulturelle Elite aber stritt erbittert. Japan müsse „Asien verlassen und sich Europa anschließen", forderte der große Fukuzawa Yukichi, Begründer der Keiô-Universität. Asien müsse eins sein, verlangte dagegen der bedeutende Förderer, Mittler und Kurator japanischer Kunst, Okakura Kakuzô: Japan werde nur „in der Erforschung der vergangenen Schatten die Versprechen der Zukunft entdecken". Okakura gilt als der erste Ideologe des Panasianismus, „han-Ajiashugi"; seine Bücher wie „Das Erwachen Japans" (1904) werden, wie man hört, kritisch wiederentdeckt. Die Meiji-Regierung hielt es unterdessen eher mit Slogans wie „Macht das Land reich und stärkt die Armee", betrieb auf Kosten des rückständigen Landes eine ungeheure Aufrüstung und führte siegreiche Feldzüge gegen China und Rußland. Dreißig Jahre später war Japan in Asien, zumal in den Kolonien Korea, Taiwan und in der Mandschurei, verhaßt und im Westen gefürchtet. Nicht nur ein Rundfunkkommentator der BBC, George Orwell, fragte sich damals, wie Japan den „Kulturkrieg" gegen den Weißen Mann gewinnen und Asien befreien wolle, indem es Millionen Asiaten ermorde. Es gab kein Halten mehr. Die Japaner wollten mit Gewalt „Führer, Beschützer, Licht Asiens" werden, es war (wie anderswo auch) an der Zeit, „mit seinem Blut zu denken". Ein berühmter Geograph schlug kurzer-

hand vor, die Weltmeere dem Kaiser zu schenken und in Große
Japan-See umzutaufen, wodurch Amerika zum ostasiatischen und Australien zum südasiatischen Kontinent aufsteigen sollten. Noch 1942
bannte die japanische Regierung den Begriff „Ferner Osten" als euro-
zentrische Anmaßung. Den Rest kennt man. Japans Asien-Abenteuer
endete mit den ersten und bisher letzten beiden Drohungen des Atom-
zeitalters, die wahrgemacht wurden.

In Asien wird das nie vergessen werden. Andererseits hat es sich für
Asien vielfach ausgezahlt, daß sich Japan offiziell des Pazifischen Kriegs
nicht als Verbrechen schämt, sondern sich eines fernen Versagens, eines
Unglücks erinnert. Die Kriegsziele, so belegen Zyniker, wurden zwar
Ende der achtziger Jahre erreicht, als Japan Zweidrittel des asiatischen
Wirtschaftspotentials erobert hatte. Aber ein Japan, das es nicht über
sich bringt, moralische Schuld einzugestehen, bleibt auf nützliche Weise in Asien erpreßbar. Einer der großen alten Liberalen Japans, der bei
solch heiklen Themen nicht gerne namentlich genannt werden möchte, erläutert im Gespräch, was er für den größten Fehler der japanischen Nachkriegsgeschichte hält: „Premierminister Tanaka Kakuei
nahm 1972 in Peking bei der Wiederaufnahme von diplomatischen Beziehungen das Angebot Chou En-lais an, auf jede Reparationszahlung
zu verzichten. Das war naiv, falsch, unglaublich töricht von Tanaka –
und klug von Chou. Hätte Japan damals darauf bestanden, sich für seine Kriegsverbrechen zu entschuldigen und als Sache der nationalen
Ehre Schadensersatz zu leisten, hätten wir heute nicht nur politische
Handlungsfreiheit im Verhältnis zu China und ganz Asien. Mit dem
Eingeständnis der japanischen Agression in China (und endlich auch in
unseren Schulbüchern) könnten wir wieder eine große, stolze Nation
werden." Stolz genug, um Asien in Handelskonflikten gegen den Westen zu führen, und groß genug, um neue Allianzen in Asien zu finden?
Eine Schreckensvision, ein Wahnsinn, Selbstmord wäre das, schnaubt
der alte Mann. Japan brauche für seine Sicherheit das Bündnis mit
Amerika und die Freundschaft mit China. Beides, aber nicht umgekehrt.

Vieles spricht dafür, daß Anfälligkeit für oder Immunität gegen den
„Neuen Asianismus", der sich natürlich nicht imperialistisch, sondern
marktwirtschaftlich gebärdete, in Japan am Ende eine Frage der Gene-

rationen, der Zeit ist. Die nationale Rechte alten Schlages trauert der verlorenen „Wohlstandssphäre" unter japanischer Herrschaft mit unvermindertem Rassismus nach; Gefühle der Minderwertigkeit wie der Erwähltheit, gegenüber Amerika wie China, mischen sich in einem dumpfen Zorn. Mit ihnen ist aus Asien kein Staat unter Gleichen zu machen. Die japanische Linke, die sich Asien seit dem Krieg in Scham und Schuldgefühlen verbunden fühlt, kommt der Sache etwas näher; die Erkenntnis aber, daß Japan seine asiatischen Nachbarn militärisch und ökonomisch ebenso geknechtet und ausgebeutet hat wie die weißen Kolonialmächte zuvor, legt ihr die Vision eines partnerschaftlichen Asiens nicht nahe. Für die noch immer einflußreichen Bewunderer westlicher Kultur in Japan, fünfzig und älter, die den Deutschen Beethoven zuliebe Ausschwitz und den Amerikanern Sinatras wegen Hiroshima verziehen haben, wäre die Heimkehr nach Asien ein Rückfall in die Vormoderne. Frei von Ressentiments, Angst, Komplexen und deshalb aufnahmebereit für das stolze, solidarische, geschäftsmäßige Konzept eines „Neuen Asianismus" wäre nur die japanische Nachkriegsgeneration.

Der Wirtschaftswissenschaftler Saitô Seiichirô hat jüngst in einem Aufsatz über die „Fallen des Neuen Asianismus" darauf hingewiesen, daß Asien für die Jungen, die mit westlichen Waren und Kulturgütern aufgewachsen sind, eine stimulierende und nostalgische Qualität bietet. Sind nicht die Schriftzeichen in China, die Tempel in Thailand, die schäbigen Läden in Taiwan und Südkorea mit der neuesten Unterhaltungselektronik fremd und vertraut zugleich? Ihr Selbstbewußtsein, hofft Saitô, macht Überlegenheitsphantasien überflüssig. Aber er warnt vor einem gefährlichen Kulturromantizismus, der rassistische Züge tragen könnte. Es wird auch auf den Westen ankommen, ob Japan nur Asien neu entdeckt oder einen Neuen Asianismus.

(14. November 1992)

Fingerzeige

Über Koreaner und zweierlei Ausländerrecht

Die Existenz westlicher Ausländer in Japan gleicht gewöhnlich, je nach Selbsteinschätzung und Zugang zur Macht, dem eines Hofnarren oder dem des Oskar Matzerath. Die Klügeren genießen die Gnade der unverschämten Verantwortungslosigkeit, die einst unwiederbringlich verloren schien, und unterhalten sich und ihr Gastland nach bestem Vermögen, indem sie sich höflicherweise anders verhalten; wie es auch von ihnen erwartet wird. Das ist nicht leicht, die Toleranz scheint endlos. Nur japanische Kleinkinder, die alle eines Tages einmal ihr Initiationserlebnis mit einem strohhaarigen, elefantennasigen Monstrum haben, machen ihnen noch das Vergnügen, ohne weiteres in Entsetzen und Angstgeschrei auszubrechen. Die Törichten unter den Okzidentalen klagen bisweilen darüber, nicht eingemeindet, überhaupt nicht recht für voll genommen, ja eigentlich aufs Höflichste als Parias behandelt zu werden. Man verarme in Japan sozial, werde intellektuell faul, ja schrumpfköpfig, jammern sie. Mehr zu verdienen, sagen sie, könne ihnen nicht ersetzen, Besseres zu verdienen. Sie trieben, seufzen sie schließlich, wenn sie das ganze Elend einmal ankommt, durch das japanische Leben wie Fettaugen auf der Suppe: schillernd, abgestoßen, antriebslos.

Beide, die Klugen wie die Törichten – nicht wenige von uns gehören, je nach Tagesform, beiden Gruppen an – zählen zu den Privilegierten unter den Fremden in Japan. Sie alle haben ihre Aufenthalts- und Arbeitserlaubnis, ihr Einkommen, ihre Steuerpflicht, ihren Klub der „expatriates". Mit dem Überleben von Hunderttausenden Illegaler aus Bangkok oder Teheran, die in den Bars und auf dem Bau für die Japaner arbeiten, eben nicht bei Hofe, verbindet die westlichen Gastgeschäftsleute fast nichts. Allenfalls das hinter ihrem Rücken geflüsterte *gaijin* (Außenwesen) und einige bürokratische Schikanen, auf welche das reiche, flüchtlingsängstliche Japan meint, nicht verzichten zu können. Auch noch bei dem behaglichen Überlegenheitsverhältnis von 125 zu eins zwischen Japanern und Fremden kann nach Überzeugung von Polizei und Justiz Kontrolle und nochmals Kontrolle (Japan) einfach nicht schaden. Das ist etwa zu schaffen mit jeder Art von Fristen und Gebühren, die dem Fiskus direkt oder über Strafbefehle zugute kommen. Etwa mit der Sitte eines Wiedereinreisevisums, das jeder Ausländer vor jeder Auslandsreise (oder auch, noch teurer, „multiple" für ein Jahr) persönlich zu beantragen und zu bezahlen hat. Weniger subtil und zivilisiert geht es ohnehin auf der Straße zu, wo manche rechtschaffene Makler, Kneipenbesitzer oder Bäderbetreiber deutlich „Keine Ausländer" wünschen. Es gilt wie anderswo die Regel, je dunkler, desto auswärtiger. Angegriffen allerdings, bedroht wird niemand. Als besonders demütigend wird von vielen jedoch jener handtellergroße, computerlesbare Meldeausweis empfunden, den sich jeder Ausländer über sechzehn Jahren ausstellen lassen muß, wenn er länger als ein Jahr im Land bleibt. Über die „Alien registration card", ihre Prozedur und ihre Symbolik, wird seit Jahren gestritten. Es gibt nicht wenige, die sie hassen als sei sie ein Veterinärstempel im Schlachthof: ein Brandzeichen in Menschenfleisch.

Besonders heftig bekämpft wird der Ausweis von den etwa 640.000 Koreanern, Chinesen und Taiwanesen, die, zum Teil vor und während des Kriegs als Zwangsarbeiter, gepreßte Soldaten oder sonstige Kolonialsubjekte aus ihrer Heimat deportiert wurden, seit Generationen in Japan leben und eine permanente Aufenthaltsgenehmigung, aber keine Bürgerrechte besitzen. Der Zahl nach sind die Koreaner die bedeutendste Minderheit in Japan, zumal im Gebiet um Ôsaka. Doch ihr politischer Einfluß ist verschwindend. Manche von ihnen waren, gezwungenermaßen, Japaner genug, um wegen Kriegsverbrechen verurteilt zu werden. Keiner von ihnen ist heute Japaner genug gewesen, um eine Pension oder Kriegerwitwenrente zu beziehen.

Japan verlor sein Kolonialreich und sieht sich aller Verpflichtungen ledig. Man hat Verträge abgeschlossen mit Südkorea, Politiker haben sich geeinigt. Was soll es also. Gerade die Koreaner, deren Kinder der zweiten und dritten Generation fließend Japanisch, aber kaum mehr Koreanisch sprechen, ziehen tatsächlich den übelsten Teil von Verachtung, Rassismus, Fremdenhaß auf sich, zu dem Japaner fähig sind. Ihrerseits gespalten in miteinander verfeindete Lager, die den Süden oder den Norden Koreas und ihre Regimes unterstützen, von den japanischen Behörden mit Argwohn oder Boykott verfolgt (wie im Fall der koreanischen Oberschulen, deren Abitur nicht zum Hochschulstudium berechtigt), ohne Hoffnung auf Heimkehr haben sie mehr Grund zur Bitterkeit als irgendein anderer Ausländer. Nur wer das weiß, kann begreifen, warum ausgerechnet koreanische Exilorganisationen jüngst am lautesten protestierten, als man ihnen zuliebe das Ausländerrecht reformierte: Japan nehme nicht mehr ihren Finger, zürnten sie, aber immer noch die ganze Hand.

Es geht in der Tat um einen Finger, genauer gesagt, um den zwangsweisen Abdruck des linken Zeigefingers in der rechten unteren Ecke des Meldeausweises. Japaner sind, versteht sich, davon befreit: Es gibt keinen Personalausweis. Jeder aber, der eine Weile legal in Japan bleiben will, läßt eines Tages im Einwohnermeldeamt seines Stadtteils die eher komische als peinliche Prozedur über sich ergehen: Verschämte Beamte reichen ein Stempelkissen und ein Papiertaschentuch über den Tresen und bitten in gewählten Worten, den richtigen Finger drauf zu halten. Die Druckerschwärze ist, als sollte es noch diskreter zugehen, farblos und hinterläßt nur einen Ölfilm auf der Fingerkuppe. Die Erleichterung in den Gesichtern der Beamten, die das benutze Tuch gerne zurücknehmen, ist nicht zu übersehen, wenn sich einer klaglos, vielleicht sogar lächelnd fügt. Unter vielen Verbeugungen erhält der registrierte Fremde seinen Ausweis mit Foto, etlichen biographischen Angaben in Japanisch und einigen hübschen roten Stempeln über der Wohnortseintragung auf der Rückseite zugeschoben: eine Unterschrift ist (wer weiß, ob diese Ausländer überhaupt irgendwie schreiben können?) nicht nötig. Der Fingerabdruck gleicht, je nach Güte, einem fehlgelaufenen Physikexperiment mit Eisenspänen oder, in der archäologischen Draufsicht, der eingeschlagenen Schädeldecke eines Steinzeitmenschen. Er ist, kurz, nicht undekorativ. Daß das japanische Justizministerium eine passende Klarsichthülle zum Ausweis liefert, der just seinen Amtsstempel über dem Abdruck plaziert, kann nur als bemerkenswertes Einfühlungsvermögen bewertet werten.

Manche allerdings finden den Vorgang gar nicht witzig: Verbrecherkartei, Deportations-Prophylaxe, Menschenrechtsverletzung sind noch die harmloseren Flüche. Es gibt Abdruckboykotteure, Prozesse, immer wieder Ärger. Bürokraten aller Länder hassen Ärger. Um diesem nun wenigstens bei den härtesten Widersachern aus dem Wege zu gehen, nahm die japanische Justiz jetzt in Kauf, zweierlei Recht für Ausländer einzuführen. Das Ritual des erhobenen Zeigefingers auch gleich für alle die 363.000 in Japan gemeldeten Ausländer abzuschaffen, die sich dort nicht niederlassen wollen, hatte offenbar die Nationale Polizeibehörde noch vor den Beratungen des Gesetzes verhindert. Doch selbst der Beifall der Koreaner klang matt. Ein Fortschritt sei es wohl, aber noch lange keine Lösung. Aktivisten verweigerten sogleich in Ôsaka die alternative Prozedur – nämlich Foto, Unterschrift und Familienstammbuch für einen kleineren Ausweis von Kreditkartengröße vorzulegen. Die Begründung: Es habe sich nichts daran geändert, daß Japan sie, und nun auch noch alle Familienangehörigen, wie potentielle Verbrecher kontrolliere. Es habe sich auch nichts daran geändert, daß jeder Ausländer, der zu irgendeiner Zeit ohne seinen Ausweis angetroffen wird oder nicht innerhalb von zwei Wochen nach einem Umzug seinen neuen Wohnsitz meldet, in Haft genommen und bis zu einem Jahr Gefängnis oder über 2.500 Mark Geldstrafe verurteilt werden könne. Außerdem würden alle schon existierenden Fingerabdrücke im Justizministerium auf Mikrofilm gesichert.

All das stimmt. Und die Rechtfertigung der Behörden, ein „technologisches Problem" mache die Verfilmung erforderlich, klingt nicht nur Koreanern wie ein Scherz. Es bleibt die Frage, warum sich irgendjemand darüber wundert, daß die japanische Polizei nicht einfach einen ihrer wirksamsten Kontrollmechanismen von Ausländern aus der Hand geben will. Wenn durch die Abschreckung auch nur eine Straftat verhindert oder durch die saubere Buchführung aufgeklärt wird, lohnt es sich, den Zorn von einigen Ausländern in Kauf zu nehmen. Für alle, auch alle Japaner, wie es die Polizei sich erträumen müßte und wie es aus Sicht der Ausländer auch fair wäre, ist diese vorauseilende Rasterfahndung ja leider nicht durchsetzbar. Den Ausländern in Japan, den klügeren zumal, empfiehlt sich weiterhin gepflegter Expatriotismus: Frage nicht, was Dein Gastland für Dich, frage, was du für Dein Gastland tun kannst.

(20. Januar 1993)

Morgendämmerung über Japan

Der Aufstieg eines Amerikaners zum Großmeister des Sumô

Schneeflocken perlen ab von dem öligen Haarknoten, manche verdampfen auf den mächtigen Schultern des Mannes, der an einem düsteren Donnerstagmorgen im kaiserlichen Meiji-Schrein zu Tôkyô seinen geheimnisvollen alten Tanz beginnt. Akebono, nackt bis auf ein Lendentuch und ein weißes, verschlungenes Tau, die Enden wie Hahnenfedern hinter seinem Rücken aufgespreizt, blickt ins Leere und tanzt die Pantomime mit der trägen Sinnlichkeit der Fettleibigen: breitet die Arme aus, klatscht in die Hände und reibt sie, hebt seine Beine abwechselnd und läßt die Sohlen auf die Steinquader klatschen, schraubt sich aus der Hocke wie auf Eis gleitend in den Stand und so fort. Es ist zu kalt. Künftig wird er noch graziler in jedem Turnier seinen Rang vorführen, bevor er kämpft. Jede Nuance in Akebonos Körpersprache an die Götter wird etwas bedeuten. Was genau, weiß der japanische Himmel.

Jeder Sterbliche und dem Sumô Verfallene kann es sehen: „Morgendämmerung" alias Akebono alias Chad Rowan, der dreiundzwanzigjährige ehemalige College-Basketballspieler aus Hawaii, spielt seine Weihe zum japanischen Kulturdenkmal fabelhaft. Einer der größten der Großmeister im Ruhestand, Chiyonofuji, genannt der Wolf, hatte ihn vor laufenden Kameras im *yokozuna*-Tanz unterwiesen. Welche Ehre. Akebono schwitzt vor Konzentration. Zwei Assistenten, der eine steht wachsam mit gezogenem Schwert, der andere streut reinigendes Salz, frieren neben ihm in ihrer Nacktheit als Zierrat einer Zeremonie, die den Göttern, dem Kaiser, Japan, einigen Dutzend älteren Herren und Hunderten von Neugierigen im Hintergrund ein Wohlgefallen sein soll. Die Mienen der Funktionäre verraten nicht, wie unwohl manchen von ihnen bei diesem historischen Initiationsritus des 64. Sumô-Großmeisters seit dem Ende des 18. Jahrhunderts zumute sein muß. Werden sie einstmals als Verräter oder Reformer der japanischsten aller Sportarten gelten, wird man sie verdammen oder feiern, weil sie den ersten Ausländer in die Königs-Kaste befördert haben? Ganz gleich, er hat seine Urkunde bekommen, und der „pas des deux" im Schnee ist zuende, eine Minute und vierzig Sekunden, das Fernsehen nimmt die Zeit für die Geschichte. Er wisse nicht, ob er stark genug gewirkt habe, sagt Akebono artig nach der Zeremonie. Die Funktionäre werden sich damit trösten, daß sie keine Wahl hatten. Akebono ist zu stark, um übergangen zu werden. Und in den Vereinigten Staaten würde man sich wieder wegen einer Diskriminierung das Maul zerreißen. Im Nationen-Sumô zwischen den Kolossen Japan und Amerika ist der Größere zugleich der Schiedsrichter.

Eine Wahl blieb der „Sumô Association" in der Tat nicht. „Morgendämmerung" brach vor fünf Jahren über den Nationalsport herein, er ließ sich wie alle erniedrigen und wie wenige belehren und machte sich bald alle Ränge untertan. Wider Erwarten durchaus. Denn sein unjapanischer Körperbau, lange Beine mit hohem Schwerpunkt, ist alles andere als ideal für einen Sport, bei dem vor allem um Gleichgewicht gerungen wird. Korpulenz und ein langer Rumpf verhelfen zur Bodenständigkeit; Fett, das dem Boden näher ist, schwimmt auch in der Luft besser. Akebono macht seine Behinderung in der Grundausstattung mit Kraft und einem Kampfgeist wett, dessen feindseliger Blick den Gegner schon bei den langen einleitenden Exerzitien in Grund und Boden starrt. Nach zwei gewonnenen Turnieren hintereinander hilft es nichts; dem Ausländer, einem jungenhaften Hünen von 204 Zentimetern Größe und 212 Kilogramm Kampfgewicht, gebührt die Beförderung zum höchsten Stand des „abstehenden Taus" (*yokozuna*), Akebono allein, weil heute keiner im Sumô so unwiderstehlich leicht siegen kann wie er. Ach, wie er sie sich beim ersten Aufprall zur Brust nimmt, sie vor den Kopf stößt, sie aus dem Ring ins Publikum wirft wie fette Handküsse, ihnen gedankenverloren, schwer atmend, hinterherstarrt, als wundere er sich über die Spielverderber – das kann nur einer, der weiß, daß er nichts wissen darf: „Wenn man anfängt, über Sumô nachzudenken", sagt Akebono, „ist man verloren."

Das mag gelten für die über 750 *rikishi*, Kämpfer, die in den 40 „Ställen" Japans täglich vormittags hart trainieren, reichlich essen, den Nachmittag verschlafen und sich abends (wenn ihr Prestige es schon hergibt) von Fan-Klubs und Gönnern in Bars und Diskotheken aushalten lassen. Nachdenken über die Eintönigkeit und, bei den meisten, welche die unbezahlten unteren sieben von neun Rängen im Sumô bevölkern, die Aussichtslosigkeit ihrer Mühe wäre das Ende ihrer Kampfkraft. Man kann einmal versuchen sich vorzustellen, was es bedeutet, bei sechs nationalen Turnieren im Jahr an jedem der fünfzehn Tage nur einmal für Sekunden anzutreten. Gerade die Besten kommen übers Jahr auf wenig mehr als eine Stunde offizielle Kampfzeit. Der Rest ist Schweiß, Mästen, Langeweile, Unterwerfung unter Ranghoheit und Talentlosigkeit. Auch Chad Rowan, der einem Talent-Scout ausgerechnet beim Begräbnis seines Großvaters auffiel, fand das feudalistisch organisierte Herbergsleben in Japan zunächst „fünfzehnmal härter, als ich es mir in meinen schlimmsten Träumen vorgestellt hatte". Er mochte keinen Fisch und sprach kein Japanisch, er haßte die Hackordnung, die die Neulinge als erste zum Training und Putzen und als letzte zum Baden und Essen befiehlt. Akebono, der „ohne Sport wahrscheinlich eines Tages Probleme mit der Polizei bekommen hätte", wurde der stille Diener der Älteren und leibeigener Pflegesohn seines „Stallmeisters" Azumazeki (alias Jesse Kuhaulua aus Hawaii), der 1972 als erster Ausländer einen Turniersieg errang, nachdem er alle Ressentiments von Sumô-Verband und Publikum über Jahre geduldig ertragen hatte. Er schlug die Bresche für Akebono, den er wegen seines Körperbaus nur widerstrebend annahm, und die beiden anderen Hawaiianer in der Sumô-Elite, Konishiki und Musashimaru. Er lehrte sie Wurftechniken und Unterwerfungsgesten. Nachgedacht über Sumô aber hat Azemazeki, um seinen Erfolg nicht zu gefährden, möglichst wenig.

Wer nicht kämpfen kann, darf darüber nachdenken. Was Akebono mit dem Bauch verstanden hat, müssen andere mit dem Kopf versuchen. Also bleibt es Liebhabern vorbehalten, die, wenn sie ehrlich sind, sich selten auf den ersten Eindruck hin verliebten und deshalb das Rätsel der Ausstrahlungskraft des Sumô lösen möchten. Es beginnt mit der Erkenntnis vom ästhetischen Nutzen nutzloser Rituale, mit der Wertschätzung von Verpackung als jedem Inhalt überlegen, mit der Einsicht also, wie das Leben spielt, wenn man es nicht gewähren läßt, sondern Regie führt. Jeder, der in Japan lebt, kennt jene Alltagsszenen, deren märchenhaftes anmutiges Pathos nur im Spielplan dieser formvollendeten, offen unaufrichtigen Gesellschaft der Lächerlichkeit entkommt. Aber nur noch Sumô, ein säkularisiertes Kampfsportspielgebet, das monströse, dickleibige Männer wie ewige Kinder im Sand raufen und spielen, nach Herzenslust völlen, singen, trinken und dabei in einem klostergleichen Internat leben läßt, besteht allein aus solchen Szenen. Was wäre der *yokozuna* Akebono, wenn ihm nicht würdevoll beispielgebendes Verhalten, *hinkaku*, abverlangt würde? Er wäre ein Fighter, ein Killer, sonst nichts: „Töten oder getötet werden, er oder ich", so schilderte er im Mai 1991 seine Gefühle im *dohyô*, dem 4,55 Meter großen Ring aus sandbestreutem Ton. Er sagte es mit Bedacht vor ausländischen Journalisten, nicht Japanern, die kriegerische Sprüche zu einer martialischen Sportart nicht schätzen. „Wenn ich in der Halle bin, sehe ich nur noch Weiß und meinen Gegner." Mit Sicherheit sieht das nicht nur Akebono so. Zur Magie des Sumô freilich gehört, daß man nicht darüber spricht. Das Töten ist für Sekunden in den Blicken, Griffen, Schlägen, im Stöhnen, da also, wo es hingehört.

Zur Aura der Arena und des Kampfplatzes zählt es, daß die Männer nicht lachen, weinen, fluchen und (wenn überhaupt, nach dem Kampf) wenig sagen. Sie tragen die Masken von undurchdringlichen Helden, die ihre Niederlagen und Fehlurteile der Ringrichter so gleichmütig zur Kenntnis nehmen wie ihre Triumphe. Was gibt es noch zu sagen? Die Reporter des öffentlich-rechtlichen Fernsehens, NHK, versuchen es bei jedem Turnier mit denselben Zumutungen. Die Variante A klingt meist: „Es sah so aus, als wären Sie beim ersten Angriff nach links ausgewichen. Warum das?" – „Aha. Ich erinnere mich nicht." – Variante B kommt kaum weiter: „Sie haben soeben einen *yokozuna* besiegt. Phantastisch. Wie fühlen Sie sich?" – „Ich denke nicht darüber nach. Ich tue mein Bestes." – „Wirklich?" – „Nun, ja, wenig. Morgen ist ein neuer Kampf." Variante C ist die verbreitetste: „Sie gewinnen leicht in diesem Turnier. Kämpfen Sie ihren eigenen Stil? – „Mmmh." – „Sie haben eben einen *ôzeki* aus dem Ring gedrängt." „Das stimmt." – „Wie denn?" „Ich bin einfach nach vorne gegangen." „Wieviel wiegen Sie jetzt?" – „170 Kilo." „170 Kilo?" „Ja." „Ach so. Vielen Dank." Und so weiter. Fernsehinterviews mit den atemlosen, schwitzenden, heiser flüsternden *rikishi* nach dem Kampf sind nicht einmal so aufschlußreich wie Ringkämpfe unter schweigenden Fernsehjournalisten. Akebono ist keine Ausnahme, und nur deshalb konnte er Yokozuna werden. Er hat es sogar, obwohl er recht passabel Japanisch spricht, zu einer gewissen Meisterschaft des Verweigerungskodex gebracht, wenn er auf die schmeichelhaftesten Komplimente und Fragen nur ein *„sô desu ne"* (Aha, wenn Sie meinen) haucht. Das aber nach reiflichem Überlegen mit einem Blick in die Weite des Raumes.

Wohlgemerkt, Akebono ist nicht beschränkt, sondern er weiß, wie die meisten *rikishi*, im Gegenteil genau, was ihm gemäß ist. Was er zu sagen hat, sagt er am überzeugendsten mit *oshidashi* (Herausdrängen) und *yoritaoshi* (Herausdrängen mit Fallen des Gegners) und einigen anderen handlichen Techniken. So ist es seit anderthalb Jahrtausenden: Japanische Ringerdarstellungen aus dem 3. und 4. Jahrhundert gleichen allerdings auffallend archäologischen Funden aus China und Nordkorea. So war es im 9. Jahrhundert, als zwei Kaisersöhne nackt um die Nachfolge gerungen haben sollen. So war es, glaubt man dem „Kojiki", der ersten japanischen Reichsgeschichte aus dem Jahr 712, bei dem ersten verbürgten Prä-Sumô-Duell zwischen Taima und Nomi. Gewinner war Nomi-no-sukune, der seinem Gegner die Rippen brach und mit einem Tritt von hinten die Hüfte zerschmetterte. Sein Gegner starb daran, seine Ländereien wurden dem Sieger zugesprochen. Seither – längst sind Tritte und überhaupt Tötungsversuche nicht mehr erlaubt – ist Nomi der Schutzheilige der *rikishi*. Daß er je etwas gesagt hätte, ist jedenfalls nicht überliefert. Seit 300 Jahren kämpfen sie für Geld. Im Bürgerkrieg vor der Meiji-Restauration 1868 kämpften sie, mehr eindrucksvoll als wirkungsvoll, wie berichtet wird, auf der richtigen, kaiserlichen Seite. Daß sie unter dem fortschrittsgläubigen Kaiser Meiji ihrer Nacktheit und Einfachheit wegen als rückständig und peinlich in Bann getan werden sollten, war nicht ihre Schuld. Sie hatten nichts gesagt. Sie hatten nur gehalten, was sie nie versprochen hatten. Fische, sagt ein japanisches Sprichwort, haben kein Wort für Wasser.

Sumô ist unwiderstehlich, weil es ein Kinderspiel unter Männern ist, und deshalb heilig, unschuldig, ewig. Die Japaner, und nicht nur sie, lieben Sumô, weil die ganze ehrenwerte Familie ihnen gehört: Sie adoptieren ihr Lieblingskind und schicken es als Spielzeug in den Kampf. Nicht die Firmen, wie sonst bei Baseball, Fußball und anderem in Japan üblich, halten sich einen *rikishi*, sondern die Nation hält sie sich allesamt. Sie bleibt die wahre Mutter, wenn ein Fünfzehnjähriger sich zum Wiegen und Messen bei der Pflegemutter „Sumô Association" bewirbt. Mindestens 1,73 Meter (heute hilft eine Silikoneinspritzung, früher ein brutaler Keulenhieb von Freunden zum Wachsen), 75 Kilo, unendliche Geduld und etwas Bewegungstalent muß der Junge mitbringen, um von einem Pflegevater in dessen Stall aufgezogen zu werden. Nur jeder Zehnte schafft es in die oberen beiden Ränge, wo Geld verdient wird, nur einer von 350 wird *yokozuna*, der immerhin Anspruch auf 25.000 Mark im Monat nebst Geschenken und Chauffeur hat. Für die nächsten fünfzehn Jahre verbringen diese Kindkämpfer ihre Tage damit, halbnackt miteinander zu ringen, zu essen, zu schlafen, und wieder zu ringen, eine Qual. Nie sind sie ohne Aufsicht, Vorgesetzte, Ältere haben das Sagen. Selbst ein *yokozuna* wie Akebono wird sein Leben lang unterwürfig seinem „Stallmeister" die Treue halten, auch wenn dieser nie einen solchen Rang hielt. Sie essen, wie die Säuglinge, immer dieselbe Kraftnahrung, *chankonabe*, einen Eintopf aus Fisch, Fleisch und Gemüse, halten immer zur gleichen Zeit Mittagsruhe und lassen ihre Finger (möglichst) von den Mädchen. Man kann es konfuzianistisch oder darwinistisch nennen, die Hierarchie bestimmt die Karriere der Kämpfer wie das Leben aller Japaner: Man gehört sich eben nicht allein.

Der Unterschied ist, die *rikishi* dürfen während ihrer aktiven Zeit so wenig erwachsen werden wie die Eunuchen am chinesischen Kaiserpalast Männer bleiben durften. Sie sollen nicht reden, sie sollen brav und grausig spielen. Halb nackt, von Damen mittleren Alters als Talismänner betatscht, auf paradoxe Weise wehrlos gegen die Vormundschaft von Trainer, Verband und Öffentlichkeit spielen die Kämpfer die Stellvertreter im nationalen Sandkasten. Für einige Sekunden dürfen, sollen sie all das tun, was keiner tun darf, wobei es sich versteht, daß man sich vor und nach dem Kampf voreinander verneigt, wie von einem Zaubertrank besänftigt. Ihr Leben ist einfach und ihre Gedanken kreisen um einfache Dinge, wie früher, so wie die Japaner früher waren oder gewesen sein wollen. Wo immer sie außerhalb des Rings auftreten, gehören sie allen. Anders als bei Filmschauspielern oder Baseballstars wagt es jeder, sie anzufassen. Denn sie sind wie wir, nett, gehorsam, etwas zu fett – nur viel stärker. Sie sollen kämpfen, aber einander nicht böse sein; alles ist nicht so gemeint, ist Spiel. Die Pflegeeltern gehen dazwischen, wenn sie nicht gehorchen. Es gibt *yaochô*, abgesprochene Kämpfe, zumal am 15. Tag der Turniere, wenn manche Ringer in Kämpfen 7:7 stehen und einen Sieg brauchen, um ihren Rang zu halten. Gefallen und Gegengefallen, es ist eine Familie mit vielen Dynastien, die leben wollen. Über dem Rest liegt bündlerisches Schweigen: „omertà" für eine japanische „cosa nostra".

Wer sagt, daß etwas daran falsch ist, diese Kindmänner zu lieben wie die eigenen Karikaturen? Warum soll man nicht die bestaunen und schützen, die nach alter Art für unser Vergnügen kämpfen: nackt, schnell, fair? Akebono, der erste fremde *yokozuna*, hat es in Japan und im Sumô geschafft, weil er ebenso stark ist wie unschuldig, weil er Kampfeslust hat und sich trotzdem führen läßt. „Seht in mir einen *rikishi*, nicht einen Ausländer", bat er die japanische Presse nach seiner Beförderung. Chad Rowan alias Akebono kann es weit bringen, wenn er nichts dabei findet, nicht verehrt und gefürchtet, sondern verhätschelt, geliebt zu werden. Wie ein Kind mit Killerinstinkt.

(6. Februar 1993)

Reinen Herzens morden

Aus gegebenem Anlaß:
Japan und die „Rote Armee"

Japan hat sich an einen bösen Traum erinnert. Es besann sich mit einem Mal, nicht immer reich, sicher und friedlich gewesen zu sein. Das ganze Land erwachte geisterhaft für ein paar Tage aus der Generalamnesie, mit der es sich gleichermaßen den Krieg, die Arbeitskämpfe der fünfziger, die Studentenunruhen der sechziger und den Terrorismus der siebziger Jahre aus dem Kopf geschlagen hat. Ein Taifun, oder doch ein Trauma: verrauscht, vergessen, oder eben doch nicht ganz?

Plötzlich waren da wieder diese grobkörnigen Schlachtengemälde von vergessenen Straßenkämpfen in den Nachrichten. Rückblicke auf 330.000 Demonstranten vor dem Parlament im Juni 1960 bei der Abstimmung über den Sicherheitsvertrag mit Amerika. 8.500 Bereitschaftspolizisten gegen die 631 Besetzer der Tôkyô-Universität am 18. Januar 1969, Steine, Geschrei, Wasserwerfer, Blut, Molotow-Cocktails, schwerverletzte „Neue Linke" zu Dutzenden übereinander, und alles in den kurios flackernden Schmalfilmfehlfarben des jungen japanischen Fernsehens. „Geba" hörte man rufen, kurz für „gebaruto", so nannte sich die aufgerüstete Schlachtordnung, vom deutschen Vorbild „Gewalt" brachial entlehnt. Die Studentenbewegung zerbrach nach dieser verlorenen Schlacht, der Friede auf dem Campus währt bis heute. Zur *uchi-geba* aber pervertierte die Gewalt Jahre später: Bis 1983 gab es fast neunzig unaufgeklärte Mordfälle durch die blutige „innerfraktionelle Gewalt" zwischen drei linken Splittergruppen. Den Behörden konnte es recht sein.

Doch der Höhepunkt im Fernsehen lag vor der Selbstzerfleischung: Es war die zehntägige Belagerung der „Asama-Hütte", in den Bergen von Nagano, hundert Kilometer nordöstlich von Tôkyô, wo sich im Februar 1972 fünf schwer bewaffnete Mitglieder der japanischen „Roten Armee" mit einer Geisel verschanzt hatten. Zwei Polizisten und ein Fotograf starben, die Besetzer ergaben sich, als ihnen die Munition ausging. In Verhören von insgesamt achtzehn Mitgliedern der Gruppe kam zu Tage, daß sie innerhalb eines halben Jahres mindestens ein Dutzend Fememorde verübt hatte. Der Führer der Bande, Mori Tsuneo, beging am Neujahrstag 1973 in seiner Zelle Selbstmord; einer wurde zwei Jahre später nach einer Botschaftsbesetzung im Ausland freigepreßt, ein anderer erhielt lebenslang, zwölf sind inzwischen wieder frei. Sie alle waren vergessen. Es lag an den letzten Urteilen gegen die übrigen drei, daß sich Japan erinnern mußte.

Sakaguchi ist seit 20 Jahren Mörder und seit vier Jahren Dichter. Gnadenlos, sechzehnfach das eine, dutzendweise, nicht eigentlich begnadet, wie es heißt, das andere. Kritiker sollen feinsinnig beanstandet haben, seine Gedichte, die bußfertig fast sämtlich vom Töten erzählen, litten an einer gewissen Eintönigkeit. Sie mögen es wertschätzen, daß Sakaguchi jüngst ein Gedicht über ein ganz anderes Thema verfaßt hat. Es lautet: „Ich habe die Fehler festgestellt,/ erkennend aber, daß dies nicht genügt,/ nehme ich das Urteil des Todes an." Sakaguchi Hiroshi, 46 Jahre alt, 55 Verbrechen für schuldig befunden vom Obersten Gerichtshof, einst führendes Mitglied im Zentralkomitee der „Vereinten Roten Armee" (*rengô sekigun*), hat Reue gezeigt und sich öffentlich vor den Opfern seiner Fememorde in Demut verneigt.

Erst jetzt muß er sich gemeinsam mit seiner ehemaligen Geliebten Nagata Hiroko, die sich für ihre dreizehn Morde wohl reuig, aber zugleich „ideologisch gefestigter denn je" zeigt, zu den 58 letztinstanzlich Verurteilten zählen, die der japanische Staat mit dem Fallbeil zum Tode befördern will. Da beider Tage bis dahin nicht gezählt sind – die letzte Hinrichtung erfolgte im November 1989 –, hat Sakaguchi für dieses Frühjahr die Veröffentlichung eines autobiographischen Buches angekündigt: „Asama-Hütte 1972". Die achtundvierzigjährige einstige Krankenschwester Ogata, die anders als ihre Mitangeklagten die Anwälte gegen eine allzu rasche Urteilsfindung und Verfahrensfehler protestieren ließ, will etwa zur selben Zeit den „Letzten Brief" auf den Markt werfen, ihr viertes Werk über ihre Rolle beim Anzetteln der japanischen Weltrevolution: „Wir können überhaupt nichts tun für die vierzehn Genossen, die wir umgebracht haben", schrieb sie kürzlich in einem offenen Brief, „nur um Verzeihung möchte ich sie bitten."

Kann man sich noch wundern, daß der dritte Mitgefangene der japanischen „Roten Armee", Uegaki Yasuhiro, 44, dessen Urteil, zwanzig Jahre Gefängnis wegen achtfachen Mordes, vom Obersten Gerichtshof gleichfalls bestätigt wurde, schon vor einer Weile seine Erfahrungen als „Fußsoldat" der Bewegung in einem Buch der Nachwelt erhielt? Uegaki schreibt, die ersten zehn Jahre Haft seien mit „Konfusion und Bestürzung" vertan worden, die nächsten zehn und die ersten Urteile 1982 und 1986 hätten dagegen zu „bedeutungsvollen" Einsichten geführt. Fünfeinhalb Jahre muß er von seiner Strafe noch absitzen. Da Uegaki der Staatstod nicht droht, will er bezeichnenderweise nichts schreibend hinterlassen, sondern im Stillen studieren. So kunstbeflissen also gibt sich der japanische Terrorismus in Einzelhaft: Auf die gemeinschaftlichen, bestialischen Fememorde an „undisziplinierten und verräterischen" Genossen folgt erst Einsicht, dann eine Entschuldigung, schließlich (mangels Zusammenlegung oder eines Umschlußes?) reine Literatur und endlich die Zweitverwertung der Kassiberpoesie durch das disziplinierte und treuherzige Bürgertum und einige altgediente Sympathisanten. Daß nur die unwiderruflichen Todesurteile den Absatz ihrer Schriften sichern werden, nehmen Nagata und Sakaguchi spöttisch in Kauf. Was hätten sie, von ihren Köpfen abgesehen, schließlich noch zu verlieren.

Störend an diesem elenden Klub der Mörderdichter scheint vielen Japanern, zu Tatzeit wie zur Hinrichtungszeit, unverändert vor allem zweierlei: daß sie zum Selbstmord im Angesicht der Niederlage, dem Akt der „zur moralischen Strenge sublimierten Gewalt" (Maurice Pinguet), zu ehrlos oder feige waren, ja, daß sie überhaupt nicht verantwortlich sein wollten, sondern es den Plädoyers ihrer Verteidiger überließen, Folterungen und Morde zum Naturereignis zu verklären, „unvermeidlich als Konsequenz von Strömungen und Energie der damaligen Zeiten". Die Mitglieder der Gruppe hätten nicht individuell gehandelt, sondern nach den Richtlinien von Moris Ideologie. Selbst im Westen gemahnt eine solche hahnebüchene Verteidigungsstrategie eher an die Kultmorde eines Charles Manson als an die RAF. In der japanischen populären wie politischen Kultur jedoch, die spätestens seit der allgemeinen Erfahrung der Macht- und Verantwortungslosigkeit in der Feudalzeit gerade die Helden der verlorenen Sache verehren, so sie nur *makoto* haben, „reinen Herzens" sind, können solche Ausflüchte überhaupt nicht verfangen. Die Samurai-Moral der Geschichte Japans verlangte, daß selbst mit dem Leben zu entgelten sei, was ein Höherstehender verschuldet habe. Es gibt keinen Befehlsnotstand, wenn die Pflichtschuld des Vasallen so schwer wiegt wie die Fürsorgepflicht des Patrons. Nicht Morde sind demnach unethisch, sondern die mangelnde Bereitschaft, dafür zu sterben.

Wenige Tage nach der Verhaftung der Besetzer der „Asama-Hütte" erschien unter dem Titel „Gedanken über Revolutionäre" ein bezeichnender Leitartikel in der englischsprachigen Ausgabe der Zeitung „Mainichi". In Auszügen: „Man hatte geglaubt, daß sie, nachdem ihnen die Munition ausginge, den Freitod wählen oder im Kampf Mann gegen Mann mit der Bereitschaftspolizei sterben würden. Aber dieser Glaube wurde zutiefst enttäuscht. ... Die radikalen Fanatiker fürchten nicht, getötet zu werden; sie führen ihre anti-sozialen Aktivitäten in dieser Schonungsgewißheit aus. ... Der Vater von einem der Verhafteten erhängte sich am selben Tag. Er nahm sich das Leben in einer tragischen Geste der Entschuldigung für die Taten seines Sohnes." Es ver-

steht sich, daß der Autor am Ende die Verweichlichung dieser Generation und die „spirituelle Kluft zwischen Vater und Sohn" bitter beklagt.
Es ist heute schwer (und wäre eines Tages um so interessanter) zu klären, ob die Greueltaten der „Roten Armee" oder die Verachtung für eine
ehrlose Niederlage ohne die Hingabe zum *makoto* vor den Fernsehkameras das Publikum mehr aufbrachte. Ungeklärt ist weiter bis heute,
ob die Fememorde wirklich nur aus „persönlichem Haß" begangen
wurden, wie ein mit der Untersuchung vertrauter Polizeioffizier damals
meinte, oder mit jener weltverbesserischen Raserei, mit der drei japanische Terroristen der Internationalen „Nihon Sekigun" (Japanische Rote
Armee) auf dem Flughafen Lod in Tel-Aviv mit Handgranaten und Ma-
schinenpistolen 24 Menschen wahllos töteten und über siebzig verletzten. Zwei der Attentäter kamen bei dem Selbstmordkommando ums
Leben, einer, Okamoto Kôzô überlebte und wurde 1985 gemeinsam
mit 1.150 Palästinensern gegen drei israelische Soldaten ausgetauscht.
Mißglücktes *makoto*.

Was die Japanische Rote Armee unter Führung ihrer „Königin"
Shigenobu Fusako vom libanesischen Bekaa-Tal aus auch in der Welt
anrichtete, Flugzeug- und Schiffsentführungen, Botschaftsbesetzun-
gen und zuletzt, 1988, ein Bombenattentat auf einen amerikanischen
Offiziersklub in Neapel mit fünf Toten, ihre Basis in der Heimat hat
nach der Blamage an der „Asama-Hütte" kaum mehr nennenswerten
Schrecken verbreiten können. Einige Mörser- oder Raketenanschläge
auf Polizeikasernen oder Wohnungen von Ministern haben etwas Ritu-
elles, heimwerkelnd Harmloses an sich. Wie ein trotziges Alibi mutet es
an, wenn dann und wann entweder Shigenobu im Libanon oder die
Überreste einer neunköpfigen, 1970 mit einer Flugzeugentführung ins
nordkoreanische Pjöngjang geflohene Gruppe von sich reden machen.
Während Shigenobu immerhin als ehemalige Geliebte des PFLP-Füh-
rers George Habasch und Förderin Saddam Husseins mit der terroristi-
schen Zeit ging, kam im März letzten Jahres aus Pjöngjang die eher rührende Nachricht, die mittellose Gruppe habe in ihrer Not eine
„Japanisch-nordkoreanische Freundschafts-Reiseagentur" gegründet
und wolle künftig jungen Japanern pauschal das sozialistische Paradies
des „Großen Führers" Kim Il-sung vorführen.

Ach, möchte man beinahe fragen, wohin ist es gekommen mit die-

sen gefährlichen, „selbstgerechten, anti-sozialen, umstürzlerischen"
(Urteilsbegründung) Elementen? Es ist, als sei damals im Februar 1972
in den Bergen ein Zauber gebannt worden, der japanische Zauber von
makoto. Nicht die Gedichte von Nagata und Sakaguchi, nicht einmal
ihre Hinrichtungen können ihn wohl wieder erwecken. Die Guillotine
ist, bei aller Hingabe, kein Harakiri. Maurice Pinguet schreibt am Ende
seiner Untersuchung über den „Freitod in Japan" voller Anteilnahme
über den Rechtsputschisten, Dichter und Selbstmörder Mishima
Yukio: „Die Herausforderung, die der Tod unaufhörlich für den Willen
darstellt, mag sich besänftigen, sich vergessen. Doch wenn sie, je nach
den Umständen, wieder erwacht, erscheint der Skandal des Nichts so
einschneidend, das Rätsel des Daseins so undurchdringlich, daß eine
seltsam übertriebene Gebärde am besten die maßlose Souveränität des
Menschen illustriert, der sich den Tod gibt."

(25. Februar 1993)

Vierundvierzig Sekunden,
die Japan veränderten

Das Große Kantô-Erdbeben von 1923 und seine Lehren

Täuscht der Eindruck, oder liegt wirklich eine sonderbare Beklommen-
heit über Japan vor dem Jahrestag des Großen Kantô-Bebens vom 1.
September 1923? Es gab keine Fernsehdokumentationen, wenig Rückblicke auf das *Kantô dai shinsai* in den Zeitungen, kaum das gewohnte
sportliche Einstimmen auf den „Nationalen Katastrophentag", an dem
Millionen Japaner zum Überlebenstraining ausschwärmen, in Volks-
feststimmung ihre Evakuierungszonen besichtigen, Brände bekämpfen
und vor den lustigen Erdbebensimulatoren Schlange stehen. Es ist, als
ob die jüngsten Naturkatastrophen das spielerisch verdrängende Gedenken des Jahrhundertbebens vor 70 Jahren verdorben hätten: Zu
frisch ist die Erinnerung an den Erdstoß vom 12. Juli in der Japan-See,
der eine verheerende Flutwelle und Brände auf der Insel Okushiri auslö-

ste und 230 Tote und Vermißte hinterließ; die Warnung erreichte sie etliche Minuten zu spät. Dann kamen die endlosen Regenstürme in Südjapan, bei denen Dutzende von Menschen ertranken und von Erdrutschen verschüttet wurden. Erst vor wenigen Tagen erinnerte „Taifun Nummer 11" die Tôkyôter mit schweren Überschwemmungen mitten in der Innenstadt daran, wie rasch der Betrieb in einem der größten Finanzzentren der Welt (Tagesbevölkerung: 14,4 Millionen) für halbe Tage ins Wasser fallen kann. Wäre es also in einem solchen Jahr ein Wunder, wenn die Japaner der Erinnerung gerade an jenes Desaster müde wären, das in 44 Sekunden ihr Land veränderte?

Im Morgengrauen des 1. September hatte es in Tôkyô, Yokohama und in der ganzen Kantô-Ebene geregnet. Der Regen war willkommen, die Spätsommerschwüle wurde durch eine frische Brise erträglicher. Die Leute gingen zur Arbeit, es wurde viel über Politik diskutiert. Es sollte der Tag sein, an dem der Premierminister, Admiral Yamamoto Gombei, sein neues Kabinett vorgestellen würde. Dann, um 11.58 Uhr, brach die Welt zusammen. Ein gewaltiger Erdstoß (man rekonstruierte die Stärke Jahrzehnte später mit 7,9 Punkten auf der Richter-Skala) erschütterte Yokohama und erreichte in weniger als einer Minute Tôkyô. Dutzende von Nachbeben breiteten sich in nordöstlicher Richtung aus. Menschen wurden von der Gewalt emporgeschleudert, von den Holzbalken ihrer Häuser erschlagen, unter Trümmern erstickt. Brände brachen aus.

Überall war gerade das Mittagessen zubereitet worden; die Holzkohlen-Herde waren umgestürzt oder von den ins Freie flüchtenden Menschen verlassen worden. Gerade in Tôkyô waren es diese kleinen Haushaltsbrände, die sich in den engen Gassen der Holzhäuser ineinandersaugten und, zu infernalischen Feuersbrünsten angeschwollen, die meisten Opfer forderten. Die Menschen drängten auf freie Flächen und zum Wasser und gingen oft in die Falle. Der östliche Stadtteil Honjo wurde Schauplatz des entsetzlichsten Massensterbens in Tôkyô. Die Überlebenden des Bebens wähnten sich gerade dort sicher, weil sie zu wissen glaubten, wo sie vor den Bränden sicher seien: Sie zogen mit Gepäck und Möbeln zu einem acht Hektar großen Freigelände. Bald waren es Tausende, gegen 15 Uhr drängten sich 40.000 Menschen auf dem Platz. Sie begriffen, daß es keine Rettung gab, als die Flammen sie von drei Seiten einschlossen. Wenige hundert überlebten das Grauen von Honjo.

In anderen Stadtteilen versuchten Zehntausende Flüchtlinge, die Ufer des Sumida-Flusses zu erreichen, doch die einzige Brücke war bis auf einige Stahlträger zerstört. Panik brach aus, viele wurden zu Tode getrampelt. Doch ins Wasser zu gehen, bedeutete nicht immer die Rettung. In den Teichen und Kanälen der Innenstadt trieben noch nach Tagen Mengen von Leichen, die nicht verbrannt und seltsam unversehrt aussahen: Sie waren bei lebendigem Leib gekocht worden. In den zeitgenössischen Darstellungen wird von den entsetzlichsten Leiden berichtet. Von jenen Verzweifelten etwa, die auf der Flucht in dem heißen Teer der Straßen steckenblieben und elend umkamen, oder von denen, die in dem Inferno Selbstmord begingen, weil sie Angehörige oder ihnen Anvertraute nicht retten konnten. Alle Berichte sind sich einig darin, daß durch die Disziplin und Opferbereitschaft der Bevölkerung noch Schlimmeres in dem allgemeinen Chaos verhindert wurde. Es kam kaum zu Raubüberfällen oder Plünderungen. Daß eine erregte Menge auf der Flucht vor den Bränden die Polizeiabsperrungen um den Kaiserpalast durchbrach und tagelang in den äußeren Gärten kampierte, wurde von den überforderten Behörden geduldet. Die Armee baute Zelte auf, 150.000 waren es, bei 3,9 Millionen Einwohnern allein in Tôkyô. Als dort die Brände nach etwa 42 Stunden nachließen, war das ganze Ausmaß der Katastrophe noch nicht zu ermessen. Erst nach Monaten wußte man es genauer: Das *Kantô dai shinsai* hatte 140.000 Menschenleben gefordert; 570.000 Häuser und 9.000 Fabriken waren vernichtet; Tôkyô, wo die Brände am schlimmsten gewütet hatten, war zu zwei Dritteln, Yokohama, das von den Erdstößen schlimmer betroffen war, zu vier Fünfteln zerstört. Der Sachschaden wird, nach heutigem Geldwert, auf über 50 Milliarden Dollar beziffert, damals fast 40 Prozent des japanischen Bruttosozialproduktes.

Es war eine Zeitenwende. Unterschied man vor dem 1. September 1923 in Japan wie anderswo in die Zeit vor und nach dem Ersten Weltkrieg, sprach man künftig von der Zeit vor und nach dem Großen Beben. Edwin O. Reischauer, in den sechziger Jahren amerikanischer Botschafter in Japan, erlebte das Erdbeben als Dreizehnjähriger, wenngleich aus sicherer Entfernung. In seinen Lebenserinnerungen erzählt der Diplomat, wie er nach dem Erdstoß von den Bergen des Ferienorts Karuizawa die Rauchsäulen über dem hundert Meilen entfernten Tôkyô aufsteigen sah und Tage später Flüchtlinge an der Bahnstation versorgte. Fast dreißig Jahre lang, so notierte Reischauer, sei er über den Schock nicht hinweggekommen, jedes Erdbeben habe ihn in hellen Schrecken versetzt. Von Reischauer stammt auch die oft zitierte Wortprägung von der „Taifun-Mentalität" der Japaner, die treffend ihr schicksalergebenes Verhältnis zu Naturgewalten beschreibt: Der besonders schöne, klare Himmel nach dem Durchzug eines Taifuns versöhne sie gleichsam mit dem Schrecken. Diese über Jahrtausende erworbene Lebenskunst, nach jedem Vulkanausbruch, nach jedem Erdbeben und Taifun vergessen und neu anfangen zu können, ist in der Tat beneidenswert. Doch sie hat ihre düsteren Seiten.

Vergessen wird in Japan zum Beispiel leicht, daß es nicht nur die Naturgewalt, die Feuer, die Selbstmorde waren, die in den ersten Septembertagen vor siebzig Jahren Opfer forderten. Es war die Staatsgewalt selbst und ein von ihr geduldeter Mob von rechtsextremistischen „Selbstschutzorganisationen", die schon wenige Stunden nach dem Beben die Wirren dazu benutzten, um alte Rechnungen zu begleichen. Opfer wurden koreanische Zwangsarbeiter, bekannte Sozialisten, progressive Arbeiter. „Rebellische Koreaner", so lautete das ausgestreute Gerücht, lieferten sich Schlachten mit der Polizei; sie hätten Geschäfte geplündert und Brunnen vergiftet. Der Chef der nationalen Polizeibehörde schickte am 3. September um 8 Uhr morgens ein Telegramm an alle Gouverneure, in dem hartes Durchgreifen gegen die Koreaner gefordert wird, die „Bomben besitzen und mittels Öl Feuer legen". Schon am 2. September war das Kriegsrecht mit einer nächtlichen Ausgangssperre über Teile von Tôkyô und seine angrenzenden Präfekturen verhängt worden. Bis zum 15. November blieben in diesen „Kriegsgebieten" alle bürgerlichen und politischen Freiheiten entzogen. Mindestens 1.300 Sozialisten wurden festgenommen, viele gefoltert oder vom Mob aus den Gefängnissen geholt und ermordet; zwischen 1.000 und 4.000 Koreanern wurden Opfer der ungezügelten Rachegelüste ihrer Kolonialherren. Takayoshi Matsuo nannte 1963 in seinem Aufsatz über „Politische Freiheit" in Japan den „weißen Terror" nach dem großen Kantô-Erdbeben einen „dunklen Fleck in der modernen Geschichte Japans, Zeichen der Schuld, die Menschen wie Göttern nicht verziehen werden kann".

Siebzig Jahre danach sollte man vielleicht verzeihen können. Es wäre dies eine der wenigen Lehren, die sich für das nächste „Killer-Beben" ziehen ließe. Daß es kommt, ist gewiß, seit man das Zusammentreffen von gleich vier tektonischen Platten unter Tôkyô entdeckt hat, deren Wirkung einem gigantischen Federbrett gleichkommt. Man weiß auch, wo die Erde beben wird, nämlich in der Sagami Bucht, 80 Kilometer südwestlich von Tôkyô. Nur wann? Manche japanische Seismologen sprechen von zehn Prozent Wahrscheinlichkeit für ein Beben der Stärke 8 innerhalb des nächsten Jahrzehnts. Auf 40 Prozent Wahrscheinlichkeit kommt man für ein *chokkagata*-Beben in 30 Kilometer Tiefe direkt unterhalb von Tôkyô; es gilt als harmloser, weil es nur im Radius von 20 Kilometern wirksam sein soll. Tôkyô müßte längst geräumt und verlassen sein, wären andere nicht weitaus vorsichtiger. Aus dem Nationalen Institut für Erdbebenforschung etwa hörte man jüngst: „Alles, was ich jetzt sagen kann, ist vielleicht, daß es nicht morgen geschieht." So erklärte ein Mitarbeiter Ende Februar (und behielt recht) die Lage, der berichtete, im Norden der Bucht von Tôkyô sei ein 3.000 Meter tiefer Schacht für einen Seismometer gebohrt worden und man plane noch weitere zwölf. Er warb um Verständnis für das schwierige Geschäft der Vorhersage: „Es ist, als wollte man etwas durch eine Matratze ertasten." Kaum mehr Zuversicht verbreiten manche Szenarien für das Große Beben. Vor fünf Jahren sagte die nationale Landbehörde voraus, ein Erdbeben in Tôkyô werde über 150.000 Menschenleben fordern, fast 40 Prozent aller Häuser zerstören und Sachschaden in der unvorstellbaren Höhe von einer Billion Dollar anrichten. Welche Schockwellen das für die internationale Finanzwirtschaft bedeutete, hat der britische Journalist Peter Hadfield in seinem Buch „60 Sekunden, die die Welt verändern könnten" hochgerechnet. Zöge Japan, der größte Kreditgeber der Welt, innerhalb kürzester Zeit sein Kapital ab, bräche die Wirtschaft in den Schuldnerländern zusammen: Das Beben in Tôkyô würde eine Weltwirtschaftskrise auslösen.

Wer wollte also nicht verstehen, daß sich die Tôkyôter Bürger mit Verdrängung für den Ernstfall wappnen. Nur 35 Prozent der Befragten erklärte 1991 in einer Umfrage, Vorsorge für ein Erdbeben getroffen zu haben. Selbst die Hersteller von Katastrophen-Ausrüstung geben zu, daß sie ihre gewöhnlich guten Umsätze, vor allem um den 1. September herum, der Tauglichkeit ihrer „survival-kits" für Bergtouren und Safaris verdanken. Das Neueste soll ein Transistorradio sein, das mit der Hitze einer Kerze zu betreiben ist. Wer die umgerechnet 230 Mark für diese High-Tech-Notverpflegung nicht aufbringen will, kann sich stattdessen mit alten Ratschlägen behelfen. Die Stadtregierung von Tôkyô bietet sie in ganzseitigen Zeitungsanzeigen mit sinnvollen Comicstrips auch in Englisch für Ausländer. Doch schon die ersten beiden der acht Regeln widersprechen einander: „Begeben Sie sich unter einen Türrahmen oder Tisch", heißt es zunächst, und darauf: „Stellen Sie Ihren Herd und die Heizung ab". Im übrigen möge man, sofern in einem Stadion, Kaufhaus oder Theater, den Anweisungen des Personals folgen; beim Autofahren vom Beben überrascht hat man den Wagen an den linken Straßenrand zu lenken und den Motor abzustellen; sich zum ausgewiesenen Evakuierungsgebiet („wegen möglicher Panik oder Verletzungen") nicht laufend, sondern ruhig gehend zu begeben. Zum guten Schluß rät die Stadt Tôkyô noch, man möge „auf irgendwelche Gerüchte nicht achten". Nicht zu helfen ist dem, der sich da nicht wohl gerüstet fühlte für das Warten auf das nächste „Große Kantô-Beben".

(1. September 1993)

Seelenauswanderung in Tôkyô

Japans Ausländer und ihre Entdeckung für den Film

Bevor man die Filme sieht, muß man die Zeitungen lesen: „Ausländeranteil in Japan übersteigt erstmals ein Prozent!" – „Park teilweise geschlossen nach Prügelei zwischen Iranern und japanischen Jugendlichen." – „Der neue Arbeitsminister erwägt, ungelernte ausländische Arbeiter ins Land zu lassen". Es braucht nicht viel Phantasie, um zu ermessen, was solche Meldungen in einer Inselnation bedeuten, die sich

bis vor wenigen Jahren der Hoffnung hingab, ihre „splendid isolation"
unversehrt bewahren und zugleich die Welt mit Waren überschwem-
men zu können. Die drei Schlagzeilen aus den letzten beiden Wochen
suggerieren so etwas wie einen Ansturm von Ausländern auf eine zu-
sammenbrechende Heimatfront. Sitte und Anstand, Ruhe und Ordnung in Japan würden von den Eindringlingen unterwandert.

Das ist Unsinn. Doch das Kleingedruckte der Artikel, in dem die relative Harmlosigkeit der Entwicklung deutlich wird, mildert den
Schock offenbar selbst für Gutwillige wenig. Genau 1.281.644 Ausländer lebten im vergangenen Jahr legal in Japan, etwa eine Million Asiaten, 80.000 Amerikaner und Europäer sowie 187.000 Südamerikaner
japanischer Abstammung. Nicht jede Zeitung macht sich die Mühe zu
erläutern, daß zu den asiatischen Ausländern jene fast 700.000 Nord-
und Südkoreaner gezählt werden, die seit Jahrzehnten in Japan leben.
Bleibt also kaum ein halbes Prozent Ausländeranteil. Ihre Kriminali-
tätsrate ist, und sei es aus Angst vor Abschiebung, eher niedriger als die
von Japanern. In Europa würde man sich dazu beglückwünschen und
schweigen. Niemand käme auf die Idee, ihnen Spielfilme zu widmen.

Gerade wenn man (als Ausländer) die Zeitungen liest, versteht man
die Angst der Japaner nicht. Asylanten? Es sind zu wenige, um Stoff her-
zugeben. Zwischen 1982 und 1992 haben 950 Ausländer in Japan um
Asyl nachgesucht; 200 wurden anerkannt, die anderen abgeschoben.
Kein Problem also. Höchstens für Amnesty International, das in diesem
März das Verfahren Japans untersuchte. Der Antragsteller, der während der Befragung keinen Anwalt hinzuziehen könne, müsse Beweise
dafür vorlegen, daß er in seinem Heimatland gefoltert oder getötet würde. So lautete der Vorwurf des Berichts, den das japanische Justizministerium sogleich als „übertrieben und falsch", „von Mißverständnissen
oder reiner Spekulationen" gekennzeichnet, zurückwies. Man will sich
nicht mit Nachbarländern anlegen, schon gar nicht mit China.

„Die Japaner mögen uns einfach nicht", sagt der chinesische Stu-
dent beiläufig, während er die Bolzenpistole an den Schädel des Kalbs
setzt, „und das macht uns quitt; mir geht es umgekehrt genauso."
Hojun (Wu Xiao Tong) ist nicht der erste Chinese, der sich seinen
Schlächter selber wählte, als er eine Karriere als Sänger in Peking aufgab und in das sagenhaft reiche Japan ging. Aber er, der sich im

Schlachthof sein Studium verdienen muß, ist einer der ersten von 50.000 Chinesen in Japan, die klug genug sind, sich wenigstens zu wehren.

In der Eingangsmetapher von „Ai ni tsuite, Tôkyô" (Über Liebe, Tôkyô), des jüngsten Films von Yanagimachi Mitsuo, liegt schon die entscheidende Stärke seiner Geschichte. Anders als einige junge Regisseure, die mit einem halben Dutzend Arbeiten zum selben Thema in den vergangenen zwei Jahren eine Art Sub-Genre des unabhängigen japanischen Films schufen, beugt sich Yanagichi, der auch das Drehbuch schrieb, nicht dem melodramatischen Gebot der „political correctness", nämlich durchweg liebenswerte Asiaten gegen rassistische Japaner antreten zu lassen.

Die allzu einfache oder rührselige Gesellschaftskritik in manchen der neuen Genrefilme wie „My Sons", „What's Up Connection", „I love Japan", „World Apartment Horror", „Refugees Shoot Japan" und „Swimming with Tears" half der Glaubwürdigkeit ihrer gequälten Helden aus China, Korea, Vietnam, Thailand oder den Philippinen weniger als dem Gewissen der japanischen Regisseure. Sie alle ehrt, daß sie mit Filmen über die Xenophobie ihrer Landsleute auf kommerziellen Erfolg kaum aus sein konnten.

Yanagimachi aber geht einen Schritt weiter. Seine Chinesen, überwiegend Laiendarsteller, haben keine Skrupel, sich als Strichjungen oder Handlanger der Yakuza zu verdingen, wenn das Geld stimmt. Sie leben, ständig erpreßbar, in der Illegalität und schützen sich, indem sie ihre Ausbeuter betrügen. Hojun, beim Manipulieren von „Pachinko"-Spielautomaten erwischt, zögert nicht, seine Freundin Ailin gegen freies Geleit einem Gangster zu vermieten und schließlich zu einer Art Partner aufzusteigen. In einer Schlüsselszene verhandelt Hojun mit dem Gangster mit Hilfe der alten chinesischen Schriftzeichen, die im Japanischen nur anders gesprochen werden. Der unter Chinesen gegenüber Japanern nicht wenig verbreitete Hochmut eines Kulturnationalismus gibt der Szene überwältigende Komik und Wahrhaftigkeit. Die Studenten, die in einer armseligen Behausung zusammenleben, mögen beim Bier darüber klagen, daß sie zum Studieren nach Japan kamen, aber nur lernten, wie man Viehzeug tötet. Doch manche, wie Hojun etwa, erweisen sich in kriminellem Geschäftssinn, wenn man sie nur läßt, ihren japanischen Schindern gegenüber als ebenbürtig.

Auch mit der Solidarität unter Diskriminierten verschiedener asiatischer Länder steht es nicht gut. Yanagimachi ironisiert diese Meta-Rassismen, als er ausgerechnet einen Koreaner, den Leibwächter des Yakuza, daherreden läßt, in China lebten wohl noch „manche Leute in Höhlen". Das dreiste Klischee ist als diplomatischer Lapsus des ehemaligen japanischen Außenministers Watanabe in ganz Asien berüchtigt. Ein in Japan beliebtes Vorurteil gegenüber den angeblich kalten, betrügerischen Chinesen legt der Regisseur einem Kneipenbesitzer in den Mund, der fluchend seine Küchenhilfe des Diebstahls bezichtigt. „Betonherzen habt ihr, Kühlschrankseelen", schnaubt der Mann und will ein Geständnis aus ihr herausprügeln. Das Mädchen, eine in Japan erzogene Chinesin, leugnet kreischend, bis Hojun sie mannhaft befreit. Er schlägt dem Kneipier einen Stuhl über den Kopf und nimmt sie mit sich. Und bald darauf lobt ihn widerwillig der Yakuza: „Ich sehe schon, daß Du das Zeug dazu hast, in Japan Erfolg zu haben."

Die Filme über Leute wie Hojun haben nicht das Zeug zum Erfolg. Es liegen keine verläßlichen Zahlen über die Kinobesucher vor, die in den letzten zwei Jahren das Neueste von „JFK" und Schwarzenegger, „Godzilla" und „Jurassic Park" ausgerechnet zugunsten eines Films über Ausländerprobleme in Japan außer acht ließen. „Ai ni tsuite, Tôkyô" hielt sich einige Wochen beachtlich in einem kleinen Kino in Tôkyôs Stadtteil Shinjuku. Seine öffentliche Wirkung war, von einigen wohlmeinenden Rezensionen abgesehen, gleich null. Niemand wundert das in dem Land der Comic-Kultur des *manga*, wo 1992 die fünf erfolgreichsten einheimischen Kinofilme Zeichentrickfiguren als Stars hatten. Der Schriftsteller Donald Richie, seit Jahrzehnten der kompetenteste Förderer, Kenner und Kritiker des japanischen Films, lobte die Filme von „jungen, unzufriedenen Regisseuren über Asiaten in Japan, die zu einer Avenue des Dissidententum" wurden. Im Vergleich mit den späten sechziger Jahren, als Ôshima Nagisa und Imamura Shôhei ihre artikulierenden und argumentierenden Filme an eine intakte Gegenkultur-Szene in Japan richten konnten, hätten es die jungen Regisseure im saturierten und standardisierten Japan heute ungleich schwerer. Selbst Kurosawa Akira, so schreibt Richie, habe unlängst bekannt, daß ein Film, der das Establishment so erbarmungslos kritisiere wie sein „The Bad Sleep Well" („Warui yatsu hodo yoku nemuru", 1960), heutzutage kaum noch Chancen hätte. Nicht, weil irgendjemand ihn davon abbringen könnte, sondern weil er kaum zu finanzieren, zu drehen und zu zeigen wäre.

Der große alte Kurosawa selbst, so muß man nach seinen beiden letzten versöhnlich verspielten Filmen vermuten, würde heute die Entstehung von „The Bad Sleep Well" verhindern. Japan hat sich verändert, es ist satt und ängstlich, es ist ein Besitzständestaat geworden. Die unabhängigen jungen Regisseure, die sich in den letzten beiden Jahren den Ausländern in Japan zuwandten und kaum auf ihre Kosten kamen, werden sich andere Themen suchen. In diesem Sommer ist ein neues Genre auszumachen, das eigentlich ein altes ist und immer wiederkehrt: Krankenhaus-Filme häufen sich, meist kitschig, selten seriös, fast nie satirisch ernsthaft. Auch Itami Jûzô, der mit „Tampopo" in Europa berühmt wurde und im vergangenen Mai mit seiner Satire „Eine Frau gegen die Yakuza" („Minbô no onna") das organisierte Verbrechen in Japan so reizte, daß es ihm gedungene Messerstecher auf den Hals schickte, die ihn schwer verletzten, hat diese Erfahrung in seinem Film „Der große Kranke" („Daibyônin") verwertet. Die Yakuza und die Ausländer haben, so scheint es, ihre Auftritte in Japans Kino fürs erste gehabt. Nun geht's ans Sterben.

Die Ausländer aber leben, ziemlich schlecht die „Farbigen" (Asiaten eingeschlossen), recht behaglich die Weißen, weiter in Japan und wollen weder sterben noch nach Hause. Man wird von den Illegalen, die mit Touristenvisa einreisen und einfach bleiben, weil die japanische Bau- und Barindustrie sie bis vor kurzem dringend brauchte, noch mehr hören. Genauer gesagt von ihren Abschiebungen. Es sollen um 300.000 Menschen sein. Und sie sind es vor allem, die irrationale Überfremdungsängste auslösen, weil sie sich in den Großstädten drängen und, notgedrungen, verhaltensauffällig werden. Zum Beispiel die 4.000 bis 5.000 Iraner, die an ihrem arbeitsfreien Sonntag im Tôkyôter Yoyogi-Park seit einem Jahr einen Basar mit veritabler Jobtausch-Börse inszenierten. Ende April wurde es den Behörden zuviel, sie sperrten den Stammplatz ab. Es gab Kritik von Menschenrechtsorganisationen; am 30. Juli wurde das 1.400 Quadratmeter große Gelände wieder für das Publikum geöffnet. Dann kam es zur Schlägerei, es gab Verletzte. Nun soll ein Zaun um den Parkabschnitt schützen, der nur noch an Werktagen zugänglich wäre. Mit „Klein-Teheran" scheint es vorbei zu sein. Sollte an Yanagimachi Mitsuos fabelhaftem Porträt der chinesischen Studenten in „Ai ni tsuite, Tôkyô" etwas dran sein, dann wird man „Little Peking", das sich im Norden Tôkyôs zwischen Bars und Stundenhotels bildet, nicht so leicht beikommen.

(7. September 1993)

Harmonie ist Lüge.
Und im Chaos liegt Schönheit

Japan gedenkt des erotischen Anarchisten Ôsugi Sakae

Die Japaner, so ist es nicht nur im Ausland Mode geworden zu sagen, hielten es mit der Freiheit wie mit Ideologie und Religion: derlei liege ihrem Wesen fern und lohne weder Kampf noch Predigt; man habe, im doppelten Sinn, irgendwie stets genug davon. Um den Menschen und seinen Platz in der überlieferten Ordnung der Gemeinschaft allein zentriere sich das Weltbild. Ihre abertausend Shintô-Götter, herabgewürdigt zu bloßen Gelegenheitsgeistern, seien in den Himmeln neben allen Monotheismen zur Toleranz verdammt. Allenfalls Ahnen, Jahreszeiten, Aberglauben, Reis, Arbeit und ehedem der Kaiser, so heißt es weiter, seien den Japanern mehr oder weniger heilig. Durch die westlichen Ideengebäude mit ihren Gebetsstühlen und Revolutionsbarrikaden aber streiften sie verwundert wie durch ein exotisches Museum.

Soweit die Mode, deren Modelle für viele Erklärungen herhalten: für den wirtschaftlichen Erfolg ebenso wie für das angebliche Desinteresse an Demokratie und die Geringschätzung individueller Kreativität. Die Kollektion hielte sich nicht so hartnäckig, hätte sie nicht viel Wahres für sich und dazu gelehrte japanische Fürsprecher, die in der Geschichte ihres Volks eine gewisse Tendenz zur „Huldigung der Mächtigen" entdecken: Der Verlierer sei in Japan schon immer im Unrecht gewesen. Der entscheidende Nachteil der Mode besteht darin, daß sie, der schönen Argumentationsführung für den Mainstream zuliebe, die Existenz des Marginalen leugnet. Es gibt sie und hat sie gegeben, eine Sperr-Minorität von Exzentrikern, Nonkonformisten, Widerspenstigen, die in Japan nicht einmal so schlecht lebt, wenn sie es ertragen kann, übersehen zu werden. Eines Mannes, dessen Ego ebendas am wenigsten ertrug, der daher den Staat herausforderte und dafür mit seinem Leben bezahlte, gedachten einige Japaner vor wenigen Wochen: Ôsugi Sakae, Anarcho-Syndikalist und Anti-Bolschewist, glänzender Redner und literarischer Essayist, souveräner Theoretiker und (im Selbstversuch verwundeter) Aktivist der „Freien Liebe", wurde am 16. September 1923 von Militärpolizisten in Tôkyô gemeinsam mit seiner Frau Itô Noe und seinem siebenjährigen Neffen ohne einen Anlaß festgesetzt und Stunden später unter mysteriösen Umständen ermordet. Ôsugi wurde 37 Jahre alt.

Jeder Gebildete in Japan kennt den Namen des Mannes, der noch lange nach seinem Tod als so gefährlich galt, daß seine Schriften nur streng zensiert erscheinen konnten. Bis heute hat es Ôsugi Sakae nicht einmal als Fußnote zum „Großen Kantô Erdbeben", das am 1. September 1923 Tôkyô zerstörte und dessen Wirren und Kriegsrechtswillkür er zum Opfer fiel, in die staatstragenden Schulbücher geschafft. Sein Andenken wird in Nischen bewahrt: als ein Liebling der japanischen Literaturwissenschaften, Kultfigur des versprengten Anarchisten-Häufleins, und oft als vager Mythos, irgendetwas zwischen Kropotkin und Douglas Fairbanks, eben unter den Gebildeten. Manche bringen seinen berühmten Namen mit dem berühmten „Hochverrats-Zwischenfall" von 1910/11 in Verbindung, einer sozialistischen Attentatsverschwörung gegen den Kaiser.

Doch nicht der junge Ôsugi, sondern der Anarchisten-Führer Kôtoku Shûsui wurde dafür mit anderen Genossen hingerichtet: Ôsugi Sakae, gerade vierundzwanzig, saß zu jener Zeit wieder einmal im Gefängnis; diesmal war es eine Art Schutzhaft, die ihm wohl den Kopf rettete. Zu einer der schillerndsten Figuren der japanischen „Vorkriegs-Demokratie" hätte Ôsugi jedoch keinesfalls allein mit Haftstrafen, aufrührerischen Artikeln und Brandreden aufsteigen können. Hier konnten andere Linke leicht mithalten.

Verantwortlich für den Mythos des Anarchisten Ôsugi waren offenbar – neben seinem jungen tragischen Tod, der ihm retrospektiv eine Valentino-hafte Verklärung verleihen mag – lange vor seinem Aufstieg zum Arbeiterführer nach der russischen Oktoberrevolution die frühen Pamphlete zur „Freien Liebe". Und erst recht ihr skandalös-öffentliches Umsetzen in die Praxis in einem turbulenten Viereckverhältnis mit seiner Ehefrau Hori Yasuko und den beiden Geliebten Kamichika Ichiko und Itô Noe, die dazu als feministische „Blaustrümpfe" damals im japanischen Bürgertum berüchtigt waren und, ganz unabhängig von Ôsugi, bis heute in der Frauenbewegung verehrt werden. Alle drei Frauen lehnten das Arrangement mit unterschiedlicher Heftigkeit ab. Ôsugi verkündete die drei ehernen Gesetze des Versuchs: Jeder müsse wirtschaftlich unabhängig bleiben, seine eigene Wohnung unterhalten und jedem totale, vor allem sexuelle Freiheit gewähren. Er selbst lebte auf Pump und beutete mit beträchtlichem Charme den aus, der sich ausbeuten ließ: die Frauen, Verleger, Freunde, sogar einmal den Innenminister, dem er, so behauptete er jedenfalls in seiner Autobiographie („Jijoden", 1923) überzeugend darlegte, daß der Staat, „der unsere Arbeit behindert", ihm etwas schulde. Im November 1916, nach elf Monaten, nahm Ôsugis Quadratur des monogamen Imperativs ein blutiges Ende. Das Ergebnis notiert Thomas A. Stanley 1982 in seiner Ôsugi-Biographie sarkastisch knapp: „Kamichika erstach ihn (fast), Hori ließ sich von ihm scheiden, und Itô heiratete ihn."

Der berühmte „Hikage-Teehaus-Zwischenfall" also: Von der phantastischen Aura eines Verbrechens aus Leidenschaft zehrt bis heute das teure Restaurant-Hotel „Hikagejaya" in dem kleinen Ort Hayama südwestlich von Tôkyô. Man kann das im traditionellen Stil eingerichtete, in seiner edlen Einfachheit alles verheißende Zimmer besichtigen. Übernachtungen in diesem musealen „Reich der Sinne" sind jedoch, womöglich aus Furcht vor Nachahmungstätern, nicht vorgesehen. Die Geschäfte des Restaurants sollen, wie im übrigen auch eines luxuriösen französischen Etablissements nebenan, ausgezeichnet gehen. Überhaupt hat Ôsugis Andenken sein kommerzielles Auskommen. Seine Schriften wurden, in immer neuen Editionen von bis zu vierzehn Bänden, verlegt. 1986 erschien eine einbändige Gesamtausgabe mit genau 719 eng bedruckten Seiten; im Jahr davor widmete eine Comic-Reihe für Geschichte und Zeitgeschichte dem Anarchisten einen Auftritt „For Beginners". Japanische Texte über die Selbstbestimmung der Frau kamen kaum um Ôsugi herum, wenn sie Itôs radikale Schriften der „Blaustrumpf-Gesellschaft" oder Kamichikas „Frauenliteratur"-Magazin aus den dreißiger Jahren zitierten. Kamichikas Karriere als sozialistische Unterhaus-Abgeordnete von 1953 bis 1969, ihr unermüdlicher Einsatz für Menschenrechte und ihre Kampagnen gegen die Prostitution lassen sich in ihren Erinnerungen „Meine Lieben und meine Schlachten" nachvollziehen. Die Tat in jener Nacht des 16. November 1916, als sie nach heftigem Streit um Liebe und viel geliehenes Geld dem schlafenden Ôsugi mit einem Kurzschwert den Hals aufschlitzte, beschreibt sie einleuchtend: „Für ihn hatte ich Unbescholtenheit, Familie, Freunde und Arbeit weggeworfen; und jetzt sagt er einfach, er werde mir das Geld zurückzahlen?" Ôsugi überlebte und war nach einigen Wochen wiederhergestellt. Sie wurde im Frühjahr 1917 zu vier Jahren Gefängnis verurteilt, die in der Berufung um die Hälfte reduziert wurden. Sie saß die ganze Strafe ab. Kamichika Ichiko rächte sich an ihrem Geliebten und den Rivalinnen, indem sie sie um Jahrzehnte überlebte. Sie starb, dreiundneunzigjährig und hochangesehen, im Jahr 1981.

Man täte dem „erotischen Anarchisten" Ôsugi Sakae allerdings grob Unrecht, wollte man ihn zum sexbesessenen Frauenhelden und antiautoritären bon vivant im Taishô-Japan herunterkommen lassen. Der Versuchung sind etliche erlegen, in Japan und erst recht im Ausland, das Ôsugi erst in den siebziger Jahren wissenschaftlich entdeckte; nicht selten aus politischen Motiven. Denn die ideologische Auseinandersetzung zwischen Anarchisten und Bolschewiken, Individualismus und Kollektivismus, wurde in Japan nicht weniger erbittert geführt als anderswo. Auch dort obsiegte, noch vor Ôsugis Tod, die marxistisch-leninistische Linie über das anarchische Zickzack, das sich aus der Evolutionslehre und dem liberalen Bürgertum ein Unbehagen gegen jede Diktatur, auch jene des Proletariats, bewahrt hatte. Die Fehde mit dem Anarchismus endete nicht mit dessen Niederlage, sondern wirkte lange im Kalten Krieg nach. Ôsugi Sakae mochte freizügig Engels zitieren, wenn es ihm paßte – „Wahre freie Liebe kann nicht Realität werden außer unter einem kommunistischen System" –, aber seine Anleitung, wie die Verhältnisse zum Tanzen zu bringen seien, mußte für stramme Genossen in Moskau wie in Tôkyô etwas gefährlich Zersetzendes haben: „Im Chaos liegt die Schönheit … Harmonie ist Lüge."

Das war nicht zuletzt auf Japan und seine Kultur gemünzt, auf deren eigenen nationalen Weg zur Gerechtigkeit Ôsugi unnachgiebig bestand. Er war sich bewußt, unter welchem Verdacht jeder Individualismus in seinem Land stand, das der Tennô-Ideologie, die alle Untertanen zu Kindern des Kaisers erklärte, ebenso bereitwillig verfiel wie den kolonialen Großmachtsträumen nach westlichem Vorbild. Er wurde sich später bewußt, welche „unüberbrückbare Kluft" zwischen Arbeitern und Intellektuellen lag und litt an den Problemen, die ihm seine kleinbürgerliche Herkunft aus einer Offiziersfamilie bereitete. Dem Diktat einer Komintern sich zu beugen, fiel ihm nicht ein, der allenfalls an die Erziehung, nicht Bevormundung, der Arbeiter durch die Intellektuellen auf dem Weg zu ihrer Selbstbefreiung glaubte. Christen und Marxisten mobilisierten ohne Zweifel subversive Kräfte im Japan der Jahrhundertwende und danach. Auch Ôsugi war zeitweise vom Christentum beeinflußt und ließ sich sogar taufen. Dem Hamburger Historiker und Japanologen Herbert Worm, der 1981 eine vorzügliche Studie über den jungen Ôsugi Sakae „… unter besonderer Berücksichtigung der Anarchismusrezeption" vorlegte, ist der vielfältig belegte Hinweis auf „eine Art Berührungsangst" mit dieser Ausprägung der Linken unter westlichen Historikern zu verdanken. Immerhin hätten sich japanische Sozialisten und Christen „in einer Umgebung bar jeglicher Tradition der Staatskritik" durchaus mit dem Tennô-System arrangiert, schreibt Worm. Mit der Forschung erst Mitte der zwanziger Jahre einzusetzen, verkenne, so Worm, die prägenden Anfänge: „Auch Widerstand will gelernt sein."

Wo hat Ôsugi Sakae das gelernt? 1885 als ältestes von neun Kindern (seine Geschwister unterschlug er in seiner Autobiographie offenbar aus Rücksicht auf deren Ruf völlig), Stammhalter des Armee-Leutnants Ôsugi Azuma geboren, fiel Sakae in der Garnison-Kleinstadtwelt früh durch Gefühlskälte und Vernarrtheit in Bücher, bald durch Rowdytum und, lebenslang, durch ein ererbtes schweres Stottern auf. Der Sprachfehler, der sich seltsamerweise unter Stress (bei öffentlichen Reden) und in Fremdsprachen (Ôsugi lernte, mit Fleiß vor allem im Gefängnis, Französisch, Deutsch, Russisch, Englisch und Esperanto) völlig verlor.

Sein Traum von der Militärkarriere erlitt mit der Relegation aus einer Kadetten-Anstalt den ersten Rückschlag und war mit seiner ersten Haftstrafe im Jahre 1906 zuende. Fast drei Jahre verbrachte er zwischen 1906 und 1910 im Gefängnis, wo er sich bildete, politisch und intellektuell. Später in Tôkyô hielt er sich mit Übersetzungen und Artikeln in sozialistischen Periodika über Wasser. Bis zu seinem Tod publizierte, edierte und schrieb er für neun verschiedene Magazine und Zeitungen. Die meisten erschienen nur wenige Monate. Wie genau die grenzenlose „Entfaltung und Kreativität des Ego" ohne Einschränkung der Freiheit aller anderen zu bewerkstelligen sei, hat Ôsugi, der sich früh daran gewöhnt hatte zu führen und niemals Gleich- oder Höherrangige zu akzeptieren, nie erörtet. Die Oktoberrevolution soll den Syndikalisten Ôsugi überrascht haben. Ihre Spontaneität gefiel ihm, die doktrinären Exzesse der Bolschewiki gegen Anarchisten aber waren ihm zuwider; vor der „Einheitsfront" Trotzkis warnte er früh. Umsonst. Ôsugi war von den Bolschewiken ideologisch geschlagen und von den Sozialisten wegen seiner Eskapaden gebannt, als ihn die Militärpolizei erwürgte. Das ist die wahre Tragik seines Lebens, vom Vater bis zum Tod: Das Militär hat's gegeben, das Militär hat's genommen.

Es sagt etwas über Zeitläufte und geänderte Lebenshaltungen in Japan, daß Ôsugi Sakae, der in den sechziger Jahren als Pionier der freien Liebe gelesen und verehrt wurde, heute als Prophet des sowjetischen Niedergangs vereinnahmt wird. So jedenfalls stellte ihn der Wirtschaftswissenschaftler Komatsu Ryûji dieser Tage in Zeitungsartikeln und einer Ausstellung vor. „Daß Ôsugi die repressive Haltung der Bolschewiki durchschaute und einer vernichtenden Kritik unterzog", erhöht den Rebellen nach Meinung des Professors gewissermaßen post comunismum. Ob die retrospektive Weihe statthaft ist, und ob Ôsugi sie nötig hat, darüber läßt sich streiten. Der kleinen Ausstellung von Bildern und Texten über Ôsugi im Tôkyôter Stadtteil Shinjuku haftete jene sektiererische Zufriedenheit an, die solchen randständigen Veranstaltungen in Japan oft eigen ist. Die städtische Galerie war für nur fünf Tage mietfrei zu haben. Die Totenmaske, die braune Fahne mit dem rot aufgenähten „LM" („Labor Movement"), die Propaganda-Bilder wie „Roter Wind", „Die Gesellschaft ist ruhig, aber die Zündschnur glimmt" oder „Die Seele der Japaner" (unter Totenkopf und Armeeschwert) verbreiteten eine sonderbar biedere Ordentlichkeit. Im Saal wurde geflüstert, draußen lachten dröhnend Putzkolonnen, die die regennaßen Fußabdrücke der Besucher beseitigten, in den Zeitungen wurde müde die Initiative gelobt. Und es war, als hätte man Ôsugi nach siebzig Jahren kleingekriegt.

(20. November 1993)

Japan und der gesellschaftliche Grauwert

Weniger Geburten, mehr Langlebigkeit: Altersbeschwerden einer jungen Industrienation

Vor vierzehn Monaten noch waren die Zwillingsschwestern Kanie Gin und Narita Kin in Nagoya nur ihren Nachbarn und einigen überarbeiteten Statistikern des japanischen Gesundheitsministeriums bekannt, die rechtzeitig vor dem nationalen „Respekt-für-die-Alten-Tag" am 15. September die aktuelle Rekordliste der Überhundertjährigen aufzustellen hatten. Dann kam der Bürgermeister, und mit ihm kamen die Fernsehteams. Die blieben bis zum nächsten Alten-Feiertag. Inzwischen hat Japan die beiden winzigen alten Damen, die im August 1892 geboren wurden und heute hinreißend keckernd in die Kamera lachen, wenn man sie fragt, was ihr Überlebensgeheimnis sei – ungefähr „Gesund leben und leben lassen" – als doppelte Großmutter adoptiert. Gin und Kin machen ihren Vornamen, „Silber" und „Gold", mit der Fülle ihrer bezahlten Engagements alle Ehre: Mal treffen sie den Kaiser, mal besprechen sie Compact Discs, posieren für Plakate oder eröffnen Gesundheitswochen in einem Kaufhaus. Fünfzig Briefe am Tag und unzählige Geschenke, vom Spielzeug bis zu eingelegten Früchten, und die erste (in allen Fernsehnachrichten übertragene) Einkommensteuererklärung der Zwillinge zeugen von ihrem Ruhm. Manchmal seien sie etwas müde, heißt es, aber Gin und Kin, die sich früher nur dreimal im Jahr sahen, genössen auch die vielen Freunde und fühlten sich der Nation gemeinsam verpflichtet. Das sollten sie auch, denn niemand verkörpert wie sie die zwiespältigen Gefühle aus Stolz und Erschrecken, Rührung und Schuld, die Japan heute für seine Alten hegt.

Die höchste Lebenserwartung der Welt und eine der niedrigsten Geburtenraten unter den Industrieländern haben zusammen bewirkt, daß das neureiche Japan seit den siebziger Jahren schneller als andere Nationen überaltert. Fast siebzehn Millionen Bürger, 13,5 Prozent der Bevölkerung, sind heute 65 Jahre alt und älter, im Jahr 2020 werden sie annähernd ein Viertel der Japaner ausmachen. Schon in vier Jahren wird, so die ruinöse Hochrechnung, die Zahl der Alten jene der Teenager bis fünfzehn Jahre übertreffen. Es geht nicht nur um die Finanzierung von Arbeitsplätzen und Renten, Krankenversicherungen und Heimplätzen; es geht um eine gesellschaftliche Atmosphäre, die erlahmt: Filme und Musik, Theater und Politik, die Werbung nicht zuletzt werden von mehr Grauwerten getönt, als nach herkömmlicher Auffassung für eine Gesellschaft gesund ist. Das demographische Desaster hat die japanische Alterspyramide schon jetzt zu einem aufgefächerten Tannenbaum verfremdet, wenn sie sich zu einem Zylinder verformt, ist die japanische Volkswirtschaft endgültig in der Krise. Dann werden weniger als vier Arbeitende teuer für einen Rentner aufkommen müssen, der, bei allem Respekt, viel zu alt wird: Im Jahre 2010 können Japanerinnen 82,2 Jahre und selbst Männer noch 76 Jahre Leben erwarten. Das Erschauern des Staates vor der Kostenexplosion wird nicht im geringsten gemildert durch die berechtigten Hoffnungen gewisser Wirtschaftszweige auf Gewinnmaximierung im „Silber-Business" (im japanischen Englisch *shiruba bijinesu*) mit den rüstigen Alten. Die überwiegend anonymen 4.800 Überhundertjährigen, die, zu vier Fünfteln Frauen wie Gin und Kin, an diesem 15. September mit amtlichen Lobreden und Geschenken bedacht wurden, bilden nur die uralte Avantgarde einer riesigen Armee von Alten, deren Nöte, Geld, Pflege und sich abzeichnende Emanzipation Japan radikal verändern werden.

Man hat Japan, lange bevor es zur zweitgrößten Industrienation der Erde aufstieg, das Paradies der Kinder und Greise genannt. Beide Gruppen, gleichermaßen teuer, bedürftig und naturgemäß unproduktiv, könnten auf fast unbegrenzte Nachsicht zählen: die einen der Hoffnung wegen, die anderen aus Achtung. Das ist ziemlich übertrieben, aber nicht falsch. Allerdings hat der Wohlstand gewissermaßen zu einer Wettbewerbsverzerrung geführt. Immer mehr Japaner machen sich Hoffnungen ohne Kinder, deren Ausbildungskosten mit den Mietpreisen ins Horrende stiegen; die sogenannte Fruchtbarkeitsrate, eine statistische Mißgeburt von 1,5 Kindern pro gebärfähiger Frau, sinkt unablässig. Immer mehr Alte genießen zugleich die Achtung, kaum aber den Unterhalt ihrer Kinder. Während sich der Wohlfahrtsanteil am Lebensunterhalt der Alten seit 1963 kaum über fünf Prozent erhöhte, sind heute nur noch 2,5 Prozent auf Unterstützung durch ihre Familie angewiesen. Damals waren es fast zwei Drittel; parallel verdreifachte sich die Zahl der allein oder als Ehepaar lebenden Pensionäre. Den meisten geht es, zumindest finanziell, so schlecht nicht. Große Unternehmen zahlen Mitarbeitern, die mit sechzig in Rente gehen, einen Bonus von bis zu dreißig Monatsgehältern. Seit 1973 sorgt der Staat mit einer jährlichen Inflationsanpassung dafür, daß nur wenige Alten darben.

Lauter Zahlen. So ermessen Verwaltungen und Medien das Problem der japanischen Überalterung gewöhnlich. Respekt aber, Zufriedenheit, „QOL" („Quality of life", wie die neueste Maßeinheit nicht nur für Alte abgekürzt wird) lassen sich in Japan so wenig in Kontoständen, Sparraten und Bettenauslastungen darstellen wie anderswo. Wenigstens so bedeutsam für die „Neue Silberne Ära", die Ende der achtziger Jahre in Japan ausgerufen wurde, flankiert von einem Zehnjahres-"Gold-Plan" des Gesundheitsministeriums, war die Demokratisierung der Familie nach dem Krieg. Nicht nur zum Vorteil der Familie. Das Bürgerliche Gesetzbuch von 1948 beschreibt zum Beispiel nur noch mit äußerst vagen Worten, welches der Kinder bis zu welchem Umfang den Eltern Unterhalt schuldet. Es ist heute keineswegs unüblich, daß zahlungsunwillige Kinder ihre Alten buchstäblich anheimstellen. Betrogen und beschämt sind Menschen, die in ihrer Jugend nach konfuzianischem Familienkodex erzogen und durch die moralische Indoktrinierung durch den kaisertreuen Militarismus geprägt wurden. Es galt damals streng das Konzept der vier *kô*: Die Pflicht, Respekt für die Älteren zu fühlen und zu zeigen, das Ansehen der Familie durch Leistung zu mehren, Eltern im Alter zu versorgen und schließlich die Ahnen zu ehren. Es war die Zeit, von 1871 bis 1945, als der Haushaltsvorstand noch absolute Macht über Ehefrau und Kinder hatte, die er nach Belieben verstoßen und aus dem „Familienstammbuch" löschen konnte, und absolute Pflichten gegenüber Eltern und Schwiegereltern. Der erstgeborene Sohn hatte die Unterhaltslast zu tragen, aber er konnte auch auf das bedeutendste Erbteil zählen. Dieses Patriarchat, das Treue gegen Eltern und Kaiser, den „Volksvater", treu gelobte, mag ein Relikt des Feudalstaats gewesen sein, doch beruhte es ganz geschäftsmäßig auf dem Prinzip der Gegenseitigkeit. Heute, da Freiwilligkeit herrscht, stehen sich viele Alte schlechter.

Nicht, daß die Familie nichts mehr gälte. Das Familienstammbuch (*koseki*) etwa muß bei jeder Bewerbung um einen Studien- oder Arbeitsplatz vorgelegt werden. Für Webfehler in der Sippe, Scheidungen oder Zugehörigkeit zu Minderheiten, haftet das letzte Glied. Die Zahl der Drei-Generationen-Haushalte aber, heute noch ein Viertel, sinkt dramatisch. Offenbar auch, weil die Alten, die es sich leisten können und unsentimental genug sind, lieber unter ihresgleichen ihre letzten Jahre verbringen. Einst marginale Selbsthilfegruppen wie die „Japan Silver Volunteers", die Fachleute jenseits des Pensionsalters zur Entwicklungshilfe ins Ausland vermitteln, bringen es auf tausend Mitglieder. Der Gedanke, daß nicht mit 60 Jahren ein Leben und seine Erfahrungen abgeschrieben werden sollten, beseelt auch die „Japanische Vereinigung für ein Zweites Leben" (JASS), die im April 1990 von den Pensionären großer Unternehmen gegründet wurde. Hier sind Männer unter sich, anders als in den kommunalen Altentreffs, wo die Frauen allein das Sagen und Tratschen (klagen die Männer) haben.

Die 50.000 Mitglieder der JASS werden von 180 der größten japanischen Firmen unterstützt, der Vorstand wird „empfohlen". Aufnahmegebühr und Jahresbeitrag belaufen sich auf je 1.600 Mark. Entsprechend sind die Freizeitangebote. Von gepflegter Vogelbeobachtung bis zu Computerlehrgängen, von der Reise für Dialyse-Patienten nach Hawaii (mit Klinikanschluß) bis zur Europa-Tour für Schwerhörige läßt sich alles organisieren, wenn man Geld und die richtige Firmenvergangenheit hat. Es heißt, keiner kenne die Karriere des anderen, radikale Gewerkschaftler seien incognito beste Golf-Kumpels von Managern. Und so solle es auch bleiben, erklärt ein JASS-Sprecher: „Unpolitisch, harmonisch, elitär", ein Verein, in dem alte Männer, die in ihrem Berufsleben nie gelernt haben sich mitzuteilen, miteinander schweigen könnten. Formvollendete, situative Beziehungen werden in Japan bevorzugt, Spontaneität, die auch zum Streit führen kann, vor allem von Männern verabscheut. Sind sie deshalb einsam? Niemand weiß es genau. Die japanischen Medien werden immer mutiger in dem Versuch, die rätselhaften Alten zu befragen und zu begleiten. Nicht nur die Bedürfnisse, Erfahrungen und Hoffnungen in Ernährung, Gesundheit, Mode und Reisen werden beschrieben. Die Angst vor *netakiri* (Bettlägrigkeit) und *soke* (Senilität) verbindet die japanischen Alten mit ihren westlichen Altersgenossen. Selbst Tabus wie Alterssexualität, die Suche nach neuen Partnern von verwitweten Männern und Frauen, sind Gegenstand von mutigen Sondernummern. Neue Rechnungen werden aufgemacht, die Rechnungen der Alten beglichen. Jeder weiß, er wird, wenn er Glück hat, einer von denen sein.

Früher, ja früher war das anders: Am ersten Frühlingstag, als die Reisfelder dunkel durch den Schnee nässen wie Wunden, beschließt die Witwe Orin, daß es bald Zeit zum Sterben sei. Sie ist Neunundsechzig, und das Leben mit ihren Söhnen in den Bergen ist zu karg, um länger Essen an sich zu verschwenden. Orin will zum Berg gehen, zum *obasuteyama*, dem „Berg, auf dem man die alten Frauen aussetzt", wie es gute Tradition ist im Dorf. Als die Söhne nichts davon hören wollen, weil sie kräftig genug für die Hausarbeit sei und noch alle Zähne habe, schlägt sie sich am steinernen Brunnenrand die Schneidezähne aus. Ruhig und unbeirrt bestellt Orin im Sommer ihr Haus, läßt eine Ehefrau aus dem Tal für den Ältesten vermitteln, gibt ihre letzten Haushaltsgeheimnisse preis. Wer seine Eltern nicht zu rechten Zeit auf den Berg trage, bringe Schande über die Familie, belehrt der Dorfrat die widerstrebenden Söhne über die Tugend der Not. Als der Tag kommt, den Orin festgelegt hat, befiehlt sie dem Ältesten, sie fortzutragen. Stundenlang taumelt er mit seiner Mutter, die ihm Mut zuspricht, bergauf. In der Schlucht, die mit Skeletten übersät und von Krähen gesäumt ist, schickt sie ihn fort. Eine Ohrfeige soll ihm die Trauer und die Reue austreiben. „Ich werde in 25 Jahren dasselbe tun", sagt er und geht, als der erste Schnee des Winters auf die betend kauernde Frau fällt.

Vor zehn Jahren wurde der Film „Narayama bushikô" (etwa: „Nachdenken über die Melodie des Nara-Berges") nicht nur mit dem Großen

Preis in Cannes ausgezeichnet, weil er es verdiente. Bei Jury und Publikum spielte vermutlich auch eine Rolle, daß man Japan das stoische Selbstopfer der Bergbauernwitwe Orin eher zutraute als anderen Kulturen. Kamikaze, Harakiri, *obasuteyama* – ein Glied mehr in der Assoziationskette zur Selbstopferung der Japaner. Wie falsch sie lagen. Der Regisseur Imamura Shôhei erzählte die zum Volksgut rechnende Geschichte, die irgendwann mitten im 19. Jahrhundert, irgendwo in den japanischen Alpen spielt, beklemmend nüchtern. Wo Armut herrscht, müssen die Jungen, um zu überleben, ihre Altenlast entsorgen. Das ist lange her. Heute will das reiche Japan mit seinen Alten leben.

(10. Dezember 1993)

Heiraten ist der erste Fuß im Sarg

Ehevermittlung in Japan

Es ist eine jener lächelnden körperlosen Mutterstimmen, die in Zügen und Kaufhäusern die Japaner vor den Fährnissen des Lebens warnen und zum vernünftigen Kauf ermahnen: „Wir bieten günstig gute Frauen aus China und Korea", schmeichelt die Endlosbotschaft irgendwo über den Passanten vor dem Bahnhof von Ikebukuro im Norden Tôkyôs, „alle haben in Japan studiert und wären eine Zierde für gutsituierte Akademiker; Informationen gleich hier um die Ecke." Niemand scheint stehenzubleiben. Es gibt kein Interesse, auch kein Kopfschütteln, nur zuwenig akademische Laufkundschaft, die sich in den ersten Neujahrstagen folgsame Ausländerinnen zwecks Heirat auf der Straße zuführen lassen will. So tief seien die japanischen Männer gesunken, bemerkt Makiko im Vorbeigehen verachtungsvoll, „Eheprostitution gegen Visumsgarantie". Das sei die Pervertierung eines *omiai*, einer anständig gestifteten Ehe. Heiraten sei zwar ohnehin der erste Fuß im Sarg, zitiert sie die Spruchweisheit, die wohl aus den vormodernen Zeiten stammt, als Frauen nicht selten im Kindbett starben. Aber die Männer, die sich auf solche Brautwerbung einließen, meint Makiko angewidert, seien für sie schon vor der Heirat gestorben.

Yamamoto Makiko hat recht, aber auch leicht reden. Vor zwei Monaten hat sie endlich einen Mann gefunden. Durch ein *omiai* alter Art, die „ehrenwerte Vermittlung" einer Freundin der Familie. Die Yamamotos sind vermögend, erfolgreiche Geschäftsleute in Tôkyô mit guten Verbindungen. Aber leicht war es wahrlich nicht. Ihre Ansprüche, das gibt sie zu, waren enorm hoch. Zwanzig Kandidaten, zwei *omiai*-Vermittlerinnen, einen Verlobten hat die Tochter aus gutem Hause immerhin in den vergangenen drei Jahren verschlissen. Sie wies Bewerber ab, die von einer weniger angesehenen Universität kamen, einen Zentimeter kleiner oder ein paar Monate jünger waren als sie. Es sollte kein ältester Sohn sein, weil der, wenigstens nach überliefertem Verständnis, das gerade in besseren Kreisen noch etwas gilt, für seine Eltern einzustehen, sie im Alter zu sich zu nehmen und als sogenannter „Grab-Hüter" zu dienen hat. Er sollte ihre Interessen teilen und akzeptieren, daß sie nach der Heirat weiter bei einem angesehenen Handelshaus arbeitet. Er sollte auf konservative japanische Werte halten und zugleich wenigstens das romantische Talent eines Richard Gere oder Harrison Ford zeigen. Das war wohl etwas naiv, gesteht Makiko verlegen, ein Fabelwesen, halb Hollywood-Star, halb Karriere-Samurai. Viele schieden schon nach dem ersten handschriftlichen Profil samt Foto aus. Andere fanden nicht die Gnade ihrer Eltern, die sich für ihre einzige Tochter nur das Beste vorstellen können. Als sie darüber dreißig Jahre alt, etwas zynisch und ihrerseits immer schwerer vermittelbar geworden war, entschied sie sich endlich. Sie habe weder die Zeit noch die Lebenserfahrung, um die Spreu vom Weizen trennen. Heiraten sei zu ernst, um es dem Zufall zu überlassen, sagt sie.

Folgt man den Statistiken, dann ist das klassische *omiai* ein aussterbender Brauch. Im Jahr 1940 wurden noch siebzig Prozent aller Ehen in Japan arrangiert, die Zeitenwende kam 1965, als erstmals die Zahl der Liebesheiraten überwog; heute entscheiden sich nur noch fünfzehn Prozent der Japaner für eine Vermittlung. Sie ist unmodern. Doch noch immer scheint das *omiai* frei von jedem Makel des Scheiterns oder der Verklemmtheit, der professionellen Ehe-Instituten auch in Japan anhaftet. Die Klienten der privaten Vermittler zählen sich im Gegenteil zur

Elite, die unter sich bleiben will. Das *omiai* kehrt zu seinen Ursprüngen zurück. Es bildete sich vor Jahrhunderten als Privileg der Fürsten und des Kriegerstands, die durch kluge Heirats- und Adoptionspolitik ihre Macht über ihre Region hinaus zu befestigen suchten. Kenntnisreiche Vermittler, die für den Leumund entfernter Kandidaten bürgen konnten, wurden notwendig. Die Entfremdung in den Städten trug das *omiai* schließlich auch in die niederen Schichten. Die Verantwortung der Vermittler (*nakôdo*) war groß, denn es wurden Familien auf Gedeih und Verderb verbunden, nicht nur ein Paar, und die Pflicht, zwischen den Eheleuten zu vermitteln, bestand lebenslänglich. Diese hatten umgekehrt ihrem Berater vor einer Scheidung ausreichend Gelegenheit zur Schlichtung zu geben. Es sollen – zumal für die Männer, die alle Freiheiten genossen, während die Frauen zur Treue verpflichtet waren und etwa bei Kinderlosigkeit verstoßen werden konnten – nicht die schlechtesten Ehen gewesen sein: pragmatisch, illusionslos, stabil, loyal. Manche haben sich Liebe erarbeitet.

Die gesetzliche Gleichstellung der Frau nach dem Zweiten Weltkrieg und der Einfluß abendländisch-christlicher Liebesromantik habe die japanische Ehe untergraben, klagen nun Soziologen. Die Scheidungsrate steige unablässig (189.000 im vergangenen Jahr), die Kinderzahl sinke, die Jugend Japans werde immer selbstsüchtiger und unglücklicher. Das böse Wort der „Narita-Scheidung", benannt nach dem Tôkyôter Internationalen Flughafen, wo enttäuschte Paare bei der Rückkehr von der Hochzeitsreise spontan die Trennung beschließen, beschreibt seit Jahren eine ebenso groteske wie traurige Praxis. Ein Zusammenleben ohne Trauschein gewinnt zwar langsam an Attraktivität, zumal, wie ein kurioses Umfrageergebnis zeigt, für junge Akademikerinnen, die ihren Mädchennamen nicht aufgeben wollen, aber noch langsamer an gesellschaftlicher Akzeptanz. In der wilden Ehe seien sie wie Sonnen, sagen sie, in der Ehe wie Monde, die durch einen anderen scheinen.

Für Angepaßte und vor allem für Männer gilt jedoch die Regel: Wer in einem guten Unternehmen aufsteigen will, muß verheiratet sein. Entsendungen ins Ausland werden grundsätzlich nicht an Alleinstehende vergeben. Formal sehen sich japanische Firmen zuständig für den anständigen Lebenswandel ihrer Mitarbeiter. Personalchefs sind angewiesen, nur Mädchen einzustellen, die bei den Eltern wohnen. Ermutigt wird jedoch mit Betriebsausflügen und Festen ausdrücklich, was unter jungen Leuten als „Heirat-im-anderthalb-Meter-Umkreis" verspottet wird: die schickliche Büro-Romanze, die mit Heirat und, aus Gründen des Betriebsfriedens, mit der Kündigung der Frau abzuschließen ist. Es werden rohe Scherze darüber gemacht, die auf Karl Kraus' Kalauer „Trauring, aber wahr" hinauslaufen. Die Hälfte der Angestellten-Ehen in Japan soll so zustande kommen.

Wie auch sonst. Es gibt für beide Geschlechter außerhalb der Universitäten und Büros kaum zwanglose und respektable Gelegenheiten, einander zu begegnen. Darauf legen Familien, die auf sich halten, gerade Wert. Auch Makikos Eltern sorgten dafür, daß ihre Tochter vom privaten Kindergarten bis zur Elitehochschule nur unter Mädchen war. Dann machten sie sich Sorgen, als sie mit 27 Jahren noch immer keinen Mann kennengelernt hatte, und verordneten *omiai*. Andere, in derselben Lage, aber aus weniger betuchtem Hause, versuchen ihr Glück über Partnerschaftsanzeigen und trösten sich mit Berater-Zeitschriften. Warum sollten sich die Medien den Markt der einsamen Herzen entgehen lassen, den auch seriöse Banken und Kommunalverwaltungen mit neckischen Kontakt-Programmen bedienen. Die Fernsehshow „Neruton" spielt jeden Samstag erfolgreich mit Schadenfreude und Einsamkeit von Teenagern, die vor der Kamera zusammengebracht werden. Die Zurückweisung von Bewerbern durch schamesrote Mädchen stößt auf wieherndes Gelächter im Studio. Trotzdem ist der Andrang zu der Sendung und ihren pubertären Bekanntschaftsausflügen massenhaft.

Andere Shows wie „Hochzeitsglocken" oder „Happy Family Club" stiften eher peinliche als komödiantische Situationen; das Magazin „xy-zexy" verkauft sich seit Mai 1993 prächtig mit Benimmregeln und Gebrauchsanweisungen für „dates". Wie bei allen anderen Fertigkeiten in Japan wird die richtige Technik höher bewertet als der Erfolg. Der Markt wird auch demographisch immer enger. Auf zehn Junggesellen kommen heute in Japan statistisch acht Frauen. Eine blühende Hochzeitsindustrie, von Hotels bis zum Friseur und Tempel, profitiert davon, daß es am Ende für die meisten kein Entrinnen gibt. 1993 sei ein Rekordjahr, heißt es stolz, alle vierzig Sekunden eine Trauung. Alle zweieinhalb Minuten eine Scheidung, halten Kritiker dagegen. Fast 15.000 Mark läßt man sich im Durchschnitt die Vermählung kosten. Wer bei dem Eheanbahnungsinstitut mit dem deutschen Namen „Zwei" das anspruchsvollste Angebotsmenü gewählt hatte, hat zuvor mindestens ebenso viel für die Computervermittlung unter 30.000 Klienten in ganz Japan bezahlt. Es lohnt sich, im pastellfarbenen, blumengeschmückten Büro von „Zwei" in der Tôkyôter Ginza mit dem äußerst diskreten Herrn Horiguchi über seine Firma zu plaudern. Es sei ein „westdeutsches System", versichert er, absolut zuverlässig und anonym. Man betreibe kein *omiai* mit Fürsorgepflicht, man biete Chancen ohne Gewähr. Leider schämten sich die meisten Paare deshalb, ihren Vermittler offen zu nennen. Die Bitte, die Traumfrau des Reporters zu ermitteln, muß Herr Horiguchi bedauernd ablehnen: „Leider sind Ausländer sowie körperlich und geistig Behinderte nicht zugelassen", erklärt er verbindlich, „wissen Sie, Japaner mögen einfach keine Ausländer."

Auch Makiko hätte wohl nie einen Ausländer geheiratet. All die entscheidenden Angaben über Eltern und Geschwister, Ausbildung und Einkommen, Adoptionsbereitschaft und Kinderwünsche sind nur aussagekräftig, wenn sie an japanischen Normen zu messen und amtlich nachzuprüfen sind. Man weiß, daß die Frauen von der „Japan Women's University" zu den Männern von der „Tôkyô University" gehören. Man weiß, welche Ausgangsposition in welchem Unternehmen zu welchen Hoffnungen berechtigt. Nur unter Japanern kann *omiai* sinnvoll sein. So hat sie also geprüft und sortiert. Ein Dutzend hat sie getroffen, erst zum Tee in Hotels, dann zum Dinner, beim dritten Mal im Konzert oder Museum. Makiko weiß, was sich gehört. Innerhalb von drei Monaten muß man sich entscheiden, so geziemt es sich.

Im vergangenen Herbst hat sich Makiko für Yukio entschieden. Es war beim vierten Treffen in Tôkyô Disneyland. Sie haben einander bis in die Details ihre Lebenspläne unterbreitet. Alles steht fest, im Februar wird geheiratet, an einem Datum, das Glück bringt natürlich. Und wer ist Yukio? Makiko zögert etwas. Er arbeite bei einer renommierten Firma, aber er werde im Mai irgendwohin versetzt. Vielleicht ins Ausland. Es könne sein, sagt sie, daß sie sich in ihrem ersten Ehejahr kaum sehen, denn sie wolle noch eine Weile arbeiten. Und sonst? Yukio sei drei Monate jünger, einmal geschieden, rauche und trinke. Hätte sie ihn nicht vor ein paar Monaten noch abgelehnt? „Wahrscheinlich", gibt sie zu, „aber ich mag ihn."

(12. Januar 1994)

Fahren ist die Annehmlichkeit, im Sitzen zu stehen

Verkehr in Japan: 11.000 Unfalltote und endlose Staus beeindrucken das fahrende Volk nicht

Es war nichts Auffälliges an der gepflegten weißen Limousine, die an einem Frühlingssonntag auf dem „Tômei-Expressway" stadtauswärts in Richtung Westen fuhr. Niemand störte sich sonderlich an gelegentlichem kurzen Schlingern, jähen Bremsmanövern, einigen angetäuschten Spurwechseln des Wagens. Wahrscheinlich wurde dort im Familienkreis gegessen und getrunken, gespielt und geschlafen, wie es normal ist in Japan. Autos sind adaptierte Wohnwagen, mobile Wochenendhäuser, deren ungestörte Enge der öffentlichen Enge in den Zügen vorgezogen wird. Außerdem sind Sonntagsfahrer auch in einem Land, dessen Geschäfte nie schließen, von sprichwörtlich gefährlicher Arglosigkeit und richten doch wenig Schaden an, wenn man sie wie Geisterfahrer weiträumig umfährt. Ihre Fröhlichkeit ist entwaffnend, im Stau sind sie die angenehmsten, sanftmütigsten Nachbarn, die jeden Meter Asphalt und jeden Liter Sprit teilen.

An jenem Sonntag gab es darüber hinaus Grund dankbar zu sein, denn die gedrängte Wagenkolonne bewegte sich dreispurig mit hundert Stundenkilometer voran. Tempo 100, Japans Höchstgeschwindigkeit auf Autobahnen, ist gewöhnlich eher ein unhaltbares Versprechen als ein Gebot, vor allem sonntags. So gab es also keinen Grund für den Seitenblick auf die weiße Limousine beim Überholen mit 105 Stundenkilometer, gerade unterhalb jener Geschwindigkeit, bei der ein mahnendes Endlosglockenspiel in allen japanischen Autos die Gesetzesübertretung anmahnt. Doch es war einen Blick wert, denn der Fahrer stand auf dem Sitz, den Mund vor Aufregung aufgerissen, die Hände hielten das Lenkrad umkrampft: Er war höchstens acht Jahre alt. Vom Beifahrersitz schaute die Mutter, einen Säugling auf dem Schoß, milde zu ihrem Sohn herüber; und der stolz lächelnde Vater, der die Pedale bediente, warf dem gestikulierenden Fahrer im Wagen neben ihm einen verständnislosen Blick zu, der etwa sagte: „Was wollen Sie eigentlich, haben Sie noch nie einen Jungen mit Autos spielen sehen?"

Die bizarre Szene, so geschehen am Ostersonntag zwischen Tôkyô und Nagoya, ist weder alltäglich noch außergewöhnlich. Sie bezeugt einige der wichtigsten Ursachen für Verkehrsunfälle, die im vergangenen Jahr 10.942 Menschen in Japan das Leben kosteten: Es ist eine unbegreifliche Fahrlässigkeit, eher naiv und verspielt als aggressiv, die viele der 64 Millionen Führerscheinbesitzer, jeden zweiten Japaner also, Auto fahren läßt wie Dreirad im Wohnzimmer. Die Unfallstatistik, die 1970 ihren Höchststand mit 16.765 und 1979 ihr niedrigstes Niveau mit 8.466 Todesopfern erreichte, wird rituell einmal im Jahr voller Entsetzen von der Presse veröffentlicht und ratlos kommentiert. Man hält sich nicht damit auf, daß die Zahlen geschönt sind, weil sie nur Unglückliche erfassen, die sofort tot sind, nicht aber solche, die nach Tagen oder Wochen an Unfallfolgen sterben. Aber man fragt sich voller Pathos, wie es nur angehen könne, daß die Verstöße gegen die Straßenverkehrsordnung 85 Prozent aller Straftaten ausmachen und so alarmierend zunehmen wie Drogenvergehen und Ausländerkriminalität. Wie könne es nur sein, fragen Leitartikel weiter, schwankend zwischen Empörung und Genugtuung gegenüber dem wilden Westen, daß die Wahrscheinlichkeit, in Japan durch einen Verkehrsunfall getötet oder verletzt zu werden, heute dreißigmal höher ist als durch ein Gewaltverbrechen. Meist bleibt es bei pflichtschuldigen Fragen, bis zur nächsten Jahresstatistik.

Auch die japanische Polizei und Justiz, die eigene Verkehrssünder-Gefängnisse unterhalten, wo Straffällige auf den rechten Weg zum gesetzestreuen Fahren gebracht werden, tragen wenig mehr als Zahlen zur Ursachenforschung bei. Zwar geben sie zu, daß es vielleicht nicht hilfreich sei, jedes Delikt, vom Falschparken und Fahren gegen die Einbahnstraße bis zur fahrlässigen Tötung mit Fahrerflucht, gleichermaßen zu kriminalisieren, statt zwischen Ordnungswidrigkeit und Strafsachen zu unterscheiden. Aber der mögliche Zusammenhang zwischen dem strengen ersten Zugriff und der für Japan typischen Milde in den Verfahren entgeht den meisten: Bei gerade einem Fünftel der Fälle von fahrlässiger Tötung kommt es je zur Anklage, neun von zehn Verkehrsdelinquenten kommen mit Geldstrafen davon. Es hat dazu Tradition, Zivilklagen durch jahrelange Verschleppung und horrende Kosten, die jeder Prozeßteilnehmer unabhängig vom Urteilsspruch selbst zu tragen hat, möglichst zu verhindern und außergerichtliche Einigungen anzustreben. Dafür mag in der japanischen konsensorientierten Gesellschaft manches sprechen, wo es kaum Hilfe oder Hoffnung auf Rehabilitierung gibt für den, der einmal aus dem Rahmen fällt. Allzu bereitwillig schiebt man die Schuld an den mörderischen Zuständen auf den Straßen Außenseitergruppen zu, den *bôsôzoku* etwa, Jugendlichen, die nachts mit getunten Ralley-Autos und dröhnend aufgebohrten Motorrädern auf den Stadtautobahnen der Metropolen die herrschaftsfreie Fahrt proben. Die Jungs sind lästig, manchmal gefährlich und sie bringen brave Bürger um ihre Nachtruhe. Doch sie gelegentlich aus dem Verkehr zu ziehen, lenkt nur von dem wahren Problem ab: es gibt in Japan zu viele Autos und zu wenig Fahrpraxis, zu viel Ahnungslosigkeit des Einzelnen und zu viele Ausnahmegenehmigungen für die Gruppe.

Straßenverkehr spiegelt den übrigen Verkehr unter Menschen. Und es hat beileibe nicht nur Nachteile, daß Japan diesen Verkehr nicht rechtsstaatlich, sondern situativ und pragmatisch regelt. In ganz Europa kann man sich nicht so friedlich auf den Straßen treiben lassen wie auf den japanischen Inseln, wo jeder die Sitten kennt und ausländische Nummernschilder unbekannt sind. Nirgendwo findet man eine solche bis zur Schläfrigkeit gelassene Solidarität wie in Tôkyô, wo noch die dreistesten Fahrer, die lange Schlangen auf Linksabbiegerspuren überholen und sich dann zurückdrängeln, auf eine verschwiegene Vergebung hoffen dürfen. Es ist, als entschädige das Glück, sich in den eigenen vier Wänden bewegen, und wenn man schon wieder im Stau steht, so doch ungestört sitzen zu können, für jede Unverschämtheit. So lange ist es noch nicht her, daß die meisten Japaner neidisch auf die wenigen Autobesitzer schauten. Es scheint, als sonnten sie sich im Besitz und im

Glück des Autofahrens, wenn sie penibel darauf achten, sich im Lack ihrer Wagen spiegeln zu können – die Toleranz gegenüber Schmutz bildet sich offenbar erst auf der Entwicklungsstufe der Entzauberung des Automobils –, während sie ihre Rückspiegel als Verzierung ignorieren. Gutmütig und geduldig einigen sie sich von Fall zu Fall über den Vortritt in den engen Gassen Tôkyôs, die für Rikschas und Fahrräder gedacht waren und von keinem Stadtplaner je für Pferdefuhrwerke, geschweige denn Autos erweitert wurden. Was in Deutschland zweifellos zu Irrgärten von Einbahnstraßen führen würde, weil man dem Verhandlungsgeschick der Bürger nicht traut, regelt sich in Tôkyô mit einigen unaufgeregten Gesten. Soweit die beträchtlichen Vorteile.

Die Nachteile sind die Kehrseiten der Vorzüge. Ein ungeschriebenes Standesrecht, das aus den Zeiten der industriellen Aufholjagd stammt, erläßt pauschal jedem, der glaubwürdig vorgibt, geschäftlich unterwegs zu sein, die Beachtung der Verkehrsregeln. Zudem genießt der Pulk Amnestie, der Einzelne wird doppelt hart bestraft: Allein eine rote Ampel zu überfahren, kann sehr teuer kommen, im Dutzend bedeutet es nur, daß es alle eilig hatten. An der Spitze der Aristokratie stehen wie anderswo auch die Taxifahrer, die Geschwindigkeitsbegrenzungen und Stopschilder prinzipiell ablehnen, die anhalten, wenden oder zurückstoßen ohne Rücksicht auf Totalschäden. Fast gleichrangig folgen ihnen Lieferwagen und LKWs jeder Herkunft und Gewichtsklasse, die sämtliche linken Spuren von Tôkyôs größeren Straßen tagsüber zum Beladen besetzen. Warnblinkanlage genügt, zur Sicherheit vielleicht eine geöffnete Tür zur Ladefläche, und der Fahrer kann in aller Ruhe Mittag machen, während sich Busse und sonstige Nicht-Privilegierte um das Hindernis herumquälen. Der tiefe Respekt der Polizei vor den Bedürfnissen der japanischen Wirtschaft und ihr ebenso tief verwurzelter Sinn für obrigkeitsstaatliche Pädagogik sorgt dafür, daß das Blockieren einer Fahrspur tagsüber, wenn man sie dringend bräuchte, stets straffrei bleibt, während ein einsamer Nachtschwärmer am selben Ort eine jener gelben Plastikmanschetten am Außenspiegel vorfinden kann, die nur gegen eine Ablösesumme von etlichen hundert Mark und strenge Ermahnungen beim nächsten Revier loszuwerden sind. Standesrecht bricht Verkehrsrecht. Geahndet wird Privatvergnügen, das zwar den Verkehr nicht behindert, der Gesellschaft aber ein schlechtes

Beispiel bietet: Individualverkehr ist verdächtig, wenn er alleine auftritt.

Als gutes Beispiel gilt dagegen, Säuglinge und Kleinkinder prinzipiell unangeschnallt auf den Vordersitzen zu transportieren, auf daß die Kleinen engen Kontakt zu den Eltern halten, sich nicht langweilen und unverstellte Sicht haben, vor allem beim ungehinderten Flug durch die Windschutzscheibe. Man kann wütend oder zynisch werden, wenn man das Treiben in diesen Faradayschen Laufställen täglich betrachtet, das, kein Zweifel, von den gemeinsam verziehenden Eltern in Japan gut gemeint ist. Unfälle haben nur die anderen, denken sie, wenn sie überhaupt denken, und Kinder sind am umgänglichsten, wenn sie ihren Willen bekommen. Über Japans Grenzen hinaus berüchtigt dürften inzwischen jene naturverbundenen Autofahrer in den Metropolen sein, die entlang von Friedhöfen, Parks und Kinderspielplätzen parken und, unabhängig von der Witterung, bei laufendem Motor lesen, essen, schlafen oder über die Kirschblüte meditieren. Kein Polizist, kein Passant stört ihre Ruhe, die Stunden währen kann. Wer geschäftliche Aktivität vorschützt in Tôkyô und nebenbei der Volkswirtschaft durch Benzinverbrauch nützlich ist, ist gerechtfertigt: Möge sein Motor nie erkalten. Ein Risiko bleibt freilich. Ohne jede Ironie berichteten Zeitungen jüngst, daß die müden Männer immer häufiger Motorbrände auslösen, indem sie im Leerlauf das Gaspedal durchtreten. Zehn derartige Brände habe es in Tôkyô 1993 gegeben, einen mit tödlichen Ausgang, schrieben sie, Mitleid erheischend für die Helden des Autoschlafs.

Gäbe es eine Grüne Partei in Japan, die über regionale Bürgerinitiativen hinauswüchse, so wäre ihre Beweisführung gegen den Autofetischismus noch schlagender als im Westen. In den Städten ist das Autofahren längst ein unproduktiver Luxus, der vor Abgasen und Geld stinkt und unendlich viel Zeit vergeudet. Wer pünktlich sein muß, benutzt die vorzüglichen öffentlichen Verkehrsmittel. Doch die Autonarren zahlen jeden Preis: Bis zu 5.000 Mark für den Führerschein, der 34 Pflichtstunden auf Verkehrsübungsplätzen, der Staus wegen kaum Praxis auf den Straßen und keine Autobahnfahrt vorschreibt; 25.000 Mark für einen halbwegs ansprechenden Kleinwagen samt den Monatsmieten von etwa 500 Mark für den beim Kauf nachzuweisenden Parkplatz; 2,50 Mark für den Liter bleifreies Superbenzin und im Schnitt 3.000

Mark für die staatlich verordneten Inspektionen, für die TÜV-Untersuchungen alle zwei Jahre; dazu kommen die Autobahngebühren, knapp 50 Mark für hundert Kilometer, und die höchsten Kfz-Steuern der Welt und so fort und immer närrischer. Nicht zufällig gibt es mehr Werkstätten als Tankstellen in Japan. Die 8.200 Betriebe leben von den Pflichtinspektionen, die einer staatlich autorisierten Geiselnahme gegen Quittung gleichkommen und, der steigenden Reparaturkosten wegen, den Kauf von Neuwagen erpressen. Daß sich das fahrende, mit Autos spielende Volk der Japaner von solchem Irrsinn den Spaß nicht verderben läßt, macht den Verkehr mit ihnen so angenehm. Von gelegentlichen Zusammenstößen abgesehen.

(2. Mai 1994)

Sugiharas Liste

„Japans Schindler" wird wiederentdeckt

Es gibt in jeder Nation Geschichten von Heldentaten menschlichen Anstands, denen sich das historische Gedächtnis verweigert. Sie zeigen, daß es möglich ist, das Gewissen über den Staat und das Gemeinwohl über die Gemeinschaft und am Ende die Menge ins Unrecht zu setzen. Man hört sie nicht gern. Sie müssen meist von Ausländern entdeckt und rückübersetzt werden. Eine solche rechthaberische, gebrochene Heldenfigur war Oskar Schindler, dessen Geschichte durch Spielbergs Film weltberühmt werden mußte, ehe sie in Deutschland bekannt wurde und allenthalben die Frage aufwarf, warum es nicht mehr Schindlers gegeben habe. Auch die große Tat des Sugihara Chiune, der im Sommer 1940 als japanischer Generalkonsul in Litauen gegen ausdrückliche Weisung aus Tôkyô Abertausenden Juden mit Transitvisa das Leben rettete, ist seit vielen Jahren jedem, der es wollte, vertraut. Es waren wenige, in Israel mehr als in Japan. Man wollte dort offiziell von einem Mann, der durch Ungehorsam dem Land Ehre gemacht hatte, nichts wissen.

Dann kam der Film, ein grandioser Erfolg auch in Japan. Es folgte, gewiß nicht ohne Zusammenhang, in diesem Sommer die Entdeckung von „Sugiharas Liste" im Archiv des japanischen Außenministeriums durch den amerikanischen Soziologen Hillel Levine. Sie dokumentiert 2.139 Namen, überwiegend polnischer Juden, die zwischen dem 9. Juli und dem 31. August 1940 Transitvisa aus Sugiharas Hand erhielten. Die Liste, angeblich seit den frühen siebziger Jahren zugänglich, aber unbeachtet, ist nach Levines Überzeugung nicht vollständig, da ein Visum für ganze Familien gut war; er extrapoliert bis zu zehntausend Gerettete und sieht die moralische Integrität Sugiharas, der sich an „seinen Juden" nicht bereicherte wie der humanitäre Ausbeuter Schindler, eher verwandt dem Schweden Raoul Wallenberg, der Zehntausende ungarische Juden rettete. Doch der Filmtitel haftet besser als Wallenbergs Name, zumal in amerikanischen Zeitungen, die über den Fund der Namensliste berichten. Als dann, in diesen Tagen, eine Gruppe überlebender „Sugihara-Juden" nach Japan reist, können auch die japanischen Zeitungen nicht mehr umhin, Sugihara als „Japans Schindler" zu entdecken und etwas verlegen zu feiern. Einmal (Spielberg) sehen ist besser als hundertmal (von Sugihara) hören, weiß ein japanisches Sprichwort.

Es gibt Geschichten, die nur geflüstert vorzutragen und nur so zu ertragen sind. Solly Ganor kann vielleicht seine Geschichte, die er zögernd mit brüchiger Stimme im Haus der jüdischen Gemeinde in Tôkyô erzählt, selbst nicht anders ertragen. Nicht nur Walter Mondale, der amerikanische Botschafter, hört sie mit gesenktem Kopf. Sachlich gegenüber dem Grauen, in überströmender, hilfloser Dankbarkeit gegenüber seinen Rettern berichtet der Sechsundsechzigjährige von der ersten Begegnung des Elfjährigen mit Sugihara Chiune 1939 im litauischen Kaunas. Der Generalkonsul kam in das Delikatessengeschäft seiner Tante, der Junge faßte Zutrauen zu dem Mann mit „freundlichen Augen" und lud ihn zu einem jüdischen Fest ein. Doch Sugihara wurde nicht sein Retter. Ganor galt nach der Besetzung Litauens durch die Rote Armee als sowjetischer Staatsbürger, ein Transitvisum nach Japan, der Weg mit der Transsibirischen Eisenbahn nach Wladiwostok war ihm verschlossen. Solly Ganor berichtet von den bestialischen Morden an Juden durch Litauer und den planmäßigen Erschießungen durch die

Deutschen. Die brachten ihn und seine Familie in eines der Nebenlager von Dachau. Er sollte sich beim Bau von unterirdischen Fliegerhorsten zu Tode arbeiten, bemerkt Ganor nebenbei.

Solly Ganor war einer von Tausenden, die am 26.April 1945 von ihren fliehenden deutschen Bewachern zu einem letzten „Todesmarsch" genötigt wurden. Amerikanische Stoßtrupps machten dem mörderischen Ausfall ein Ende. Er lag entkräftet im Schnee, als die Soldaten und die Panzer kamen. Als er die Gesichter sah, erschrak er wie viele andere und ließ alle Hoffnung fahren: Seine Befreier waren Japaner, und sie hatten in der ersten Verwirrung Mühe klarzumachen, daß sie Amerikaner waren. Der Zufall hatte es gefügt, daß ausgerechnet ein Freiwilligen-Korps von Japanern der zweiten Generation, sogenannte *nisei*, deren Eltern in amerikanischen Internierungslagern saßen, die Juden des Konzentrationslagers Dachau befreiten. Sie waren unter sich in der „522nd Field Artillery", angeschlossen dem „442nd Regimental Combat Team", der am höchsten dekorierten Einheit der amerikanischen Armee. Stets kämpften sie, in Monte Cassino und anderswo, in vorderster Front und erlitten unglaublich hohe Verluste. Die *nisei*-Einheiten seien verheizt worden, sagen manche Historiker, man habe ihren überkompensatorischen Patriotismus und Todesmut kalt ausgenutzt.

Die vier *nisei*, die im Saal der jüdischen Gemeinde sind, sehen das vermutlich anders. Sie sind stolz auf ihre Rettungsaktion in Dachau, über die viele nie sprachen, weil ihnen unter Androhung von Kriegsgerichtsverfahren Stillschweigen auferlegt wurde. Wollte es die Washingtoner Generalität vermeiden, Wochen nach den Atombombenabwürfen ausgerechnet japanische GIs auszuzeichnen? Solly Gabor sagt dazu nichts. Er liest leise aus seinem Gedicht über den Holocaust, ein gespenstisches „Schiff des Untergangs": „... the captain's name was death/ and the crew of the vessel/ sang the Horst-Wessel ...". Sugihara Chiune, der nie nach Geld oder Lob gefragt habe, sei ein Licht in der Dunkelheit gewesen. Mit den Worten „vaya con dios", erinnert sich Solly Ganor, habe sich Sugihara damals von ihm verabschiedet: „Er verdient einen Ehrenplatz im Paradies."

Es ist, auch wenn es gute Gründe geben mag, ein Jammer, daß kein japanischer, im übrigen auch – anders als bei einer Gedenkfeier für

Sugihara 1991 – kein deutscher Diplomat von Rang geladen ist, Solly Ganors bewegende Geschichte zu hören. Es sollte wohl ein jüdisches, allenfalls auch ein amerikanisches Gedenken bleiben. Walter Mondale immerhin hat die Gelegenheit, sich vor Sugiharas Größe, vor den Überlebenden und auch den *nisei* zu verneigen, denen Amerika ein erst spät eingestandenes Unrecht angetan hat. Die Wiedergutmachung und die öffentliche Entschuldigung eines Präsidenten für die Internierung der „feindlichen Ausländer" liegt erst wenige Jahre zurück. Doch hat es sie wenigstens eines Tages und ohne Einschränkung gegeben. Keine japanische Regierung seit Kriegsende hat dergleichen gegenüber Chiune Sugihara für nötig erachtet. Dafür sorgte, so kann man mutmaßen, jene kathartische Geschichtsdoktrin, die jede Verantwortung für den Angriffskrieg mit dem Blitz der Atombomben auslöschte. Den Juden gegenüber wußte man sich erst recht nicht schuldig, warum also, mochte es heißen, sollte man sich einem illoyalen Beamten, der Juden vor dem sicheren Tod bewahrt hatte, verpflichtet fühlen? Von Ehrungen natürlich nicht zu reden. Sugihara steht im gewissen Sinne mit anderen Widerständlern gegen das imperiale Japan auf derselben Stufe. Sie kämpfen bis heute vergeblich für ihre Anerkennung und eine Wiedergutmachung für Haft, Folter, Tod. Es gibt kein Unrechtsbewußtsein über das „Recht" im Unrechtsstaat.

Was wurde aus Sugihara Chiune? Er schrieb seine Transit-Visa, die zusammen mit den Stempeln eines mutigen holländischen Kollegen für Surinam und Curaçao Gültigkeit hatten, bis die Sowjets alle Konsulate schlossen. Noch von einem Hotelzimmer arbeitete er weiter, von morgens bis abends, schrieb oft dreihundert Visa am Tag. Gebühren verlangte er nicht. Seine Frau Yukiko massierte ihm die verkrampften Hände und sprach ihm, der Repressalien aus Tôkyô, Moskau und Berlin fürchtete, immer wieder Mut zu. So erzählt sie es in ihrem 1992 erschienen Buch „6.000 Visa für das Leben", das jetzt ins Englische übersetzt werden soll. Bis zum Juli 1941 soll insgesamt 15.000 Juden die Flucht durch die Sowjetunion und über Japan in Drittländer gelungen sein. Es wird berichtet, der Generalkonsul habe bis zur letzten Minute, als er am 1. September 1940 den Zug nach Berlin bestieg, die Dokumente ausgestellt und schließlich alle nötigen Stempel in den Händen der Flüchtlinge zurückgelassen. Er reiste mit seiner Familie über Berlin,

Prag und Königsberg nach Bukarest, wo er vom Dezember 1942 bis Kriegsende blieb. Nach der Freilassung aus sowjetischer Internierung kehrten die Sugiharas schließlich nach Japan zurück. Erst dort und erst im Jahr 1947 wurde der Diplomat unehrenhaft aus dem Dienst entlassen.

Niemand kümmerte sich um ihn, während er sich als Russischlehrer und bald als Vertreter einer japanischen Firma in Moskau durchschlug. Auch die Juden, die ihm ihr Leben verdankten, hatten Sugiharas Spur verloren. Erst 1968 gab sich ihm ein israelischer Diplomat in Tôkyô als einer der Geretteten zu erkennen. Nun gab es wenigstens aus einem Land Medaillen und Auszeichnungen für den Mann, den damals niemand „Japans Schindler" nannte; 1985 erhielt er den Preis „Yad Vashem". Am 31. Juli 1986 starb er im Alter von sechsundachtzig Jahren. Sugihara Chiune erlebte seine beschämend hastige und nachlässige Rehabilitierung in Japan nicht mehr. Sie wurde der Witwe und einem Sohn im Oktober 1991 von einem niederen Beamten des Außenministeriums ohne ein Wort der Entschuldigung aufgedrängt. Es heißt, das Außenministerium habe sich zu der Geste nur verstanden, nachdem im litauischen Wilna eine Straße nach Sugihara benannt und in seinem Heimatort Yaotsu, nahe Nagoya, eine Gedenkstätte beschlossen worden war. In dieser kleinen Stadt mit 14.000 Einwohnern trafen sich am Freitag, dem 23. September die Gruppe der überlebenden Juden und die *nisei* mit der Familie und Freunden Sugiharas. Auf dem ihm gewidmeten „Hügel der Humanität" gedachten sie eines großen Japaners, der seinem Land viel Ehre machte und zugleich um sich und seine Tat nie viel Aufhebens duldete. „Liebe für die Menschen und zur menschlichen Gerechtigkeit" gab Sugihara als Gründe für sein Handeln an. Aus dem Stoff sind keine Heldensagen. Ein demnächst erscheinendes Buch von Hillel Levine soll deshalb den Titel tragen: „Sugihara auf der Spur: Die Banalität des Guten".

(27. April 1994)

Katôs Gedankenverbrechen

Ein Dissident im japanischen Militarismus

Sie kamen zu fünft im Morgengrauen. Es war eine lächerliche Übermacht, die das Haus des ehemaligen Lehrers Katô Shûshirô in Akita umstellte. Zwei Beamte der „Gedankenpolizei" („Tokkô") sicherten die Hintertür. Gott weiß, was ihre Gedanken waren. Katô aber, fröstelnd und schlaftrunken, hatte Kollegen aus Tôkyô erwartet; er dachte an nichts weniger als an Flucht und schaffte es nur gerade, nicht reflexartig Tee anzubieten. „Was issn los, Nakayama", fragte er den einen, den er von seiner neuen Arbeit für die Schulbehörde der Präfektur kannte, „was passiert?" Das werde er noch früh genug erfahren. „Mitkommen, Katô." Seine Frau Harue, die einjährige Tochter auf dem Arm, die fünfjährige an der Hand, schaute eher erstaunt als beunruhigt zu, wie sie ihn endlich abführten. „Ich bin gleich zurück", rief er ihr zu, und beide glaubten es. Das war am 20. November 1940.

Seit zehn Jahren lebte das Lehrer-Ehepaar der Katôs nun schon in Akita, 350 Kilometer nördlich von Tôkyô an der Küste der Japan-See gelegen. Eine Gegend, der es an allem mangelte, auch an Überraschungen. Zeit und Politik wurden in Feldarbeit und Mißernten bemessen, nicht in Militär-Coups und Feldzügen. Katô wußte, daß es sich nur um eine Verwechslung handeln konnte. Auf dem Revier, wo aufgeregte Geschäftigkeit herrschte, bekam er Tee, aber keine Auskunft. Er hörte in Gesprächsfetzen das vertraute Wort „Hokkyô" heraus, Abkürzung für seine „Nordjapanische Erziehungs-Gesellschaft". Sechs dieser progressiven Lehrer seien festgenommen worden. Er bezog es nicht auf sich. Man schaffte ihn mit dem Sieben-Uhr-Zug in die Nachbarstadt. Daß er erst nach fünf Jahren als freier Mann nach Hause zurückkehren sollte, ahnte er nicht, und vielleicht war das gut so. Am 17. Oktober 1945, als über zwei Monate nach Japans Kapitulation alle politischen Gefangenen freikamen, erhielt der 34 Jahre alte Katô Shûshirô seine bürgerlichen Ehrenrechte so beiläufig von General MacArthur zurück wie er sie im Namen Kaiser Hirohitos verloren hatte. Zweieinhalb Jahre hatte der

„Gedankenverbrecher" in Gefängnissen verbracht, hatte sich in Gerichtskämpfen aufgerieben, war von Kollegen verraten und von der Familie freigekauft worden, hatte bis zuletzt Lehrverbot, Bewährungsauflagen, Beschattung durch die „Tokkô" ertragen. Die Polizisten auf seinem vertrauten Revier seien ausnehmend freundlich gewesen an jenem Tag, berichtet der 83 Jahre alte Katô Shûshirô. An Entschuldigungen oder Gesten der Scham kann er sich nicht erinnern.

Es hat sie in Japan nie gegeben. Der in die Demokratie gezwungene Nachfolgestaat des gescheiterten Militärregimes hat keine Rehabilitierung, erst recht keine Würdigung von Widerständlern je für opportun erachtet. Das Unglück kam über das Land wie ein Taifun, so lautet immer noch die vorherrschende Auffassung. Warum sollte man sich für ein verheerendes Wetter bei denen entschuldigen, die es vorausgesagt und davor gewarnt haben? In den Feierstunden des dreifach trauernden Angedenkens, die in jedem Jahr am 6. August (Hiroshima), 9. August (Nagasaki), 15. August (Kapitulation) den japanischen Kriegstoten gewidmet werden, kommen Männer wie Katô Shûshirô so wenig vor wie in den Schulbüchern. Was sollte man auch Vorteilhaftes von ihnen sagen: Daß sie nicht zu den Mitläufern und Tätern zählten in einer Nation, die sich als Opfer der Atombomben gereinigt fand? Erleichtert wird die Amnesie durch die Anonymität der ehemaligen Dissidenten. Kommunisten, Gewerkschaftler, Künstler, Priester, Lehrer haben die Öffentlichkeit nicht zu einer geschichtsmächtigen Erinnerungskultur zwingen können. Sie waren Sonderlinge in einem Sondermilieu und sind es geblieben. Allerdings blieben auch die meisten am Leben.

Japans Militärherrscher hatten mit der „Tokkô" und der noch brutaleren Militärpolizei („Kempeitai") schon Mitte der dreißiger Jahre dafür gesorgt, daß sie es nie mit einem aktiven, organisierten Widerstand zu tun bekamen. Es gab keine verschworenen Offiziere, keine Pläne für einen Staatsstreich, kaum Märtyrer, allerdings auch wenige Hinrichtungen, keine Konzentrations- und Vernichtungslager und planmäßigen Völkermord. Japans „Tokkô" war fanatisch kaisertreu, der Gott bewahrende Spitzeldienst des Tennôismus und konnte es selbst in Kriegszeiten meist mit „Überredung" und Haftstrafen gut sein lassen. Ein Vergleich mit der Gestapo, die eine junge nationalsozialistische Revolution mit Fleischerhaken und Fallbeil verteidigte, ist also ebenso naheliegend wie irreführend. Der Unterschied lag nicht etwa in vornehmerer Gesinnung, sondern in der Ideologie. Ein Mann wie Katô Shûshirô zählte zu den weit über 60.000 „Linken", die zwischen 1928 und 1945 im Namen des berüchtigten „Gesetzes zur Aufrechterhaltung der Ordnung" inhaftiert wurden. Über die Zahl derer, die nicht zurückkehrten, herrscht offiziell Schweigen. Unbeachtet von der Öffentlichkeit und selbst von manchen Historikern veröffentlichte 1981 eine Gruppe von Opfern des Gesetzes, die eine Entschädigung durchsetzen wollen, eine Liste. Danach wurden mehr als 80 Menschen ermordet, 114 starben in Haft an Folter und 1.503 an Krankheiten, die von Mißhandlungen hervorgerufen wurden. Daß diese Liste in der kommunistischen Parteizeitung „Akahata" (Rote Fahne) erschien, sagt weniger über ihre Glaubwürdigkeit als über die kollektive Verdrängung des Themas.

Aber müßte es nicht als ehrenwert gelten, zu den wenigen zu zählen, die Durchhalte-Slogans wie die von den „100 Millionen Herzen, die wie eines schlagen" (ohnehin um gut 30 Millionen aufgerundet) durch das eigene Beispiel verspottet zu haben? Katô Shûshirô ist sich da nicht sicher. „Ich habe wohl demokratische und humanistische Ideale als Ziel der Lehrer-Bewegung vertreten", meint er, „aber aktiv habe ich nie Widerstand geleistet." Da mag er irren. Zur Zeit seiner Verhaftung war er seit neun Jahren Mitglied in einer stets suspekten, aber lange legalen Lehrer-Vereinigung gewesen, die sich in ihrer Zeitschrift, in Seminaren und in der Schule selbst für eine liberale Unterrichtsreform einsetzte. Besonders im Norden Japans aber, wo die katastrophale Lage der Kleinbauern und Pächter nach einigen Mißernten zu einer so fühlbaren „Verschlechterung der Gedanken" geführt hatte, daß die „Tokkô" eine eigene „Bauerndörfer"-Truppe einrichtete, muß man sich über das Interesse der Behörden an materialistischen Schulmeistern wie Katô nicht wundern. Seine Arbeit war subversiv, individualistisch, also gefährlich: „Meine Schüler schrieben über ihren Alltag, die Arbeit ihrer Eltern, darüber also, wo das tägliche Brot herkommt und weniger über Götter, Tennô und Generäle." In Zeiten, da es sich für Gymnasialdirektoren ziemte, die Schule als Ort zu empfehlen, „wo man lernt, für Nation und Kaiser ehrenvoll zu sterben", war Katôs Unterricht schlimmer als Bauernfängerei. Sie war die Anleitung zum inneren Hochverrat.

Aber sein Ehrgeiz, erklärt der alte Herr heute wohl mit derselben Sturheit wie einst im Verhör, sei stets pädagogischer, nicht politischer Natur gewesen. Daß die „Tokkô" bei der Hausdurchsuchung drei Handkarren voll Bücher abtransportierte, darunter reichlich kommunistische Literatur, sieht er nicht als Widerspruch. Als man ihn nach sechs Monaten Untersuchungshaft zum ersten Mal zu den angeblich subversiven Tätigkeiten der Lehrergruppe befragte, als ihn der „Tokkô"-Mann in den folgenden Wochen immer wieder anherrschte, er solle gefälligst zugeben, Kommunist zu sein, verstand er immer noch nicht, was man eigentlich von ihm wollte und weigerte sich stur, seine „ideologische Biographie" zu verfassen. Er habe sich nichts anderes vorzuwerfen, als sich für die Verbesserung der Lebensbedingungen japanischer Schulkinder eingesetzt zu haben. Die Verhöre müssen einem Wettkampf unter halsstarrigen Pädagogen geglichen haben: Schulrätin „Tokkô" wollte den Kollegen Katô erziehen und umgekehrt, wobei man einander *kiken na shisô* bezichtigen konnte, „gefährlicher Gedanken". Als er dann doch irgendwann aufgab und eine vorgedruckte Selbstbezichtigung mit seinem Siegel versah, schämte er sich wie ein Pennäler, den man beim Abschreiben erwischt hat.

Man muß die geistige Frische des alten Mannes ebenso bewundern wie die Weisheit seiner Frau, die ihm immer dann sanftmütig in die Parade fährt, wenn er ins Schwadronieren kommt. Katô, ein schwerer Mann mit ausladenden Gesten und einem mächtigen Katheder-Bariton, widersteht meist der Versuchung, Heldensagen zu dichten. Seine Familie ist auch so stolz auf ihn, das weiß er. Nie sei er gefoltert oder auch nur mißhandelt worden, weder in den anderthalb Jahren Untersuchungshaft, noch während des Jahres im Gefängnis. Das betont er mehrfach. Kollegen sei es schlechter ergangen, er wisse nicht, warum man ihn so milde behandelt habe. Sein Bruder, Redakteur einer Zeitung in Akita, habe zwar nie über seinen Fall schreiben können, aber er habe den Polizeichef regelmäßig besucht. Ob der politische Häftling Katô seinen Untersuchungsbeamten immer so unerschrocken und geradezu todesmutig die Stirn geboten hat, wie er sich zu erinnern meint, bleibe dahingestellt. Die bedächtigen Berichte seiner Frau Harue geraten umso weniger in den Verdacht einer Selbststilisierung. Sicherlich sei es schwer gewesen, räumt sie ein, über Monate nicht zu wissen, wo ihr Mann war und was man ihm vorwarf. Aber nein, es habe keine Diskriminierung durch Nachbarn oder Kollegen gegeben, keine patriotischen Aufwallungen gegen den Jugendverderber Katô, keine Vorwürfe von Freunden und Familie. Wer ihren Mann gekannt habe, sagt die alte Dame bestimmt, habe auch gewußt, daß er unschuldig in Haft war. Sie habe ihn nie zum Nachgeben zu überreden versucht.

Was Katô Shûshirô in seinem Lebensbericht immer wieder als *sofuto*, „weich", umschreibt, hat der Historiker Richard H. Mitchell 1992 in seinem Buch „Janus-Faced Justice – Political Criminals in Imperial Japan" auf den zwiespältigen Begriff des „paternalistischen Polizeistaats" gebracht. So brutal der einzelne „Tokkô"-Mann Geständnisse aus Häftlingen herausprügelte und, von Vorgesetzten gedeckt, das Verhör bis zum Totschlag treiben konnte, so wenig läßt sich offenbar systematische Folter als Dienstanweisung in Japan rekonstruieren. Neben schlimmsten Verhältnissen in Untersuchungsgefängnissen existierten akzeptable Haftbedingungen und relativ faire Prozesse; extrem langen Gefängnisstrafen standen erstaunliche Bewährungsurteile gegenüber. Mitchells amerikanischer Kollege John W. Dower, Autor des bedeutendsten Standardwerks über den Pazifischen Krieg („War Without Mercy"), kommt in einem neuen Essay zu einer ähnlichen Einschätzung. Selbst in den verzweifeltsten Kriegsjahren, schreibt Dower, sei es Japans Führung nie gelungen, einen totalitären Staat oder ein gleichgeschaltetes Gemeinwesen zu errichten, das dem deutschen SS-Staat oder Stalins Terrorregime nahegekommen wäre.

Zum Beweis für diese These, die sowohl amerikanischer wie japanischer Kriegspropaganda vom fanatisch ergebenen Herrenvolk der Yamatos widerspricht, führt der Historiker bemerkenswerte Zahlen an. Nach (damals geheimen) Dokumenten der japanischen Regierung gab es im Jahre 1940, also um die Zeit von Katôs Verhaftung: 732 Streiks in der Industrie mit 55.000 Beteiligten und 3.165 Konflikte zwischen Großgrundbesitzern und Pächtern mit 38.000 beteiligten Bauern. Im gleichen Jahr wurden 817 „Linke" festgenommen und 229 angeklagt, 26 wegen Majestätsbeleidigung. Schon vor den großen Luftangriffen der Alliierten lag laut Dower die Quote der Arbeitsverweigerer in den Fabriken bei zwanzig Prozent. Defätismus, Zynismus und Bitterkeit hätten in einem Maß um sich gegriffen, daß in ministeriellen Dossiers

„Angst um die agrarische Seele, den Quell der Yamato-Rasse" geäußert wurde. Der Volkszorn manifestierte sich in Gedichten und Graffiti gegen den Krieg, den Premierminister, sogar den Kaiser, wie in anonymen Briefen an Behörden. Auch die mächtige „Tokkô" konnte wenig gegen „negative Gerüchte" und wehrkraftzersetzenden Sarkasmus ausrichten. John W. Dower glaubt, in dieser Kriegsmüdigkeit eine Lösung des Rätsels gefunden zu haben, warum die Japaner sich nach der Niederlage als Musterschüler ihrer Besatzer erwiesen.

Die Japaner, ein verkanntes Volk des inneren Widerstands? Katô Shûshirô wäre der erste, der einem solchen neuen Mythos widerspräche. Nein, sagt er, es seien viel zu wenige gewesen, die alle viel zu wenig getan hätten gegen den mörderischen Größenwahn des imperialen Japan. Auch er sei nicht besonders mutig gewesen. Wenn auch nicht so feige wie manche seiner Lehrer-Kollegen, die in seinem letzten Prozeß vor dem Oberlandesgericht von Sendai im August 1944 als willige Zeugen der Anklage auftraten. Erst nach den Geständnissen dieser Leute, die ihm subversive Aktivitäten bescheinigten, war ein Freispruch unmöglich. Auf Anraten seines Anwalts bekannte er sich schuldig und kam mit zwei Jahren Haft auf Bewährung davon. Sonderlich übel hat Katô diesen Kollegen ihr falsches Zeugnis offenbar nicht genommen. So seien halt die meisten Menschen. Ebenso wenig hat sich Katô gestattet, auf seine fünf Mitangeklagten herabzusehen, die alle vor ihm aus der Haft entlassen wurden. Sie hatten sich schließlich auf etwas eingelassen, was einem Abschwören, einer Konversion zum Tennôismus gleichkam und als Phänomen des *tenkô* einmalig in der Geschichte des Widerstands in modernen Militärregimen dasteht. Nirgendwo sonst hat es ein autoritäres Regime vermocht, seine erbittertsten Gegner in solchen Massen nicht nur zur Aufgabe, sondern zu einem „Richtungswechsel" zu bewegen wie der japanische in den dreißiger und vierziger Jahren.

Der Begriff *tenkô* wurde von zwei hochrangigen Mitgliedern der Kommunistischen Partei 1933 geprägt, Sano und Nabeyama, die 1929 zusammen mit 250 Genossen verhaftet und zu lebenslanger Haft verurteilt worden waren. Im Juni 1933 veröffentlichten sie einen Text, der ihren Parteiaustritt begründete und sie als gläubige Untertanen des Tennô auswies. Die Sicherheitsbehörden hatten ihnen Umschluß und überhaupt jede Unterstützung gewährt für ihre Selbstfindung. Es zahlte sich aus. Innerhalb eines Monats folgten ihnen fast 550 politische Häftlinge. Innerhalb von zehn Jahren wurden von 2.440 inhaftierten Kommunisten über die Hälfte als völlig reformiert, ja „geheilt“ entlassen; 47 Prozent wurde noch ein *semi-tenkô* bescheinigt, gerade 37 Genossen blieben in Treue fest bei ihrer Weltanschauung. Solchen ging es schlecht, nicht viel schlechter allerdings als Mitgliedern der japanischen „Roten Armee“, deren Unbeugsamkeit vor Gericht Jahrzehnte später ebenso schwer wog wie ihre Polizisten- und Fememorde. *Tenkô* jedenfalls wurde die Wunderwaffe der Polizei, eine Anleitung zum ideologischen Selbstmord samt Auferstehung als geläutertes Kind in der großjapanischen Familie unter dem gottväterlichen Kaiser. Es ist leicht nachzuvollziehen, warum die Behörden damals *tenkô* zur offiziellen Strategie erhoben und zunehmend die Bedingungen für einen glaubwürdigen Wandel verschärften. Weniger leicht zu erklären ist, wie ein Großteil der japanischen Linken, und die wenigsten unter Todesdrohungen, jede persönliche Verantwortung und alle Prinzipien fahren lassen konnte. Manche sagen, das Pflichtgefühl gegenüber der eigenen Familie und die Sehnsucht nach Geborgenheit in der Mehrheit hätten unter Druck obsiegt. Der Religionswissenschaftler Nakamura Hajime bescheinigt dazu seinen Landsleuten das Talent, „komplizierte Ideengebäude auf niedrigstes Niveau zu ziehen“, wenn dies vorteilhaft erscheine. Ein Glaube bedeutet nicht viel in Japan, was viele glauben, bedeutet alles. Man mag es Oberflächlichkeit, man mag es Toleranz nennen.

„Die Japaner lebten in Angst, ohne recht zu wissen, wovor“, meint Katô Shûshirô. Auch er habe erst nach seiner Verhaftung begriffen, daß der nette Nachbarschafts-Polizist sich im Wesen nicht von dem „Tokkô“-Mann unterschied, und erst nach seiner Freilassung, daß erfahrene Gedankenpolizisten nach kurzer Umschulung auch in der Demokratie verwendungsfähig waren. Katô zog seine Lehren daraus, als er sich im Dezember 1945 an der Gründung einer Lehrergewerkschaft beteiligte und in die sozialistische Partei eintrat. Er erlebte, daß die amerikanischen Besatzer, die zunächst 15.000 „Tokkô“ entlassen wollten, sich schließlich mit einem Drittel begnügten; er mußte erleben, daß die meisten der Entlassenen leicht Zuflucht fanden in anderen Polizeidienststellen, in Verwaltung oder Ministerien und nicht wenige nach 1955 glänzende Karrieren in der regierenden LDP machten. In jenem Jahr kandidierte Katô, der 1948 die Sozialisten wieder verlassen hatte, für die „Landarbeiter Partei" für einen Unterhaussitz. Erfolglos, wie er ohne die geringste Reue bekennt; er ist kein Politiker.

Noch 1951 gründete er in Fukushima seine erste „Stadt"-Zeitung, 1977 kam die „Demokratische Zeitung" hinzu. Die Auflagen beider Blätter sind nie über fünftausend Exemplare gestiegen. Aber es ernährte seine Familie und bot ein Forum für seine pädagogischen Artikel. Ab und zu, sagt er, suchten immer noch Lehrer seinen Rat. Inzwischen habe sein Sohn das Geschäft übernommen; der mache mehr Kompromisse und sei erfolgreicher. Es ist derselbe Sohn, der den Vater einmal fragte, ob seine Courage denn die Japaner etwas gelehrt oder wenigstens in den Schulen irgendetwas bewirkt habe. Es heißt, Katô Shûshirô habe es vorgezogen, nicht zu antworten.

(15. Oktober 1994)

Ahnungslos

Aber da: Antisemitismus in Japan

Woran krankt Japan, eine sonst doch gesunde Nation? Politik und Wissenschaft waren seit Jahren ratlos. Doch nicht mehr. Fast zehn Millionen Leser hatten am Morgen des 18. Oktober endlich die Gelegenheit, auf Seite drei der „Yomiuri shimbun" eine Werbeanzeige für jene vier sensationellen Bücher zu finden, welche endlich den Erreger der rätselhaften Malaise, an der die japanische Wirtschaft leidet, dingfest machen. Dringend empfohlen wurde, der Landessitte folgend von rechts nach links, und von oben nach unten, jedem besorgten Bürger: Erstens, „Rockefeller gegen Rothschild: Der Kampf der Kolosse bricht sich Bahn in Japan" von einem gewissen Fuji Noboru; zweitens, „Hierarchie der Verschwörer: Die Geschichte des Komitees der Dreihundert" – Der Plan, achtzig Prozent der Menschheit zu vernichten, offenbart von Dr.

John Coleman, einem ehemaligen General des britischen Geheimdienstes; drittens, „Internationaler Jude" von Henry Ford – „Der Automobilkönig warnt vor dem Problem der Pharisäer-Juden, die heute auf Japan aus sind"; viertens, „Die Geld-Weltmacht der Rothschild-Dynastie – Die jüdische Idee von der totalen Weltkontrolle: Enthüllt!" Für umgerechnet nicht einmal 120 Mark die Quadratur der jüdischen Einkreisung, die perfide „von den Beatles über Drogen bis zum Kennedy-Attentat die Menschheit trivialisiert", solche ergreifenden Sonderangebote – und kein übles Geschenk zum Jahresende für Geschäftsfreunde – kann es nur noch in Japan geben, dessen gute Besserung damit gesichert scheint.

Man kennt das schon. Einmal im Jahr scheint es fällig, in irgendeiner Zeitung. Die israelische Botschaft protestiert natürlich und verlangt eine Entschuldigung. Die völlig überraschte Geschäftsführung von „Yomiuri" gelobt, daß man, im kuriosen Wortlaut eines Konkurrenzblattes, „keine Vorurteile gegen die jüdische Gesellschaft" habe, Redaktionelles und Anzeigen trenne und erwägen werde, wie künftig mit solchen offenbar anstößigen Anzeigen umzugehen sei. Skandal oder elender Kinderkram? Man wäre gern geneigt, die Anzeige des einschlägig notorischen Verlags Tokuma als Realsatire abzutun, wie sie regelmäßig in einem abgelegenen Archipel noch vorkommt, das fremde Märkte besser versteht als fremde Kulturen, und kein Wort darüber zu verlieren. Antisemitismus ist, Gott (oder seiner Abwesenheit) sei dank, im religionstoleranten Japan heute etwa so virulent wie die Ökologiebewegung in der Wüste Gobi. Es gibt viel zu wenige Juden, um ein Feindbild abzugeben; und die wenigen sehen, zum Entsetzen der wenigen Antisemiten, genauso aus wie die anderen Ausländer.

Die jüdische Gemeinde in Tôkyô schätzt die Zahl ihrer mehr oder minder engagierten oder auch nur bekannten Mitglieder auf gerade tausend. Ernest Salomon, Vorsitzender der Gemeinde und ein besonnener, lebenserfahrener Mann, ist seit Jahrzehnten vertraut mit der „völligen Ahnungslosigkeit und Naivität", die den japanischen Antisemitismus auszeichnen. Neunundneunzig Prozent dieser rassistischen Ausfälle finden in obskuren, fast immer importierten Pamphleten statt; sie sind ein Papiertiger auf Comic-Niveau. Mit heiterer Verachtung berichtet Salomon von dem einen Prozent, nämlich von den Aufmärschen rechtsradikaler Gruppen vor dem Gemeindehaus im Tôkyôter Stadtteil Minato, die für einige Zeit an jedem 20. April vorkamen. Junge Fanatiker in SS-Montur brüllten zehn Minuten lang unverständliche Hetzparolen von ihrem Lautsprecherwagen und verschwanden wieder. Im vergangenen Jahr entschied sich die Gemeinde, dem Auftritt auch einheimisches Publikum zu verschaffen. Ein Polizeiwagen vor dem Zentrum reichte, um den Grölern das Maul zu stopfen. Sie kamen einfach nicht.

Andere Mitglieder in dem sechsköpfigen „Anti-Diffamierungs-Komitee" der jüdischen Gemeinde nehmen solche Vorfälle weniger gelassen als Salomon. Auch sie haben gute Gründe, wenn sie die japanische Presse nach antisemitischen Artikeln oder (fast ausschließlich) Anzeigen durchgehen. Sie halten die meisten Japaner für nicht minder ahnungslos und gerade deshalb für besonders gefährdet. Widerstandslos könne bei einer Leserschaft, die von Freimaurern so wenig Ahnung habe wie etwa vom Unterschied zwischen Juden, Israelis und Zionisten, eine Saat der absurdesten Verschwörungstheorien aufgehen. Richtig daran ist: Jede Art Aberglaube, von den Handlesern über Blutgruppen-Auguren bis zu Glücks- und Unglückstagen im Kalender, an denen man Hochzeitstermine ausrichtet, gedeiht im modernen, neureichen Japan, dessen Medien den Yen umtanzen wie eine Gottheit. Es ist nicht auszuschließen, daß in den Zeiten einer nur gerade überwundenen Rezession, der Arbeitsplätze und die Gewißheit japanischer Unbesiegbarkeit zum Opfer fielen, die Mär vom Schicksalskampf der britischen Rothschilds gegen die amerikanischen Rockefellers um die Kontrolle Japans auch sonst vernünftigen Gemütern einleuchtet. Entsprechende Gesetze, die etwa den Aufruf zum Rassenhaß unter Strafe stellten, gibt es nicht. Einen berufsethischen Ehrenkodex der Medien, der Minderheiten auch vor diffamierenden Anzeigen schützt, gibt es angeblich sehr wohl. Er verbietet allerdings bisher nur Beleidigungen von Chinesen, Koreanern und, überflüssig zu sagen, des japanischen Kaiserhauses.

Völlig undenkbar wäre es, daß in Japan jener Artikel des Tôkyôter Korrespondenten der „Jerusalem Post", Mike Jacobs, auch nur zitiert würde, in dem er antisemitische Machwerke höchst sarkastisch beschrieb und analysierte. Wenn die Dinge sich weiter so entwickelten, könnte es dann nicht sein, fragte Jacobs, „daß der verlorene Stamm Israels einst Korea übernommen hat und seine Art auf solche Weise in die japanische kaiserliche Familie einführte? Bei dieser Gelegenheit fällt auf, daß der heutige Kaiser eine Nase besitzt, die in einer Versammlung von Weisen Zions nicht als Abweichung Unruhe schaffen würde." Die künftige Strategie des „Anti-Diffamierungs-Komitees" wird sich solcher Spielereien gewiß enthalten. Man wolle mit den Vorständen der großen Zeitungen eine Reihe ruhiger Gespräche führen und höflich darum nachsuchen, die internationale Reputation ihrer Blätter nicht durch Arglosigkeit oder Ignoranz zu beschädigen. Öffentliche Beschuldigungen nützten keiner Seite, weder Japan noch den Juden. Ein Briefentwurf schlägt deshalb vor, eine zufriedenstellende Lösung zu finden, wo man sie in Japan seit alters sucht: „Unter Männern von redlicher und aufrechter Absicht."

(1. November 1994)

Das Archipel Asobi
oder: Homo asobi

Japan und die Weltanschauung im Themenpark

Seit einigen Jahren zählt es zu den Pflichtstücken im Repertoire der westlichen Japanbeobachtung, sich gelegentlich über den jeweils neuesten Vergnügungspark im Land zu amüsieren. Die immer wieder staunenswerten Berichte von Selbstversuchen in „Tôkyô Disneyland", „Parque España", „Canadian World" oder dem „Glücks-Königreich" haben beim amerikanischen und europäischen Publikum den Vorzug, jene eigentümliche Gefühlsmelange von Heiterkeit und Hochfahrenheit, Rührung und Befremden anzurichten, mit der in glücklicheren Zeiten der alte Westen den ostasiatischen Parvenu zu beschauen pflegte. Diese kolonialoide Kulturhoheit scheint nach Japans Aufstieg zur Militärmacht um die Jahrhundertwende und seinem Wiederaufstieg zur Wirtschaftssupermacht seit 1945 die letzte Nische zu bieten, in der jeder Abendländer ungetrübte Freude über Japan empfinden kann.

Welcher Deutsche empfände schon Neid, wenn er von den märchenhaften Menschenmeeren liest, die an Wochenenden gegen die naturgetreuen Kopien des Schlosses Bückeburg und des Hanauer Rathauses auf der Nordinsel Hokkaidô branden, die über Rotkäppchen und Schneeweißchen, den Wolf, die Grimm-Brüder, sämtliche Zwerge und die Achterbahn hereinbrechen? Welcher Spanier möchte den Plüschreinkarnationen von Don Quixote und Sancho Pansa die Hand schütteln, welcher Holländer will vom „Edu-tainment" der Holzschuhschnitzer im „Holland Village" bei Nagasaki lernen, welcher Russe will Borschtsch im „Russian Village" zu Niigata genießen, während er auf die Seehundschau vom Baikal-See wartet? Welcher Christenmensch würde zu jenem obskuren Grabhügel im nordjapanischen Shingomura pilgern, wohin sich der asylsuchende Jesus flüchtete (dessen Bruder Iskiri unterdes am Kreuz starb), eine Landestochter heiratete, drei Töchter zeugte und 106 Jahre alt wurde? Sie alle, wir alle, denken nicht daran und hören umso lieber davon.

Das ist gut so. Denn nur das Fernbleiben der Originalbewohner bewahrt den eigenen japanischen Frieden dieser Weltausstellung en miniature. Der tiefere Sinn dieser National-Parks, neben der in Japan stets empfohlenen Vermeidung von öffentlichem Müßiggang beim Zeitvertreib, liegt ja gerade darin, fremden Ländern das zu nehmen, was viele Japaner am meisten verstört: ihre Fremdheit. Nicht weite Reisen oder hohe Kosten schrecken vom Besuch der Originalschauplätze – anderthalb Tage in „Tôkyô Disneyland" kosten leicht 1.600 Mark pro Person, nicht weniger als drei Tage Hawaii –, sondern die bestürzende Ahnung, daß in Frankreich Französisch gesprochen werden könnte, in Italien *miso*-Suppe und *sashimi* nicht überall verbreitet sind und in Amerika der Yen noch immer nicht den Dollar ersetzt hat. Wenn die reale Welt also, was man ja auch in Japan irgendwie einsieht, störrisch ihre Japanisierung verweigert, bleibt nur der Ausweg, ausgewählte Kulturen im eigenen Lande anzulegen. Dort kann man sie, in der großen Tradition der Bonsai-Züchtung, auf ihre wahre innere Größe reduzieren, von Schadstoffen und Erregern reinigen und dergestalt stark verbessert dem heimischen Publikum anheimstellen. Wer, wenn er die Wahl hätte und ehrlich wäre, wollte denn nicht New York ohne Junkies, Rüdesheim ohne Taschendiebe, Kanada ohne Einsamkeit, Fachwerk ohne Holzwürmer erleben? Japans Themenparks bieten der xenophoben Reiselust ein Traveller's Digest im Reservat, eine Auslese dessen, was die Welt sein könnte, wenn sie nur japanischer wäre.

Sauberer und sicherer vor allem. Die Benehmensphilosophie etwa der „Space World", 1992 von von der Nippon Steel Corporation im südjapanischen Kitakyûshû eröffnet, läßt daran keinen Zweifel: „Um unseren Gästen eine ebenso faszinierende wie komfortable Erfahrung zu garantieren, muß die 'crew' ihr Verhalten nach den 'Vier guten Philosophien' einrichten: 1. Gute Sicherheit; 2. Gute Sauberkeit; 3. Gute Gastfreundschaft; 4. Gute Action." Die fast 1.500 festen und saisonalen Angestellten des Parks sind darüber hinaus dringend gehalten, „peinlichen Wert auf ihre Erscheinung und ein warmes Auftreten zu legen" und ihr Bestes zu tun, um den Gästen „den Nervenkitzel und die Freude einer wirklichen Weltraum-Reise zu vermitteln". Diesen Anweisungen, die in dem übrigen Dutzend großer Themenparks ohne Zweifel ihre Entsprechungen haben, ist jede Ironie fremd. Unterhaltung ist, nicht nur, aber vorzüglich in Japan, ein bitterernstes Geschäft. Gerade japanische Reisegruppen, deren lärmende Gutmütigkeit kaum zu erschüttern ist, können äußerst ungehalten werden, wenn es uniformierte Unterlinge an der in Japan üblichen Unterwürfigkeit bei ihren Dienstleistungen fehlen lassen. Den eigenen Sitz im Flugzeug, den richtigen Bus zu finden, Bahnsteigkanten zu meiden oder Gepäck nicht liegenzulassen, obliegt auch im eigenen Lande niemals dem Betroffenen, sondern Reiseführern oder körperlosen Hütern über Lautsprecher. Die Themenparks verdichten und veredeln die japanische Alltagserfahrung, sie sind Intensivstationen des lustvollen Spiels.

Japaner sind Spieler. Das ehrt sie, wenn Hans-Georg Gadamer recht mit dem Urteil hat, daß die „menschliche Natur ohne Spielelement nicht denkbar ist". Der Begriff für das Spielen, *asobi*, ist in der Sprache allgegenwärtig, ob im „spielenden Stern" für Sternschnuppe, im „Spiel-Geld", für erspartes, nicht arbeitendes Geld oder in der sexuellen Gespielin (*asobi-onna*). Leidenschaftlich wird gewettet, auf Pferde oder Motorboote; die Ästhetik der Essensinszenierung, die Reinigungsexerzitien beim Bad sind verspielte Rituale. Themenparks sind nur eine Variante dieses gemeinsamen Spieltriebs. Es wird über die Verehrung für die im Westen schaurig beliebten Japonica wie Kamikaze und

Seppuku leicht vergessen, daß der reuelose Hedonismus des kultischen Shintô, der metaphysischen Heilsversprechen mißtraut, alles Tote ächtet und alles Gute reichlich und rechtzeitig auf Erden verschaffen will, in Japan älter ist und wohl tiefer sitzt als der importierte Puritanismus, den Kaiser Meiji nach der Restauration von 1868 seinen Untertanen verordnete aus Bewunderung für Zucht und Macht der europäischen Mächte. In Japans wuchernden Metropolen lebt man heute ambulant, ohne Zentrum, auf Durchlauf. Zu weitläufig, um mehr als einmal am Tag zwischen Wohnung und Büro zu pendeln, verlangen sie, daß man schläft, ißt, spielt, genießt, wo man gerade ist, wenn man halbwegs bei Sinnen bleiben will. Das kann nur gelingen, wenn Körper und Geist, Mensch und Maschine, Vergnügen und Arbeit nicht als Antagonismen, sondern als Teile desselben empfunden werden. Mickey Maus ist so göttlich oder gleichgültig wie ein Computer, die Plastikkopie einer korinthischen Säule so beseelt wie das marmorne Original, *asobi* so wichtig wie Arbeit. Und ist diese Hingabe zum Bedeutenden wie zum Nichtigen nicht sogar beneidenswert menschlich? „Alles ist ohne Dauer", waren die letzten Worte des Buddha, „seid eifrig in eurem Streben."

Nun soll nicht der Eindruck erweckt werden, die Abermillionen Besucher japanischer Vergnügungsparks bereiteten sich mit einem Studium buddhistischer oder konfuzianischer Lebensweisheiten auf ihren Ausflug vor. Ebensowenig dürften die meisten jungen Paare und Kleinfamilien von verzweigten Gedanken über den „Asobismus", seinem Verhältnis zur animistischen Dorfkultur und deren Einfluß auf die Donald-Duck-Rezeption bewegt werden. Die Leute tun, was als sicher und sauber, vergnüglich und sozial respektabel gilt. Es heißt, junge Paare schätzten die Parks nicht nur wegen der stimulierenden Roller-Coaster-Loopings und Drei-D-Kinos, sondern weil es sich dort auf die ausgelassenste Weise gemeinsam schweigen lasse. Junge Eltern sind, wie überall sonst, dem massiven Erpressungsdruck ihrer Kinder ausgesetzt, die verlangen, in diesen oder jenen Park geführt zu werden, weil sie ohne den Nachweis eines Mickey-Maus-Frühstücks oder eines Cinderella-Radiergummis in ihrer Klasse geächtet werden. Es dürfte in Japan kaum weniger, nur weniger laute Klagen entnervter Eltern über den süßlichen Stumpfsinn und die freche Beutelschneiderei der

Themenparks geben als anderswo. Ihr Pech ist, daß sie kaum eine Wahl haben. In einem übervölkerten Land, dessen feudal-kapitalistische Arbeitnehmerkultur das Wahrnehmen von mehr als zwei Wochen Urlaub im Jahr als selbstsüchtig auslegt, gibt es zum kurzen, überteuerten Pauschalarrangement keine Alternative. Spontaneität ist das wahre Luxusgut. Freizeit in Japan ist zu anstrengend, um sie auch noch selbst zu gestalten.

Man kann es „die hermeneutische Identität im Spiele" (Gadamer) nennen, oder es einfach dabei belassen, daß die simulierte Welt der Themenparks klein und eingefriedet ist, und daß man auch noch weiß, was sie kostet. Nur die Parks, deren Eintrittspreise so verdächtig ähnlich sind wie die Öffnungszeiten, bieten das Vergnügen ohne Überraschungen, Visa- oder Hygieneprobleme und, bei manchen ein pädagogisches Alibi. Im deutschen „Glücks-Königreich" traten in diesem Jahr sechzehn (nach Werbebroschüre garantiert „europäische") Musikensembles auf, darunter im Mai die Dresdner Semper Oper in einem „Phantastischen Ballett-Konzert – Getanzter Mozart und Bach". Man darf annehmen, daß sie für ihre ästhetische Toleranz angemessen entschädigt wurden. Andererseits soll selbst der Bürgermeister von Bückeburg namens Moller (oder Möller?) tiefe Bewunderung für die akkuraten Nachbauten bekundet haben. Die Gebrüder Grimm, meinte er kühn, hätten sicher gesagt, es sei „wie ein Märchen, aber wahr". Über die Grenzen unserer Vorstellungskraft geht die Frage, was die Grimms zu der blindwütigen Verbreitung von märchenhaften Comic-Figuren in Japans Geschäftswelt gesagt hätten. Es gibt kaum mehr eine Bank, Telefon- oder Versicherungsgesellschaft, die ohne herziges Viehzeug werben will. Die Nationale Polizeibehörde hält sich ein gelbes Maskottchen namens „Pipo-kun", um Verkehrsbenimm zu verbreiten. Steuerämter und Wasserwerke beteiligen sich an der allgemeinen Verniedlichung des ohnehin erschütternd netten Alltags in Japan. An die weit vorgeschobene Grenze der Geschmacklosigkeit stieß kürzlich erst die Fluggesellschaft „Japan Airlines", die ihren Stewardessen in mit Disney-Charakteren verschönten Jumbo-Jets auf der Route nach Hawaii noch einen Satz Original-Mause-Ohren (erhältlich in S, M, L) verpaßte. Es gab Spott über die fliegenden Kinderzimmer und Proteste der Gewerkschaft der Flugbegleiter, weil den Piloten das Tragen von auffälligen

Ohren oder Schnäbeln erspart blieb. Japan lachte, was sehr selten ist, über sich.

Man hüte sich vor Hochmut. Es besteht im Westen, wo man sich auf die Ideen des Echten und Alten soviel zugute hält wie auf die Konzepte vom Genie und auf das Christentum, auch ohne Kenntnis der Comic-Verliebtheit allzu leicht die Neigung, Japaner für kindlich zu halten, zumal beim Spielen, nur weil sie die grenzenlose Verehrung für abendländische Fetische nicht teilen. Der amerikanische Besatzungs-General MacArthur meinte es durchaus freundlich, als er in dem besiegten Volk, das abwechselnd zur mörderischen Affenbande degradiert und zum opferbereiten Übermenschentum erhoben worden war, das Gemüt eines Zwölfjährigen zu entdecken meinte.

Unendlich viel intelligenter hat sich Donald Richie, ein vor Jahrzehnten in Japan freiwillig gestrandeter Cineast und kulturkritischer Essayist, mit dem japanischen Hang zur Verkleinerung, Verbilligung und dem Talent zur Aufhebung von Raum-Zeit-Kontinua befaßt. Richie erklärt die „Mosaik-Stadt" Tôkyô selbst zu einem 2.500 Quadratkilometer großen Disneyland, das die „ersatz novelty", die Modeneuheit des Themenparks eigentlich gar nicht nötig habe. Er beweist schlüssig und nicht ohne Sympathie, wie die Hauptstadt im „Königreich des Kitschs", in der ganze Viertel sich in Wochen verändern, alles flüchtig und nichts ist, wie es scheint, zu Zeitreisen einlädt und die Wirkung reinen Sauerstoffs verbreitet: Euphorisierend in Maßen, tödlich im Übermaß. Nirgendwo sonst, meint Donald Richie, könne man so kindlich unbeschwert durch einen urbanen Irrgarten tollen wie in Tôkyô. Daß die Japaner kein Wort für Kitsch kennen, hält Richie für den schlagendsten Beweis: „Auch die Fische haben kein Wort für Wasser."

(10. Dezember 1994)

Der anachronistische Zug der Schmetterlingswesen

Ein Kimono bleibt die anmutigste, teuerste und unpraktischste Garderobe für Japans besondere Gelegenheiten

Wohl dem ahnungslosen Ausländer, der am Morgen des 15. Januar irgendwo in Japan gegen 9.30 Uhr vor sein Hotel tritt, um sich schaut und entzückt begreift, daß er Zeuge eines Zeitparadoxons ist: Überall in den Straßen huschen, trippeln, schlurfen auf viel zu kleinen Sandaletten kichernde und schwätzende Mädchen umher, makellos frisiert und geschminkt, in den prächtigsten Seiden-Kimonos, manche ungelenk wie abgeschnittene Marionetten, andere schwebend wie Schmetterlingswesen, aber ausnahmslos alle – man verzeihe den Chauvinismus – hübscher als davor oder danach. Kein Zweifel, über Nacht hat sich das halbe Land ins 19. Jahrhundert zurückfallen lassen, die ödesten Industriegebiete werden zu Seidenstraßen. Und das bekommt Japan nicht schlecht.

In der unverändert modernen Kulisse der Straßen, zwischen Limousinen und U-Bahn-Eingängen, wird ein Gesellschaftsstück aufgeführt, bei dem alle Japanerinnen, die im Jahr zuvor zwanzig Jahre alt wurden, nichts weiter zu tun haben, als, buchstäblich eingebunden in die Tradition, für einige Stunden ihre Urgroßmütter zu spielen. *Seijin no hi* (etwa: Volljährigkeitstag) nennt sich dieser nationale Gesamtgeburtstag, den auch alle jungen Männer des Jahrgangs begehen, nur eine Handvoll in althergebrachtem Gewand, die Menge phantasielos und tadellos in Schlips und Kragen. Der nationale Feiertag wäre nicht der Rede wert, ginge es nur um all die staatlichen Pflichtveranstaltungen in Gemeindesälen, die von Kommunalpolitikern, Schuldirektoren und vergleichbaren Honoratioren erbarmungslos genutzt werden zu langatmigen Belehrungen über die Pflichten (seltener die Rechte) der volljährigen Staatsbürger. Es ist allein der märchenhafte, anachronistische Zug der Mädchen durch Japans Städte, der den Tag zu einem Fest der Sinne macht.

Japans Hoteliers, Coiffeure, Betreiber von Schönheitssalons und die vereinigte Kimono-Industrie, von den Seidenspinnern bis zu den Schneidern, sehen das verständlicherweise auch so. Wunder und Geschäfte, zumal auf nationaler Ebene, bedürfen überlegener Planung. Jede einzelne der 936.000 jungen Japanerinnen, die an diesem 15. Januar gemeinsam bei der feudalen Mannequinade auftreten, hat unter Anleitung und mit der Vollfinanzierung ihrer Familie Monate zuvor alles Nötige veranlaßt. Jene von ihnen mit genug Geld und Lebensart oder wenigstens dem Mut zu Ratenverträgen haben einen der 399.000 langärmligen *furisode*-Kimonos für Unverheiratete erworben, die nach Auskunft der stets klagenden Industrie im Jahr 1994 nur verkauft wurden. Sechseinhalbtausend Mark (in Zahlen: 6.500) sind für ein gutes Stück samt aller Accessoires wie dem Brokatgürtel (*obi*), den Socken mit abgesondertem großen Zeh (*tabi*), Sandalen (*zôri*) und edlen Haarnadeln leicht aufzuwenden. Sparsamkeit ist nicht zu empfehlen, denn Kimonos tragen für das geübte Auge einen detaillierten Informationskode, der erbarmungslos preisgibt, wes Herkunft und Geschmacks die Trägerin ist. Natürlich kann man sich mit einem billigen Polyester-Imitat, das immer noch leicht 3.000 Mark kostet, einem Erbstück der Mutter oder einem Mietmodell (um 1.500 Mark pro Tag) behelfen. Wer freilich wirklich betucht ist oder das wenigstens glauben machen will, hat beim Fachgeschäft von der weißen Naturseide bis zur Grundfärbung und dem Design alles selbst ausgewählt. Eine Rolle, *tan* genannt, elf Meter lang und 36 Zentimeter breit, gibt genügend Stoff für die acht Einzelstücke, aus denen, in vertikalen Bahnen vernäht, ein Kimono für eine Erwachsene in etwa einem Monat zu fertigen ist. Sich diese erlesene Mischung aus Maßschneiderei und Auftragskunst leisten zu können, bereitet naturgemäß große Genugtuung. Der Kimono, sagen seine Verehrer, unter denen mancher von nationalistischer Schwärmerei für diese Ikone der Formvollendetheit nicht frei sind, sei die einzige Nationaltracht, auf der sowohl ein einfaches Muster wie ein ganzes Gemälde unterzubringen sei.

Niemand will das leugnen. Auch Mariko nicht, aber sie hat kurz vor ihrem Volljährigkeits-Auftritt andere, eher logistische Sorgen. Ihr Bürojob hätte für den neuen Kimono mit Kranich- und Blütenmotiven nicht gereicht, die Familie ließ sich nicht lumpen. Aber sie war nicht bereit, Mariko in einem der Luxushotels Tôkyôs für den bewußten Morgen einen Termin zu machen. Sie mußte mit dem Friseursalon „Rouge", sonst wenig traditionsbewußt mit Rockmusik und Friseuren in existentialistischem Schwarz, um die Ecke vorliebnehmen. Der bietet am 15. Januar ein günstiges Pauschalarrangement von Frisieren, Schminken und Ankleiden für 30.000 Yen (umgerechnet 470 Mark), und Mariko und vier andere Kundinnen werden sich jedenfalls um Sieben in der Früh einfinden. Gut anderthalb Stunden dauert ihre sorgfältige Metamorphose zum verpuppten Schmetterlingswesen, eine halbe Stunde ist, wenn alle Handgriffe sitzen, allein für die Verpackungskunst des Kimono-Anlegens zu rechnen. Sorgen macht Mariko zweierlei: Kann die junge Gehilfin im „Rouge" wirklich, wie sie vorgibt, das Korsett des *obi* so falten und binden, daß alle Nähte des Kimonos streng senkrecht stehen und zugleich jene wunderlich raumgreifende Verschlingung auf dem Rücken entsteht, die an ein leibhaftiges Geschenk denken läßt? Wenn sie es kann, löst das noch nicht das Transportproblem: Für nichts scheint ein installierter Kimono weniger geeignet als für enge Autositze, überhaupt westliches Mobiliar und lange Treppenaufgänge voller Menschen zu den S-Bahnen, welche Stürze selbst in Jeans geradezu herausfordern. Mariko aber wird ein starres, gefährdetes Kunstwerk aus Form und Farbe sein, in einem bis zu den Knöcheln gestreckten, die Füße fesselnden Kokon steckend, und sie wird Angst haben, daß sie beim Fototermin im Okura-Hotel eher einer Seidenraupe als einem Schmetterling gleicht.

Es leuchtet unmittelbar ein, daß dieser finanzielle und nervliche Aufwand nicht nur für die Belehrungen und die anschließenden Parties am Volljährigkeitstag zu rechtfertigen wäre. Es geht um viel mehr bei der Verwandlung mittels Kimono – ziemlich wörtlich und schlicht als „Anziehsache" zu übersetzen –, Frisur und Schminke: Das Fertigen des offiziellen Porträts als potentielle Braut ist ein Höhepunkt der Inszenierung, denn nichts wirkt, so glauben viele Männer, gerade bei einer gestifteten Ehe vertrauenerweckender und seriöser, nichts bietet den besseren Vergleich mit anderen Bewerberinnen, nichts verspricht dem naiven Betrachter überzeugender sanftmütige Konformität als das Foto der Zwanzigjährigen in der Aufmachung ihrer Ahninnen. Das Foto ist ein ästhetisierter Personalausweis und eine Reifeprüfung, die, ähnlich den japanischen Zulassungsexamina für Hochschulen, nicht vorgibt zu halten, was sie verspricht. So „süß, fügsam und konventionell", wie die amerikanische Anthropologin Liza Dalby in ihrem Buch „Kimono – Fashioning Culture" vor zwei Jahren bemerkte, sind heutzutage die wenigsten jungen Japanerinnen. Dalby beschreibt in ihrer glänzenden, 350 Seiten starken Untersuchung jedoch das für die japanische Kultur so bestimmende Nebeneinander von vermeintlich Unvereinbarem: Neben der lässigen, autonomen Rolle der selbstbewußten Frau, der es mit dem Heiraten nicht eilt, spielt fast jede auch „für Augenblicke oder Lebensabschnitte jene vorgeprägte Person, die ihr Japanischsein in Kleidung und Verhalten beweist". Das Paradoxon des zeitgenössischen Kimono liege darin, daß er als Inbegriff des Japanischen gelten kann, ohne von Japanern regelmäßig getragen zu werden.

Es ist unmöglich, hier Liza Dalbys Essays über die turbulente Kulturgeschichte des Kimono seit dem 7. Jahrhundert gerecht zu werden, in denen sie mit vielen Klischees aufräumt. So beweist sie etwa schlüssig, daß die heutige Variante des Kimono nur eine von vielen ist, von Samurai im späten 19. Jahrhundert erst mit jener künstlich-höfischen Steifheit ausgestattet, die niederen Ständen fremd war. Daß die egalitäre Mittelklassegesellschaft Nachkriegsjapans sich im Glanz des Soldatenadels zu spiegeln beliebt, der nach dem Krieg seiner Privilegien beraubt wurde, ist so bemerkenswert wie die Erinnerung daran, daß das Shôgunat sich schon 1683 genötigt sah, Sozialneid zu lindern, indem es die allzu exzessive Zurschaustellung von Pracht bei Frauen-Kimonos unter Strafe stellte. Die Meiji-Restauration 1868 brachte die radikale Hinwendung zu allem Westlichen, die Beamten wurden per Erlaß in Hosen, Jacken und Bowler-Hat genötigt; während des Zweiten Weltkriegs verbot die asketische Kleiderordnung des Kaiserreichs das Tragen sinnlich aufreizender Kimonos. Was den Alltag betrifft, war die teure, schwer zu pflegende – die Kimonoteile werden zum Waschen aufgetrennt – „Anziehsache" abgelegt und wurde kaum vermißt. Erst als mit dem Wirtschaftswunder das Bedürfnis nach Nationalstolz Nahrung erhielt, kam es in den sechziger Jahren zu einem Boom von Kimono-Akademien, die das verschmähte Feudalrelikt trotzig aus den Lagern holten und den fast vergessenen Umgang mit ihm zu lehren begannen.

„Die Vorstellung, ein Diplom im richtigen Ankleiden zu erwerben", notiert Liza Dalby, „ist ein Hinweis darauf, wie ernst sich der moderne Kimono nimmt." Wie recht sie hat, offenbart ein Treffen mit Yamazaki Midori, Geschäftsführerin einer Tôkyôter Kimono-Schule mit 73 Niederlassungen und 15.000 Studenten im ganzen Land. Die Akademie bietet von dreimonatigen Ankleide- und Benimmkursen bis zu einem Zwei-Jahres-Training für professionelle Kleiderordner gegen gutes Geld alles, was manche schon immer über Kimonos wissen wollten. Frau Yamazaki selbst ist, auch im westlichen Kostüm, das vollkommene sittsame Vorbild in Sprache und Körpersprache. Sie erklärt, warum es sich nicht schickt, irgendwelchen Schmuck (mit Ausnahme des Eherings) oder lackierte Fingernägel zu tragen; sie demonstriert, etwas verlegen, wie eine Frau im Kimono mit der einen Hand den Ärmelstoff am Handgelenk der anderen umfaßt, wenn sie etwa ein Buch aus einem Regal nimmt, auf daß nicht unversehens der nackte Unterarm entblößt werde; sie gibt ein wunderbares Beispiel für die japanische Toleranz bei aller Regelversessenheit: Selbst eine verheiratete Frau, die ihre Kimono-Ärmel auf Handwurzellänge zu stutzen hat, darf auf einer lockeren Party das Zeichen fälschen, einfach weil der Faltenwurf der längeren Ärmel als attraktiver gilt. Niemals aber, fügt die Lehrerin hinzu, sei das bei formellen Anlässen gestattet. Yamazaki Midori räumt auch ein, daß die immer größer werdenden und, im westlichen Sinne, weiblicher gerundeten jungen Japanerinnen Probleme mit dem Kimono haben. Die flachbrüstige, Fettpolster am Bauch wie am Hintern verdrängende Ideallinie des Kimono ist durch den Genuß von Hamburgern und Pizza stark gefährdet. Was nur Andeutung und subtile Verheißung sein soll, läßt sich selbst mit allen trickreichen Einlagen und Abnähern nicht mehr immer wahren. Einen langer Oberkörper und kurze Beine, den niedrigen Schwerpunkt mit hochangesetztem *obi* zu heben, dies zu betonen, oder eher zu kaschieren, wurde der Kimono geschaffen. Eine Frau aber mit ausgeprägten Körperformen, sei sie Japanerin oder Ausländerin, wirkt in einem Kimono mindestens lächerlich, vermutlich peinlich, schlimmstenfalls obszön. Die Geisha-Karikatur einer Marilyn Monroe im Kimono, mit plattgebundenem Busen, ausgebeultem Hinterteil und einem Nackendekolleté am klaffenden Kragen, ist so sexy wie ein ondulierter Pudel.

Japan ist nicht etwa prüde, im Gegenteil. Alles hat nur zu seiner Zeit und am rechten Ort zu geschehen. Bis vor wenigen Jahren gab es florierende Agenturen in Japans Städten, die rund um die Uhr den Service anboten, Fachkräfte im Ankleiden eines Kimonos an jeden beliebigen Ort, meist sogenannte „Love Hotels", zu entsenden, um jungen Mädchen die Schmach zu ersparen, bei der Heimkehr ins Elternhaus durch einen falsch gebundenen *obi* zu verraten, wie wenig der zum Keuschheitsgürtel taugt. Wohlgemerkt, nicht daß sie in einem Stundenhotel waren, galt als unschicklich, sondern den Beweis dafür denen aufzudrängen, die es gerne übersehen hätten. Intensive Nachforschungen dieser Zeitung ergaben, daß die einst gefeierte Pannenhilfe-Agentur gemeinsam mit vielen „Love-Hotels" ein Opfer der Rezession wurde. Auffanglager für die illegitimen Paare sind die einst sittenstrengen City-Hotels, die sich ihre Kuppeleidienste dadurch sichern, daß sie Kimono-Fachfrauen auch im Nachtdienst beschäftigen.

Trotzdem bleibt die Frage, warum sich junge Japanerinnen diese Untragbarkeit zumuten, und zwar nicht nur zum zwanzigsten, sondern schon früher zum dritten, fünften, siebten Geburtstag, sodann beim Universitätseintritt, zur Antrittsversammlung im neuen Betrieb oder zur Neujahrseröffnung der Börse, schließlich zu Hochzeiten von Kindern und Freundinnen, und ausnahmslos, in schmucklosem Schwarz selbst die Christen, bei Begräbnissen. Die Kaiserfamilie wird genannt, die heutige Kaiserin Michiko habe vor ihrer Hochzeit 1959 eine Renaissance des Kimono bewirkt; die Vermählung der bürgerlichen Diplomatin Owada Masako mit Kronprinz Naruhito im Juni 1993 habe die Perlen- wie die Kimono-Industrie befördert. Die etwa 800.000 Japaner, die als Bauern, Seidenspinner, Färber, Schneider, Designer vom Kimono leben, werden es dem Hofe gewiß danken. Aber ist das Grund genug? Die Frage ist falsch. Der Kimono lebt, weil er so wenig verbesserungsfähig ist wie eine Kugel, weil die Japanerinnen ihn immer seltener, aber immer weiter tragen werden, und weil er verspricht, Frauen schöner zu machen als sie sind.

(14. Januar 1995)

Der Turmbau der
Überlegenheit ist eingestürzt

Kôbe und das Nachbeben im Kopf: Viele Japaner
begreifen zum ersten Mal die Bedrohung ihrer Städte

Noch werden in Kôbe Tote gezählt, geborgen, beweint; noch schwelen
Brände, zu denen Feuerwehren nie durchdrangen, man läßt sie brennen, bis es keine Nahrung mehr gibt. Noch wächst die Zahl der Opfer in
einer schrecklichen Verrechnung, während die Liste der Vermißten
kürzer wird. 2.800 hier, 900 dort, und nach Minuten stimmt das Verhältnis schon nicht mehr. Noch werden im Radio die Namen der Toten
in einer endlosen Litanei verlesen, die Ausländern als pietätlose Entblö-
ßung der Trauer erscheinen mag. In Japan wird nach allen Katastro-
phen, ob Verbrechen, Naturgewalttaten oder Unfällen, Namen und Alter veröffentlicht, auf daß die Trauer beginne: Die Totenwache durch
Angehörige und Freunde kann erst beginnen, wenn die grausige Be-
kanntmachung sie zusammenbringt. Diesmal geht es ins Leere. Niemand kommt in das abgeschnittene Erdbebengebiet, kaum einer findet
heraus.

Schulen sind Leichenschauhäuser. Straßen, Gleise, Nachrichten-
wege sind zerschnitten, verbogen, blockiert. Es fehlt an allem: Wasser,
Nahrungsmitteln, Decken, Medikamenten, Strom, Gas, Telefonleitungen, Informationen und – glaubt man den Interviews mit zutiefst ver-
wirrten, verlassenen Menschen auf den Straßen – an Zuspruch und
Führung. An Journalisten der großen Zeitungen und Fernsehanstalten
fehlt es nicht. Sie schweben in Hubschraubern ein und fliegen ihr Mate-
rial im Stundentakt nach Tôkyô aus. Ihre Krawatten sitzen so tadellos
wie ihre Fragen an die sie begleitenden „Fachleute" und die ständig ak-
tualisierten Statistiken, die sie unter Betroffenheitsbekundungen verlesen. Und nicht wenige scheinen ziemlich irritiert, daß Menschen sie um
Essen, Wasser oder irgendwelche Hilfe angehen. Das Beben hat ein ur-
banes Territorium innerhalb von zwanzig Sekunden zum Elendsgebiet
erniedrigt: Japan entdeckt heute die „Dritte Welt" in sich selbst und er-

schrickt darüber, daß es sie stets gegeben hat. Nur verborgen hinter verspiegelten Hochhausfassaden: Erst niedergebrannt und zusammengefallen werden die alten Holzhäuser wahrgenommen, in denen so viele starben.

Die Bilder von jenen übernächtigten und verängstigten Büroangestellten, die in abgerissenen Mänteln und Baseballkappen am Rinnstein knien und aus Pfützen, die von einer geborstenen Wasserleitung gespeist werden, Wasser zum Kochen schöpfen, werden ein anderes Nachbeben in den Köpfen des Publikums anstoßen. Man sieht ein verwüstetes, verrenktes, verbranntes, ins Mittelalter zurückgestoßenes Land, wo sich eben noch ein Hochtechnologiestaat ausstellte wie ein Mannequin; man schaut in Tôkyô, Nagoya oder anderswo immer wieder aus dem Fenster, auf Leuchtreklamen und zu Hochhäusern hinauf, um sich zu versichern, daß nicht alles nur ein Traum gewesen ist. Denn so gefaßt, äußerlich ruhig, fast ergeben die Menschen bei den Film-Zusammenschnitten im Ausland auch erscheinen mögen, in der Dauerberichterstattung zuhause sind Zorn, Enttäuschung, Entsetzen, offene Kritik an den Behörden nicht zu überhören. Es muß leider wieder und wieder unmißverständlich gesagt werden: Japaner leiden nicht lieber oder weniger als andere, auch wenn ihre Sprache und Körpersprache zu ästhetisierten Zensurklischees im Ausland herausfordern mögen. Stille ist nicht notwendigerweise Hingabe, rauhes Flüstern eine Art des Schreis. Daß man hierzulande vor der Kamera in solchen schlimmen Lagen vor Verlegenheit und Ohnmacht lächelt, weil das zur Schau gestellte Leid den Betrachter belasten könnte, bedeutet eben nicht, daß in Kôbe frohgemuter Fatalismus herrschte.

Unrasierte Männer klagen, lächelnd, aber mit hartem Blick, in überfüllten Turnhallen, daß Hilfslieferungen viele Stunden irgendwo steckenbleiben, weil ein Konvoi von Flüchtenden die wenigen befahrbaren Straßen mit Staus verstellt; unfrisierte Frauen halten Reportern leeres Kochgeschirr hin oder, empört über die eigene Hilflosigkeit, einen Korb mit rationalisierten Waren, fünf Artikel, die ihnen in einem Supermarkt auszuwählen erlaubt war: sie schämen sich, daß sie sich nicht entscheiden konnten, und zu Orangen auch Haarspray nahmen. Die Regierung habe viel zu spät die Armee in das Krisengebiet entsandt, sagen manche, jeder mache, was er wolle, auf eigene Rechnung. Bei

Temperaturen um null Grad Celsius tauen Gruppen von Obdachlosen über improvisierten Feuerstellen Reisbällchen auf; Schulmöbel dienen als Brennholz. All das verfolgen die Japaner nun Stunde um Stunde, und noch immer können es viele nicht fassen, daß es diesmal kein Fischerdorf oder eine entlegene Insel getroffen hat. Sie sehen, daß dem Meer abgewonnenes Land samt Straßen und Gebäuden wie ein nasses Watt aussieht: in den Boden gesunken, auf Sand gebaut. Sie verstehen, daß das „Süd-Hyôgo Beben", wie es inzwischen offiziell nach der Präfektur benannt wurde, noch viel mehr Tod und Verwüstung gestiftet hätte, wäre es nur zwei Stunden später, zur Zeit des Berufsverkehrs, gekommen. Sie lesen, daß der Wiederaufbau Jahre brauchen wird, viele Milliarden Dollar verschlingen wird und, von Zementherstellern und einigen anderen Wiederaufbau-Profiteuren abgesehen, den gerade eben erst zögernd begonnenen Wirtschaftsaufschwung des Landes zurückwerfen kann. Sie erinnern sich vielleicht an die Behelfssiedlung am Fuße des Vulkans Unzen in Südjapan, wo nach dem großen Ausbruch vor drei Jahren noch immer Tausende in Containern leben: Weil ihnen niemand die Wahrheit sagt, daß sie nie zurückkehren können, weil es an Geld, Interesse, Mitleid fehlt in Japan für Unglückliche, denen man traditionell eine Mitschuld gibt an ihrem Jammer. Und vielleicht ahnen von Stunde zu Stunde auch mehr Japaner, daß zu den ersten Opfern des Erdbebens zählt, was als unberührbar und unbesiegbar erachtet wurde: Der Glaube in die japanische Ingenieurskunst, die Naturgewalten und anderen betroffenen Nationen überlegen sei, und an die Umsicht der Staatsgewalt, die Hochautobahnen und Schnellzüge erdbebensicher bauen läßt.

Die Wahrheit, in den ersten Leitartikeln mit einer Giftigkeit angesprochen, die auf ein schlechtes Gewissen schließen läßt, ist aus Schutt und Asche in Kôbe zu lesen. Japan, Bürger wie Behörden, Fachleute und Laien, haben sich einer grandiosen kollektiven Illusion hingegeben. Nun wird bitter an die Selbstgerechtigkeit gemahnt, mit der japanische Delegationen im vergangenen Januar die Schäden des Erdbebens in Los Angeles besichtigten. Derlei, einstürzende Hochautobahnen etwa, könne in Japan nicht passieren, verbreitete auch der damalige Bauminister, da werde unendlich viel mehr in Infrastruktur und Gebäudesicherung investiert; die „Expressways" Japans könnten Beben der Stärke 7,9 standhalten. Nun ist jedermann auf entsetzliche Weise eines anderen belehrt worden. Nicht nur dort hat das „exzessive Vertrauen in Technologie", wie die „Asahi"-Zeitung heute diese sonderbare Mischung aus Ingenieurkönnen, Überlegenheitswahn und Gesundbeterei nennt, eine verhängnisvolle Rolle gespielt.

Auch das Setzen auf Erdbeben-Vorhersagen hat seinen Anteil. Die Messungen der seismologischen Meßstationen in Japan haben noch kein einziges Beben sich anbahnen sehen. Statt enorme Mittel in diese Stationen und ihre Behörden zu lenken, deren Tauglichkeit immer umstritten war und seit Dienstag erst recht ist, ließe sich das Geld womöglich sinnvoller in Hubschrauber, Räumgerät, Feuerwehrwagen investieren, an denen überall, nicht nur in Kôbe, erschütternder Mangel herrscht.

Was aber wäre, wenn Voraussagen halbwegs verläßlich gewagt werden könnten? Wer kann sich das wahrhaft mörderische Chaos vorstellen, das etwa im Großraum Tôkyô (30 Millionen Menschen im 50-Kilometer-Radius) ausbräche, wenn in Stunden, selbst in Tagen evakuiert werden sollte? Wer wüßte, daß es in dem Kampf um das Entkommen nicht eben so viele Opfer gäbe wie bei einem Beben? Von den Folgen zu schweigen für Börse, Grundstückspreise, Versicherungen und so fort, die alle Endzeit-Spekulanten überantwortet würden. Was das Elend in Kôbe zeigt, ist brutal dies: Es gibt keine Sicherheit in einem hochgefährdeten Erdbebengebiet wie dem japanischen Archipel, zumindest kann es sie nicht zu einem ökonomisch erschwinglichen Preis geben. Es gibt nur Bemühung, Hoffnung, Planung für den Notfall. Der Turmbau des Selbstbetrugs ist am Dienstag eingestürzt. Kein Mensch von dem geringsten Anstand wird etwas anderes als Bestürzung und Mitgefühl empfinden. Und doch war er wohl unvermeidlich, um zur Besinnung zu kommen.

(19. Januar 1995)

Die Grimasse hinter Japans Lächeln

Erholung im Exzeß: Warum in Wettspielshows
des Fernsehens fast alles erlaubt ist

Man muß es dem Privatsender „Fuji TV" nachsehen, wenn dort seit einigen Tagen die harmlose Frage, ob Japans Hausfrauen spielmündig und überhaupt recht bei Trost sind, unter Flüchen verneint wird. Zweifel an der sittlichen Eignung für die populäre Donnerstagsshow „Familienland" waren aufgekommen, als die Aufzeichnung von zwei Wettbewerben am 12. März in Tôkyô nach dem Auftreten von sieben Alkoholvergiftungen, etlichen Ohnmachten und zwanzig schweren Gesichtsverletzungen abgebrochen werden mußte. Mit den hübschen Spielideen war die fast totale Ausfallquote unter den dreißig Frauen nicht zu erklären. Das Trinken von Whisky und anderen Schnäpsen bis zum Umfallen wie der Wettstreit um die am lautesten klatschenden Ohrfeigen mit anschließender Herausforderung zum Catchen blieben im Rahmen des Üblichen, ein Arzt war zugegen, und der Siegerin waren immerhin 500.000 Yen (umgerechnet 7.800 Mark) versprochen. Leichtsinnig unterschätzt hatten die Programmverantwortlichen nur den bedenkenlosen Opfer- und Siegeswillen der Konkurrentinnen, die unter den Augen der Nation keine Mäßigung mehr kannten. Eine Teilnehmerin, die mit einem geschwollenen Gesicht glimpflicher davonkam als jene mit den blutig geschlagenen Lippen oder eine andere mit geborstenem Trommelfell, beklagte sich darüber, daß die Fernsehleute nicht, wie vor dem Spiel versprochen, Einhalt geboten, als sich die Frauen in ihrem Schmerz und in ihrer Wut vergaßen.

Den japanischen Zeitungen, die bei solcher Volksbelustigung zu ihrem Ärger nicht mithalten können, war der Vorfall nur einige hämische Meldungen wert. „Fuji TV" sah sich zu einer Entschuldigung für die „Ungelegenheiten" und zu dem Versprechen genötigt, die aufgezeichneten Szenen nicht zu senden. Mehr nicht. Denn gegen den kommerziellen Erfolg der Wettspiele, die jeden Abend um die Wette ihre Freiwilligen auf wahnsinnig komische Weise quälen, erniedrigen und verletzen, gibt es keine Einwände. Auch im westlichen Ausland sind schließlich Shows wohlgelitten, bei denen die körperliche Unversehrtheit oder die Würde von Menschen, die töricht genug sind, sich darauf einzulassen, gegen ein Schmerzensgeld auf dem Spiel steht. Man möchte darauf wetten, daß die in Japan seit 1987 beliebte Kuppelei-Show „Neruton Benikujira-dan", die sich an der Peinlichkeit des ersten Treffens weidet und doch manche Ehe stiftet, oder „Kenka no hanamichi", wo scheidungswillige Paare vor einem Fernsehrichter aufeinander losgehen, andernorts ihre Gegenstücke haben. Heere von Sozialwissenschaftlern versuchen allenthalben, auch in Japan, zu ergründen, was Menschen dazu bringt, sich lieber vor Millionen auf dem elektronischen Marktplatz der Lächerlichkeit preiszugeben als anonym zu bleiben. Kuriositäten und Tabus mögen kulturspezifisch sein (Deutschlands Fernsehen trug einst den Streit um das „Zwergewerfen" bei), die Lust, mit ihnen einmal zu spielen, um die Ordnung ständig stabilisieren zu können, ist es nicht.

Wenn also jetzt Nachrichtenagenturen den Fall „Fuji TV" wieder zum Anlaß nehmen, um der staunenden oder sich künstlich entsetzenden Welt vorzuführen, wie grob und hemmungslos die Japaner sein können, verrät das vor allem etwas über die Ahnungslosigkeit des Adressaten. Denn wo würde Unverschämtheit dringender gebraucht als in der Schamkultur Japan, wo ist spielerische Ersatzgewalt nötiger als in einer „zur Sanftmut gezwungenen Nation" (Ian Buruma)? Das Fernsehen kann und muß dem durch tausenderlei Regeln der Schicklichkeit und Verpflichtung gefesselten Publikum gleichwertigen Ausgleich bieten. Rollenspiele also, die Ekel, Stolz, Schmerz, sexuelle Erregung, gesellschaftliche Mutproben aller Art an die Grenzen treiben, um sie so im Alltag umso strenger zu beherrschen. So würgen sie in den Shows unter dem wiehernden Gelächter ihrer Gastgeber lebende Tausendfüßler hinunter, greifen in Becken voller giftiger Kröten, lassen sich (nach 22 Uhr in allen Kanälen) von Mädchen in Badeanzügen oder (nach Mitternacht) in Slips in wenig naheliegenden Liebestechniken unterweisen. Der Ekel ist echt, auch die Angst – das verwöhnte Publikum verlangt nicht nur in Japan nach der Droge „reality" –, die Geilheit ist so schlecht gemimt wie die unbändige Heiterkeit. Natürlich ist das sexistisch. Voll bekleidete, oft betont unattraktive Männer werden grunzend von den Mädchen bearbeitet, deren Bemühungen (um sich so für Rollen beim Film zu empfehlen) von Jurys begutachtet werden. Technik jeder Art wird in Japan hoch verehrt. Studien des rechten Golf-schwungs, der meisterhaften Kochkunst oder der perfekten Fellatio sind eine Frage des Sendeplatzes, nicht der Moral. Alles zu seiner Zeit, alles diskret, aber, anders als in der Schuldbeladenheit des körper-feindlichen Abendlands, dann ohne schlechtes Gewissen und Heuche-lei.

Derbe Späße, die kontrollierte Umkehrung von Rängen und Rollen als Kompensation für Machtlosigkeit wurden in Japan mitnichten für das Fernsehen erfunden. Ethnologen stoßen in jüngerer Zeit bei ihrer Arbeit über Japan immer häufiger auf „karnevaleske Elemente" und Narrenfiguren in der Dorfkultur der niederen Stände wie im höfischen Leben. Aus der Heian-Zeit (794-1185) sind veritable Furzwettbewerbe (*hegassen*) bei Hofe überliefert, die in den Spielshows ebenso großen Erfolg hätten. Selbst in der japanischen Gründungsmythologie wird die göttliche Urmutter Amaterasu mit drastischen Mitteln überredet, aus ihrer Höhle zu kommen und der Welt Licht zu spenden: Eine Natur-göttin streckt ihr das nackte Hinterteil entgegen. Das staunenswerte, vielleicht beneidenswerte Phänomen ist jedoch nicht solche Deftigkeit, die man im Mittelalter auch im Westen kannte. Was Japan auszeichnet, ist das Synchronisieren von Unzeitgemäßem, das hartnäckige Bewah-ren seiner animistischen Bräuche erst in der chinesischen Kultur-invasion, dann in der westlichen Modernisierung. Die shintôistischen Schreinfestivals (*matsuri*), bis zur Zügellosigkeit wilde, erotisierte und oft gefährliche Fruchtbarkeits-Umzüge, werden heute nicht wesentlich anders gefeiert als vor Jahrhunderten. In entlegenen Gegenden tanzt man bis zur Erschöpfung um riesige Phallusmonumente, und es soll Bauern-Ehepaare geben, die ein abgeerntetes Feld mit ihrem Beischlaf segnen, um die Naturgötter milde zu stimmen. Es versteht sich, wenn auch nur unter Japanern, daß dieselben Leute einen Kuß in der Öffent-lichkeit für eine verachtenswerte Schamlosigkeit halten. Die Zurschau-stellung von Küssen allein, nicht der Nacktheit, nicht einmal der Ge-schlechtsorgane, gilt noch immer als der intimste Ausdruck sexueller Begierde, die nur Geliebte etwas angeht. Von den erotischen Holz-schnitten aus dem 18. Jahrhundert bis zur Spätshow im Kanal 12 hat sich daran bemerkenswert wenig geändert.

Kritiker des offen zur Schau getragenen Sexismus im japanischen Fernsehen werden gewöhnlich mit der Behauptung zum Schweigen gebracht, gerade das weibliche Publikum schätze Obszönität und Gewaltakte sehr und verstehe auch Spaß. Das könnte sogar sein. Warum sollten nicht manche japanische Damen, für die es sich nach wie vor allem geziemt, sich lächelnd zu verbeugen, mit piepsenden Stimmen Banalitäten zu verbreiten und Männer zu bemuttern, ein diabolisches Vergnügen daran haben, saufenden oder prügelnden Hausfrauen zuzuschauen. Ein gewisses Abgestoßensein hilft womöglich der Spannungsabfuhr durch die Exzesse der Stellvertreterinnen. Man ist nicht zimperlich: der Körper der Japaner wurde schließlich nicht von einem Gott geschaffen und mit Sünde geschlagen. Auf eine ähnliche Befindlichkeit verächtlicher Neugier spekuliert der Komiker und Talkshow-Gastgeber Kamioka Ryûtarô. Jeden Donnerstag um 19 Uhr präsentiert er eine Gruppe von fünfzig Schicksalsgenossen aus mehr oder minder entlegenen Randgruppen. Kamioka bringt Schwule oder Huren, geschiedene Frauen oder Transsexuelle dazu, auf seine unverschämten Fragen sozusagen in statistischer Anonymität zu antworten, indem sie per Knopfdruck votieren. Zu Verständnis und Toleranz trägt die Show nicht das Geringste bei, umso beliebter ist sie bei dem gesitteten Bürger mit den stillen Phantasien.

Es soll nicht der Eindruck entstehen, jeder Fernsehabend sei in Japan eine Fastnacht ausschweifender Herrschaftslosigkeit. Meist sind die Spiele harmlos, dumpf und von ebenso pubertärer, künstlicher Begeisterung wie anderswo. Auch wachen noch immer Zensoren darüber, daß dem Volk weder am Bildschirm, noch in Zeitschriften oder auf der Bühne Schambehaarung vor Augen komme, der fetischartige Verehrung gilt. Die polizeilichen Hüter des „allgemeinen Empfindens" (*shakai tsûnen*) kämpfen mit abnehmendem Einsatz eine aussichtslose Schlacht um den Obszönitätsparagraphen 175 des Strafgesetzbuchs. Für die Opfer von Ohrfeigenschlachten und Besäufnissen unter Hausfrauen in Fernsehstudios sind sie nicht zuständig. Und wohl kaum dagegen, wenn sie verhindern, daß derlei auf der Straße oder im Büro einreißt. Der therapeutische und stabilisierende Effekt der Spielshows ist gerade in einem Land, das wegen seiner Formverliebtheit und strikten

Rollenverteilung als „Theaterstaat" bezeichnet wurde, nicht geringzuschätzen. Wo es im Fernsehen brutaler zugeht als im Leben, da lebt es sich nicht so schlecht.

(18. März 1995)

Im Jahr des Unheils erschrickt Japan vor sich selbst

Bizarre Enthüllungen über die „Aum"-Sekte beflügeln Endzeitängste

Ein gespenstisches Wort geht um in Japan: *seikimatsu*, die zerstörerische Zeitenwende, sei nah, der Zusammenbruch der Weltordnung unaufhaltsam. Die Nation werde von höheren Schicksalsmächten gerichtet für urbane Dekadenz, Verschwendungssucht, spirituelle Aushöhlung. Das Beben von Kôbe war nur der Anfang, ein Zeigen der Folterinstrumente gewissermaßen. Der Massenmord in der Tôkyôter U-Bahn sei die zweite von vielen verheerenden Prüfungen, die dem verfluchten Inselreich bevorstünden. Die Renaissance des *seikimatsu*-Gefühls, das schon Ende des 19. Jahrhunderts wie anderswo auch in panischer oder melancholischer Färbung in Japan Endzeitstimmung machte, könnte amüsant sein. Aber sie ist eher bestürzend, weil nicht etwa fanatische Okkultisten oder Nostradamus-Jünger, sondern sonst vernünftige, aufgeklärte Menschen dem Wahn erliegen, eine Naturkatastrophe und einen Terrorakt als Gottesurteile anzunehmen und sich auf Schlimmeres gefaßt zu machen. Es ist, als hätte Asahara Shôkô, der die Apokalypse predigende Guru der „Ômu Shinrikyô", Millionen Gläubige gewonnen. Und zwar ausgerechnet unter denen, die erst in diesen Tagen lernen, wie tief sie ihn verachten.

Noch immer – man muß daran erinnern – ist nicht erwiesen, wenn auch mit jedem neuen Fund von Chemikalien und Fabrikanlagen in dem Sekten-Sitz wahrscheinlicher, daß Giftmischer der Sekte hinter dem Sarin-Anschlag stehen. Es gibt, und das ist das Unheimliche, keine

Bekennerschreiben, Geständnisse, Drohungen, nicht einmal ein denkbares Motiv. Sicher ist dagegen, daß die Zahl der Opfer, die an einer Art nationalem Nervenzusammenbruch leiden, um ein Vielfaches jene der Toten und Verletzten übertrifft und weiter steigt. Kôbe sei eine japanische Tragödie gewesen, wie sie das erdbebengefährdete Archipel seit Menschengedenken heimsuche, heißt es, der wahllos mörderische Giftgasangriff auf Tôkyô aber ein „unjapanisches Verbrechen". Ist das wirklich so? Wer die täglichen Enthüllungen über das Kommunenleben der Sekte von der „Erhabenen Wahrheit" verfolgt, muß in Zweifel geraten, ob das wundersame Immunsystem der japanischen Gesellschaft, das internationalen Terrorismus, Drogenhandel, Kriminalität, Arbeitslosigkeit, religiöse Eiferer und Aids fast ganz fernzuhalten schien, nicht längst erschöpft war. Es könnte sein, daß der konventionsbeflissene Mittelstand, zu dem sich nach Umfragen neun von zehn Japanern rechnen, in seiner Erschöpfung von der Aufholjagd gegenüber dem Westen nicht wahrhaben wollte, wie wenig strenge Auslese, harte Arbeit und fröhlicher Konsum auch in Japan sinnstiftend für alle ist. Sie straften mit Hohn, bestenfalls mit Schweigen jene unter ihnen, die ihre karrieremüden Kinder an Dealer, Jugendbanden oder Seelenfänger verloren, so wie sie in den sechziger und siebziger Jahren mit den unglücklichen Eltern der „Roten Armee" verfuhren.

Der Tôkyôter Anschlag hat diese, in Japan eigentümlich ausgeprägte Seelenruhe der selektiven Wahrnehmung aufgestört. Für eine Weile wenigstens. Nun traut man jedem alles zu, und jeder will alles erfahren über diese geheimnisvollen Enklaven des Okkulten mitten im Land. Das Publikum verfolgt die schon vertraute Dramaturgie der Durchsuchungsaktion am Fujisan, die das japanische Fernsehen – seinerseits gefilmt von Sektenmitgliedern – täglich betreut. Es sieht Autos mit Kennzeichen aus dem ganzen Land entlang der Straßen in Kamikuishiki: verzweifelte Eltern, sagt man, die ihre Kinder unter den Sektenjüngern im Fernsehen erkannt haben, und fragt nicht, warum sie erst jetzt kommen. Es hört Soziologen, Psychologen, Fachleute für die „Aum"-Sekte und die anderen „Neuen Religionen" im Studio, die bis vor kurzem als ebenso spinnert galten wie ihre Studienobjekte, wieder und wieder die innere Führungsstruktur des Kults erklären. Sie reden, mit der gebotenen Vorsicht angesichts der Klagelust der Sekte, von all den Fällen von Freiheitsberaubung, Entführung, Körperverletzung, Erpressung, Abhören von Telefonen, die in den letzten fünf Jahren mit „Aum" in Verbindung gebracht wurden. Sie kommen mühelos auf ein Dutzend aktenkundiger Straftaten, die offenbar bisher außer lokalen Ermittlern niemanden interessierten. Eine Rechtsanwaltsvereinigung zum Schutz von „Aum"-Opfern mit hundert Mitgliedern, 1989 nach dem mysteriösen Verschwinden ihres Kollegen Sakamoto und seiner Familie gegründet, hat nun jede Menge Sendezeit, aussteigewilligen Mitgliedern Hilfe anzubieten. Seit der mutmaßlichen Entführung Sakamotos, der sich für Klienten mit der Sekte angelegt hatte, soll die Gruppe monatlich zweihundert Anfragen erhalten haben. Fast immer von wütenden Angehörigen allerdings, die sich nach Rechtsmitteln erkundigten, Vermögensüberschreibungen und Testamente zugunsten der Sekte zu verhindern.

Das gelingt offenbar selten genug. Auch die Sekte hat ihre Anwälte, und an Geld mangelt es ihr offenkundig nicht. Über elf Millionen Mark in Banknoten und Gold stellte die Polizei bei der Haussuchung der Privatgemächer Asaharas in Kamikuishiki sicher. Nach Zeitungsberichten, die den Wert der Grundstücke, der Chemikalien und Laborgeräte, des luxuriösen Fuhrparks und diverser Jachten samt eines russischen Hubschraubers vom Typ Mil Mi-17 hochrechnen, entspricht das etwa der Portokasse. „Ômu Shinrikyô", 1984 von Asahara als Buchverlag und Yoga-Zentrum gegründet, verfügt heute über Dutzende Unternehmen in Großstädten, darunter acht Restaurants und Cafés und drei Computerfachgeschäfte. Gewinn und Gehalt der treuen Angestellten fließen auf Konten der „Aum", seit ihrer amtlichen Registrierung als religiöse Vereinigung im August 1989 großzügig steuerbegünstigt. Ein Großteil der 185.000 in Japan anerkannten Sekten haben als normales Geschäft begonnen, viele tragen nur einen hauchdünnen religiösen Tarnanstrich. Spenden, Mitgliedsbeiträge, Abonnementgebühren für Schriften aller Sekten sind steuerfrei und den weniger charismatischen Gurus schon Erlösung genug. Nicht so Asahara Shôkô, der einst mit gepanschten Heilkräutern sein erstes Vermögen machte und auf den Geschmack kam. Ehemalige Mitglieder von „Aum" berichten von ausgeklügelten Formularen und Besitzstandslisten (zur Zeit und in Zukunft einschließlich Rentenansprüchen), die sämtliche Bankkonten, Immobilien, Aktien, Autos, Schmuck, ja selbst Monatskarten abfragen. „Aum" will allerdings auch etwaige Steuerschulden und Hypotheken kennen. Mehr oder minder freiwillige Übereignungen allen weltlichen Besitzes, das Testament eingeschlossen, werden begreiflicherweise ermutigt und sollen mit einem raschen Aufstieg in die oberen Ränge der Sekte vergolten werden.

„Ich übereigne mein spirituelles und physisches Selbst und allen Besitzstand (der Sekte), und ich werde alle Beziehungen in dieser Welt abbrechen." So lautet nach Recherchen japanischer Zeitungen der Weiheschwur der sogenannten „Priester", dem inneren Zirkel von etwa tausend Mitgliedern, die Berufen, Familien und Freunden abschwören, um in der Kommune aufzugehen. Über die Initiationsriten der „Aum", sowohl bei Intensivkursen (Gebühren zwischen 15.000 und 140.000 Mark) wie von festen Mitgliedern, kursieren haarsträubende Aussagen. Fasten in Einzelzellen und unter Drogen, angeblich Amphetamine durch einen intravenösen Tropf oder in „Zaubersäften" gelöst; tagelange „Salzwasserkuren", die den Körper durch Erbrechen inneren Waschungen unterziehen; das Trinken von Blut, das vom Leib des Meisters stammen und durch Übertragung der DNA erwählte Energie stiften soll, sowie, noch delikater, das Genießen von Badewasser des Gurus, dem vergeistigte Genialität aus allen Poren dringt und deshalb gutes Geld, etwa 500 Mark für zwei Liter wert ist. All diese wenig appetitlichen Prozeduren werden von den zwei Dutzend Ärzten und ehemaligen Medizinstudenten der Sekte überwacht. Ein medizinisch geschulter Verehrer Asaharas ließ sich zu der Behauptung hinreißen, nach Analysen eines Instituts der Universität Kyôto enthalte die Genstruktur des Gurus geheimnisvolle Informationen.

Man könnte lange fortfahren, die kuriosen Exerzitien und asketischen Exzesse zu beschreiben: Die magere Diät aus zwei Mahlzeiten Gemüse, Seetang und Reis am Tag, die nach Zeugenaussagen die Sektenmitglieder hohlwangig und schwächlich wirken läßt; die endlosen Meditationen, Yogaübungen und Lobgesänge auf den Meister, die nach Auskunft von Religionswissenschaftlern einen nicht minder schwer verdaulichen Glaubensbrei aus tibetischen Ingredienzien, Shiwa-Kult und japanischer Berganbeterei darstellen und das Beiwort „buddhistisch" verhöhnen; schließlich die Erwähltheitsphantasie, den für 1997 von Asahara vorausgesagten Weltuntergang zu überleben und spätestens dann Japan mit den autonomen Dörfern ihrer „Aum-Nation" zu überziehen. Von der Mutmaßung, die Sekte wolle dem Verderben der Ungläubigen mit Sarin nachhelfen, zu schweigen. Der Verdacht erklärt vielleicht die um sich greifende *seikimatsu*-Stimmung des wehrlosen Publikums. Doch was auch immer über „Ômu Shinrikyô" nun ans Licht kommt, verhilft noch nicht zu der Einsicht, wie es der Sekte gelingen konnte, gerade unter der akademischen Elite Japans Anhänger zu werben. Denn gerade in den Seminaren der Tôkyô-Universität, der renommiertesten der Hochschulen mit den anspruchsvollsten Eingangsexamina, wird die Sekte auffällig häufig fündig. Die Sieger im „Erziehungskrieg", der in Japan gnadenlos jeden auf den nächsten hetzt, ekeln sich vor dem leeren Gewinn danach, vermuten nun entsetzte Erzieher. Könnten die intelligentesten Studenten, der Stolz dieses bildungsversessenen Landes, auch die einsamsten, neurotischsten, gläubigsten sein? Sind sie, die von ehrgeizigen Eltern zu einem Mönchsleben angehalten wurden, ohne am Ende mehr Lebenssinn als Status und Geld in einem Ministerium oder einem Handelshaus erwarten zu können, besonders empfänglich für Wärme und Solidarität, Flagellantentum und Revanchedenken von Irrsinns-Sekten wie „Aum"?

In Japan im Jahre des Unheils spricht manches, darunter die Erfahrung mit Sekten im Ausland, eben dafür. Diese Erfahrung, so schockierend sie sein mag, lehrt auch, daß volljährigen Staatsbürgern in einem Rechtsstaat mit garantierter Religionsfreiheit nicht verwehrt werden kann, sich auf die abenteuerlichsten Sekten einzulassen und erleuchtet oder ruiniert zu werden. Ganz anders steht es mit Kindern. Und man fragt sich, warum das japanische Erziehungsministerium sich bis zum heutigen Mittwoch Zeit ließ, um den Eltern von 26 Kindern und Jugendlichen in „Ômu Shinrikyô" mit Strafverfolgung zu drohen, wenn sie nicht sofort der allgemeinen Schulpflicht nachkommen. Über Jahre, heißt es jetzt, habe es nur unbeantwortete Briefe der lokalen Schulbehörden und ergebnislose Klagen von Angehörigen auf Herausgabe der Kinder gegeben. Der elende Alltag dieser „Aum"-Kinder, die dort von ihren Müttern getrennt leben, soll vor allem aus stundenlangen Gebeten und Gesängen bestehen. Man unterrichte sie allerdings auch in Mathematik, Japanisch und Englisch. Ihnen muß alles Mitleid gelten, ihnen muß endlich ein Entkommen aus dem Gefängniskloster der „Aum" am Fujisan ermöglicht werden. Dasselbe Mitgefühl und denselben Schutz verdient auch jene elf Jahre alte Tochter von Asahara Shôkô, die in der Sekte den absurden Rang einer „Ministerin" innehaben soll. Den anderen ist vom Staat nicht zu helfen. Es sei denn durch ihre Verhaftung unter Mordverdacht.

(30. März 1995)

Wen das Los trifft in Kôbe

Erdstoßgebete – Wartung einer
japanischen Katastrophe

„Bleiben Sie nicht zu lange in Tôkyô", sagte Pastor Koizumi und fuhr sich mit gestrecktem Zeigefinger halsabschneiderisch über die Kehle, „dort lebt man für den Kopf, hier aus dem Bauch." Auch ein Gottesmann, der einer Lutherischen Kirche mit hundertzwanzig Gläubigen vorsteht, kann nicht daran vorbei, daß in Japan im Bauch die Seele sitzt, und daß Japan geteilt ist. Koizumi Jun sprach in Kyôto über Kôbe oder Ôsaka und meinte Kansai, das Gebiet „westlich der Barriere", welche mit der Hauptstadtregion Kantô, „östlich der Barriere", so viel gemein hat wie Spiritus mit dem Heiligen Geist. Und umgekehrt. Denn die Verachtung stammt aus Jahrhunderten, als die Grenzen noch bewacht waren, und ist ganz gegenseitig. Grobe, kulturlose, geldhungrige Krämerseelen vermuten Tôkyôter in Kansai, wo Kantô als durchseucht mit snobistischen, obrigkeitshörigen, langweiligen Beamtentypen verschrien ist. Das Ressentiment ist ein Luxus, den man sich fast ein halbes Jahr nach dem Beben wieder leistet.

Der Pastor, der nach dem Erdbeben bis Ende April, als ein Synodenbeschluß der Hilfe der evangelischen Kirchen ein Ende setzte, von seinem Pfarrhaus aus Freiwillige und Suppenküchen koordinierte, Spenden eintrieb und vernachlässigte Kinder aus Kôbes „Sodom und

Gomorra" wieder zum Spielen brachte, machte im Januar keinen Unterschied zwischen seinen verlorenen Schafen. Das Unglück hob, vielleicht gerade weil der Kopf, Regierung und Bürokratie, völlig versagte, die Teilung für eine Weile auf. Die Nation litt mit Kôbe. Heute hat Koizumis Kirche wie andere Hilfsorganisationen Mühe, Helfer zu finden. Nicht mehr Hunger zu stillen, Verletzte zu bergen, ist nötig, sondern *kokoro no kea*, die bezeichnenderweise halb aus dem Englischen entlehnte „Pflege" der Wunden „des Herzens". Mit solchen Leiden tut sich Japans Bauch nicht leichter als der Kopf. Die greise Mutter Koizumis ertrug die Schreckensberichte aus Kôbe eines Tages nicht länger: „Sie starb", sagt er leise, „an gebrochenem Herzen."

Blau ist die Farbe des Mangels in Kôbe. Das helle Schwimmbadblau der Plastikplanen leuchtet von den leckgeschlagenen Dächern der Unterstadt hinauf zu den Hängen im Norden, wo die Bürgerhäuser fast unbeschädigt auf Felsgrund stehen. Je älter, je niedriger und näher zum Meer gelegen die auf Sand und Geröll errichteten Quartiere, desto dichter drängen sich schiefe Hütten und Zelte zu den blauen Elends-Pools. Das Erdbeben hat die sozialtopographischen Verwerfungen zwischen Niederen und Erhabenen, ethnischen Minderheiten in den Gummischuhfabriken und japanischen Kosmopoliten in den Handelshäusern, in den Gemeinden der Eineinhalb-Millionen-Stadt nicht geschaffen. Das Gefälle ist nur steiler geworden. Die Durchhalteparole, die die Überlebenden, oben wie unten, in den ersten beiden Wochen nach dem Desaster einander zuriefen, „Minna issho desu" (Wir sind alle gleich), gilt im Weiterleben längst nicht mehr in der Vertikalen, sondern nur noch unter Gleichrangigen. Ihr Wert als Paßwort ging ungefähr zu der Zeit verloren, so wird berichtet, als entfernte Bekannte in einem wunderbaren Verstoß gegen japanische Körpersprachregeln einander nicht mehr unter Freudentränen umarmten. „Schnell zu erhitzen, schnell abzukühlen" seien die Japaner eben, sagt Pfarrer Koizumi.

Das Strafgericht des *Hanshin daishin*, des Großen Bebens der Hanshin-Region, fällte ein Unrechtsurteil, das zum Himmel schreit. Unter den fünfeinhalbtausend Toten und 280.000 Obdachlosen waren erschreckend viel mehr Alte, Arme, Ausländer, Arbeitslose als ihr statistischer Anteil erwarten ließ. Dabei ist es, alle eschatologischen Deutungen verhöhnend, geblieben: Die Letzten waren die Letzten. Zu

Beginn der Regenzeit Mitte Juni lebten nach Zählung der Stadtverwaltung noch 24.000 Menschen in 326 Notunterkünften, also in Schulen, Turnhallen und Zelten. Leben ist geschmeichelt für ihr Vegetieren unter blauen Notdächern in Parks und ein schäbiges Fressen aus der öffentlichen Hand. Nun sollen sie noch den Schutz dieser Hand verlieren. Bis Mitte Juli, so verlangen es Notstandsgesetz und Behörden, müssen alle öffentlichen Gebäude und Gelände geräumt sein. Sie, die immer lästigeren Zeugen für Kôbes Rücksturz in eine Dritte Welt, die es unter dem dünnen Glas der Wohlstandsfassaden immer gegeben hatte, behindern den Wiederaufbau und den großen Sprung der Stadt ins 21. Jahrhundert. Wie der gelingen soll, weiß niemand. Die Flüchtlinge besitzen nichts, viele sogar weniger als nichts, denn die Kreditschulden und Hypotheken für ihre zerstörten Häuser sind ihnen geblieben. Ihre Selbstmorde sind so ungezählt wie die Sterbefälle von Alten, die siech wurden vor Mutlosigkeit und der unerträglichen Scham, anderen zur Last zu fallen.

Wer noch Grund und Boden in halbwegs entwicklungsfähigen Vierteln hat, erhält Kaufangebote von der Stadt, angeblich zu einem Drittel des Wertes vor dem Beben, oder Besuch von Yakuza-Gangstern der Yamaguchi-gumi, die an Japans Bauwirtschaft traditionell mit etlichen Gewinnprozenten beteiligt ist und in Kôbe, ihrem Stammland um Ôsaka, einen höheren Anteil verlangt. Es wäre nicht das erste Mal, daß japanische Behörden den Kahlschlag eines Desasters als Ratschluß eines göttlichen Stadtplanungswillens freudig annähmen. Wie er sich den Wiederaufbau vorstelle, wurde vor Jahren der Bürgermeister der von einem Feuer verheerten Stadt Sakata in Nordjapan gefragt: „Etwa wie die Champs Elysées, denke ich", entgegnete dieser nach verbürgten Berichten, und ließ von jedem Grundstück ein Fünftel gegen Entschädigung enteignen. In Chûô, Nagata oder Nishinomiya, den ärmsten und am schlimmsten durch das Beben und die Brände verwüsteten Stadtteilen, herrschte derselbe charmante, zwischen öffentlichem und privatem Raum kaum unterscheidenden Wildwuchs, der japanische Großstädte als Dorfkumulation erträglich macht. Fortschrittliche Stadtplaner, Katastrophenschützer und Immobilienspekulanten verzweifeln an diesen urbanen Biotopen, in deren winzigen Holzhäusern und krummen Gäßchen ein einziger Ehestreit noch Hunderte unterhalten kann. Manche ersehnen wohl heimlich das furchtbare Jäten ihrer Städte durch Taifune, Vulkanausbrüche, Erdstöße.

Fußbreite, fein gepflegte Gärtchen – dieselben, die in Kôbes Zeltlagern sofort überall gediehen, um dem Unerträglichen mit Gewohnheit beizukommen – himmellos unter Hochautobahnen, Waschmaschinen auf Bürgersteigen erweitern das beengte Wohnen in die Nachbarschaft. Daß, nach Buchführung der Stadt Kôbe, Mitte Juni nur 13.371 von 20.369 aufgestellten Behelfsunterkünften belegt sind, obwohl das Anrecht in einem Losverfahren vergeben wird, hat mit dieser zähen Verwurzelung der Städter in ihrem Heimatbezirk zu tun. Nicht nur freilich. Einem Drei-Personen-Haushalt einen Container mit Küche und einem Wohnraum von sechzehn Quadratmetern anzubieten, in dem nicht einmal Raum für Koffer ist, kann selbst in Japan, wo sich viele Familien auf 40 bis 50 Quadratmetern Wohnfläche drängen, nicht als das große Los gelten. Chemische Gemeinschaftstoiletten für ein Dutzend dieser Container auf irgendeinem entlegenen Sportplatz in der Provinz beleidigt das in Japan auch in der kleinsten Hütte beinahe obsessiv entwikkelte Hygienebedürfnis. Wer in den stickigen, ständig schimmelnden, von Essens- und Kloakendünsten heimgesuchten Zelten kampieren muß, wo schon im Mai 50 Grad Celsius gemessen wird, mag sich mit allem anderen bescheiden. Doch gerade sie haben keine Chance. Fast 95 Prozent der Anrechtsgewinner kommt aus den festen Massenunterkünften. Und diese Menschen, die ohne die geringste Privatsphäre und bei strengsten Benimmregeln zu fünfzig und mehr zusammen hausen, die nach Monaten eines Internierungsdaseins, das sie den Tag mit dösendem Warten auf die Mahlzeiten und den Abend verbringen, sie fett, krank und apathisch werden läßt – ausgerechnet sie zögern, ihr Losglück wahrzunehmen.

Wada Kôichi kann erklären, was Japans etablierte Presse als verwöhnten Egoismus brandmarkt und mißversteht. Man findet den bulligen Maler mit dem lärmenden Auftreten eines Rockers, der seine verspiegelte Sonnenbrille selbst auf der Visitenkarte trägt, in der katholischen Takatori-Kirche im Distrikt Nord-Noda. Genauer, auf dem Gelände, wo die hölzerne Kirche stand, bis ihr Dach am Morgen des 17. Januar um 5.46 Uhr einstürzte und die Brände ausbrachen, bis das Feuer sie nachmittags um 15 Uhr erreichte und, „weil der Feuerwehr nach fünf Minuten das Löschwasser ausging", sie über Stunden verzehrte. Die Sakristei wurde verschont, aber das Viertel Takatori, in dem im Hundert-Meter-Radius 800 Menschen gelebt hatten, brannte nieder. Hundertfünf Tote, die Häuser und Kleinfabriken in Asche. Wada verlor alles, was er besaß. Er gewann „Kraft, Freundlichkeit, Stolz", die Insignien seiner Freiwilligen-Guerilla, die er mit zärtlichem Machismo „Gorilla-Armee" nennt. Der Künstlergeneral und seine Eingreiftruppe, die aus angekohlten „Recycling"-Balken, die vor den Bulldozern gerettet wurden, Notquartiere baut, Zelte flickt, Musikfestivals organisiert und Alten in der Takatori-Mittelschule beisteht, sind die Apostel und Bodyguards des Viertels. Dieser Wada Kôichi also kann vorrechnen, was es im günstigsten Fall für eine vierköpfige Familie bedeutet, in eine Behelfsunterkunft außerhalb Kôbes zu ziehen. Die Fahrtkosten zurück zu den Arbeitsplätzen und zur Schule erreichen leicht 120.000 Yen, etwas über 2000 Mark. Wer soviel verdient, daß er sich die fürsorgliche Verbannung leisten könnte, kann ebensogut ein kleines Appartement in Kôbe mieten. Wer nichts verdient, wird ein Gefangener seines abgelegenen Containers und kann nicht einmal Arbeit suchen. „Viele kleine Glücksmomente ergeben zusammen Hoffnung", sagt Wada Kôichi und nimmt, selbst beeindruckt, fast die Brille ab.

Die Furcht, dem Übergangsheim nicht mehr zu entkommen und in einer Art einsamer Abschiebehaft zu verkümmern, lähmt gerade alte Menschen, die darauf angewiesen sind, im Viertel gekannt zu werden. Aber selbst Jüngere mit genug Geld, Chuzpe und Initiative, ihre Häuser wieder zu errichten, werden von einem zweijährigen Baustop gebremst. Die Stadt wünscht keinen individuellen Wiederaufbau der Slumgegenden, sie hat Sanierungspläne. Die Leute in Noda aber wollen nicht verplant werden, bevor sie nicht Arbeit und Wohnung dort finden, wo sie beides hatten. Einig wie in den ersten Wochen sind sie nicht mehr. Ihre im Mai formierten Vertriebenengruppen und Interessenvertretungen müssen Streit unter den Mitgliedern schlichten, wenn es um Grundstücksgrenzen (die nach dem Brand unklar sind, weil seit Generationen nur die Häuser zählten) geht oder um gemeinsame Bauprojekte von Familien, die am Einspruch von wenigen scheitern. Die Stadt handele zu überstürzt und plane zu weit im voraus, klagen Aktivisten wie Wada, die gutgemeinte wie grandiose Entwicklungspläne verschmähen. Die Stadt verschleppe alles, meinen dieselben Leute, sie solle Geschäftsgründungskredite gewähren, Bankschulden übernehmen oder stunden und sich im übrigen heraushalten. „Dies hier ist unser Viertel", sagt er und zeigt auf die planierte Wüste, die nicht einmal mehr blaue Plastikplanen trägt, weil aus ihr nur noch die Notgebäude der Kirche und eine ausgebrannte Klinik herausragen. Aber nicht alles lastet er den Behörden an. „Das einzige, was das Beben leider nicht erschüttert hat", meint der Chef der Gorilla-Guerilla, dessen Graffiti Trümmer zieren, „ist die Diskriminierung der Koreaner und Vietnamesen."

Das sieht sein Freund Giovanni Paolo Succu etwas anders. Der junge Sarde, seit Dezember 1993 einer von zwei Padres in Takatori, weiß nicht mehr, wohin es seine Gemeinde nach dem Beben verstreut hat. Aber er besteht bescheiden auf dem Fortschritt, auch auf dem, der sich in Flüchen zeige. Wenn irgendwo Müllhaufen herumlägen, sagten die Japaner des Viertels nicht mehr, „das waren die Vietnamesen-Schweine", sondern „das war dieses Schwein Danh". In dem Park Minamikomae in der Nähe, wo 150 Vietnamesen mit achtzig Japanern in einem illegalen Zeltdorf kampierten, mache man heute wenigstens solche Unterschiede. Das ohne Erlaubnis errichtete Camp wird von Amts wegen seit Monaten ignoriert, also auch nicht mit Lebensmitteln, Wasser und Strom versorgt. Die ruinierte Kirche, auf den guten Willen der Gemeinde mehr denn je angewiesen, hat den katholischen Vietnamesen im März Zuflucht für eine Rundfunkstation gewährt. „Radio Yeu-men" (vietnamesisch „Liebe"; japanisch gesprochen „Traum"; englisch mit gutem Willen „Human") reicht kaum sechs Kilometer weit und kommt deshalb ohne Lizenz aus. Es sendet im Wechsel mit Philippinos und Koreanern Nachrichten für Flüchtlinge. Pater Succu missioniert nicht, predigt wenig, baut Unterkünfte für Freiwillige. Er erinnert sich an den Schock der Leute in den ersten Stunden, „als sie herumliefen wie Zombies und nichts begriffen", an das Trauma der Verschütteten, die wochenlang kaum zu schlafen wagten, und mit spürbarem Zorn an die japanischen Journalisten: „Sie kamen als erste mit Hubschrauberstaffeln, man konnte die Rufe der Leute unter den Trümmer nicht hörte. Sie brachten nie etwas, sie gingen nieder wie Geier auf dem Aas, fledderten unsere 'Story' und flogen zurück nach Tôkyô. "

Zwei Monate litten die Leute von Kôbe unter den penetranten Lauschangriffen der Hauptstadtmedien. Dann, nach dem Giftgasanschlag in der Tôkyôter U-Bahn vom 20. März, begannen sie, über ihre Vernachlässigung zu klagen. Die rasch in hysterische Kriegsberichterstattung ausartende Jagd auf den „Aum"-Kult und seinen untergetauchten Guru verdrängte die alltägliche Krise in Kôbe auf die hinteren Seiten. Aus Lebensläufen wurden Buchhaltertabellen. Man meldete das Spendenaufkommen (bis 26. März umgerechnet 2,3 Milliarden Mark), verwaltet von einem Komitee aus Hilfsorganisationen, die stokkenden Ausschüttungsrunden, in denen 1.700 Mark Kondolenzgeld für jeden Vermißten oder Getöteten und derselbe Betrag für jedes halb oder total zerstörte Haus gewährt wurden. Man erwähnte wohl knapp den Streit um *risai shômei*, amtliche Schadensschätzungen für Häuser, deren kleinliche Prozentfeilscherei fast zu Aufständen führte. Man rechnete vor, daß etwa der Tod eines Haushaltsvorstands nach dem nationalen Katastrophengesetz mit 87.000 Mark entschädigt wird, aufzubringen zur Hälfte vom Bund sowie zu gleichen Teilen von Präfektur und Gemeinden. Ob die Leute es bekommen, erfährt man nicht. Über allen Aufstellungen von Versicherungen und Sterbegeldern thronte die ständig nach oben verbesserte Königszahl des volkswirtschaftlichen Bebenschadens: 170 Milliarden, oder 200, besser noch 350 Milliarden Mark seien aufzuwenden, hieß es mit jener seltsam neureichen Verehrung für jede Unsumme, ob Verlust oder Profit, die Japans staatstragenden Medien pflegen.

Wie tröstlich in den Schullagern und Camps von Kôbe die Mitteilung wirkt, daß die zweitgrößte Industrienation der Welt selbst die ungeheure Wiederaufbaubelastung eines *Hanshin daishin* letzten Endes aufbringen kann, ist leicht zu ermessen. So wenig ihnen Geld gleichgültig sein kann – schließlich haben sie erlebt, daß wohlsituierte Bürger unter den Opfern aus verschiedenen Quellen, von Gewerkschaften, Versicherungen und Firmenfonds rasche Hilfe erhielten –, so wenig können sie noch dem Glauben an die Allmacht des Yen anhängen. Denn sie haben erlebt, daß es Freiwillige waren, allen voran christliche Kirchen und Verbände, die den „Liegengebliebenen" ohne viel Mittel aufhalfen, eine zweite, soziale Katastrophe verhinderten und Ehre einlegten für ihr Land. Die offizielle Anerkennung für den Einsatz der

„Volunteers", wieder fehlt ein japanischer Begriff für ein fremdes Konzept, steht nicht zufällig bis heute im umgekehrten Verhältnis zur ihrer Leistung in Kôbe. Manche nennen es eine Blamage, daß die finanziell schwachen, aber gut organisierten christlichen Gemeinden, zu denen sich weniger als ein Prozent der Bevölkerung bekennt, den wohlhabenden Buddhisten und Shintôisten zeigten, wie man zuerst Menschen hilft, bevor beschädigte Tempel und Schreine an die Reihe kommen.

An den deutschen Religionswissenschaftler Martin Repp muß sich halten, wer die unterschiedlichen Reaktionszeiten und zum Teil „beschämend hilflosen" Hilfsansätze der etablierten Sekten sowie der „ständig Eigenwerbung treibenden" Missionare der „Neuen Religionen" verstehen will. Wohl niemand hat diesen Wettbewerb genauer untersucht und analysiert als der Pastor, einer der Direktoren des Forschungszentrums für japanische Religionen des NCC (dem Gegenstück zur EKD) in Kyôto. Zweimal meldete sich Repp im Februar zu tagelangen Einsätzen für den „Christlichen Verein junger Frauen" in Kôbe. Er hat Kisten mit Hilfsgütern geschleppt, Fahrräder repariert, ohne Wasser und mit Freiwilligendelegationen gelebt, die das Unternehmen Sony über Wochen bei vollen Bezügen schickte. Er hielt sich an die strengen Regeln für die Flüchtlingsarbeit: Keine Fotos, keine Mitleidssprüche, weder Lob noch Tadel, stattdessen Zuhören, höflichen Abstand wahren, zur Selbsthilfe verhelfen, Gegengefallen annehmen. Nur Hilfe zu erhalten, demoralisiert, Dankbarkeit macht auf Dauer wütend. Viele Aktionen der ständig fluktuierenden Helfer seien verspätet und unkoordiniert gewesen, räumt Martin Repp ein, manche wohl auch sinnlos. An Hingabe und Durchhaltevermögen jedoch hätten sich die jungen „Volunteers" von niemandem übertreffen lassen. Ihr neues Selbstbewußtsein werde gesellschaftliche Folgen haben, glaubt Repp. Nein, er ist sich sicher: „In Kôbe habe ich die Besten Japans gesehen."

(1. Juli 1995)

Der pazifische Frieden

Vor fünfzig Jahren begründete Japans Niederlage
seinen Reichtum und die Befreiung Asiens

Inoki Masamichi war am 15. August 1945 einunddreißig Jahre alt und
einsam. Er war unterernährt, erschöpft, kriegsmüde wie alle Japaner,
als er in Tôkyô die dünne Stimme Hirohitos im Rundfunk vernahm.
Zum ersten und letzten Mal hörte er aus dem Munde des Gottkaisers
die ideologische Lebenslüge des Militarismus: „In der Tat erklärten Wir
den USA und Großbritannien nur den Krieg, um die Existenz Unseres
Reiches und die Stabilität Ostasiens zu sichern", berichtete der Tennô
seinen Untertanen, „und nicht etwa aus der Absicht heraus, andere
Länder unter unsere Souveränität zu zwingen oder ihr Territorium zu
besetzen ..."

Inoki wußte es besser. Er hatte es schon Mitte 1939 besser gewußt,
als er im Auftrag des Mitsubishi-Wirtschaftsinstituts die Kriegschancen
Japans untersuchte. Und er hatte sich am 8. Dezember 1941 tief depri-
miert mit Sake betrunken, als die Nation sich an den Siegesmeldungen
von Pearl Harbor berauschte. Inoki litt unter seiner einsamen Einsicht
und den Propagandalügen, verfolgte die Niederlagen der kaiserlichen
Armeen in „Isvestija", Widerstand leistete er nicht. Doch als der Kaiser
nun in nicht zu übertreffendem Understatement das Ende verkündete –
„... der hingebungsvolle Dienst Unseres Hundertmillionenvolkes konnte jedoch nicht verhindern, daß sich der Krieg nicht unbedingt zu Japans Gunsten entwickelt hat" –, leistete sich Inoki das hochverräteri-
sche Gefühl, „gerettet, ja glücklich zu sein".

So jedenfalls erinnert sich heute der greise Herr, der als
Universitätslehrer, Präsident der Militärakademie und Publizist zu einem der profiliertesten konservativen Kritiker aufstieg. Er redete weder
Japans Angriffskrieg schön, noch ächtete er die Atombomben als
Kriegsverbrechen. Er war, „innerlich", wie er lässig auf Deutsch erklärt,
ein ambivalenter Patriot. Angegriffen von „utopischen Pazifisten" wie
von „rechtsradikalen Revisionisten", ist Inoki Masamichi im Grunde

einsam geblieben. Wäre es anders, hätte Japan an diesem 15. August mehr Beistand und weniger zu bereuen.

Doch wie die Dinge stehen, nach all dem jahrzehntelangen Leugnen, Verdrängen, Unterlassen, das vor allem Politiker und Bürokraten betrieben, wird Japan am kommenden Dienstag den einsamsten Tag seiner Nachkriegsgeschichte erdulden müssen. Die Völker Asiens, die sonst kein kontinentaler Kulturbegriff verbindet, werden zum fünfzigsten Mal geeint sein in den Feiern ihrer Befreiung vom Joch des Kaiserreichs. Ob in düsteren Staatsakten, mit verordneten Trauermärschen oder spontanen Freudenfeuerwerken, ob zum Lobe eines merkantilistischen Kommunismus oder eines konfuzianischen Kapitalismus: Menschen in Djakarta, Manila, Ho Chi-Minh-Stadt und Singapur, in Taipeh, Seoul, Pjöngjang und Peking werden also in einer gespenstischen Halbkreis-Choreographie mit dem Finger auf das Land zeigen, das sie alle in seinem Erhabenheitswahn einst als *santôkokujin*, als drittklassige Nationen, verachtete und sie im Namen der Erlösung von der Kolonialknechtschaft durch die Weißen mit verheerenden Kriegen überzog. Nicht genug damit, auch die Weißen in London, Paris, Moskau, Canberra und Wellington werden, verhaltener wohl, triumphieren. Am 2. September, dem Datum der japanischen Unterzeichnung der Kapitulationsurkunde, wird sich der Teufelskreis schließen mit amerikanischen Gedenkfeiern auf Hawaii. Präsident Clinton wird dem „V-J-Day", dem gegen die eindringlichsten Bitten der japanischen Verbündeten unter Druck von Veteranenverbänden so genannten Tag des „Victory over Japan", die Ehre seiner Anwesenheit geben. Daß noch ein halbes Jahrhundert nach Ende des Pazifischen Krieges unter Siegern wie ehemaligen Opfern die Bereitschaft so gering ausgeprägt ist, den gekränkten Nationalstolz des Verlierers zu schonen, zeigt den ganzen Jammer und die Einsamkeit Japans.

Das Inselreich hat im Frieden längst mehr Besitz, Einfluß, Prestige in der Welt gewonnen als während seiner Militärkarriere. Manche sagen, Japan habe die berüchtigte „Großostasiatische Wohlstandssphäre", die den geschundenen Nationen Asiens die Farce eines Commonwealth zumutete, längst mit der Macht seiner Waren und des Yen errichtet. Fast alles ließ sich mit Fleiß, Opferbereitschaft, Hingabe und Geld fertigen, planen, kaufen, sichern – Absatzmärkte, Respekt, Abhängigkeit, Konzilianz, aber keine Freundschaft, kein Vertrauen, keine Heimat unter Nachbarn. Schadenfreude verbietet sich. Die Siegermächte haben das Ihre dazu getan, daß Japan seine Kriegsschuld weder begreifen mußte, noch abtragen konnte und deshalb einem anachronistischen Selbstverständnis verhaftet blieb. Vieles spricht dafür, daß latenter Rassismus unter Japans westlichen Kriegsgegnern und abendländisch-zentristischer Provinzialismus im übrigen Europa verhängnisvoll zusammenwirken in einer sonderbaren Teilamnesie, wenn es um den Pazifischen Krieg und erst recht um seine Vorgeschichte geht. Im kollektiven Gedächtnis Amerikas, das auf den Schlachtfeldern und in den Gefangenenlagern des Pazifischen Kriegs 100.000 getötete und fast doppelt soviele verwundete Soldaten zu beklagen hatte, mögen Manila, Guadalcanal, Iojima, Guam, Saipan, Okinawa unvergessen sein. Aber hat man dort eine Ahnung, daß ein isolationistisches Amerika den militärischen Zumutungen, Abenteuern und offenen Vertragsbrüchen Japans in China in den dreißiger Jahren tatenlos zugesehen hatte, bevor es sich im Juli 1939 zu einem Stop seiner Exporte durchrang? Wieviele erinnern sich, daß japanische Truppen im September 1940 den Norden Indochinas und im Sommer darauf den Süden einnehmen konnten, bevor Franklin D. Roosevelt ein mit England und den Niederlanden koordiniertes Öl-Embargo durchsetzte – und damit eine in dem rohstoffarmen Japan damals wie heute äußerst populäre Notwehrlegende für Pearl Harbor schuf? Und wissen sie, daß nach konservativen Schätzungen elf Millionen Chinesen in diesem Krieg getötet wurden, mehr als die Hälfte aller Opfer, mehr als fünfmal soviel wie Japaner?

Jedem seine Toten. Vielleicht ist es verständlich, daß in den Vereinigten Staaten, Großbritannien und Australien der Haß auf die japanischen Peiniger von Kriegsgefangenen beim Baatan-Todesmarsch und beim Bau der Burma-Siam-Eisenbahn unauslöschlich bleiben wird. Es zirkulieren unter anglo-amerikanischen Veteranen Sterberaten in japanischen Lagern von 30 Prozent, gegenüber gerade vier Prozent in deutscher Gefangenschaft. Die in der alliierten Kriegspropaganda übliche und in der Erinnerung erhaltene Unterscheidung in „Nazis" und „Japs", in Feinde unter den Deutschen und den japanischen Feind, spricht für sich. Karikaturen, die Hitler und Mussolini ein Gesicht gaben, die Japaner aber, je nach Kriegsglück, zu einer Horde (bestenfalls brillentragender) Affen auf Bäumen oder monströsen Godzillafiguren degradierten, konnten sich mit den japanischen Gegenstücken messen, die Weiße als teuflische Dämonen entmenschlichten. Das alles ist weidlich bekannt, wenngleich wenigen bewußt, und wird bei einschlägigen Jahrestagen und in Handelskonflikten, in Kinofilmen oder, wie jüngst, angelegentlich der Schadensersatzprozesse vor japanischen Gerichten, in einer politisch etwas korrekteren Form weitergegeben. Harry S. Truman hatte keinen Anlaß, solche Rücksichten zu nehmen, als er zur Nachricht von dem ersten erfolgreichen Test der Atombombe in seinem „Potsdamer Tagebuch" eine Verfluchung der „gewissenlosen, erbarmungslosen, fanatischen japanischen Wilden" notierte. Einige Tage nach den Explosionen von Hiroshima und Nagasaki erläuterte der Präsident in einem privaten Brief ohne Bedauern: „Wenn man es mit einer Bestie zu tun hat, muß man sie wie eine Bestie behandeln."

Hirohito war nicht Hitler. Auch die widerlichsten Greuel und Massaker der japanischen Armee im „Heiligen Krieg" waren kein Holocaust. Weder in Nanking 1937, wo nach chinesischen Quellen 200.000 Menschen ermordet wurden, noch im eingekesselten Manila, wo im Februar und März 1945 fast 100.000 Zivilisten von den Verteidigern sadistisch niedergemetzelt wurden oder durch die amerikanische Bombardierung starben, gab es einen Befehl zur industriellen Vernichtung eines Volkes.

Der Yamato-Rassenwahn vergötzte die angebliche Blutreinheit und Hochwohlgeborenheit des japanischen Volkskörpers (*kokutai*), dessen „essentielle Kräfte" auf dem Pfad der Tugend zu nutzen Hirohioto noch in seiner Kapitulationsbotschaft seine Untertanen aufzufordern geruhte. Doch Versuche nazistisch entflammter Bürokraten und Offiziere, die Massenmorde durch amoklaufende Armeen in eine Ausrottungspolitik in China sowie in Japans Kolonien Taiwan (1895-1945) und Korea (1910-1945) münden zu lassen, schlugen fehl. Woher rührte also Trumans Haß, der sich offenbar weniger an dem Kampf gegen den deutschen Faschismus entzündete und Züge von kreuzzughafter Besessenheit erst im Kampf gegen die ungläubigen Japaner annahm? Der japanische Historiker Iokibe Makoto (Kôbe) verweist auf die alte Freundschaft der antikolonialistischen Vereinigten Staaten mit der

„Schwesterrepublik" China, auf die erfolgreiche Öffentlichkeitsarbeit von Missionaren, die dem von allen Großmächten ausgewaideten Reich der Mitte zur Hilfe eilten. Japans Sieg über das geschwächte China (1894-1895), erst recht der Triumph über Rußland (1904-1905) hoben das junge Kaiserreich in die Klasse der Großmächte und alarmierten die Vereinigten Staaten. Ihre Marine erkannte den neuen Konkurrenten im Westpazifik, ihre Moralprediger wüteten gegen Japans ausbeuterische Erniedrigung Chinas. In Tôkyô aber, wo man mit einem gewissen Recht meinte, es nur dem gleichzutun, was europäische Kolonialmächte vorgemacht hatten, ließ man sich den Expansionsdrang nicht ausreden, rüstete auf, trieb Kolonialhandel und sah sich bald stolz auf der Diktatseite in Versailles.

Gerade sechzig Jahre nach der gewaltsamen Öffnung seiner Häfen durch die Schwarzen Schiffe des amerikanischen Commander Perry befand sich Japan in Siegerlaune. Nach einem Vierteljahrtausend in der rückständigen Isolation eines nur nach innen aggressiven Polizeistaats und dem kräftezehrenden Bürgerkrieg von 1868, der ersten „Revolution von oben", wie der amerikanische Zeitgeschichtler und Japankenner John W. Dower den Sprung vom Feudalismus zur westlichen Modernisierung nennt, erwies sich Japan als gefährlich eifriger Schüler der Großmächte. Die Annexion Koreas nach massiver Einschüchterung durch japanische Militärs kam zwar nicht auf friedlichem Wege zustande, wie kürzlich allen Ernstes der ehemalige japanische Außenminister Watanabe zum Entsetzen Seouls behauptete (und kleinlaut zurücknehmen mußte), aber sie gelang ohne Intervention der anderen Wettbewerber. Als sich Tôkyô im Jahre 1931, unter dem Druck rebellischer Offiziere, anschickte, den Samurai-Geist wieder in Dienst zu stellen, den Staatsshintôismus und sein Oberhaupt, den Kaiser, zu vergöttlichen und den Panasianismus auszurufen, war es auch Zeit, den sogenannten „Mandschurischen Zwischenfall" zu provozieren. Sechs Jahre lang drangen japanische Truppen und Handelshäuser fast ungehindert vor, bis es im Juli 1937 zu dem Scharmützel an der Marco-Polo-Brücke am Stadtrand von Peking kam. Der Vorwand für die Einnahme der Hauptstadt war da, Tôkyô glaubte, mit massiven Truppenverstärkungen China in einem halben Jahr niederwerfen zu können. Für Inoki Masamichi und alle anderen, die in Japans Aggression in China den

Anfang allen Unheils erkennen, beginnt im Sommer 1937 der Zweite Weltkrieg.

Als gebe es eine Datumsgrenze der Erinnerung, wird in Europa und erst recht in Deutschland anders gerechnet. Aber wer will sagen, wieviele Kriege den Zweiten Weltkrieg ausmachten, wann er begann und sogar ob er recht eigentlich zuende ist, wenn man den Kalten Krieg mit einbezieht, der auf der Koreanischen Halbinsel als narkotisierter Heißer Krieg noch immer droht? Die Interdependenz der Ereignisse in Europa und Asien liegt jedoch auf der Hand, wenn man sich des Anti-Komintern-Pakts von 1936 erinnert und die Konstruktion der Achse Berlin-Rom-Tôkyô im Dreimächte-Pakt im September 1940 wenigstens strategisch, wenn schon nicht ideologisch und politisch, ernstnimmt. Die in Hitlers Blitzkrieg überrannten europäischen Mächte mußten mitansehen, daß Japan sich an ihren schutzlosen Kolonien in Asien schadlos hielt. Frankreich verlor, wenn auch nicht sofort, die Herrschaft in Indochina; Indonesien, „The Dutch East-Indies", kam Holland abhanden; britisch-indisch-australische Truppen mußten die Malaiische Halbinsel unter verlustreichen Rückzugsgefechten preisgeben: Die demoralisierte britische Kolonialarmee ergab sich im Februar 1942 einem japanischen Korps von der halben Mannschaftsstärke. Das erste halbe Jahr nach Pearl Harbor war Japans Blitzkrieg, der Militärfachleuten bis heute offenbar Respekt abnötigt, weil er mit nur elf Divisionen in einem riesigen Gebiet geführt wurde, während die Hauptstreitkräfte in China gebunden waren. Die Feldzüge schufen den Mythos der japanischen Unbesiegbarkeit und das gewaltige Kolonialreich der „Wohlstandssphäre", deren von Tôkyô handverlesene Marionetten-Vertreter aus Manschukuo, China, Siam (Thailand), Burma, Indien und den Philippinen auch tatsächlich im November 1943 zu einer Konferenz zusammenkamen. Vor allem aber zerstörten sie den Mythos der weißen Unbesiegbarkeit.

Als sich Anfang April dieses Jahres Historiker aus zwanzig Ländern zu einem Symposium „1945 in Europa und Asien – Das Ende des Zweiten Weltkriegs und die Veränderung der Weltordnung" in Berlin einfanden, gab es konstruktiven Streit über Vieles. Über eines verständigte sich das Gremium, das auf Einladung des deutschen Historikers Gerhard Krebs im Japanisch-Deutschen Zentrum tagte, allerdings rasch und für Uneingeweihte überraschend: „... daß die größeren Umwälzungen in Asien und nicht etwa in Europa stattgefunden haben". Tatsächlich. Man muß nicht lange darüber nachdenken, daß die Entkolonialisierung Südostasiens, die chinesische Revolution und die demokratische Reformierung Japans Kriegsfolgen sind, daß weiter „die Kampfhandlungen mit der japanischen Kapitulation keineswegs ein Ende fanden, sondern nahtlos – oft für Jahrzehnte – in andere Befreiungs- und Bürgerkriege übergingen, die sich mitunter zu großen internationalen Konflikten wie in Korea und Vietnam ausweiteten". Krebs widerlegte das (in Japan nicht absterbende) Gerücht von einer Tragfähigkeit der weltanschaulich brüchigen Achse, deren Partner Berlin und Tôkyô „ihre eigenen Kriege begannen und beide einzeln verloren"; seine Korreferenten wiesen nach, „daß in Südostasien zum Teil erst unter dem Eindruck des Zweiten Weltkriegs ein nennenswerter Nationalismus entstand". Man stritt darüber, ob Japans Besatzung, im Verein mit der Guerilla wie in Java und im erbitterten Widerstand wie auf den Philippinen, die Unabhängigkeitskräfte Asiens unfreiwillig entfesselt habe oder nur Katalysator vorhandener Freiheitssehnsüchte war. Übereinstimmung herrschte dagegen, daß Australien und Neuseeland sich den Vereinigten Staaten als Basis für die Rückeroberung Südostasiens andienten und ihre Rolle als „europäische Außenposten" aufgaben. Wer oder was, kann man fragen, hat also am Ende den elend nützlichen Pazifischen Krieg für sich entschieden: Amerika oder die Alliierten, der asiatische Nationalismus oder gar der zum Krämer geläuterte Aggressor?

Japan zum Sieger zu erklären, kommt für das offizielle Asien nicht in Frage; es ist ein Tabu, gerade weil es die Wahrscheinlichkeit für sich hat. Alles deutet daraufhin, daß den jungen Leuten in Bangkok und Shanghai, Pusan oder Denpasar ohne weitere Gefühlsregung Walkman, Gameboy und Honda einfallen, wenn sie an Japan denken, nicht marschierende Truppen, Kamikaze-Piloten und „Zero"-Bomber. Wer reich ist, hat recht für den, der jung ist und keine Zeit mit Vergangenheit vergeuden will. Die Regierungen der Region haben ihre durchaus geschäftsfördernden Hintergedanken, wenn sie am 15. August Trauer tragen. China hat sich seit seinem Verzicht auf Reparationen im Jahr 1972 als ein Meister des diplomatischen Melodrams erwiesen, wann immer ein subtiler Hinweis auf Japans Kriegsschuld nötig war, um günstige Kredite oder politische Schützenhilfe zu erreichen. Korea ist aufrichtiger und deshalb schwieriger. In einem tiefen Opfer- und Minderwertigkeitskomplex gefangen neigen Koreaner dazu, Japan auf die Knie zu zwingen, wenn es sich schon verneigt, und es auf den Bauch zu befehlen, wenn es kniet. Bis heute ist es etwa eine Wunde geblieben, daß Yoshida Shigeru, Japans Premierminister von 1948 bis 1954, den Bruderkrieg auf der Halbinsel, der Japans Wirtschaft ihren ersten Boom brachte, als „Geschenk der Götter" willkommen hieß. Alle diese Nationen, von japanischer Technik und Finanzstärke in fast erniedrigender Weise abhängig, können mit Japans schlechtem Gewissen so vortrefflich spielen, weil Regierungen in Tôkyô über Jahrzehnte meinten, das Andenken an die Kriegsopfer und die nationale Ehre geböten ihnen, zu schweigen.

Fast alle, China ausgenommen, wünschen heute andererseits dringend, daß das japanisch-amerikanische Verhältnis nicht durch läppische Handelskonflikte beeinträchtigt würde. Gegen Pekings expansive Aufrüstung, so meint man, hilft nur ein starkes Japan. Das allerdings soll, wie ein Kampfhund an der Kette, gebändigt sein vom Sicherheitsvertrag der asiatischen Aufsichtsmacht Amerika.

Inoki Masamichi, der Tôkyôs Bündnis mit Washington für die bedeutendste Errungenschaft japanischer Außenpolitik seit dem Krieg hält, ist bemerkenswerterweise sofort bereit, einer fürsorglichen Zwingerhaltung Japans das Wort zu reden. Nur so könnten die Nachbarn Vertrauen fassen. Niemand, nicht einmal die Japaner selbst, sei sicher, daß Tôkyô vor dem Drang zur Remilitarisierung gefeit sei. Der militaristische Fanatismus im Krieg gegen Amerika und der utopische unilaterale Pazifismus im Schutz Amerikas nach der Niederlage, meint der alte Herr verächtlich schnaubend, seien die beiden Seiten derselben Münze. „Wir Japaner neigen eben zu Extremen." Und was den 15. August betreffe: Inoki verabscheut Zeremonien. Es gebe nichts zu feiern, man möge lieber für den Frieden beten.

(12. August 1995)

Nach dem Beben auf dem Friedhof um halb drei

Wie man sich als Ausländer in einem Tôkyôter Stadtteil für den Ernstfall rüstet

Morgens um acht von einer Lautsprecherdurchsage der Stadtverwaltung aus dem Schlaf genötigt zu werden, noch dazu mit der bedauernden Absage eines kaum bekanntgemachten Ereignisses, gilt auch in Toshima-ku als ziemlich böses Erwachen. Wir, die 16.300 Ausländer unter den 261.870 gemeldeten Bewohnern dieses als armselig und bemerkenswert unbedeutend bekannten Stadtteils im Norden Tôkyôs, sind an die fürsorglichen Kommandos der Großen Schwester gewöhnt. Sie ermahnt manchmal am Spätnachmittag mit dröhnendem Sanftmut und Glockenspiel unsere herumstreunenden Kinder, vor Einbruch der Dunkelheit nach Hause zu gehen; sie drängt an Wahltagen dringend (und immer erfolgloser) zur Erfüllung der Bürgerpflicht. Ihr Weckruf an diesem Sonntagmorgen, dem Sinne nach „Antreten zum Weiterschlafen", war doppelt lästig. Den Ahnungslosen wurde die wichtige Mitteilung gemacht, daß wegen Regens nicht stattfinde, wovon sie nichts gewußt hatten. Den Bereitwilligen, die an der „Allgemeinen Katastrophenschutzübung" teilzunehmen entschlossen gewesen waren, wurde zugemutet zu hoffen, daß auch Erdbeben bei schlechtem Wetter in Toshima entfallen. Überflüssig zu sagen, daß wir, eine Familie mit einem Deutschen als „Haushaltsvorstand" – ein Ehrentitel, der in den Meldeformularen für Ausländer nicht vorgesehen ist, und einst zu Improvisationen zwang – zur zweiten Gruppe zählen.

Nach dem 17. Januar, als die ersten Bilder aus dem verheerten Kôbe das Land entsetzten, waren wir und alle Japaner für eine Weile zu allem, nicht nur zum Vergessen wie sonst, bereit gewesen. In den Kleidern schlafen, Bargeld, Regenhäute, Pässe, Notfallausrüstung aller Art und unhandlichster Größe ständig bereit halten, jeden Abend die Gaszufuhr sperren, an Katastrophenübungen zu jeder Tages- und Nachtzeit teilnehmen: Leben mit dem Beben hieß Leben auf dem Sprung. Wir erneuerten die Vorräte in den beiden silberglänzenden Rucksäcken, einer griffbereit neben der Haustür, ein anderer im Kofferraum des Wagens; frisches Wasser – das vorgefundene war Jahre alt und sah auch so aus –, Kekse, Aspirin, Batterien, Taschenlampen, Radio und so fort, dazu – Kôbe hatte die Listen verlängert – Schutzhelme und eine Axt. Japans Kaufhäuser schwelgten in einem phantastischen Erdbebenzubehör-Boom, solange der Bereitschaftsdienst der Bürger währte. Naturgemäß war das nicht länger als einige Wochen. Immerhin stammt aus jenen alarmierten Tagen die apokalyptische Verabredung innerhalb der Familie: Nach dem Beben auf dem Friedhof um halb drei. Die Erkenntnis, daß man nach einem Erdstoß am Tag getrennt, ohne Nachricht und ohne Transportmittel sein könne, ließ diese Schweijksche Absprachenvariante bitter nötig erscheinen. Daß der Friedhof von Zôshigaya, unser Evakuierungsgebiet im ersten Bezirk jenes Gebiets, eine der fünfzehn ausgewiesenen Fluchtzonen in Schulen, Universitäten und Parks Toshimas, nur Minuten zu Fuß entfernt liegt und unter herrlichen alten Bäumen die Grabstätten berühmter Schriftsteller beherbergt, wirkt gerade durch die Ironie beruhigend. Wir sahen uns vereint im roten Schein der Feuersbrünste, die das alte Viertel mit seinen kaum zwei Meter breiten Gassen aus Holzhäusern zweifellos verzehren werden, auf bemoosten Gräbern kauern, Nachbeben trotzend, in einem poetischen Triumph des Lebenswillens gerade über den Toten. So dachten wir nach Kôbe, wenigstens wenn der Galgenhumor die Angst verhöhnte.

Andere dachten praktischer. „Versuchen Sie auf den Sammelplätzen mit anderen Europäern eine Gruppe zu bilden. Stellen Sie eine Liste der dort befindlichen Deutschen auf mit Namen, Vornamen, Geburtsdatum, Gesundheitszustand und Name/Telefonnummern von Angehörigen in Deutschland." Diese freundliche Empfehlung, im Notfall eine bürokratisch begabte Führernatur in sich zu entdecken, ist einer ganzen Anzahl von „Konsular-Tips" der deutschen Botschaft zu entnehmen, die aus gegebenem Anlaß Ende Januar herauskamen. Zwar wird den etwa 3.000 schutzbefohlenen Landsleuten in Japan in der Einführung wieder der nicht zu zerstörende Unfug angedient, Tôkyô habe „im Schnitt alle 60 Jahre" mit einem Großen Beben zu rechnen, doch enthalten die drei Seiten überwiegend Nützliches. Das gilt etwa für die ohne Bedauern formulierte Zusicherung, daß „eine gezielte Suche nach einzelnen Deutschen" nicht möglich sein werde. Für Rettung und Versorgung der Japaner wie der Ausländer sei das Gastland zuständig, heißt es brüsk, und offenbar an jene Landsleute gerichtet, die in obrigkeitsstaatlicher Treue gesonnen sind, unter den Trümmern ihrer Häuser deutsche Hilfe zu erwarten. Sinnvoller scheint da die harte Order: „Vergessen Sie Ihr Auto als Fortbewegungsmittel. Die Straßen dürften spätestens nach 15 Minuten verstopft sein bzw. von der Polizei gesperrt werden. Sie können mit dem Auto das Stadtgebiet nicht verlassen und wohl auch keine anderen Stadtteile erreichen ... Richten Sie sich an Ihrem Aufenthaltsort etwa für drei Tage ein." Machen wir. Schließlich leben wir hier nicht im sprichwörtlichen Freizeitpark. Auch werden wir getreulich auf Ausweispapiere („ggf. Kopien") und Verpflegung („z.B. Kekse, Studentenfutter") ebenso achten wie auf den Rat, nicht auf Gerüchte zu hören, sondern sich nur „auf Informationen aus erster Hand" – im vertraulichen Gespräch mit dem Ministerpräsidenten? – zu verlassen. Eine Karte mit Tôkyôs 120 Evakuierungsgebieten vervollständigt die Hinweise. Die deutsche Effizienz, Strenge und Beflissenheit, mit der jede Illusion übertriebener Hilfeleistung durch die Botschaft zerstört wird, gipfelt endlich in dem fettschwarz umrandeten Postskriptum: „Hinweis: alle Angaben erfolgen ohne Übernahme einer Gewähr."

Manchen mag die sich aufdrängende sprachliche Assoziation eines vernichtenden Erdbebens mit dem Haupttreffer in einer Lotterie befremdet haben. Doch darf man annehmen, daß nicht wenigen unter den 42 (in Worten: zweiundvierzig) in Toshima lebenden Deutschen Ende Januar knappe Information und juristischer Klartext lieber gewesen sind als die Ausflüchte der gelähmten japanischen Bürokratie. Dies, zumal das deutsche Generalkonsulat in Kôbe sehr viel mehr hielt, als ihre vorgesetzte Stelle in Tôkyô verspricht. Wir 42, die einander nicht kennen, werden uns jedenfalls bemühen, gute Opfer zu sein. Aber selbst das mit Steuermitteln nicht reich gesegnete Toshima, der Einwohnerzahl nach an 14. Stelle unter Tôkyôs 23 Städten (*ku*), nach dem Ausländeranteil aber an zweiter Position, bemühte sich, aus Kôbe zu lernen. Nicht reiche westliche Geschäftsleute zieht es in das knapp 13 Quadratkilometer große Gebiet, sondern vor allem Chinesen (9.000) und Koreaner (3.400), die von niedrigeren Mieten für winzige Holz-häuschen oder schäbige 30-Quadratmeter-Appartements gelockt wer-den. Es sind Studenten, Kellner oder im Visum sogenannte „Entertai-ner", die im Rotlichtbezirk im Westen des Bahnhofs Ikebukuro unterkommen. Ihnen allen ist die in Japanisch, Chinesisch, Koreanisch und Englisch verfaßte Willkommensbroschüre „Hello Toshima – ein Überlebensleitfaden" gewidmet und auch ein neues Faltblatt zur Kata-strophenverhütung. Hier sind die Evakuierungsflächen für die Einwoh-ner von Toshima-ku, „die alle ihr eigenes Viertel lieben", verzeichnet samt den Anmarschstraßen. Comiczeichnungen verdeutlichen, wie man gegebenfalls Aktentaschen über den Kopf hält, unter Tische kriecht, brennendes Öl löscht, Aufgaben für den Notfall in der Familie verteilt und umsturzgefährdete Möbel sichert. Auffällig ist die spre-chende Kleinigkeit, daß die Botschaft empfiehlt, dies mit Stahlhaken und Dübeln zu besorgen, während Toshima es realistischerweise mit Bildchen von zugebundenen Kühlschränken und Klavieren bewenden läßt: Dort weiß man, und wir wissen, daß nach normalen japanischen Mietverträgen das Einschlagen eines einzigen Nagels die Kaution ko-sten kann. Sicherheit ist in Japan vor allem jene des Hausbesitzers vor Beben, die Mieter verursachen.

Auf dem Papier jedenfalls, das muß man den Beamten lassen, weiß jeder Ausländer aus „Hello Toshima", was er dank „nützlicher japani-scher Ausdrucksweisen" im Notfall Nachbarn, Polizei oder Feuerwehr zu melden hat und wohin er nach einem Beben gehört. Seit dem 1. Sep-tember, dem nationalen Katastrophenschutztag Japans zum Gedenken an das Große Kantô-Erdbeben 1923, weiß er auch, daß von ihm mehr Selbsthilfe erwartet wird. In ganzseitigen Anzeigen stellte die Präfek-turregierung Tôkyôs klar, daß nach den Erfahrungen von Kôbe ihr üb-licher Appell zur Vorsorge allein nicht mehr genüge: „Die neue Bot-schaft ist einfach. Wir werden nach wie vor alles in unserer Macht stehende zur Vermeidung von Personen- und Sachschäden tun ..., aber wir brauchen gerade in den ersten Stunden Ihre Hilfe: Nehmen Sie an den Treffen der Nachbarschaftsorganisationen teil, reden Sie miteinan-der über Notfallpläne." Das ist leicht gesagt und doch schlecht geraten, wenn man die wahren Verhältnisse kennt. Selbst japanische Nachbarn in den Großstädten sind einander immer mehr entfremdet. Wenn es in

Zeiten des Mangels darum geht, Wasser zu teilen, Schutzräume, Nahrungsmittel und Schwarzmärkte, dürfte die Empfehlung der deutschen Botschaft, sich mit seinesgleichen zusammenzutun, aussichtsreicher sein. Nicht nur in Japan. In der Not frißt der Teufel seine Fliegen allein.

Umso mehr wollten wir üben. Wir, wenigstens einige von uns in Toshima, waren an diesem Sonntag begierig darauf zu erfahren, welche Lehren aus Kôbe gezogen worden sind. Erkundigungen hatten ergeben, daß sechs Feuerwehrwachen mit zusammen über 250 Mann zur Zeit über vierzehn einsatzfähige Löschfahrzeuge verfügen. Weiter habe man sechs Hubschrauberlandeplätze in Evakuierungsflächen ausgewiesen und für über sieben Millionen Mark die Funkleitstellen im Rathaus modernisiert. Jede Nacht verbringe einer der 80 Beamten des „Katastrophenschutzbüros" eine Bereitschaftsschicht in einem Hotel nahe dem Amt, hatte der freundliche Hoshi Kouchi ebendort wenige Tage vor der großen Übung berichtet, und das teure Tonbandgerät gelobt, das bei Erdstößen automatisch eine Endloskassette mit beruhigenden Ermahnungen über Lautsprecher ertönen läßt. Man erwäge wohl auch Durchsagen in Englisch, aber das komme zu teuer. Im übrigen sei Toshimas Bodenbeschaffenheit relativ stabil, härter jedenfalls als die Stadtteile an der Tôkyô-Bucht, die auf dem Meer abgewonnenem Land wie auf Gallert liegen. Die Bucht, antwortet Hoshi auf Nachfrage und nach eingehendem Studium abgelegener Karten, liege zehn Kilometer entfernt und Toshima bis zu 35 Meter über dem Meeresspiegel, zu weit und zu hoch selbst für die gefürchteten Springfluten.

Nach Kôbe habe Toshima auch eine viel aufwendigere Erdbeben-Übung geplant und alle, von der Feuerwehr bis zum Kaufhaus und kleinen Reishändler, wollten ihren Teil tun. Hoshi seufzt. Es fehlte am Geld. Der grandiose Plan wurde zusammengestrichen auf eine Hauptveranstaltung mit „Show" und neun Nebenschauplätze, wo sich „die Leute treffen, miteinander reden und essen und wieder nach Hause gehen". In dem Budget von 145.000 Mark mußten alle Überstunden und die Souvenirs für die Teilnehmer berücksichtigt werden. Hoshi Kouchi, vielleicht Mitte dreißig, sprach sachlich und weckte durchaus Vertrauen in Toshimas Lernfähigkeit aus den Fehlern von Kôbe. Und es spricht für ihn, daß er sich für seine Vorgesetzten schämte und leise die Politiker im Stadtrat verfluchte, als er nach der Rolle der Streitkräfte bei der

Übung gefragt wurde. Nein, die Sozialisten wollten mit Militärs nichts zu tun haben, man habe sie nicht eingeladen. Also keine Koordination, keine gemeinsamen Alarmpläne, derselbe pazifistisch begründete Wahnsinn wie in Kôbe? Ja, wie in Kôbe, gestand Hoshi etwas errötend. Gnädige Regenfälle ersparten Toshima nun viel Geld für die Überstunden und die Peinlichkeit zu demonstrieren, wie wenig man aus Kôbe gelernt hat. Und am Ende blieb uns und den anderen in Toshima nur die Übung in Geduld und im Vergessen.

(11. Oktober 1995)

Wer wohnen darf, will zahlen

Über die Dankbarkeit des Mieters in Japan bei der Vertragsverlängerung

Westliche Besucher Japans, zumal solche, die als Gäste bedeutender Konzerne oder der Regierung auf den Inseln weilten, pflegen entzückt von einer Gastfreundschaft zu berichten, deren Feinsinn, Takt und Höflichkeit sie tief berührt habe. In der eigenen Heimat, so setzen sie nicht selten wehmütig hinzu, seien derart erlesene Umgangsformen nicht mehr zu finden. In Japan werde jede Dienstleistung noch freudig erbracht, ein jeder, dienend oder bedient, kenne und schätze dort offenkundig seinen Platz in der Gesellschaft. Diese Schwärmerei ist in Ordnung, sie hat nur einen Nachteil: Sie untertreibt, wie ortsansässige Ausländer wissen, das Ausmaß der Beglücktheit erheblich. Denn was Durchreisende nicht ahnen können, ist, daß die genossenen Annehmlichkeiten der formvollenden Zivilisiertheit im japanischen Alltag über die Zeit zunehmen. Vorausgesetzt natürlich, man beachtet einige beiläufige ordnungspolitische Standesregeln. Dazu zählt die naturgesetzmäßige Überlegenheit von Männern gegenüber Frauen, Bürokratie gegenüber politischer Klasse, Großunternehmen gegenüber mittelständischen Betrieben, Produzenten gegenüber Konsumenten, organisiertem Verbrechen gegenüber chaotischen Einzeltätern, schließlich Vermietern gegenüber Mietern. Und wer beachtete das nicht gerne.

Gerade als Mieter fällt das leicht. Welcher anständige Mieter, wenn er ehrlich ist und seinen Status recht versteht, wäre nicht allenthalben von einem tiefen Gefühl der Dankbarkeit durchdrungen dafür, daß ein barmherziger Haus- oder Wohnungsinhaber über Jahre seinen Besitz fremden Menschen anvertraut und sich mit einem geringen Zins abfinden läßt. Im Großraum Tôkyô, wo sich dreißig Millionen Menschen auf der Fläche des Rhein-Main-Gebiets zusammendrängen, kann man diese erwiesene Gnade noch unverstellt erleben. Nicht einfach so natürlich, eigenen Eingebungen folgend, sondern bei festgelegten Anlässen, wie es sich schickt in Japan, das nichts so wenig liebt, wie die Dinge Zufällen zu überlassen. Zum ersten Mal hat man bei der Unterschrift des Mietvertrags die Gelegenheit, seine Ergriffenheit zu beweisen. Sieben Monatsmieten in bar sind gewöhnlich zum Makler mitzubringen, der allein in der ehrwürdigen japanischen Tradition, nichts, von der Heirat bis zu Geschäften, ohne einen streitschlichtenden Vermittler zu regeln, alle Verhandlungen führt: Die erste Monatsmiete und zwei im voraus, zweimal Kaution, und je eine Miete für die Maklerprovision und ein Handgeld für den Hausbesitzer. Das erhebende Gefühl, Millionen Yen auf einen Tisch zu stapeln – der Durchschnittspreis pro Quadratmeter liegt in Tôkyô derzeit bei umgerechnet 49 Mark, die durchschnittliche Miete für ein 60-Quadratmeter-Appartement bei 2.084 Mark – kann sich bis zur Euphorie steigern, wenn man auskostet, daß der Hausbesitzer sein Geld für nichts als seine Freundlichkeit erhält. So harmonisch beginnt ein Mieterdasein in Tôkyô. Aber es wird noch viel schöner.

Schon das Studium des Kleingedruckten birgt bisweilen neue Überraschungen. Aus pädagogischen Gründen ist man danach etwa gehalten, Ölöfen auch in Häusern ohne Heizung – in Japan besitzt kein Haus eine Heizung, allenfalls eingebaute Heißluftgebläse unter der Decke – der Brandgefahr wegen nicht zu benutzen, keine Nägel oder Dübel in die Wände zu treiben, sich keines Lärms oder sonstiger auffälliger Lebensregungen schuldig zu machen. Umsichtige Vermieter sehen in einer sogenannten Familienklausel weiter vor, daß Paare, die ein Kind erwarten, mit sofortiger Wirkung von dem Vertrag entbunden sind und ausziehen dürfen. Zwar entschied im Jahre 1993 das japanische Bauministerium in einem nicht bindenden Mustermietvertrag, daß Vereinbarungen, die einseitig zu Ungunsten einer Partei lauten, nichtig seien. Auch japanische Gerichte haben Räumungskündigungen wegen Schwangerschaft schon abgewiesen. Aber für hübsche Ideen von Vermietern zum Schutz ihres Eigentums gibt es noch Raum. Diese sollen gemäß der Weisung des Ministeriums im übrigen Mieterhöhungen nur im Einvernehmen mit dem Mieter aussprechen, Schadenskriterien für das Einbehalten der Kaution erläutern, säumige Zahler wenigstens einmal warnen und Kündigungsgründe in den Vertrag aufnehmen. Wozu sich die Aufsichtsbeamten aber nicht verstehen wollten, war eine Empfehlung, auf das *reikin*, das Geschenk des Mieters an seinen Wohltäter bei Einzug, zu verzichten. Das ist verständlich, denn hier geht es um eine zwar gesetzlich weder vorgeschriebene noch verbotene Geste, doch um so mehr um eine für den nationalen Hausfrieden unerläßliche Tradition. Kurz, es geht um gute Sitten.

Diese Monatsmiete frei Haus ist nicht zuletzt deshalb so unerhört beliebt, weil der Mieter die Chance hat, sie alle zwei Jahre bei der üblichen Verlängerung des Vertrags wieder zu entrichten. War das Verhältnis zum Besitzer, vermittelt von der Maklerfirma, ereignislos gut, hat es weder Klagen noch Beschwerden gegeben, zahlt jeder Mieter selbstverständlich gerne zu der fälligen Mieterhöhung das Handgeld als bescheidenes Zeichen seiner Dankbarkeit und gewissermaßen als Anzahlung auf ein weiterhin bekömmliches Verhältnis. Die schöne Sitte des *reikin* stammt aus den ersten wirren Nachkriegsjahren, als Japans verarmte Landbevölkerung in die zerstörten Städte strömte. Wohnraum war knapp, Hausbesitzer hatten jedes Recht, unter den Bewerbern jenen Einsichtigen auszuwählen, der den angemessensten Aufschlag zahlte. Nun hat es sich in den vergangenen zwei bis drei Jahren gefügt, daß eine hartnäckige Rezession Büroflächen in den urbanen Zentren veröden und Grundstückspreise verfallen ließ sowie Mieter in Mengen an die Stadtränder abdrängte: Aus dem Vermietermarkt ist ein Mietermarkt geworden. In Tôkyô gaben 1994 die Preise für kleine Eigentumswohnungen, durchschnittlich knapp über 600.000 Mark für drei Zimmer, deutlich nach, die Mieten sanken um sieben Prozent. Allerdings nur für Wohungssuchende oder solche Mieter, welche die Unverschämtheit besaßen, bei der nächsten Vertragsverlängerung nicht nur keine Erhöhung hinzunehmen, sondern eine Minderung anzubieten und den Verzicht auf das *reikin* durchzusetzen.

Doch was sind das für Leute. Sie müssen bereit sein, auszuziehen, zu klagen oder sich verklagen zu lassen. Der gemeine japanische Mieter und auch der das Brauchtum des Gastlandes respektierende Ausländer wollen das gewiß nicht. Man tut so, als hätte sich seit Kriegsende nichts verändert, schafft ein Gefühl von Kontinuität und vor allem ein friedvolles Vertrauensverhältnis mit einem Vermieter, das wichtiger ist als Geld. Wo käme man hin, wenn auch in Japan nur noch bezahlt würde, was gesetzlich vorgeschrieben ist, wenn als sittenwidrig mißverstanden würde, was doch gerade die Sittlichkeit verteidigt, nur weil die japanische Wirtschaft einmal Schwäche zeigt: Man käme in westlich anonyme Verhältnisse, wo jeder nur noch sein Recht will, nicht seinen Frieden. Als kürzlich ein Ausländer vor der fälligen zweiten Verlängerung seines Mietvertrags seine Maklerfirma halbwegs höflich aufforderte, angesichts der Marktlage auf ein *reikin* zu verzichteten, erntete er ungläubiges Schweigen. Als er aufgebracht verlangte, einen Teil der Summe abzuziehen oder, nachdem dazu weiter nur geschwiegen wurde, wenigstens eine schriftliche Begründung dieses Brauchs in Englisch zu liefern, wurde der Abteilungsleiter selbst hinzugezogen. „Wissen Sie", sagte er leise mit einem melancholischen Lächeln, „was in Japan jeder ohne ein Wort versteht, wird nicht dadurch im Ausland verständlich, daß man es erklärt." Was die Maklerfirma schriftlich bestätigen könne, fügte er hinzu, sei höchstens, daß sein Haus bei dieser Vertragsverlängerung auf die sonst übliche zweite Bonusmiete für seine Betreuung des Mieters verzichtet habe. „Wegen der Rezession", sagte er, „wissen Sie, wir haben ja keinen Vermietermarkt mehr, sondern zum ersten Mal einen Mietermarkt. Wir bringen das Opfer, damit der Vermieter, unser Kunde, wenigstens nicht geschädigt wird." Der Ausländer schwieg. Dann ging er und beschloß, das *reikin* seinem Vermieter als Trost zu spenden.

(15. November 1995)

„Und stellt bitte keine Blumen
auf meinen leeren Platz"

Eine neue Welle von Selbstmorden
schikanierter Schüler beschämt Japan

Eines Tages werden sie gefunden, Mädchen oder Jungen, eher Kinder als Jugendliche, erhängt an Dachbalken und Brückengeländern, zerschmettert vor den Eingängen von Hochhäusern, zermalmt von Vorortzügen. Meist verschonen sie bei der letzten Mutprobe ihre Schule, als wollten sie sichergehen, daß ihre Peiniger sie nicht noch im Tod verächtlich machen können. Was sie Eltern und Lehrern nicht zu sagen wagten, als noch etwas zu retten war, hinterlassen sie als Abschiedszeugnis in artigen Briefen und Tagebuchnotizen, die stets mit Entschuldigungen bei den Eltern für die Ungelegenheiten beginnen. Müde seien sie, unendlich müde von der Quälerei und der Einsamkeit, und sie nennen die Namen von Tätern unter ihren Mitschülern. „Lernt von mir, rettet andere Kinder", ruft der eine in frühreifem Pathos aus und klagt über die Verletzung von Menschenrechten. „Sie haben von mir Geld erpreßt. Ich habe keines mehr, also bringe ich mich um", erklärt ein anderer in kindlicher Brutalität die Ausweglosigkeit seiner Situation.

Warum es sie traf, wissen sie nicht. Vielleicht waren sie etwas zu dick oder zu begabt, zu ungeschickt oder zu groß, zu durchschnittlich und kleinlaut: Zufallsopfer ohne besondere Kennzeichen, denen nur gemeinsam war, sich nicht wehren zu können und niemandem zu trauen. Keiner zeigt in den Briefen Angst vor dem Tod, alle nennen übereinstimmend *ijime*, Schikane, als Todesursache, so als sei den Erwachsenen nicht einmal beim Befund und seiner statistischen Zuordnung zu trauen. Manche berichten gar, sie hätten ihren Lehrer um Beistand gebeten und seien mit der Empfehlung, sich zusammenzunehmen, niemanden zu diffamieren und über eigene Fehler nachzudenken, abgewiesen worden. Offenkundig hatten sie voneinander gehört und sich Mut angelesen. Die wenigsten, Gottseidank, hatten den letzten Mut. Aber sie verbanden ihr Schicksal mit anderen zu einer enormen Zahl, die allein im Land der fetischhaften Verehrung von Wachstumsraten Wirkung zeigt. Niemand weiß, wieviele von den 56.600 *ijime*-Fällen, die den Schulbehörden im vergangenen Jahr gemeldet wurden, tödlich ausgehen werden. Jeder kann wissen, daß es zweieinhalb Mal soviele wie im Vorjahr waren, und dies nicht allein, weil die Erhebungsmethode die Definition von Schikane deutlich erweiterte. In 2.800 Fällen ermittelte die Polizei wegen Verdachts auf Straftaten wie Erpressung, Körperverletzung, Nötigung. Ob es am Ende des Jahres „nur" sechs Selbstmorde wegen *ijime* waren, wie es offiziell heißt, oder neun, wie Zeitungen zählten, oder viel mehr unter den 166 japanischen Schülern, die sich 1995 den Tod gaben, aber keine Anklagebriefe hinterließen, war bedeutungslos: Jeder, der jüngste Selbstmörder war gerade neun Jahre alt, war endlich, da es so viele waren, einer zuviel.

Ijime wurde – nicht zum ersten Mal, aber dringlicher als in anderen zyklischen Krisendiagnosen seit Beginn der achtziger Jahre – ein Thema für Talkshows, Magazine, Minister und selbstmordgefährdete Schüler. Die schreckliche Mode von Nachahmungstaten erreichte ihren Höhepunkt am 27. November, als innerhalb weniger Stunden zwei Schülerselbstmorde entdeckt wurden, während viele Schulen im ganzen Land Gedenkfeiern für Ôkôchi Kiyoteru abhielten. Der Dreizehnjährige aus Nagoya hatte genau ein Jahr zuvor in seinem Abschiedsbrief beschrieben, wie seine Peiniger über 16.000 Mark aus ihm herausgepreßt hatten. Andere waren ihm gefolgt. Die Öffentlichkeit war damals irritiert gewesen – der Vater des Jungen erhielt Hunderte von Briefen, fast die Hälfte von Schikane-Opfern oder ihren Eltern –, aber noch nicht bereit zur Verallgemeinerung des Problems: *ijime* ist schließlich in Japan traditionell, in Büros, Fabriken und Schulen wohl bekannt und gilt der großen Mehrheit, die nur zuschaut, als so gefährlich wie eine Partie Mensch-ärgere-Dich-nicht. Es ist legitime Spannungsabfuhr in einer Gesellschaft, die stets das Recht der Gruppe gegen den Einzelnen schützt, und die sprichwörtlich verlangt, „den Nagel, der hervorsteht, hineinzutreiben". Unter den widrigsten Bedingungen durchzuhalten, klaglos sein Äußerstes zu geben, jede Anordnung ohne Einwände zu befolgen, sich also strebend zu quälen oder quälen zu lassen, wenn es dem Großen Ganzen dient, genießt in Japan als *gaman* ähnlich hohes Ansehen wie der Bruderbegriff *shôganai*, „da kann man nichts machen". Ob im Marathonlauf, dem Verkehrsstau oder nach einem Erdbeben, vor allem im munteren Imperativ *gambatte!* paßt es auf alle Lebenslagen. Die Ermutigung wird zum mitleidlosen Fluch, wenn ein Mensch, erst recht ein Kind, am Ende seiner Kräfte ist: *Gambatte!* wirkt auf die hoffnungslosen Opfer von *ijime* wie ein Todesurteil.

Wo die Schikane beginnt, ob beim Ausgeschlossenwerden, originell bösen Spottsprüchen wie „Du dickes Schwein, deine Augen stinken" oder erst bei Erpressung und Schlägen, weiß nur das Opfer. Sind unsere Kinder zu weich geworden, fragten sich hart arbeitende Eltern, die doch nur ihr Bestes wollten, nämlich das Überleben in der „Prüfungshölle" vor dem Eintritt in angesehene Gymnasien und Hochschulen? Umfragen ergaben, daß über die Hälfte der japanischen Eltern und vierzig Prozent der Lehrer nichts von *ijime* an ihren Schulen wußten oder wissen wollten. Die Schikanierten sind immer die anderen anderswo, meinen sie, bis sie nach dem nächsten Fall vor laufenden Fernsehkameras ihre Ahnungslosigkeit eingestehen. Das Fernsehen gewöhnte sich nach dem Fall des unglücklichen Ôkôchi Kiyoteru daran, über Schülerselbstmorde wie über Gewaltverbrechen zu berichten. Dies schließt in Japan die tagelange Belagerung des Hauses der betroffenen Familie ein, inquisitorische Interviews mit Nachbarn, Mitschülern, Freunden – und dem beschämten Direktor, nie dem Klassenlehrer –, immer dieselben Bilder von einer Andacht und einer ermahnenden Rede des Direktors in der Aula, vom leeren Klassenzimmer mit Nahaufnahme des leeren Platzes und von der Trauerfeier. Das allein auf Betroffenheitsgesten, nicht Aufklärung zielende Muster machte auf entsetzliche Weise derart Schule, daß ein Fünfzehnjähriger in der Präfektur Saitama im Dezember 1994 in seinem Abschiedsbrief Wert darauf legte, daß nicht *ijime*, sondern nur Neugier auf den Tod im Selbstversuch ihn bewege. Deshalb erhängte sich der Junge in seiner Schule und verfügte, angeekelt von dem Trauerritual um Schikane-Opfer: „Stellt auf keinen Fall eine Vase mit Blumen auf meinen Platz."

Es bedurfte eines Tabubruchs, nämlich der Veröffentlichung von erschütternden *ijime*-Testamenten Ende November vergangenen Jahres, um als nationalen Notstand zu ächten, was zuvor als Ausleseverfahren geduldet, ja gefördert worden war. Trauernde Eltern gaben die Briefe ihrer toten Kinder an Zeitungen, um Schulen anzuklagen und, vor allem, sich zu entlasten. Im Bund mit den Medien beschuldigen sie die Lehrer, die es in allen Schulstufen im Klassendurchschnitt mit vierzig Schülern zu tun haben, der verletzten Aufsichtspflicht: Lehrer erziehen, Eltern zahlen, um von Erziehungsaufgaben entbunden zu sein. Wenn ihren Kindern ihr Leben so wenig wert ist, daß sie es wegen schlechter Zensuren (die in Japan erst bei den Aufnahmeprüfungen zum Gymnasium zählen), Liebeskummer oder eben Schikanen wegwerfen, hat die Schule versagt. Sie selbst, verteidigen sich die Eltern, hätten ebenso wenig Zeit wie ihre Kinder, die nach Schulschluß in privaten „Paukschulen" (*juku*), bei Musikstunden und Fremdsprachenkursen an ihrer Zukunft arbeiteten. Von Grundschullehrern wird heute erwartet, daß sie den Sprößlingen von der anständigen Verbeugung über die korrekte Fingerstellung beim Halten der Eßstäbchen während des Schul-Mittagessens bis, nebenbei, zum Unterscheiden zwischen Gut und Böse alles beibringen, was man in Japan braucht und was sich schickt. Man macht die Zeitnot von Doppelverdienern verantwortlich, die wenigen Psychologen, die Japan sich leistet, weisen auf den Mangel hin, daß heute jede Mutter alleinerziehend ist, weil den Angestellten-Vätern ihre Anwesenheitspflicht im Büro auch an Abenden und Wochenenden heilig sei. Erziehung soll ein makelloses und widerstandsfähiges Werkstück fertigen, dessen Wert in Jahresgehältern bemessen wird. Von den Eltern bekommen sie wahllos, was für Geld zu haben ist – das sogenannte „Prinzessinnen"-Syndrom beschreibt im reichgewordenen Japan ein Verziehen durch totale Bestechung. Der Rest, und dazu zählt auch der tödliche Spaß, Schwächere gedankenlos zu malträtieren wie Spielzeug, ist Sache der Schule.

Die Überforderung ist so offenkundig wie sie kaum offen eingestanden wird. Gewiß wehren sich Erziehungsminister in Interviews gegen die Zumutung, und mächtige Lobbyisten wie die dreizehn Millionen Mitglieder zählende Eltern-Lehrer-Vereinigung PTA („National Congress of Parents and Teachers") geloben in Aufrufen eine neue Verantwortungsbereitschaft des Elternhauses für das *ijime*-Problem. Im vergangenen Dezember verlangte auch das Kabinett des damaligen Ministerpräsidenten Murayama umfassende Maßnahmen aller Betroffenen zur „Ausrottung" der Unsitte. Aktionskomitees des Erziehungsministeriums, das *ijime* und die zunehmende Zahl von Schulverweigerungen – über 77.000 Schüler schwänzten 1995 mehr als einen Monat – erstmals in sein Weißbuch aufnahm, erarbeiteten Aktionspläne. Doch es überwiegt der Eindruck, daß die sogenannten Maßnahmen gegen *ijime* sämtlich scheitern müssen, weil eine wirkliche Erziehungsreform, die Erkenntnislernen vor Auswendiglernen förderte, kreativem Verständniswissen statt einer Multiple-Choice-Mechanik vertraute, nicht denkbar scheint. So lange es als subversiv gilt, das Eigenwillige gelten zu lassen, Widerspruch zu ermuntern, ob den Peinigern auf dem Schulhof oder Eltern, Lehrern, Vorgesetzten gegenüber, kann es nicht gelingen, die tragischen Helden im japanischen Klassen-Kampf zu retten.

Lehrer berichten, wie schwer es ist, selbst wenn sie Verdacht geschöpft haben, die Kumpanei des Schweigens zwischen Opfern, Tätern und der anfeuernden Menge zu durchbrechen. Auch die Eltern seien wenig geneigt, sich durch Hausbesuche oder Einbestellungen zum Gespött der Nachbarn machen zu lassen. Drei Wege haßten die Japaner, heißt es, den Weg zum Finanzamt, zur Polizei und in die Schule. Keinen Ärger, keine Blöße, kein Problem. Ein Vater im südjapanische Fukuoka glaubte seinem schikanierten Sohn, der zu Diebstählen gezwungen wurde, im vergangenen März am besten durch Selbstjustiz helfen zu können: Er sperrte die beiden Peiniger für einige Stunden ein und spielte mit einem Stilett in der Hoffnung zu zeigen, daß „Eltern bis zum äußersten zu gehen bereit sind, um das Leben ihrer Kinder zu schützen". Die Polizei war nicht begeistert, viele Anrufer waren es um so mehr. Nun sollen Notfall-Telefondienste eingerichtet werden, um *ijime*-Opfer vor Racheakten zu bewahren. Ob die angekündigten Schülerselbstmorde, die inzwischen auf Faxgeräten und Anrufbeantwortern eingingen, üble Scherze oder ernstzunehmen waren, weiß niemand. Der Bürgermeister von Yokohama wollte jedenfalls im vergangenen Dezember kein Risiko eingehen: Gemeinsam mit dem Leiter der Schulbehörde trat er vor die Presse und appellierte an das anonyme Schikanenopfer, sich nicht das Leben zu nehmen.

Vier Tage lang widmete sich in der vergangenen Woche in Ôsaka ein Kongreß der (ehemals linken) Lehrergewerkschaft „Nikkyôso" ernsthaft und ohne sich selbst zu schonen dem Thema *ijime*. Fünftausend Lehrer debattierten, analysierten, weinten mit geladenen Schikane-

Opfern und Eltern. Man erkannte, daß die Schule zu einem straff geführten Zulieferungsbetrieb für die *juku*-Paukschulen verkommen sei,
die auf nichts vorbereiteten als auf Prüfungen. Niemand habe mehr
Zeit für das Eigentliche, weder Lehrer noch Schüler. Die Frustration, die
sich bis etwa vor fünfzehn Jahren auch in Gewalt gegen Lehrer Bahn
gebrochen habe, richte sich nun nur noch auf die Mitschüler. Eltern ver-
gäßen über der beruflichen Zukunft die emotionale Gegenwart ihrer
Kinder; sie schützten weder sie noch sich selbst vor den Zudringlichkei-
ten der Medien. Was aber ist zu tun? Eine Schüler-Mitverantwortung
über eigene *ijime*-Komitees schlugen die einen vor, das Dulden von zeit-
weiligem Schwänzen andere, ein vereinfachtes Verfahren für Schikane-
Opfer, an eine andere Schule auszuweichen, die meisten. Wäre das
nicht eine doppelte Bestrafung, während die Peiniger straffrei ausgin-
gen? Man war nicht einig. Auf zwei Resolutionen verständigten sich die
„Nikkyôso"-Delegierten im Namen von 400.000 Gewerkschaftsmitglie-
dern. Ein rührendes Dokument der Hilflosigkeit ist die „Botschaft an
die Kinder", die mit einem Gedicht beginnt: „Bring' Dich nicht um /
Du, der Du Dich selbst am meisten lieben solltest,/ Laß' es nicht zu,
daß Du Dich umbringst." Die Kinder sollten über ihre Traurigkeit mit
anderen sprechen, mit Lehrern, Eltern, Freunden: „Wir alle warten."
Wie sachlich, gelassen, furchtlos lesen sich dagegen die Abschiedsbriefe
der *ijime*-Kinder.

(23. Februar 1996)

Annäherung an das Verstummen

Warum Japaner massenhaft dichten:
Versuch über das Haiku

Über Haiku kritisch zu schreiben, ohne den Nachweis zu erbringen, sie
selbst zu verfertigen oder wenigstens bewundernd im Original rezitie-
ren zu können, gilt außerhalb Japans bestenfalls als Wagnis, meist als
barbarischer Schändungsakt und wird daher unterlassen. Eine wehr-

hafte, einflußreiche Bruderschaft unter den Kennern, Liebhabern, Übersetzern, Pflegern und Verfassern des dreizeiligen, siebzehnsilbigen Kurzgedichts annektiert fürsorglich das Kleinod japanischer Kultur und verteidigt es, indem sie es heiligspricht. Seine Schutzhaft wird umweht von Inzensduft und zum Tempel geweiht mit Kirschblütenwehmut und Zen-Andacht. Das Haiku sei zu japanisch, um je banal und überhaupt nur ein Gedicht zu sein. Außenseitern wird bedeutet, gefälligst nach dem Anstandsgebot für Leichenreden zu verfahren. Über Haiku nichts, wenn nicht das Gute. So kommt es, daß das Haiku und seine noch noblere Gattungsmutter Tanka, die 31 Silben umfaßt und vom 8. bis zum 17. Jahrhundert Japans Lyrik die vorherrschende Form gab, die fahle Kuratelliste klassischer Japonica anführen, die von westlicher Ignoranz bedroht sind. Wer Haikus nicht blind verehrt, der hält auch Sumô-Ringer für Fettwänste in Windeln, Sashimi für Küchenabfälle, Geishas für Huren und Yakuza für Whirlpools. So viel zu der nekrophil anmutenden, jedenfalls rückwärtsgewandten Abschreckungsesoterik mancher ausländischer *haijin*, Haiku-Menschen. Man mag ihnen verzeihen, denn sie schaden in gutem Glauben und aus tiefer Leidenschaft.

In Japan hätten sie keine Chance, Berührungsangst zu verbreiten. Dort gelten Haikus heute etwa als so schutzbedürftig wie die Krähenhorden auf den Müllsäcken in den Straßen. Fast jeder zwölfte Japaner, zehn Millionen Menschen dichten nach Schätzungen der Zeitschrift „Aera" unablässig oder gelegentlich, begeistert und in jeder Güte. In Schulen, Altenheimen, Pendlerzügen, Cafés, auf Neujahrspostkarten, Zeitungsseiten und in eigenen Fernsehshows werden lyrische Gefühlssplitter in die Silbenfolge 5-7-5 gegossen und, wie es die Tradition verlangt, mit einer jahreszeitlichen Stimmungsreferenz versehen. Es gibt keinen Spott über die notierten Momentaufnahmen, eher flüchtiges Wortgeknipse als Bildkompositionen, so erhaben oder trivial wie die meisten Menschen fühlen. Ehrgeizig um die Wette und die Ehre gedichtet wird natürlich in den drei großen nationalen Haiku-Gesellschaften, ihren ungezählten Ablegern und in mehr als hundert Fachzeitschriften. „Hototogisu", das Organ der Haiku-Traditionalisten, erzielt Auflagen von 30.000 Exemplaren. Die von der Bürogehilfin zur Star-Poetin aufgestiegene Mayuzumi Madoka bringt es auf 700.000 verkaufte Bücher, nicht zuletzt unter ihren ehemaligen Kolleginnen. Luftlinien und Getränkefabrikanten loben gutdotierte Preise aus. Der Hersteller Itôen, der vor zehn Jahren erfolgreich den Tabubruch wagte, grünen Tee in Dosen anzubieten, richtet seit 1989 alljährlich einen Haiku-Wettbewerb aus, der Siegern unter anderem die käufliche Unsterblichkeit auf den Konserven verheißt. Vierhunderttausend Freizeit-Dichter aus 33 Ländern sandten zuletzt ihre Eingebungen zu der Milchstraße über der Pflaumenblüte, aber auch zur Labsal eines Bieres in der Sommerschwüle oder dem Verkehrsstau an einem Winterabend: Wenn nichts zu gering ist, um es maßvoll zu verdichten, ist endlich jeder Poet.

Das ist Lebenshilfe, aber noch keine Kunst. Falsch. „Jeder Zustand, ja jeder Augenblick ist von unendlichem Wert, denn er ist Repräsentant einer ganzen Ewigkeit", schrieb Goethe an Eckermann wie allein zum Lobe des Haikus. Doch hatte er wohl doch nicht die totale Demokratisierung der Dichtung im Sinn. Auch Adolf Muschg, der 1962 in einem fulminanten Aufsatz für die „Neue Zürcher Zeitung" dem Haiku die zärtlichste und ehrerbietigste Liebeserklärung deutscher Sprache widmete, dachte nicht an die Dreizeiler von Vorschülern und Parkwächter-Pensionären im Wettbewerb des Teeherstellers, als er nur eine Regel für den Haiku-Dichter gelten ließ: „Daß das, was er sagen will, fast nicht gesagt sein darf", und weiter, daß ein Paradox, „geboren aus Sprechen und Schweigen", den Reiz spendet für ein „Fast-Nicht-Gedicht, ein atmendes Nichts von Gedicht". Muschgs herrliches Schwärmen galt niemand Geringerem als Bashô Matsuo (1644-1694), dem unerreichten Meister der Haiku-Meister, der auf seinen Wanderungen sich in der Tat „am Unscheinbaren entzündete", wie Muschg neidlos notiert, und aus den Geräuschen, Düften, Szenen der Natur und ihrer Menschen vollendete, vom Zen-Geist durchdrungene Wunderwerke schuf. Aber was kam nach Bashô?

„In die Hand genommen / Vergeht in warmen Tränen / Der Reif des Herbstes", beobachtet Bashô, und ein anderes Mal „Die Wolken manchmal / Die Menschen ausruhen lassen / Vom Mondbetrachten." Adolf Muschg läßt in seiner gelehrten Hommage die Geschichte des Haikus und vieler seiner Dichter sprechen; die meisten sind Schüler Bashôs, die der Meister, dessen Name Bananenbaum bedeutet, so zahlreich entlang seiner Wege hinterließ wie seine sprichwörtlichen Bananenhütten. Er enthält sich jeder Kritik an den technischen Tricks, bizarren onomatopoetischen Wortspielen – die bis heute die Umgangssprache mit kindlichem Spaß aufhellen – und Aufschneidereien, mit denen mancher Schüler die Haiku-Kunst später popularisierte und banalisierte. Er hält sich auch nicht mit den eher sportlichen Geistesleistungen bei den Marathon-Dichterwettbewerben noch zu Lebzeiten Bashôs auf: auf 4.000 Haikus in 24 Stunden brachte es in einem bemerkenswerten lyrischen Verdauungsvorgang der Rekordhalter Ihara Saikaku aus Ôsaka im Jahre 1680, und soll den Ausstoß, der Überlieferung nach, vier Jahre später auf phantastische 23.500 Gedichte gesteigert haben. Über den lyrischen Tiefgang dieses Feuerwerks von mehr als einem Dutzend Haikus in der Minute ist nichts bekannt. Muschg interessiert das nicht, obwohl auch Oberflächlichkeit und Schamlosigkeit solcher Spektakel Schlüssel zu der überwältigenden Massendichtung heutiger Zeit sein dürften. Stattdessen zollt er dem Dichter Shiki (1867-1902) seinen Respekt, der Ende des 19. Jahrhunderts das im Feudaldenken erstarrte Haiku restaurierte und für neue Lebensinhalte öffnete. Aber die Liebe des Schweizers gilt neben dem vornehm entrückten Bashô einzig dem armen Bauerndichter Issa (1763-1827), einem „Erdenkind, das sich nicht übermäßig aufzuschwingen und zu vertiefen mag". Der hielt zu den Schwachen, schloß Freundschaft mit Kindern und kleinen Tieren, und machte sich lustig über sein Faible und die Welt: „Bist Du recht freundlich, / Werden sie auf dich scheißen, / Die Spatzenkinder."

Glückliches Land, das ein Volk von solchen Dichtern hat? Nicht doch, zu Minderwertigkeitsgefühlen in all den Nationen, deren Bürger sich zu Hunderttausenden in Schreibwettbewerben allenfalls beim Ankreuzen von Lotto-Zetteln zusammenfinden, besteht kein Anlaß. Das abendländische Kunstverständnis spielt jedem Streiche, der nun Millionen Rimbauds und Rilkes unter den Haiku-Preisträgern sucht. Kunst ist in Japan vor allem anderen und oft ausschließlich Kunsthandwerk, technische Perfektion, eifriges Studieren; Ausdruck aber, Genie wird nicht verlangt und eher gefürchtet als gefördert. Die Kompositionsprinzipien des Haiku, die einst Ezra Pound untersuchte und rasch erkannte, werden in den Dichterschulungen des Fernsehens mit derselben Hingabe, Ausführlichkeit, Entdeckerfreude gelehrt wie der vollkommene Golfschwung, der profunde Tennisvolley oder die richtige Kurventechnik beim Autofahren. Haikus haben ihren Zubehörmarkt, etwa die dickleibigen Lexika für *kigo*, Jahreszeitenvokabular, das ständig mit den Moden aktualisiert wird. Welche Saisonkodierung mit Kleidung, Musik, gar Prüfungsterminen für Universitäten angezeigt ist, läßt sich in einem solchen Haiku-Thesaurus herausfinden. So ist inzwischen etwa nicht mehr nur Schimmel für die feuchten Sommer zugelassen, sondern die Entfeuchtungsschaltung der Klimaanlagen. Aus diesem Setzkasten kanonisierter Metaphern eine elegante Auswahl zu treffen, ist für viele Hobby-Dichter die ganze Freude. Das überraschungslose, gediegene Kunsthandwerk des Millionen-Haiku schafft nicht mehr oder bessere Dichtung – so wenig wie Karaoke bessere Sänger ausbildet –, es bietet aber sehr wohl der in Japan verbreiteten Sehnsucht eine Nische, Gefühl zu zeigen, ohne über Gefühle sprechen zu müssen.

Adolf Muschg dachte 1962 an Bashô, als er liebestrunken die Eigenschaft des Haiku pries, die Nation nicht in Dichter und Leser auseinanderfallen zu lassen wie bei einem Lyrikerkongreß. Ob er fast fünfundzwanzig Jahre später das Volksautorenpublikum ähnlich loben wollte, steht dahin. Fragt man japanische Sachverständige nach dem Geheimnis des Haiku-Erfolgs, ist meist ehrlich wie ohne Bedauern die Auskunft zu hören, daß die Kürze und die Leichtigkeit, die Grundtechnik zu beherrschen, entscheidend sind. Der Dichter Tsunemoto Ushio, darauf angesprochen, verteidigt enthusiastisch die „einzige bilaterale Dichtung der Welt", in der alles (hin und her) gehe, als urjapanische Errungenschaft. Endlich könnten einfache Leute, anders als bei Romanen, moderner Lyrik, selbst den aufwendigen Tanka, mit geringem Einsatz sogar anständige Preise gewinnen.

Auch Ôeda Yoshimasa, bei der Tageszeitung „Asahi" zuständig für das Auswählen von Leser-Gedichten für die Haiku-Ecke – vierzig von 5.000 Einsendungen werden in einer Woche veröffentlicht, die übrigen Anthologien überantwortet – erklärt den Andrang in seinem und allen anderen Blättern mit der knappen Länge, die niemanden entmutige. Nicht jeder kann es sich leisten, so streng zu werten wie das japanische Kaiserhaus, in dem ein Dichterwettstreit angeblich seit der Heian-Zeit

(794-1185) ausgerichtet wird. Während der feierlichen Lesung Mitte Januar im Palast hatten gerade zehn Gedichte (von genau 19.318 Einsendungen) zum ersprießlichen Jahresthema „Sämlinge" aus dem Volk die unerhörte Ehre, zum Vortrag zu gelangen. Was zu hören war, klang etwas blutarm. Man muß Zweifel haben, ob das nachstehende, durchaus dem Thema dienende Haiku eines Meisters Gnade gefunden hätte. Es stammt von dem in weltlichen Dingen erfahrenen und wegen seiner robusten Ironie verehrten Bettelmönch Ryôkan (1758-1831): „Die armen Hoden / Von den Schilfdachdeckern schrumpfen / Im Herbstwind."

Könnte es sein, daß Haiku-Dichter in jenen Edo-Zeiten, als man noch keine Unterwäsche trug in Japan, noch mehr von dem hatten, was im Englischen „balls" genannt wird? Das Haiku, einst nur der einstimmende Beginn langer Kettengedichte und streng genommen als Gattungsbegriff gerade hundert Jahre alt, wurde seltener gefeiert als totgesagt. Der Westen verstand ihn zunächst miß als Epigramm, verglich ihn mit chinesischen Klassikern und nannte Haikus Kinderkram. In Japan gab es erbitterte Glaubenskriege zwischen den Traditionalisten mit ihrem Schlachtruf „Zurück zu Bashô" und Reformern, die das „Neue Haiku" vom Jahreszeitdiktat befreiten. Der Streit ist unter Fachleuten noch nicht beendet. Während des Pazifischen Krieges wurden die Dichter zur Propagandalyrik dienstverpflichtet, wer sich der Zensur verweigerte, landete im Gefängnis. Der Kritiker Kuwabara Takeo beschimpfte das Haiku 1946 in einer berühmten Philippika als „zweitrangige Kunst", die nichts weiter sei als dekadenter Zeitvertreib. Er ahnte nicht, was kommen sollte.

(26. Februar 1996)

Wehe den Gerechten

Japans Freispruch von Kriegsschuld: Fehler und Irrtümer
der Siegerjustiz beim Tôkyôter Kriegsverbrecherprozeß

„Nach morgen,/ Wen wird es noch geben/ Der zu fürchten wäre?/
In des Buddhas Schoß/ Werde ich friedlich schlafen."
> Abschiedsgedicht in der Samurai-Tradition von General Tôjô
> Hideki, in Tôkyô hingerichtet am 23. Dezember 1948

Schon die Zeitzeugen waren nicht einig, ob die grandiose Eröffnungs-
inszenierung des Prozesses, der das militaristische Japan rechtsstaatli-
che Mores lehren, Kriegsschuldgefühle säen, und ein Lehrbeispiel
anglo-amerikanischer Fairness bieten sollte, am Morgen des 3. Mai
1946 einschüchternde Würde entfaltete oder an einfältiger Symbolik
litt, „die eher für eine Hollywood-Premiere geeignet wäre", wie ein
„Time"-Reporter spottete. In den Mahagoni-Täfelungen des großen
Sitzungssaals des ehemaligen Tôkyôter Kriegsministeriums spiegelten
sich die gleißenden Scheinwerfer der Wochenschau-Filmcrews, als die
elf Richter des „Internationalen Militärtribunals für den Fernen Osten"
(IMTFE) ihre übermannshohen Podien bestiegen und sich Publikum
und die 28 Angeklagten auf ihrer zweistufigen Bank erhoben. Beobach-
ter monierten die aufdringliche Siegerpose und als gravierenden
Inszenierungsfehler, daß die kleingewachsenen alten Männer in schäbigen Zivilkleidern in dem Anklageverschlag nicht wirkten wie Japans
Teufelsgeneräle, die Asien mit Angriffskriegen überzogen und grauen-
hafte Kriegsverbrechen zu verantworten hatten, sondern wie Pensionäre auf einer Parkbank. Ordensstrotzende Uniformen oder wenigstens
Fräcke hätte man ihnen anziehen sollen, hieß es, wenn es schon ein
Schauprozeß sein sollte.

Der amerikanische Chefankläger Joseph Keenan trug seinen Teil zu
der Unwirklichkeit der Szene bei, indem er, um der historischen Stunde
gerecht zu werden, verhangen über Krieg, Frieden, „Sein oder Nicht-
sein" philosophierte. Doch es war dem Angeklagten Ôkawa Shûmei

vorbehalten, die Prozeßeröffnung per Handschlag zur Farce zu machen. Eine Bewegung auf der Zuschauertribüne soll den einstigen führenden Militarismus-Ideologen bewogen haben, plötzlich mit einem Ausruf klatschend auf den Tisch zu schlagen, den er vor sich wähnte, aber nicht hatte. Er traf den nackten Schädel des unter ihm sitzenden Tôjô Hideki. Als Ôkawa, dessen von Syphilis zersetztes Hirn bei den Vernehmungen offenbar nicht unangenehm aufgefallen war, in das verwirrte Schweigen hinein seinen Anschlag auf den entsetzt erstarrten Tôjô wiederholte, löste sich die Spannung in hysterischem Gelächter. Es ist diese groteske Slapstick-Einlage, an die Japaner zuerst denken, wenn sie sich überhaupt an *Kyokutô kokusai gunji saiban*, im Sprachkürzel *Tôkyô saiban*, erinnern. Die Szene trug nicht nur Ôkawa Straffreiheit wegen Verhandlungsunfähigkeit ein. Der Befreiungsschlag eröffnete den Japanern den ersten psychologischen Fluchtweg von vielen in den kommenden zweieinhalb Jahren bis zur Urteilsverkündung, die blutigernst gemeinte Lektion der Siegermächte zum Siegerjustizskandal herabzuwürdigen und ihn als Naturverhängnis zu ertragen wie einen Taifun, ein Erdbeben, wie den Krieg selbst. Was wie eine Wahrheitsdroge das Gewissen der Japaner hätte durchdringen sollen, wurde durch Fahrlässigkeit, Hochmut, Eitelkeit, endlich durch die Frontenwechsel des Kalten Krieges ein Sedativum, das zusammen mit den Atombombenabwürfen als überreiche Buße Japans wirkte und konservative Politiker zu einer selbstgerechten Opferideologie verführte, die asiatische Nachbarvölker bis heute mit Mißtrauen verfolgen.

Wie konnte es dazu kommen? Wie konnte man in Tôkyô geschehen lassen, daß „das andere Nürnberg", seinem vorauseilenden Vorbild nacheifernd und dieselben völkerrechtlich beispiellosen Anklagen erhebend wie „Verbrechen gegen den Frieden" und „Verbrechen gegen die Menschlichkeit", mehr als die doppelte Verhandlungsdauer verschlang, um am Ende einen Bruchteil an Gerechtigkeit zu üben? Die Widersprüche, vor allem das Dilemma der rückwirkenden Kriminalisierung (Ex-posto-facto) in einer politischer Justiz, die nur die Kriegsverbrechen der beiden besiegten Aggressoren untersuchte und weder deutsche noch japanische Richter zuließ, waren im Nürnberger Vier-Mächte-Tribunal ähnlich problematisch wie in Tôkyô, wo elf als Opfer und Sieger betroffene Alliierte – keine neutralen Länder, stattdessen Indien und die Philippinen – über Japan zu Gericht saßen. In Nürnberg wurden zwölf Todesurteile gegen 22 Hauptangeklagte ausgesprochen, an deren Schuld kein Zweifel bestehen konnte. In Tôkyô endeten nur sieben von 28 Angeklagten am Galgen, aber selbst diese Schuldsprüche überzeugten nicht. Wie ist es zu erklären, daß in den vielen nachrangigen Kriegsverbrecher-Tribunalen, die während und nach dem Krieg nach nationalem Militärrecht überall in Asien stattfanden, sechstausend Japaner angeklagt und 927 zum Tode verurteilt wurden, gegenüber (die Dachau-Prozesse ausgenommen) weniger als hundert hingerichteten Naziverbrechern? Hatte der Holocaust, von furchtbaren Beamten sorgfältig geplant, abgewickelt und dokumentiert, im Ernst weniger Täter hinterlassen, die den Tod verdienten, als die kaum dokumentierten bestialischen Massaker japanischer Truppen an den Völkern Asiens und alliierten Kriegsgefangenen – 27 Prozent aller „POW" in japanischen Lagern starben –, die von Hunderten Zeugen in Tôkyô bestätigt wurden? Hat schließlich eine von beiden Seiten rassistisch aufgehetzte Kriegführung im Pazifik eine doppelgesichtige Siegerjustiz herausgefordert, die in Tôkyô, nicht in der Stadt der „Rassegesetze", Farbe bekannte?

So fragt, rechnet, argumentiert jedenfalls der Amerikaner Richard Minear, dessen 1971 veröffentlichtes Buch „Victors' Justice – The Tôkyô War Crimes Trial" unter dem Eindruck des Vietnamkrieges eine bittere Analyse des alliierten Versagens in Tôkyô wagte und nicht nur Veteranenverbände empörte. Minear beweist in seiner Untersuchung, inzwischen längst das Standardwerk zum Thema, nicht nur, wie das quasi-legalistische, liberale Weltverbesserertum vor dem Tribunal zum reinen Vergeltungsakt verkam; sondern auch, daß die amerikanische Besatzungsmacht sich bis 1952 nicht mehr von der moralischen Selbstverstümmelung erholte, die in dem Maße entstellender wurde, in dem einst inhaftierte Kriegsverbrecher der Klasse „A" als glühende Antikommunisten in Freiheit und zu neuer Verwendung kamen. Der Kalte Krieg zwang den alliierten Kreuzzug in eine Wagenburg gegen den Kommunismus, er machte aus Angeklagten Verbündete, noch ehe die Urteile gesprochen waren. Der Tôkyôter Kriegsverbrecherprozeß, nach dem vernichtenden Befund des amerikanischen obersten Bundesrichters Douglas schon im Juni 1949 „ausschließlich ein Instrument politischer Machtausübung", wurde fortan in Washington als anachronistische Peinlichkeit verdrängt. Er wird von amerikanischen Botschaftern und hochrangigen Japan-Besuchern bis heute mit Stillschweigen behandelt.

Der Tôkyôter Prozeß blieb, entgegen der ursprünglichen Planung, etwa auch gegen Japans Industrielle als Kriegstreiber vorzugehen, der einzige. In Nürnberg folgten bis 1949 zwölf weitere Verfahren vor amerikanischen Militärtribunalen, später machten deutsche Gerichte deutschen Kriegsverbrechern den Prozeß. In Japan kam es nie dazu. Niemand verfiel begreiflicherweise auf den Gedanken, es den einstigen Siegermächten an Rachsucht gleichzutun. Nürnberg hinterließ völkerrechtliche Zweifel an der heiklen Anklage „Verbrechen gegen den Frieden". Es war der Widerspruch nicht aus der Welt zu schaffen, daß Großbritannien und die Vereinigten Staaten noch 1944 den Bericht der „Kriegsrechtskommission der Vereinten Nationen" unterschrieben hatten, in dem es hieß: „Von Einzelpersonen begangene Akte, die nur der Vorbereitung und Durchführung eines Angriffskriegs dienen, sind ... keine Kriegsverbrechen." Es heißt, die Amerikaner hätten auf sauberen Prozessen gegen Kriegsverbrecher bestanden, während Winston Churchill bevorzugte, eine Liste von Nazi-Führern zu erstellen, sie zu jagen und auf der Stelle zu erschießen. In Nürnberg wurden rechtliche Zweifel, so scheint es, eher überwogen von der Frustration, daß Selbstmord und Flucht die schlimmsten Schurken der Gerechtigkeit entzogen hatten und daß es Göring, der seine Ankläger verhöhnt hatte, nach dem Prozeß gelang, Gift zu nehmen, bevor der Henker seines Amtes walten konnte.

Ganz anders in Tôkyô. Daß es sich aber bei den Angeklagten, darunter 14 Generale, drei Admirale und fünf Karrierediplomaten, um nichts anderes als Sündenböcke handelte, die so wenig Unrechtsbewußtsein besaßen, daß kaum einer in den Wirren zwischen der Kapitulation am 15. August 1945, den ersten Verhaftungen von 39 Verdächtigen am 11. September und dem Prozeßbeginn an Freitod und keiner ans Untertauchen gedacht hatte, wurde durch eine einzige Tatsache schlüssig bewiesen: Kaiser Hirohito, in dessen Namen alle Angriffskriege Japans geführt und alle Grausamkeiten verübt wurden, war weder Hauptangeklagter aller Hauptangeklagten, noch trat er als Zeuge auf.

Der Monarch wurde nach freiwilliger Entsagung seiner Göttlichkeit zu Neujahr 1946 nicht einmal zu einer öffentlichen Selbstbezichtigung oder zur Abdankung gezwungen. Hirohito blieb, nach übereinstimmenden Berichten zur allgemeinen Erleichterung seiner Untertanen wie der todgeweihten Hauptangeklagten, von Gnaden des befehlshabenden Besatzungskaisers MacArthur, was er stets gewesen war: Eine Marionette jenseits allen Rechts, den Himmeln näher als der Erde, ein willfähriges, opferbereites Werkzeug von Politikern und Militärs, erst der geschlagenen, nun der siegreichen, im Dienste Japans.

Die politische Verschonung Hirohitos war nicht leicht zu bewerkstelligen; die von Japan angegriffenen Völker, wären sie gefragt worden, hätten anders entschieden. Eine Gallup-Umfrage ergab im Juni 1945, daß 33 Prozent der Amerikaner ihm den Galgen wünschten und 37 wenigstens seine Anklage als Kriegsverbrecher und eine Verurteilung zu lebenslanger Haft oder die Abschiebung ins Exil verlangten. Gerade sieben Prozent meinten, man solle den Tennô unangetastet lassen oder ihn als Puppe benutzen. Nicht weniger umstritten war Hirohitos Schicksal unter den Beamten des amerikanischen State Department, die schon 1943 erstaunlich detaillierte Szenarien für Amerikas Besatzungspolitik entwarfen. Die buchstäblich in Papierkriegen geführten Schlachten zwischen der „Japan-Crew" – zeitweise in „Japan-Grew" umgetauft, nach dem einflußreichen Freund vieler japanischer Aristokraten, Joseph C. Grew – und der „China-Crew", die Tschiang Kai-sheks KMT gegen Tôkyô protegierte, um Einfluß im Ministerium und beim Präsidenten wären eine Hollywood-Hommage wert. Die Empfehlungen an das „Post-War Programmes Committee" (PWC) im Frühjahr 1944 etwa enthielt unter anderen den Rat, Japan nicht in vier Zonen aufzuteilen, wie es für Nazi-Deutschland geplant war, und die Sowjetunion aus dem Pazifikkrieg herauszuhalten, da Amerika die Last des Pazifischen Krieges fast allein getragen habe und die Russen, wenn sie erst in den Krieg einträten, zweifellos ihre Zone in Japan verlangen würden. Das Papier empfahl weiter, Japan nach einer kurzen Anfangsphase „strenger Disziplinierung" nicht unnötig zu erniedrigen, sondern nach Aburteilung der Kriegsverbrecher die Bedingungen für eine „liberale Regierung" zu schaffen. Grew mahnte in weiser Voraussicht, das Volk folge „seinen Führern wie eine Herde Schafe" und werde dies auch in einer Demokratie so halten. Die amerikanische Militärführung sah das anders. In einer Direktive an General MacArthur im Oktober 1945 wurde eine Anklage Hirohitos nicht mehr ausgeschlossen, um die Demokratisierung Japans „zu ermutigen", auch eine Abschaffung der Monarchie sei denkbar. Eine eingehende Studie werde folgen. MacArthur, seines Titels „Supreme Commander of Allied Powers" (SCAP), möge keine übereilten Entscheidungen treffen.

Es fügte sich aber, daß General Douglas MacArthur, einer der erfolgreichsten Armeeführer im Krieg und von politischem Ehrgeiz beseelt, Präsident der Vereinigten Staaten zu werden, nicht daran dachte, sich von irgendwelchen Vorgesetzten kommandieren zu lassen. Nicht nur war dem General nach dem Sieg prinzipiell die Anklage politischer Führer „zutiefst zuwider", wie er später seinen Memoiren anvertraute. Ein Treffen mit Hirohito in der amerikanischen Botschaft im September 1945 hatte ihn davon überzeugt, daß dieser zarte, höfliche Mann, der dazu mutig anbot, alle Verantwortung für Japans politische und militärische Handlungen während des Krieges auf sich zu nehmen, nicht der fanatische Führer und Ideologe der „Yamato-Rasse" gewesen war. Das berühmte, bei dieser Zusammenkunft entstandene Foto zeigt MacArthur, in Uniform, mit offenem Hemdkragen, die Hände in die Hüften gestemmt, neben einem linkischen kleinen Mann mit Nickelbrille und Schnurrbart im Frack, der ihm gerade bis an die Schulter reicht. Die überragende Symbolik dieses Bildes wurde dazu von einer systematischen SCAP-Kampagne gestützt, die eine Vermenschlichung des Kaiserhauses betrieb. Die Japaner erfuhren nun, daß der Kaiser in diesen Notzeiten auch nur ein Reisgericht am Tag zu sich nehme, aber auch, daß er weiter im Palast seinen geliebten Golfsport betrieben hatte, als alles Westlich-Dekadente verpönt und selbst im Baseball japanische Begriffe verordnet wurden. Fotos zeigten die Kaiserin, wie sie ihrem Mann auf offener Straße die Krawatte richtete, auf Reisen durchs Land erwarb sich der im Umgang mit Normalsterblichen ungeübte und schweigsame Tennô den liebevollen Spottnamen „Ah-sô-san", etwa „Herr Ach-was-Sie-nicht-sagen". Ein Wahlkämpfer für die kommunistische Partei nutzte die Abschaffung des Straftatbestandes der Majestätsbeleidigung für eine legendäre Verhöhnung Hirohitos, die als die geschmackloseste gelten darf: „Warum MacArthur der Bauchnabel ist?", fragte er seine Anhänger, „weil der Nabel über dem *chin* sitzt." Zur Erklärung: *chin* ist im Japanischen der Penis, und es bezeichnete damals, mit einem anderen Schriftzeichen, das kaiserliche, fürs Volk unaussprechliche „wir". Das böse Wortspiel des Kommunisten ließe sich vielleicht treffend mit dem Verhältnis zwischen MacArthur als „Nabel der Welt" und einem Kaiser als „Schlappschwanz" wiedergeben.

General MacArthurs Entschluß, als Schattenregent zu herrschen und sich der intakten administrativen Strukturen des Kaiserreichs zu bedienen, stand offenbar früh fest. Hirohitos Entsagung der Göttlichkeit, allerdings nur für seine Person, und ohne die mythische Abstammung des Kaiserhauses von der Sonnengöttin Amaterasu, noch die spirituelle Führungsrolle als Hohepriester des Shintôismus zu leugnen, mag seinem Patron geholfen haben, die übrigen Alliierten von der Nützlichkeit eines unangetasteten Hofs zu überzeugen. Um aber sicherzugehen, daß Forderungen nach einer Anklage Hirohitos endgültig vom Tisch wären, entwarf er am 25. Januar 1946 für die Chefs im Vereinten Generalstab ein Dokument, das, halb Verteidigungsrede, halb erpresserischer Drohbrief, von bewunderungswürdiger Skrupellosigkeit zeugt. Nicht nur seien keine „spezifischen und greifbaren Beweise" für Hirohitos Anteil an der japanischen Politik des vergangenen Jahrzehnts aufgetaucht, heißt es da, sondern: „Falls er vor Gericht gestellt wird, müssen die Pläne für die Besatzung vollkommen geändert werden ... seine Anklage würde fraglos zu ungeheuren Erschütterungen im japanischen Volk führen, deren Folgen nicht überschätzt werden können. ... Es kann nach meiner Einschätzung damit gerechnet werden, daß ganz Japan Widerstand gegen eine solche Aktion leisten wird, entweder mit passiven oder mit semi-aktiven Mitteln." MacArthur trägt noch dicker auf, indem er einen „Zusammenbruch aller Regierungsbehörden", aller „zivilisierten Praktiken" voraussagt, samt einem „Untergrund-Chaos" mit „Guerilla-Kriegsführung in den Bergen und entlegenen Regionen". Den Gnadenstoß gibt MacArthur den letzten Zweiflern endlich, als er es für „absolut unerläßlich" erklärt, die Besatzungstruppen auf „mindestens eine Million Mann" zu verstärken, und zwar, „für eine unbestimmte Zahl von Jahren". Es bedarf keiner ausgeprägten Phantasie sich vorzustellen, welche Panik MacArthurs Szenario in einem Washington stiften mußte, das sich starkem öffentlichem

Druck ausgesetzt sah, seine siegesmüden Truppen in die Heimat zu-
rückzuholen.

Der autokratische Führungsstil MacArthurs, der sich um die Position anderer Alliierter offenkundig auch in der Frage einer Anklage des
Kaisers wenig scherte, wie das Mißtrauen in Japan, wären ohne die
„Potsdamer Deklaration" vom 26. Juli 1945 schwer zu begreifen. Das
abschreckende Beispiel eines „fruchtlosen und sinnlosen deutschen
Widerstands" bis zum Ende beschwörend, drohten die Präsidenten
Amerikas und Nationalchinas und der britische Premierminister mit
der totalen Vernichtung Japans, falls es sich nicht den Kapitulationsbe-
dingungen beuge. Unter „(6)" heißt es da: „Es muß für alle Zeiten die
Autorität und der Einfluß derer zerstört werden, welche das japanische
Volk betrogen und irregeführt haben, eine Welteroberung zu betreiben..." Und unter „(10)": „Wir gedenken nicht, die Japaner als Rasse zu
versklaven oder als Staat zu zerstören, aber strenge Gerechtigkeit wird
geübt werden gegen alle Kriegsverbrecher..." Erst nach den beiden
Atombombenexplosionen am 6. und 9. August und dem Angriff der
Sowjetunion am 8.August (in Verletzung eines gültigen Neutralitätsab-
kommens) geruhte Japan, über die Schweiz vermittelt, bei dem ameri-
kanischen Außenminister James Byrnes eine Annahme der Potsdamer
Bedingungen in Aussicht zu stellen, unter Maßgabe, daß die Privilegien
„Seiner Majestät als souveräner Herrscher" nicht angetastet werden.
Tags darauf kam die diplomatisch meisterliche, also vage Antwort:
„Vom Augenblick der Kapitulation werden die Autorität des Kaisers
und der japanischen Regierung dem Oberkommandierenden der Alliierten Mächte unterstehen, der die ihm angemessen erscheinenden
Schritte zur Durchsetzung der Kapitulationsbedingungen ergreifen
wird." Hirohito genügte das, der Regierung mußte ein Memorandum
eines japanischen Diplomaten genügen, der Zuversicht verbreitete,
daß politischen und militärischen Führern keine Anklage wegen
Kriegsverbrechen drohte. Es mag diese Fehlinterpretation gewesen
sein, die dazu beitrug, daß im Nachkriegsjapan der Verbneologismus
potsudamu einige Jahre lang für „überfahren", „über den Tisch ziehen"
stand.

So reibungslos die Besetzung Japans begann, die kühnsten Hoffnungen der Amerikaner übertreffend, die mit dem zähen Widerstand-

opfer von Heeren von mit Bambusspeeren ausgerüsteten Greisen, Frauen und Kindern gerechnet hatten, kleinere Unfälle kamen vor. Zu den folgenschweren Mißgeschicken zählen zwei Selbstmordversuche, der eine, weil er glückte und den Prozeß seines vielleicht wichtigsten Belastungszeugen beraubte, der andere, weil er mißlang, und dem Militarismus in Gestalt von Tôjô Hideki zu einem ebenso triumphalen wie folgenreichen Schlußwort verhalf. Der berüchtigte General, Heerführer in China und Kriegspremier vom Oktober 1941 bis zum Fall Saipans 1944, schoß sich am 11. September 1945 an einer Stelle in die Brust, wo er sein Herz vermutete; er traf zu seiner Beschämung nur die Lunge und wurde von amerikanischen Chirurgen zusammengeflickt. Tôjô soll sich nach Landessitte bei dem amerikanischen General Eichelberger für die „Ungelegenheiten" entschuldigt haben und die sarkastische Replik geerntet haben: „Welche meinen Sie, Herr General, die von heute abend oder die in den letzten Jahren?" Tôjô erholte sich von dem Schock, überlebt zu haben. Seine Apologie des japanischen Angriffskrieges, eloquent und ohne die geringste Reue gegen Ende des Prozesses schriftlich und mündlich vorgetragen, ist ein Meisterstück militaristischer Propaganda, die zum Katechismus der Ultranationalen wurde und seine Hinrichtung zum Märtyrertod stilisierte.

Warum sich aber Prinz Konoe, Ministerpräsident von 1937 bis 1939 und abermals von 1940 bis 1941, angeblich ein Gegner des Angriffs auf Pearl Harbor, am Vorabend seiner geplanten Festnahme vergiftete, wurde nie geklärt. Das amerikanische Autorenpaar Meirion und Susi Harries gibt in seinem vorzüglich recherchierten Buch „Sheathing the Sword – The Demilitarization of Postwar Japan" (1987) nicht nur eine detailgetreue Darstellung des (Scheiterns des) Tôkyôter Prozesses, es setzt auch dem in Japan bis heute hochgeehrten Konoe ein unrühmliches Denkmal. Der Prinz, der sich engster Beziehungen zum Hofe erfreute, habe sich bei seinen Vorvernehmungen als schwacher, wankelmütiger Mann, also als der ideale Verräter erwiesen. Ein amerikanischer General, der ihn mehrfach vernahm, beschrieb Konoe – Großvater des späteren Ministerpräsidenten Hosokawa Morihiro (1993-94) – kalt als „Ratte, die jederzeit bereit ist, jeden zu verkaufen, um sich zu retten, und so weit ging, seinen Herrscher als 'd e n großen Kriegsverbrecher' zu denunzieren." Weder die Nationalchinesen, noch die Briten wollten ihn angeklagt sehen, der amerikanische Chefankläger führte ihn als „vertraulichen Informanten" von größter Bedeutung. Das Ehepaar Harries vermag den Freitod Konoes auch nicht aufzuklären. Aber es kann beweisen, warum der notgedrungene Verzicht der Anklage auf den Prinzen einen Ersatz-Kronzeugen erzwang, der dem Ansehen des Tribunals wie kein anderer Schaden zufügte. General Tanaka Ryûkichi, einst ein hochrangiger Offizier in der Kwantung-Armee, später ins Kriegsministerium beordert, wütete gegen alle Hauptangeklagten, besonders Tôjô, beschwor sämtliche denkbaren und unwahrscheinlichen Verschwörungen und vermittelte neutralen Beobachtern durchweg den Eindruck, persönliche Rache zu üben. Ein schwerer Hypochonder und in psychiatrischer Behandlung, war Tanaka so labil, daß die Anklage bei Kreuzverhören diskret um schonende Behandlung bitten mußte. Wie sehr die Anklage auf die Denunziationen dieses dubiosen Zeugen angewiesen war, der in jedem ordentlichen Prozeß von der Verteidigung in der Luft zerrissen worden wäre, zeigt nicht nur eine skandalöse Schwäche, es zeigt, daß das Tribunal von Beginn an nicht fair war und nicht fair sein sollte: daß es selbst der Skandal war.

Dieser begann mit der Auswahl und Zusammensetzung der Richter, die von ihren jeweiligen Regierungen vorgeschlagen und von MacArthur – der keinem einzigen der 419 Verhandlungstage beiwohnte – bestätigt wurden. Neben den betroffenen Alliierten bestand England auf Indien, Amerika im Gegenzug auf den Philippinen als Teilnehmer. Keiner der Richter (mit Ausnahme des Inders Pal) hatte Erfahrung mit dem Völkerrecht; der Franzose und der Russe waren der beiden zugelassenen Verhandlungssprachen, Englisch und Japanisch, nicht mächtig; der Philippino war ein Überlebender des berüchtigten „Bataan Todesmarschs" vom April 1942, bei dem Zehntausende philippinische und amerikanische Soldaten in Gefangenschaft gerieten; Abertausende wurden auf dem Marsch auf bestialische Weise ermordet, lebendig begraben, noch mehr starben an Entkräftung und Krankheiten in den Wochen danach. Die Alliierten hielten das Massaker bis 1944 geheim. Doch nicht nur Ahnungslosigkeit und Befangenheit schwächten die Richterbank, sondern schlichte Abwesenheit. Es ist offenkundig, daß die 420 Zeugen und 780 schriftlichen Aussagen samt

4.336 zu den Akten genommenen Dokumenten, nicht einmal die 1.200 Seiten lange Urteilsschrift, je von allen Richtern, die zu ihren Urteilen per Mehrheitsentscheid gelangten, gehört und gewürdigt wurden. Der Vorsitzende, der Australier Sir William Webb, machte sich bei seinen Kollegen verhaßt, indem er sie wie eine Jury behandelte, sie beschimpfte und bei wichtigen Entscheidungen einfach nicht konsultierte. Sir Webb fehlte im Winter 1947 fünf Wochen lang und wurde von einem erbosten MacArthur höchstselbst zurückbeordert. Richard Minear nennt die Richterbank „die letzte Bastion des Kolonialismus", und dies nicht nur, weil wichtige asiatische Nationen wie Korea, Vietnam und Thailand nicht beteiligt wurden. Minear vermutet, daß Tôkyô als Rechtfertigung für Nürnberg zu dienen hatte, in der Hoffnung, wiederholtes Unrecht könnte ein Gewohnheitsrecht begründen.

Einig waren sich die Richter, als sie keinerlei Beweisstücke der Verteidigung zuließen, die sich auf die beiden Atombomben bezogen. Sie waren ebenfalls mehrheitlich einig, den Straftatbestand der „Verschwörung" (Nummer eins von 55 Anklagepunkten), der zu jener Zeit weder im japanischen noch im Völkerrecht bekannt war, anzuerkennen und fast alle Angeklagten wegen Verschwörung zu verurteilen, zwei davon nur in diesem einzigen Punkt zu lebenslanger Haft. Einig waren sie endlich in ihrem Recht, die Schlußplädoyers der Verteidigung, die im Februar 1948 begannen, so zu zensieren, daß sie ihnen spruchreif erschienen. Gemeinsam sahen sie über die Wutausbrüche und Verfahrensfehler des Chefanklägers Keenan hinweg, dessen unkontrollierter Alkoholismus seine eigenen Mitarbeiter anekelte. Keenan selbst soll umgekehrt dafür gesorgt haben, daß ein amerikanischer Ankläger umgehend nach Washington zurückversetzt wurde, als er im Sommer 1947 zwei Tage lang Beweise für Japans biologische und chemische Kriegsführung seit 1938 in China sowie für sadistische medizinische Experimente an Gefangenen vortrug. Die Amerikaner hatten, wie inzwischen freigegebene vertrauliche Dokumente beweisen, seit 1941 in allen Einzelheiten von diesen Kriegsverbrechen gewußt. Die berüchtigte „Einheit 731" war ihnen ebenso bekannt wie ihr Führer Generalleutnant Ishii Shirô, ein furchtbar tüchtiger Arzt im Sinne Mengeles. Nach Kriegsende wurde die Führungselite der Einheit von den Amerikanern gejagt und, gegen Zusicherung von Straffreiheit und einem sorglosen

Lebensabend, für die Entwicklung ihrer eigenen biologischen und chemischen Waffen angestellt. Man machte einen „deal", ähnlich jenem mit mit den nazideutschen Raketenbauern. In die Beweisaufnahme des Tribunals jedenfalls ging der Bericht des amerikanischen Anklägers nicht ein.

Wie vieles andere nicht. Die Verteidigung wurde von Beginn an systematisch behindert, sie litt an Geld- und Personalmangel, ein Spendenappell über Rundfunk brachte weder Geld noch Freiwillige. Die Anwälte, in anglo-amerikanischem Recht und dessen Strafprozeßordnung vollkommen unerfahren, bezahlten sich selbst und erhielten gelegentlich etwas von den Angeklagten. Es mangelte an kompetenten Übersetzern, nicht nur im Schauprozeß übrigens, sondern bei vielen minderen Kriegsverbrecher-Tribunalen überall in Asien, bei denen selbst zum Tode Verurteilte oft bis zuletzt nicht begriffen, was man ihnen eigentlich zur Last legte. Die Anklage in Tôkyô, die von Prozeßbeginn bis zum Januar 1947 das Wort hatte, verfügte während dieser Zeit über 280 alliierte, darunter erfahrene amerikanische Staatsanwälte, und 230 japanische Mitarbeiter. Sie sorgten dafür, daß die sowjetische Aggression gegen Japan ebensowenig zur Sprache kam wie die vielen Berichte, nach denen alliierte Soldaten Japaner gefoltert und überhaupt häufig „keine Gefangenen gemacht hatten". Es half alles nichts, der Prozeß, von vielen Unterbrechungen verzögert, nahm schließlich am 4. November 1948 seinen vorhersehbaren Ausgang: Mit einer Mehrheit von acht, nämlich Amerika, Australien, Großbritannien, Kanada, Neuseeland, China, die Sowjetunion und die Philippinen, zu drei, Frankreich, Holland und Indien wurden sieben Hauptangeklagte zum Tode, 16 zu lebenslanger Haft, einer zu zwanzig und einer zu sieben Jahren Zuchthaus verurteilt. Zwei Angeklagte waren während des Prozesses gestorben, Ôkawa Shûmei, dessen zweifacher Hieb auf Tôjôs Glatze die Eröffnung des Tribunals legendär werden ließ, wurde Verhandlungsunfähigkeit bescheinigt. Die Richter beriefen sich auf die Gründungscharta des „Völkerbundes" und auf den sogenannten „Kellogg-Briand-Pakt" (1928), in dem Krieg als Mittel der Politik abgelehnt wird, aber weder Kriegsverbrechen noch Aggression definiert werden. Es war ein elend schwach begründetes Urteil und zugleich ein Markstein in der Entwicklung des Völkerrechts.

Die Reaktion in Japan auf das Prozeßende war gedämpft, man hatte früh das Interesse an einem Verfahren verloren, das kaum einer verstand, aber jeder für ein unabänderliches „physisches Unheil" hielt, da der Krieg eben verloren wurde. Die zum Tode Verurteilten, nach Zählung des japanischen Autors Tsurumi Shunsuke 1.068 von 10.000 wegen Kriegsverbrechen inhaftierten, nahmen ihren Tod überwiegend mit derselben kaiserergebenen Gleichgültigkeit zur Kenntnis. Viele hinterließen Testamente, Abschiedsgedichte. Ein Soziologe fand unter 701 Abschiedsbriefen nur 62, die sich gegen ihre Verurteilung empörten, 13 darunter mit dem Hinweis, die Vorwürfe seien falsch. Die überwiegende Mehrheit, 62 Prozent der Todgeweihten akzeptierten ihren Tod als unvermeidliches Opfer für den Staat, gerade zwölf Prozent beharrten auf ihrem Glauben an die militärischen Kriegsziele des Kaiserreichs. Zu ihnen zählte an prominentester Stelle Tôjô Hideki. Sieben Tage lang, beginnend am 26. Dezember 1947, führte Tôjô seinen Krieg noch einmal, und der Propagandist siegte, wo der General sich geschlagen hatte geben müssen. Tôjô bat weder in seiner geschriebenen Apologie, deren Veröffentlichung MacArthur aus unerfindlichen Gründen gestattete, noch im Kreuzverhör um Milde und zeigte kein Bedauern. Er schilderte die „Einkreisung" Japans durch die Alliierten, die Wirtschaftsboykotte, das Elend Asiens unter westlicher Kolonialherrschaft, die „Notlösung" des Achsenbündnisses mit Rom und Berlin. „Angriff war unsere letzte und beste Verteidigung", rief Tôjô aus und endete mit einem furiosen Bekenntnis, das aufrechten Patrioten bis heute die Tränen der Rührung in die Augen treibt. Er übernehme die Verantwortung, den Krieg verloren zu haben, sagte der General, nicht etwa, ihn begonnen zu haben: „Ich bin nicht nur bereit dazu, ich begehre die volle Verantwortung." Tôjôs Abschiedsrede war nach den Worten des Ehepaars Harries „das Schwert, mit dem das Tribunal zerschlagen wurde". Er starb am frühen Morgen des 24. Dezember 1948 in der ersten Vierergruppe der sieben zum Tode Verurteilten im Tôkyôter Sugamo-Gefängnis durch den Strang.

Sein Peiniger im Gerichtssaal, Ôkawa Shûmei, wurde eine Woche später als geheilt entlassen. Er starb im Jahre 1957 eines natürlichen Todes. Die Hinrichtung des Tribunals aber übernahm einer der Richter. Der Inder Radhabinod B. Pal (1886-1967) veröffentlichte eine 120 Seiten umfassende vernichtende Analyse des Tôkyôter Kriegsverbrecher-Tribunals, das mit Freisprüchen für alle Angeklagten hätte enden müssen. Denn, so Pal, weder „Aggressionskrieg" noch „Verbrechen gegen den Frieden" oder solche „gegen die Menschlichkeit" seien ausreichend definiert und eine Schuld der Angeklagten ermittelt worden, ebensowenig eine Verschwörung zur Erlangung der Weltherrschaft mit den Achsenmächten. Präsident Trumans Entscheidung, die Atombomben einzusetzen, verglich er mit Hitlers Ausrottungspolitik. Japans Politiker, zu jener Zeit auf die Vereinigten Staaten oder die Sowjetunion eingeschworen, zeigten sich von Pals „Meinung aus der dritten Welt" (Tsurumi), die gefährlich nahe an Japans militaristischer Propaganda balancierte, nicht beeindruckt. Nach seinem Tod 1967 feierten ihn Angehörige von Kriegsverbrechern in Tôkyô, Japans Linke entdeckte die Ungerechtigkeit des *Tôkyô saiban* erst während des Vietnamkrieges, als Napalmbombardements und My Lai die Richter von einst zu Angeklagten vor Bertrand Russells Tribunal machten. Für die große Mehrheit der Japaner dürfte der Prozeß als unglückliche Episode, als Fall von Siegerjustiz in Erinnerung bleiben. Manche aber bedauern, daß die beste Chance, den Japanern in einem fairen Prozeß, vielleicht auch gegen ihren Kaiser, ihre Taten und Untaten vor Augen zu führen, auf beschämende Weise vertan wurde.

(4. Mai 1996)

Die Lieder der Regenbogenkinder von Zôshigaya

Je früher, desto besser: Erziehung in Japan am Beispiel einer Tôkyôter Krippe

Es war ein naßkalter Frühlingstag und kurz nach dem Mittagessen in Zôshigaya, als Hanae-chan ihrem Freund Kei-chan ein ziemlich attraktives Angebot machte: „Komm, laß uns eine Mohrrübe kaufen gehen." – Doch Kei-chan, wie meist unbeeindruckt von Hanae-chans wenig subtilen Heiratsanträgen, gab mit der ganzen Abgeklärtheit seiner zweieinhalbjährigen Lebenserfahrung zurück: „Nein. Du weißt doch, daß ich Mohrrüben nicht leiden kann." – „Aber wenn Du mitkommst, kaufe ich Dir auch ein Auto", versuchte Hanae-chan ihn darauf kühn zu verführen. Ob Kei-chan diesem großzügigen Bestechungsversuch widerstehen konnte, ist nicht zu klären. Der Mittagsschlaf kam dazwischen für die beiden, die anderen zwölf Kinder und die drei Erzieherinnen der „Licht"-Klasse in der Kinderkrippe von Zôshigaya, eingeleitet von einer „Papiertheater"-Vorführung von Schwester Ijima.

Daß der Dialog zwischen der kleinen Hanae und ihrem Lieblings-Spielgefährten Kei am 5. März 1996 stattfand, ist jedoch verbürgt. Er wurde, zum Vergnügen beider Elternpaare, von der Erzieherin in den Tagebüchern der Kinder überliefert. Die Eltern hätten von der Tiefe der Romanze Hanae-chans und Kei-chans, seit April in die „Regenbogen"-Klasse aufgerückt und angeblich einstweilen in Scheidung lebend, nie erfahren, bestünde die Krippe nicht auf einem detaillierten Notenwechsel in den „Kommunikations-Büchern". Für beide Seiten ist es nicht immer bequem, einander täglich ausführlich Rechenschaft zu geben über Schlafstunden, Appetit, Körpertemperatur, Spielverhalten, die allgemeine Befindlichkeit der Kinder. Es sind freilich, für seriöse oder manche kinderlose Erwachsene unbegreiflich, komische Zeugnisse wie der Mohrrüben-Dialog, welche beide Seiten für die Mühe reich entschädigen. Und es ist auch eine kommunale Krippe wie jene in Zôshigaya, Toshima-ku, einem der 23 Stadtteile in Tôkyôs Nordwesten mit 260.000 Einwohnern, die Japans Ruf als Kleinkinderparadies zu Recht erhält.

Das war nicht immer so und wird noch immer nicht von jedermann so gesehen. Kinderkrippen (*hoikuen*) galten in Japan lange als Notlösung für arme, auf zwei Einkommen angewiesene Leute und alleinerziehende Mütter, die nicht in der Lage sind, ihren Pflichten nachzukommen und deshalb ihre Kinder vom dritten Monat an bis zum Grundschulalter tagsüber abgeben müssen. Wer auf sich hielt, ließ sich sein Kind bis zum Kindergarten nicht nehmen. Die aufopferungsvolle Mutterrolle wird bis heute und heute erst recht, da Japan die weltweit zweitniedrigste Geburtenrate nach Italien aufweist, hoch geehrt und von vielen als eigentliche Legitimierung einer Ehe und einzige Bestimmung der Frau mit beträchtlichem Konventionsdruck verteidigt. Die intime Nähe von Ehepaaren wird, im japanischen Idealfall, für einige Jahre zugunsten des Kindes ausgesetzt. Jedes Hotel setzt voraus, daß Mütter bei ihren Kindern schlafen; anständige Nachbarn, Freunde, Verwandte halten Mütter, die abends einmal nicht zu Hause sind, etwa mit ihren Männern ausgehen oder gar ins Wochenende fahren, noch immer für skandalös egoistisch. Man kann wohl darüber streiten, wie glücklich die rund um die Uhr betreuten, nach Lust, nicht nach Plan gefütterten, bis spät in den Abend unterhaltenen, nie alleingelassenen Kleinkinder Japans am Ende als Erwachsene sind. Junge Japanerinnen klagen darüber, daß die meisten Männer die Abhängigkeit von ihren Müttern nie überwänden, sondern nur übertrügen und eigentlich Säuglinge blieben. Doch kann sich wohl niemand dem überwältigenden Eindruck verschließen, daß die vergnügt kreischenden, herumtollenden Kinderscharen, die selbstbewußt und ohne Angst durch Japans Straßen ziehen, so glücklich sind wie es Kindern in diesen Zeiten irgend möglich ist.

Als bloßer Verdacht wird dagegen noch die Erkenntnis gehandelt, daß auch japanische Mütter, besser ausgebildet, dem Drei-Generationen-Haushalt entkommen und weniger bereit, ihren Beruf den Kindern zu opfern, nach anderen Wegen zu einem anderen Begriffskompromiß zwischen familiärem und persönlichem Glück suchen. Und einiges Glück braucht man, um den Weg über einen Zugang zu einer Krippe wie in Zôshigaya nehmen zu können. Die Plätze in den 32 kommunalen Krippen mit 580 *hobo-san* (Erzieherinnen) in Toshima sind umkämpft und von unterschiedlicher Güte je nach Ausstattung und Leitung. Die Anforderungen an den Nachweis „sozialer Bedürftigkeit" sind so streng und unflexibel formuliert, daß sie zur frommen Fälschung einladen. Arbeitsnachweise, halbjährlich zu erneuern, und Einkommensteuererklärungen, auf deren Grundlage die gestaffelten Monatsbeiträge (umgerechnet 250-600 Mark) festgesetzt werden, müssen beim Wohlfahrtsamt vorgelegt, Vorstellungsgespräche und amtsärztliche Bescheinigungen der „Krippentauglichkeit" der Kinder beschafft werden. Frauen, welche diese bürokratische Abschreckung überwinden müssen oder können – derzeit besucht ein Fünftel der japanischen Kinder eine Krippe, gegenüber 94 Prozent in den Kindergärten –, und nicht auf eine Warteliste gesetzt werden, haben künftig an fünf Tagen in der Woche von neun bis 17 Uhr und das ganze Jahr über, mit Ausnahme nationaler Feiertage und kurzer Neujahrsferien, die Freiheit zu arbeiten. Und die Gewißheit, daß ihr Kind gut versorgt ist, womöglich besser als es selbst die geduldigste und unternehmungslustigste Mutter vermag. Denn gut geführte Krippen simulieren auf erstaunliche Weise ein idyllisches, warmes Japan, das in seinem Wirtschaftserfolg versunken ist: Viele „Geschwister" zwischen einem und fünf Jahren, statt die überwiegende Einzelkindexistenz, viele Generationen unter den Erzieherinnen, von älteren Schwestern bis zu Großmüttern, endlich viel Spielraum, der in den winzigen Stadtwohnungen, den wenigen Spielplätzen und Parks nicht mehr zu haben ist. Was sich bis Ende der sechziger Jahre in Japans Städten noch auf den Straßen und unter Nachbarskindern beiläufig abspielte, bieten heute nur noch die Krippen: Kinder erziehen Kinder.

Rücksichtnahme auf andere, Respekt für das Leben in all seinen Formen zu vermitteln, nennt Aizawa Chieko, die Leiterin der Krippe von Zôshigaya, als ihre Erziehungsziele. Bescheiden ihre Lippen hinter der Hand verbergend, fast beschämt berichtet Aizawa-sensei – sie führt denselben Titel, den Japan Gymnasiallehrern, Hochschulprofessoren und jedem verleiht, der Macht und Anciennität ausstrahlt –, daß die für neunzig Kinder ausgelegte Krippe nur siebzig Kinder versorgt. Siebzehn Erzieherinnen und ein Erzieher, seit April der viel bestaunte einzige Krippen-Pädagoge im ganzen Stadtteil, eine Krankenschwester, drei Diät-Köchinnen, zwei Putzfrauen sind für die Kinder da, dazu einige Teilzeithilfen, solange das ständig mit Budgetkürzungen ringende Wohlfahrtsamt von Toshima keine Stellen streicht. Im vergangenen Jahr gab es einen in den Medien stark beachteten, oft gereizt kommentierten Streik der Erzieherinnen-Gewerkschaft gegen den Stellenabbau und ein Einfrieren der ohnehin mäßigen Gehälter. Eine halbe Stunde lang wagten es auch die Frauen von Zôshigaya, in den Ausstand zu treten, während des Mittagsschlafs der Kinder. Frau Aizawa, 27 Jahre im Beruf und als Leiterin durch sieben Krippen von Toshima rotiert, wehrt jedes Lob für ihre Arbeit ab und beklagt sich nur, wenn sie dazu ermuntert wird. Es stimme schon, gibt sie nachdenklich zu, daß sich Kinder und Eltern in den letzten Jahren nachteilig verändert hätten. Die einen könnten ihre Gefühle, selbst Enttäuschung, Angst oder Wut, immer weniger ausdrücken, die anderen hätten keine Zeit, diesen Mangel zu bemerken: Die gehetzten Mütter wüßten immer weniger über Kindererziehung, trauten ihren Instinkten nicht mehr, übertrügen zu viel Verantwortung auf die Krippe; ihre Töchter und Söhne wirkten zunehmend still, verschlossen, irritiert vom natürlichen Wettbewerb unter Kindern. „Wir sind geduldiger und müssen es auch sein, denn wir müssen häufig Mutter und Kind erziehen."

Wer die rührende Hingabe, den Witz, die Gelassenheit der Erzieherinnen beobachtet, wer – und das ist, ohne daß es je zu Klagen käme, die gesamte Nachbarschaft in den schmalen Gassen um das recht ärmlich wirkende, dreistöckige Gebäude mit dem kleinen Hof – die lärmende Lebenslust und die Lieder der Kinder von Zôshigaya hört, kann die Sorgen der Leiterin nicht recht teilen. Gerade die Lieder, die Spaziergänge, das Aufräumen, das Umziehen, Baden, sämtliche Tierarten, Blumen, das Mittagessen, einfach alles in der niedlichsten Unschuld feiern, haben einen überwältigenden Charme, der von den Kindern in die Familien getragen wird. Es ist weniger der Tiefsinn von Texten wie „Ich bin so froh, meine Lunchbox zu haben/ Laßt uns alles aufessen/ Laßt uns jetzt anfangen", der den Eltern Freude bereitet, als das verblüffende Erlebnis, daß es bald keine Lebenssituation und keinen Ort mehr gibt, zu denen ihren Kindern nicht ein Lied einfiele. In Zôshigayas sechs Jahrgangsstufen, nach japanischer Zählung vom Alter null bis fünf und in dieser Folge benannt nach Sonne, Licht, Regenbogen, Wind, Wolken und Himmel, wird ständig gesungen, bei rhythmischer Gymnastik zur Klavierbegleitung oder zu Schallplatten. Es werden, mit großer Betonung des „recycling" (die sich auch in der Verwendung von Stoffwindeln zeigt), aus Milchtüten und Waschmittelkartons Körbe und Regale gebastelt. Vom Toilettentraining, mit viel Geduld und nach dem Vorbild der Älteren spielerisch eingeführt, über Tischmanieren – Kinder bedienen Kinder – bis zum Ausbreiten der Futons zum Mittagsschlaf und dem Baden im improvisierten Pool – Verbote sind in Zôshigaya kaum zu hören. Einige Erzieherinnen bestätigen im Gespräch, daß manchmal die Kleinen aus der „Milchklasse" (*nuji*) sich von den Drei- bis Fünfjährigen aus der „Kleinkind-Klasse" (*yôji*) Dinge sagen lassen, die sie von den *sensei* nicht annehmen. Wenn aber eine gewisse Strenge nötig ist, so lautet die Abmachung, dann übernehmen die erfahreneren Erzieherinnen die Aufgabe, sich unbeliebt zu machen: „Die jungen Kolleginnen sollen geliebt werden. Zu ihnen sollen sich die Kinder flüchten können, wenn wir sie einmal maßregeln müssen."

Sie verstehen sich als Mutterersatz und sie machen kein Aufhebens davon, daß sie häufig besser mit den Kindern umgehen können als jene, die sie vertreten. Ihr Lohn ist bescheiden. Ein Berufsanfänger mit Pädagogikstudium – so Sakurai-sensei, der einzige, inzwischen von den Kindern umschwärmte Mann in Zôshigaya – verdient umgerechnet 2.300 Mark für eine Arbeit, die kaum Aufstiegschancen, nur bescheidene Anerkennung und gerade eine knappe Woche Urlaub im Jahr verheißt. Bei Elternabenden bekommen sie Kritik zu hören, wenn ihre Kommentare in den Tagebüchern der Kinder zu knapp ausfallen oder, in den schulnahen Stufen, das „Lernen des Lernens" nicht aufsehenerregend genug ausfällt; sie stoßen jedoch auf wenig Verständnis, wenn sie ihrerseits mehr Engagement von den Müttern oder irgendeine Initiative von den Vätern fordern. Herr Sakurai erzählt, daß am vertrauensvollsten die Kinder mit ihm umgehen, die ihre Väter nicht nur am Wochenende sehen, die wenigstens ab und zu mit ihnen zusammen baden und spielen. Einer Liebeserklärung an ihre Väter komme es gleich, wenn die Kinder ihm lachend sagten, daß sie ihren Papa nicht mögen, um sich bei ihm einzuschmeicheln: „Kinder, die mit ihren Vätern keinen Kontakt haben, sprechen überhaupt nicht von ihnen." Die im Gespräch am häufigsten verwandten beiden Begriffe der *sensei* beschreiben bemerkenswerterweise physisches Wohlgefühl: *kimochi ii*, ein wohliges Wort, das auch jeder Besucher einer heißen Quelle aufstöhnend gebraucht, und „skinship", ein englisches Lehnwort für Körpernähe, das „skin" und „kinship" verschmilzt.

Die japankundige deutsche Pädagogikexpertin Donata Elschenbroich berichtete in einem Artikel im Juni vergangenen Jahres, daß japanische Führungskräfte einen Geheimtip für einen optimalen Bildungsweg hätten: „Kindergarten und Grundschule in Japan. Gymnasium in Deutschland. Studium in den Vereinigten Staaten." Daran könnte etwas sein. Hanae-chan und Kei-chan jedenfalls – die Koseendsilben *chan* oder *kun*, nur unvollkommen mit dem deutschen Diminutiv „chen" gleichzusetzen, gehören unter Vertrauten in Japan so sehr zum Vornamen, daß mehrsilbige Namen entmutigt oder gestutzt werden – scheinen glücklich zu sein. Sie fragen, wie die Eltern bezeugen, oft an Wochenenden, warum sie nicht in die Krippe gehen könnten. Zuhause ohne Freunde sei es langweilig. Die Kinder lieben diesen etwas schäbigen, aber warmen, lustigen Ort in Zôshigaya, wo die wirkliche bunte Welt ist. Später, wenn sie um die Aufnahme in renommierte Gymnasien und Universitäten wetteifern, für Wochen und Monate in die legendäre japanische „Prüfungshölle" abtauchen, werden sie von dem Glück des Anfangs mehr zehren müssen als sie ahnen. Den Eltern von Hanae-chan und Kei-chan bleiben die Tagebücher von Zôshigaya. Wenn sie sich nur in ihrer aufgeregten Sorge um die Karriere ihrer Kinder daran erinnern. Allein die Einträge vom 5. März 1996 sollten sie über manches hinwegtrösten.

(8. August 1996)

Heilige Halde

Saisonende auf dem Fuji

Wäre der nationalchauvinistische Singular, wie etwa in „der Russe", im Zuge der sprachlichen Abrüstung nicht mit Recht als dumpfes Deutsch verfemt und allenfalls noch der Satire gestattet – „Der Asiate schmutzt nicht" (Gerhard Polt) –, man wäre versucht, ihn hier zu benutzen. Denn wahrlich: D e r Japaner, nicht viele, nicht die meisten, sondern ausnahmslos d e r Japaner liebt, fürchtet, verehrt, besingt den Fujisan, den nur ahnungslos protzende Ausländer Fujiyama nennen, über die Maßen und seit ewigen Zeiten. Über Kaiser, Hymne, Karaoke, sogar den Nutzen des gemeinen Ferien-Gruppenfotos, über Gott sowieso läßt sich in Japan streiten. Niemals über Fujisan.

Nicht über die heilige Erhabenheit des makellosen, aufgeschwungenen Vulkans, 3.776 ü.M., seit 1707 nach zehn überlieferten Ausbrüchen ruhend, etwa hundert Kilometer südwestlich Tôkyôs gelegen und an klaren Wintertagen zum Entzücken aller von dort zu sehen. Kaum einer, dem sich nicht, jäh des schneeüberzuckerten Konus ansichtig, ob im Flugzeug oder zu Fuß, ein aufseufzendes „Ah, Fujisan" entränge, und niemand, der den Ruf nicht wenigstens dächte. Das bedeutet jedoch nicht, daß billige Kaufhaus-Drucke der „36 Ansichten des Berges Fuji" von Hiroshige (1797-1858) in jeder Stube hingen. Diese zieren eher die Sonnenblumen, die Mona Lisa, notfalls James Dean. Es bedeutet erst recht nicht, daß dieses trefflich ambivalente Nationalsymbol äußerer Anmut und latenter Bedrohung vor der handgreiflichen Verehrung der Massen beschützt würde. Eine halbe Million Pilger bestürmen Fujisan von allen Seiten im Jahresdurchschnitt, aber nicht etwa verteilt übers Jahr, sondern innerhalb der halbwegs schneefreien Saison vom 1. Juli bis 26. August. Würde man sie großzügig für ihre Mühe bezahlen, der Andrang könnte kaum größer sein.

Mit Aschenstürmen, Seen aus schwarzen Gewitterwolken und eiseskalten Regenfällen schlägt der Berg nur wenige in die Flucht. Man möge versuchen sich vorzustellen: Eine ziemlich ununterbrochene Menschenkette von neuntausend Fuji-Stürmern am Tag und, besonders beliebt, in der Nachtschicht, die mit dem Sonnenaufgang gegen 4.30 Uhr belohnt wird. Die Bilder von der endlosen Taschenlampenprozession erinnern an irregeleitete Grubenarbeiter, Kumpel, die aufsteigen, statt abzufahren. Durch ein Spalier von ungezählten Buden, Hütten, Getränkeautomaten, Schreinen und 270 chemischen Toiletten, deren Gebühren angeblich subtil mit den Höhenmetern ansteigen, drängt sich eine Schlußverkaufsmenge, welche die sechs bis sieben Stunden immer steileren Anstieg von der fünften Station (2.305 Meter) aus in keuchendem Schweigen absolviert. Unterwegs kann man übernachten, am Wegrand oder teuer auf klammen Futons, Sauerstoff oder Sake nachtanken; jedes Jahr schleppen sich, von der Presse ergriffen gefeiert, einige Hundertjährige irgendwie hinauf, jedes Jahr kommen einige Lebensmüde, die im Gedränge wie stets, aber mitten in einem Naturwunder, ungestört Hand an sich legen. Aus begreiflichen Gründen wird nicht näher berichtet, ob sie sich über den Kraterrand stürzen oder die Pulsadern aufschneiden; Erhängen jedenfalls scheint jenseits der Baumgrenze schwer zu bewerkstelligen zu sein. Und doch wird die Einsamkeit der Fujiko-Priester, die noch bis zum Ende des 19. Jahrhunderts allein das Recht auf die Besteigung des Berges und die Beschwichtigung der Berggeister hatten, endlich das Wissen, den Göttern näher als an jedem anderen Ort Japans zu sein, womöglich gerade von den unglücklichen Selbstmördern am tiefsten wahrgenommen.

„Ein Weiser, der einmal den Fuji besteigt, ein Narr, der es zweimal tut." Der warnende Volksmund wußte spätestens seit Mitte der sechziger Jahre, als die Subaru-Tollroad bis zur fünften Station fertiggestellt wurde und auch die Lahmen mit Bussen auf halbe Höhe kamen, wohin der anschwellende Treck führen mußte. Daß aus grandiosen Fremdenverkehrsprojekten der Gemeinden am Fuße des Bergs, wie einer Zahnradbahn, einem kilometerlangen Tunnel und einem Gipfelhotel mit fünftausend Betten nichts wurde, ist ein Segen. Damals fielen gerade 100.000 Menschen über den heiligen Berg her, heute sind es 260.000 Autos, welche die mautpflichtige Paßstraße befahren. Fujisan bietet genug Berg für alle. Dutzende von Fahrzeugwracks, von Kennzeichen, Fahrgestellnummern und jedem Hinweis auf den Besitzer befreit, weisen hinter Haarnadelkurven auf opferbereite Pilger des Ralley-Sports. Aufregend häßlich freilich wird es erst entlang der grauen Lavapfade. Genau 134 Tonnen Abfall lasen in der Saison 1995 allein die 38.000 freiwilligen Müllmänner der „Vereinigung zur Reinhaltung des Fuji" auf. Das Umweltministerium schätzte die Menge des – vorzugsweise in der Nacht – zurückgelassenen Unrats auf 510 Tonnen, also neun Tonnen am Tag in der Saison, und heuerte seinerseits eine Müllabfuhr an. Nach Aussagen glaubwürdiger Zeugen half es wenig. Die fröhlich parasitäre Schändung des heiligen Bergs durch Massen, die allein durch ihre Massenhaftigkeit in Japan stets ins Recht gesetzt sind, ist beim besten Willen der Behörden nicht ungeschehen zu machen. Es geht die Gleichung: Fujisan ist Heimat und darf derart benutzt werden. Es gilt dasselbe an den Küsten, Flüssen, in Japans Wäldern. Keine Heimat ohne Gefühl, kein Gefühl ohne Geschäft, kein Geschäft ohne Müll, kurz: Die animistischen Götter Japans, die mit dem Jenseits nicht locken oder strafen könne, sind nachsichtig mit Menschen, die es sich auf Erden wohl gehen lassen.

Nicht jeder Fuji-Pilger ist mit dem in Japan verbreiteten Talent gesegnet, nicht zu sehen, was unübersehbar ist, wenn es zur Gemütsruhe beiträgt. Eine Bürgerinitiative hat seit März 1994 annähernd zweieinhalb Millionen Unterschriften für eine Petition gesammelt, welche den geschundenen Fujisan in die relative Sicherheit der Unesco-Liste der geschützten Weltkulturgüter bringen will. Andere argumentieren dagegen mit dem sarkastischen Hinweis, solange die Japaner ihren Berg nicht für schützenswert hielten, sei der Rest der Welt entschuldigt. Wieder andere wollen die Zahl der Fuji-Besteiger begrenzen. Unterdessen darf den wahren Freunden von Fujisan, dem vernarbten Monument, wohl geraten sein, was selbst für die vergleichsweise jugendlichen Pyramiden und jedes größere Fresko längst feststeht. Zu den großen Schönheiten sollte man Abstand halten.

(29. August 1996)

Wer aus dem Staunen herauskommt, muß gehen

Über einen Selbstversuch in Japan oder: Was eine Kultur mit einem macht

Über die ersten Symptome der Metamorphose, die Kundige nach den japanischen Reisstrohmatten „Tatamisierung" nennen, hatten wir gelächelt. Was sollte es schaden, daß wir uns bei Verbeugungen am Telefon ertappt hatten, daß wir uns angewöhnten, ständig Entschuldigungen im Mund zu führen, gemurmelte Rückversicherungspolicen und Unterwerfungszeichen wie geöffnete Hände zum Beweis, daß man keine Waffen trägt. Kurios und harmlos auch die Beobachtung, erlernt zu haben, wie man aneinander vorbei redet, ohne Blickkontakt, gedankenlos Zustimmungsfloskeln einwerfend, das rücksichtsvolle japanische Reden und Redenlassen, der gnädigen Lüge eher verbrüdert als der Wahrheitsfindung.

Seltsamer aber, beunruhigend, war die Erfahrung, daß bei jedem Besuch in der Heimat die Zahl häßlicher Menschen zunahm. Mehr und mehr Gesichter schienen von aggressiver Übellaunigkeit verzerrt. Ihre Gestalten, deren Grobschlächtigkeit von schäbigen Jogging-Anzügen nachteilig unterstrichen wurde, wuchsen wie verrenkte mächtige Bäume aus den Straßen. Stockend, legasthenisch wirkte ihre rudernde Körpersprache; und die Stimmen tönten prahlerisch und herrisch, als solle jedermann wissen, daß dort einer stehe, mit dem nicht zu spaßen sei. So gemahnte uns Deutschland, Europa und überhaupt das Abendland. Wir waren ein wenig erschrocken, daß wir uns auch selbst als häßlicher empfanden. Doch amüsierten wir uns über die Karikatur, die nichts anderes sein konnte als Überreiztheit, eine Scheinschwangerschaft der Sinne, die nach Tagen verflöge. Noch ahnten wir nicht, daß uns in Wirklichkeit Netzhäute gewachsen waren, die einen anderen, japanischeren Blick geboten. Die kafkaeske Wandlung zum Kulturmutanten hatte sich unbemerkt und in Notwehr vollzogen. „Die Fremde ist nicht Heimat geworden, aber die Heimat Fremde", notierte entsetzt der ins Exil getriebene Alfred Polgar. Man muß kein Verfolgter sein, um sich ortlos zu fühlen.

Japan kann pathetisch machen. Es verleitet zur Rührseligkeit und, je nach Jahr und Tag, zu einer Verzweiflung, die nach Rache schreit und sich in Amokphantasien ergeht. Man sollte in Quarantäne bleiben und nicht schreiben an solchen Tagen, sie machen frösteln wie eine Sonnenfinsternis im Land der aufgehenden Sonne. Nicht, daß Japan überrascht wäre oder ernsthaft beleidigt. Allen Ausländern, einer knappen Million Exoten unter 124 Millionen, wird per definitionem jede Narretei zugetraut und verziehen. Das japanische Außenministerium in Tôkyô, dem sich etwa siebenhundert Auslandskorrespondenten zur Pflege anvertrauen, behandelt sie, bisweilen unter kopfschüttelndem Seufzen, mit einer Ammenlangmut wie eine Horde ungebärdiger Findelkinder. Daß diese etwa Dankbarkeit durch freundliche Berichte über das Gastland abstatten, wird ersehnt, aber nicht erwartet. Der Disziplinierungskanon dieser weichen Mutter Staat, die zumal seit dem verlorenen Krieg und dem Verlust des Gottkaisertums mit Verbannung, öffentlicher Bloßstellung straft und von den eigenen Medien obrigkeitsstaatliche Selbstverleugnung bis zur Selbstzensur erwarten darf, versagt bei Ausländern. Und wenn diese ihr regelmäßig bescheinigen, daß Japans Rechtsstaat, Demokratie, freie Marktwirtschaft subtilen Etikettenschwindel betreiben, herrscht nur Erstaunen. Selten entrüstet man sich über die Unverschämtheit der Gastarbeiter. Woher sollen sie es besser wissen.

Allenfalls gestattet sich das offizielle Japan ein Gefühl, das sich aus dem dialektischen Oszillieren zwischen Erwähltheitsvermutung und Minderwertigkeitsverdacht speist: Stolzes Selbstmitleid. Wie nur, können sich Japaner noch heute fassungslos fragen, vermag dieses arme, kleine, von Taifunen und Erdbeben zur Demut gezwungene, pazifistisch verfaßte, einsam vor Asien treibende Archipel solches Mißtrauen zu erregen. Der während Japans Rezession etwas aus der Mode geratene Begriff „Japan-bashing", die angebliche Verschwörung der westlichen Industrienationen, im Stil der Klassenkeile auf den Musterschüler Japan einzuprügeln, durfte sich rühmen, als Ausweis landsmannschaftlicher Paranoia einzigartig in der Wettbewerbsgeschichte des globalen Kapitalismus zu stehen. Die „Japan GmbH", die es nicht gibt und die sich zugleich in der Macht des nationalen Zusammengehörigkeitsgefühls japanischer Konzerne manifestiert, gleicht einem Karatekämpfer, der, weil er schließlich unbewaffnet sei, von seinem Gegner verlangt, das Messer fairerweise aus der Hand zu geben. Die lebensweise Geschäftstüchtigkeit Japans aber scheint erst in dem Gleichmut auf, mit dem es zur Kenntnis nimmt, daß der Gegner nicht daran denkt, der Aufforderung nachzukommen.

Es wird viel und leidenschaftlich gespielt in diesem Land, *asobi* mit Frauen, Geld, Kindern, Masken. Ein Land, von dem manche meinen, es spiele sich nur, es gebe sich selbst als grandioses Gesellschaftsdrama. Alle sind Mitspieler, jeder kennt seine Rolle, im Chor der Millionen wie unter den wenigen Helden, die sich aus ihm lösen, um auf den Hymnus zu antworten. Die ideologische Inszenierung, je langweiliger desto besser, zelebriert die heilige Planbarkeit des Unvorhersehbaren als Tragikomödie. Es ist ihr sehr ernst mit dem Spiel. Die Melange vereinigt die Nô-Verneinung des Gesichts mit der grellen Androgynität des Kabuki und beides auf wundersame Weise mit Disney-Sentimentalität, Dior-Kostümen, Satyrspielen von Bill Gates. Improvisation, Spontaneität, Kreativität und andere subversive Zumutungen werden in der Beschwörung des Immergleichen als Opfer dargebracht, die Götter und ihre Naturgewalt zu besänftigen. Publikum, besonders ausländisches, war nie vorgesehen. Es ist eine Laune des Welthandels. Doch stört es nicht weiter, Ausländer sind durchsichtig. Tôkyô, eigentlich Japan selbst, meint der Schriftsteller und Lehrer Walter Vogel, ein bekennender Masochist, sei für Europäer „die größte Lebendbestattung der Welt". Es könne hier nur, wer in sich gespalten sei, halbwegs normal bleiben.

Japan kann überspannt machen. Nicht nur Vogel, auch uns bisweilen. Anstoß mag daran jeder nehmen, für den es keine unheimliche Erfahrung bedeutete, seine Metamorphose am lebendigen Leib zu verzeichnen vom ahnungslos aus dem Westen einfliegenden Schmetterling zur wissenden Seidenspinnerraupe: Ein Rückzug in die Schöpfung, der naturgemäß mißlingt. Es hat wohl Gründe, weswegen man sich selbst in keinem anderen Land so rasch aus den Augen verliert und seine Form vergißt wie in Japan. Das Erlebnis überwältigender Fremdheit ist es nicht. Sie mag ja auch anderswo zu verkraften sein, wo sie nicht solche Furchen ins Selbstbewußtsein gräbt. Doch nur in Japan steht der Fluchtweg nicht offen in törichten Überlegenheitswahn, sei er mühsam kulturell begründet, mit dem Bruttosozialprodukt oder der Währungsstärke. Nirgendwo sonst fordert eine Nation damit heraus, so fremd und so reich zu sein. Eine Nation, die in dem Hochtechnologie-Wettbewerb der Ersten Welt zum gefürchteten und bewunderten Mitspieler aufgestiegen ist und zugleich in gesellschaftlichen Stukturen der Vormoderne verharrt: Japan, die ausgreifende Industriemacht und selbstgenügsame Hochkultur, ist ein Paradoxon, es kann eigentlich nicht sein. Und weil es nicht sein kann, bietet das Land eine formidable Projektionsfläche für die abwegigste Theorie und die verwegenste Hommage. Man kann Japan ungestraft verklären als zenschweres Mönchskloster, wo das Weltgezerre im meditierenden Blick auf Steingärten getilgt wird und Toleranz alle Klassengegensätze aufhebt. Man kann ebenso die neureiche Feudalfirma erkennen, die ihre Volksbelegschaft fürsorglich versklavt und die Intellektuellen neutralisiert, indem sie ihnen unzugängliche Ehrentürme errichtet. Alle haben recht. Das Aufwühlende, den Ausländer zutiefst Verwirrende, bleibt das Versagen seiner Erkenntnistechnik angesichts der Versöhnbarkeit von Widersprüchen, die jede Kultur sprengen müßten.

„Die Erscheinung, die man gerade zu fassen vermeinte, entweicht wie ein Luftbild. ... Sie (die Japaner) sind und bleiben rätselhaft, im Guten wie im Bösen. Ihr Reiz ist ebenso unerklärlich wie das Abstoßende, dessen sie fähig sind. Zögernd wandert der Blick zwischen Anmut und

Rohheit hin und her." Friedrich Sieburg, der dies auf einer kurzen Reise in der ersten Jahreshälfte 1939 bemerkte, dürfen wir in demütiger Bescheidenheit zu einem unserer Vorgänger erklären, zusammen mit Richard Sorge, Stalins genialischem Spion, der in Tôkyô gehängt wurde. „Wo sie für raffiniert und überzüchtet gehalten werden", fährt Sieburg fort, „da brechen sie plötzlich mit ihrer Entschlußkraft und starren Planmäßigkeit hervor; wo sie für unbeugsam und gradlinig gelten, überraschen sie jäh durch ihre Geschmeidigkeit und verschwinden im Helldunkel ihres unbestimmten Zögerns." Treffender ist es nicht zu beschreiben. Sieburgs von der Zeit aufgedrängten Irrtümer, die gelegentlich etwas saure „Blu-Bo"-Verzückung, der Militärmaschinen-Kitsch in seinem Buch „Die stählerne Blume" verblassen hinter seiner fabelhaften Beobachtungsgabe und Sprachgewalt. Gelten kann noch immer, was er im Japan des Chinafeldzugs nach nur wenigen Jahrzehnten der Öffnung wahrnahm: fortwährend Kampf, Krampf, einen „Dauerzustand der Angestrengtheit" und das völlige Fehlen von Befriedigung mit dem Erreichten. Sieburg spendet Bewunderung für die unbegreifliche „Fähigkeit, in zwei Zeitaltern zu leben" und für die Finte, das Fremde nur anzunehmen, um sich besser gegen das Fremde schützen zu können. Der deutsche Besucher vermißt Individualität, ist hingerissen von einer schönen Frau, die er für intelligenter hält als ihren würdentragenden Mann, macht gegenüber Dritten ein entsprechendes Kompliment und berichtet von dem kalten chauvinistischen Schweigen, das seine Galanterie hervorruft. Sieburg wußte nicht, wie recht er hatte. Des Mannes Glück ist gemacht, der eine solche Japanerin für sich gewinnen kann.

Oh, es gibt noble Zeugen seit Jahrhunderten. Für die Überlegenheit der japanischen Frauen, die aufblühen, weil es den Männern, die meinen, die tragenden Rollen zu spielen, nicht lohnend scheint, ihnen das Rückgrat zu brechen. Auch Zeugnisse für all die Diagnosen der doppelten, eben nicht zerrissenen Seele in der japanischen Brust. Wir haben uns wieder und wieder auf sie berufen. Öffentlich, um dem möglichen Verdacht von einem einsamen Irren, der seine Idiosynkrasien an Japans Schattenseiten kühlt, zu begegnen; privat, weil wir ohne die Tröstung der Kaempfer, von Siebold, Chamberlain, Singer, Benedict, aber auch ohne ihre Verbündeten Maruyama, Tanizaki, Ôe an unserem Verstand hätten zweifeln müssen. Allerdings ist der Trost nur zu haben um den Preis der ebenso beruhigenden wie entmutigenden Erkenntnis, daß die essentiellen Beschreibungen japanischer Dinge auf ewig gelten und nicht zu übertreffen sind. Wer wollte wagen, es aufzunehmen mit dem jungen unbekannten Journalisten Rudyard Kipling aus Britisch-Indien, dessen viktorianisch durchgebildete „Sahib"-Identität auf einer drei-wöchigen Japan-Reise im Jahre 1889 herausgefordert wurde? Kipling findet ein Land, wo Kinder, Blumen und die Künste gedeihen und er mag es: „Wahrlich, Japan ist eine große Nation. Ihre Maurer spielen mit Stein, ihre Zimmerleute mit Holz, ihre Schmiede mit Eisen und ihre Künstler mit Leben, Tod und allem, was das Auge aufnehmen kann. Glücklicherweise wurde ihr jene allerletzte Charakterfestigkeit verwei-gert, die es ihr erlauben würde, mit der ganzen weiten Welt zu spielen." Kipling hat recht behalten. Auch wenn er nicht voraussehen konnte, daß die Propagandisten der überlegenen „Yamato-Rasse" ebendieses Spiel einst erträumen, beginnen und erst nach einer entsetzlich bluti-gen Partie verlorengeben würden. Wir verdanken Kipling unendlich viel. Darunter ist die Lektion, wie man abendländischen Kolonial-herrenstil durch Selbstironie bricht, und die bestechende, gültige Beob-achtung, daß Europäer in Strümpfen auf Tatami einen Teil ihrer Würde verlieren.

Mehr Zeugen, noch mehr Labsal aus den Quellen. Sieburg ist so wertvoll, weil er eine Ahnung vermittelt von dem verheerenden, „nie schlafenden Opfersinn", dessen sich die japanischen Kriegstreiber be-dienen konnten, um ihre Hegemonievision mit Blut zu versorgen. Der Sinn ruht. Im befriedeten zeitgenössischen Japan die Erben eines Re-gimes zu erkennen, das sich auserwählt sah, ganz Asien vom weißen Mann befreien und seinem Kaiser untertan zu machen, wäre uns schwer geworden. Gäbe es nicht regelmäßig die revisionistischen Zwi-schenrufe der Unbelehrbaren. Sie verachten die Sprachregelung, Ja-pans Schandtaten wo möglich mit Schweigen zu übergehen und die Energien nationaler Selbstbefragung in jedem August lieber auf das Martyrium im Blitz der Atombomben zu lenken – laut Edward Seiden-sticker eine „Orgie des Selbstmitleids". Die aufgebrachten Rechts-ausleger, meist in der Regierungspartei LDP in Würden und nach ih-rem Faux-pas nur als Kabinettsminister zum polemischen Abschuß

durch Peking und Seoul freigegeben, beleben selbstloserweise das recht
dumpfe politische Geschäft in Japan und das der Auslandskorrespondenten. Nicht daß sie, der Kriegsopferverband und all die anderen
strammen Patrioten-Vereine, sonderlich viel Einfluß hätten. Man weist
ihnen ehrenvolle Nischen zu, wo nur ihre lautstärksten Einsprüche Japans friedliebende Außenpolitik für einige Wochen beschädigen. Wir
schulden ihnen Einsichten. Denn sie vergehen sich zu unserer Erbau-
ung an einer ehernen japanischen Spruchweisheit, die da empfiehlt,
vom Topf, aus dem es stinkt, den Deckel nie zu lüften. Wo der Mainstream zum Himmel schweigt und seine wahren Gedanken der Speku-
lation überantwortet, rühren die Rechten, um Japan reinzuwaschen,
nur auf, was früher in Japan, zumindest von den wohlgenährten Samurai, mit Gewinn als Dung an Bauern verkauft wurde.

Japan kann wütend machen. Ohne sich der geringsten Schuld bewußt zu sein, zwingt es dem Ausländer dieselbe politische Ritual-
inszenierung auf, die es dem eigenen Wahlvolk zumutet. Wie auch
sonst, eine andere gibt es nicht. Zwar bereitet es Sorge, daß sich nur
noch weniger als die Hälfte der Wahlberechtigten bereitfindet, ein Parlament zu wählen, das sich im Verlesen geschwätziger Beamten-
entwürfe gefällt und, vom Schachern um den Haushalt und die Pfunde
für die Wahlkreise abgesehen, das Politikmachen in Hinterzimmer, Se-
minare, Restaurants, vor allem an die Ministerialbürokratie verweist.
Doch befeuert dies nur immer neue Parteigründer. Der schlimme Verdacht, die zweitgrößte Industrienation sei im Notfall führungslos und
gelähmt, blieb haften nach dem ungedankten Ablaßhandel mit
Milliarden-Dollar-Schecks während des Golfkriegs. Er wurde zur bösen
Gewißheit, als in Japans Annus horribilis 1995 in Kôbe viele der
sechseinhalbtausend Opfer an Feigheit und einer entsetzlichen Hilflosigkeit der Behörden zugrunde gingen. Der von willfährigen Medien
verbreitete Wunderglaube, Japans Ingenieurkunst werde Mensch und
Gut bei jedem Beben beschützen, kam fahrlässiger Tötung gleich. Es
fehlte durchaus nicht an harten Selbstanklagen. Für ein paar Monate.
Dann wurden sie von Selbstmitleid verdrängt, und dieses endlich von
jener selektiven Wahrnehmung der Vergangenheit wie der Gegenwart
getilgt, die das offizielle Japan so konzentriert macht und, wo die faulen
Kompromisse geschlossen werden, so rückständig. Um irgendwo in

der Welt zu Tode gekommene Japaner, sei es durch Lawinen im Himalaya oder durch einen Revolverschuß in Amerika, wird sorgfältiges Aufhebens gemacht. Kôbe überforderte diese medial ausgerichtete Nationaltrauer offenbar so sehr, daß die etwa siebzigtausend Menschen, die noch heute in Notunterkünften leben, allenfalls an Jahrestagen auf tätiges Mitleid zählen dürfen. Den Toten und Versehrten der beiden Giftgasanschläge der „Aum"-Sekte droht dasselbe Schicksal, nämlich aus dem kollektiven Gedächtnis gedrängt zu werden. Daß Japaner, zumal viele hochbegabte Totalverweigerer aus der akademischen Elite, Japanern solchen Terror antun könnten, hinterließ ein Trauma, mit dem sich nur leben läßt, indem man es verleugnet. Die Prozesse gegen inhaftierte Kultmitglieder interessieren das Publikum kaum mehr.

Was aber geht uns das alles an, woher nehmen wir das Recht, zu kritisieren, wie es Japan mit seiner Politik, seiner Wirtschaft, seiner inneren Sicherheit hält? Die Antwort lautet unbedingt: Wenn dies nicht mehr das abgeschlossene Tokugawa-Japan ist, wo auf das unbefugte Landen an den Gestaden der Inseln der Tod steht, und zwar für Ausländer wie Heimkehrer, wenn Japan weiter nach seiner Niederlage demokratisch verfaßt, UN-Mitglied, Unterzeichner sämtlicher relevanter Konventionen und erstrangiger Nutznießer des freien Welthandels ist – wenn das alles so ist, muß es sich Beobachtung, Fragen, Urteile, auch manches Fehlurteil gefallen lassen wie jedes Land. Wir haben einen Ministerpräsidenten und zwei Nobelpreisträger getroffen – Miyazawa Kiichi, Ôe Kenzaburô und Esaki Leo – und verzichten darauf anzudeuten, wer mehr zu sagen hatte. Wir haben Abgeordnete der LDP wie der Kommunisten befragt, Professoren aller möglichen Fakultäten und Führer von Aids-Aktionsgruppen, Gymnasiallehrer und Kindergärtnerinnen, Soldaten, Diplomaten, Friedensbewegte, Künstler, ganz normale Japaner: Und wir stehen nicht an zu behaupten, daß die Japaner viel großherziger, beweglicher, aufgeklärter, schöpferischer sind als ihre Regierung und ihre Beamtenschaft vermuten lassen. Diese Nation wird dressiert und unter Wert vertreten. Ihre begabten Kindern werden eher zu denken entmutigt. Das notorische Motto, „Der herausstehende Nagel muß eingeschlagen werden", ist unbesiegt. Dies wird verübt im Namen einer Machtelite, der es zuletzt an Intelligenz und gutem Willen gebricht, allerdings auch wenig an unverschämter Gier, sich zu bereichern. Zuerst mangelt es ihr an Mut, Aufrichtigkeit, Verantwortungsbewußtsein, Stil, Klasse. Japans ganzes Elend ist die ungeheure Vergeudung von Talent um eines faden Betriebsfriedens willen. Hoffnung auf Einsicht stiftet nicht die Politik, wo man der Mode folgt und um die Wette Reformen anpreist, sondern die Wirtschaft, die mit folgsamen Facharbeitern nichts mehr zu gewinnen hat. Sie verdient Unterstützung und das Lob des Tadels.

Japan kann süchtig machen. Die Bedeutungslosigkeit christlicher Moralethik, so irritierend die Leere wirken kann in Rechtspflege und Erziehung, wird von einer eklektischen Freizügigkeit in spirituellen und sinnlichen Dingen wettgemacht, die Jean Cocteau (zu Besuch 1936) ebenso begeisterte wie Charlie Chaplin. Dessen Kinder überlieferten zwar, der Perfektionist habe vor allem den japanischen Perfektionismus geliebt. Aber da muß mehr Liebe gewesen sein. Chaplins japanischer Kammerdiener Kono reiste 1932 mit dem Star des soeben herausgebrachten „Modern Times" nach Japan und vereitelte umsichtig einen Mordanschlag auf den vermeintlichen Amerikaner. Chaplin, der die überaus komische Vorstellung eines aus Versehen erschossenen weltberühmten Briten zu schätzen wußte, besuchte Japan noch mehrfach. In „Lampenfieber" (1952) gibt Chaplin eine wundervolle Liebeserklärung an Japan, als er seiner Partnerin Claire Bloom die Pantomime eines Baumes vorspielt, klein, edel verkrüppelt: der kleine Tramp wird ein Bonsai. Aufmerksam auf diese Kostbarkeit und viele andere machte uns Donald Richie, der große Vermittler des japanischen Kinos im Westen und der scharfsinnigste und eleganteste Zeitkritiker im Lande. Der Amerikaner, mit den Besatzungstruppen nach Japan geschwemmt und seither mit Unterbrechungen dort heimisch, hat in Romanen und zahllosen Essays Japan wie eine Karte entworfen. Mit ihr findet man sich zurecht. Richie kennt die japanischen Götter und die Reisbauern-Niederungen. Er erzählt hinreißend, wie Ausländer, nicht mehr den eigenen Sittenzwängen unterworfen und Japans Sitten fröhlich (und mit Einverständnis des Gastlandes) ignorierend, erst in kindliche Euphorie verfallen, dann in Enttäuschung, weil die Verheißungen intimer Nähe sich fast nie erfüllen, und endlich, wenn sie im Land bleiben, in ergebene Resignation sinken. Der ideale Ausländer, so Richie, kommt nach Ja-

pan, tätigt seine Geschäfte und reist ab. Er genießt exquisite Gastfreundschaft. Wer bleibt, erregt Interesse, Mißtrauen, Mitleid. „Wann
gehen sie nach Hause, Herr Richie?", habe er unzählige Male gehört.
Der Frage kommt an gutgelaunter Impertinenz der Konversations-
reflex „How you like Japan" nahe, der wie eine Drohung ausgestoßen
wird und keine Antwort erwartet. Donald Richie hat kein Zuhause:
„Ich habe gelernt, Freiheit höher zu schätzen als Zugehörigkeit",
schreibt er, „das ist es, was die Jahre als freiwilliger Exilant mir beige-
bracht haben."

Japan kann erschöpfen. Japan-Jahre rechnen wie Hundejahre, sagen
manche. Das Drama, über Jahre als ungebetener Zuschauer zu verfolgen, im Wissen, daß die Zeit nur einem Lidschlag in der Geschichte Japans entspricht, zehrt aus. Warum? Nun, wir haben eines Tages zum
561. Mal in der Nachrichtensendung der öffentlich-rechtlichen Anstalt
NHK verfolgt, wie der Vorsitzende einer Regierungskommission mit
tiefer Verneigung einem Minister, der hoheitsvoll nur den Kopf leicht
neigt, seinen Untersuchungsbericht übergibt. Man hört nie mehr davon, aber Dutzende verdienter Fachleute sind im Brot. Wir haben irgendwann viele Dutzend Male immer dieselbe Zeitlupenvorführung
eines Verdächtigen, ohne Krawatte (aha, Selbstmordgefahr) im Fond
eines zivilen Polizeiwagens, verfolgt. Danach oder davor und je nach
Saison in Hemdsärmeln oder Mänteln den Aufmarsch von jungen kräf-
tigen Staatsanwälten, die kistenweise Akten aus dem Bürohaus eines
Korruptionsverdächtigen schaffen, Ketten bildend, auf einen Kleinbus
zu. Nicht ein einziges Mal, so schwören wir, wich die Dramaturgie im
mindesten Detail vom Schema ab. Wir haben Sumô-Ringer, Baseball-
spieler und Marathonläufer ungefähr tausend Mal auf die Frage, was sie
planten, sagen hören, daß sie ihr Bestes tun werden, *gambarimashô*, für
Team, Konto, die Nation. Kein einziges Mal sagte es einer nicht oder
wesentlich mehr. Schulkinder und Aufsteiger aller Art sind gut beraten,
sich auf ihre Sprechrollen der Variation von *gambaru* zu beschränken.
Die Monotonie und unbedingte Verläßlichkeit dieses mantrahaften
Kults findet mit der Fetischisierung absoluter, absolut absurder Zahlen
– Tôkyôs Schulkinder bekamen nach Umfragen 22.134 Yen Neujahrs-
geld – in NHK ihre Hohepriesterin. Mag der Rest der Welt brennen, Ge-
nozide, Bürgerkriege, Menschheitskatastrophen, NHK erfüllt unbeirrt

ihre Pflicht, den Japanern Halt zu geben an der Schönheit und Menschengüte Japans. Mitten unter die Skandale und Regierungskrisen wirft die Anstalt, die zu Recht für glänzende Dokumentarfilme berühmt ist, wie Beruhigungspillen die ergreifendsten Live-Berichte von Fruchtbarkeitsfestivals, Fischfangrekorden und Altenausflügen zu mildtätigen Zwecken. Sollten wir uns bisweilen, wenn Japans Bauarbeiter, Schulklassen, Parlamentarier (leicht in Schlaf fallend), Börsenleute versammelt waren, die Belehrungen eines Führers aus gegebenem Anlaß zu vernehmen, an die Anleitungen von nordkoreanischen Armeeeinheiten durch den Lieben Führer Kim Jong-il erinnert gefühlt haben, ist das unser totalitäres Mißverständnis. Wir bitten um Nachsicht für das nachlässige Tatamisieren.

Japan kann machen, was es will. Es hat jedes Recht dazu. Auch mit uns. Erst wer aus dem Staunen herauskommt, muß gehen. Kein Ausländer verläßt nach Jahren dieses erstaunliche Land der Sonnengöttin ohne angesengte Flügel und Narben. Niemand, der bei Sinnen ist, geht, ohne mehr über sich und seine Kultur erfahren zu haben, als ihm vielleicht lieb ist. Wie angenehm sind die höflichen Verlogenheiten dieser Zivilisation, wir tauschen sie nicht ohne Wehmut gegen die wehrhafte Wahrhaftigkeit jedes Dahergelaufenen. Wer will schon Ehrlichkeit. Wie vornehm sind die unerbittlichen Aufmerksamkeiten Japans gegen den Ausländer, auch wenn dahinter manchmal die Vorsicht zu stehen scheint, die man vernünftigerweise einem Glas Nitroglyzerin entgegenbringt. Fassungslos, trotz allem, stehen wir vor dem Phänomen, daß in dieser Nation nicht nur manches verlorenging, sondern unglaublich viel bewahrt wurde.

„Ich habe in letzter Zeit Anzeichen dafür festgestellt, daß ich weich werden könnte, und deshalb, in dem Glauben, daß Weichheit in diesem Land Tod bedeutet, gehe ich in ein paar Wochen nach Hause." Die Abschiedskolumne von Edward Seidensticker, die am 16. Mai 1962 unter dem gewohnten Rubrum „This Country" in der englischsprachigen Zeitung „Daily Yomiuri" erschien, sorgte über Wochen für Gesprächsstoff unter Tôkyôs Ausländergemeinde. Die angekündigte Flucht des gefeierten Japanologen und Übersetzers erregte diejenigen, die sonst mit ihren Klagen über antiamerikanische White-Collar-Kommunisten und verwässerte Gin-Tonics ausgelastet waren. Die Kolumne enthielt die autobiographische „Fabel von der Feldmaus, die nicht länger unvernünftig war": Die Maus wird auf der Stelle Beute der (japanischen) Schlange. Seidensticker ringt mit seinem Ressentiment und fällt sich dann ins Wort. Nein, donnert er, die Japaner sind nicht wie andere Völker: „Sie sind unendlich viel sippenhafter, insulärer, engstirniger... Und man schuldet es seinem Selbstrespekt, das Gefühl der Empörung über diese Insularität zu bewahren." Vielleicht werde sich allerdings das Leben in der Heimat, setzt er ahnungsvoll hinzu, als so „verhärtend" erweisen, daß er eines Tages zurückkehre. In der Tat, er kam bald wieder und seither regelmäßig. Es heißt, seit einem Vierteljahrhundert teilt Edward Seidensticker nun Leben und Arbeit zwischen Japan und den Vereinigten Staaten. Wir verstehen, verbeugen uns tief und warten.

(8. Februar 1997)

Namenregister